이 책의 한국어판 저작권은 EYA(Eric Yang Agency)를 통해 케임브리지대학교 출판부(Cambridge University Press)와 독점계약한 (주)소와당에 있습니다. 저작권법에 의하여 보호를 받는 저작물이므로 무단전재와 복제를 금합니다.

Korean translation copyright © 2021 by SOWADANG
Korean translation rights arranged with Cambridge University Press through EYA(Eric Yang Agency)

CAMBRIDGE WORLD HISTORY: Volume III(PART 1-3)
Copyright © Cambridge University Press 2015

고대의 도시들 1
도시의 탄생과 정보 기술

노먼 요피 편집 / 류충기 옮김

기원전 4000년 – 기원후 1200년

Cambridge World History
VOL. III PART 1-3

소와당

케임브리지 세계사 시리즈 소개

케임브리지 세계사 시리즈는 활발한 연구가 펼쳐지고 있는 세계사 분야를 새롭게 개괄하는 권위 있는 개론이다. 세계사 및 지구사의 최근 연구 경향을 반영함으로써 포괄하는 시간적 범위를 확대했으며, 문헌 기록 이후의 역사뿐 아니라 인류의 전체 역사를 대상으로 했다. 국제적으로 다양한 분과 학문에서 선도적인 연구 업적을 내는 필자들을 섭외했고, 200명 이상의 저자들이 참여하여 오늘날까지 인류의 과거를 종합적으로 설명했다. 세계사는 다양한 방법론을 통해, 그리고 다양한 시공간적 범위에서 검토되어야 한다는 인식이 성장하고 있음을 감안하여, 시리즈의 각 권에서는 지역별 연구, 주제별 연구, 비교 연구의 성과를 수록했으며, 사례 연구를 더하여 넓은 시각의 연구를 깊이 있게 들여다볼 수 있도록 기획했다. 바로 이런 점이 케임브리지 세계사 시리즈의 특징이라 하겠다.

시리즈 편집 총괄
메리 위스너-행크스(Merry E. Wiesner-Hanks)
- Department of History, University of Wisconsin-Milwaukee

편집위원회
그레이엄 바커(Graeme Barker)
- Department of Archaeology, Cambridge University

크레이그 벤저민(Craig Benjamin)

- Department of History, Grand Valley State University

제리 벤틀리(Jerry Bentley)

- Department of History, University of Hawaii

데이비드 크리스천(David Christian)

- Department of Modern History, Macquarie University

로스 던(Ross Dunn)

- Department of History, San Diego State University

캔디스 가우쳐(Candice Goucher)

- Department of History, Washington State University

마니 휴스-워링턴(Marnie Hughes-Warrington)

- Department of Modern History, Monash University

앨런 캐러스(Alan Karras)

- International and Area Studies Program, University of California, Berkeley

베냐민 케다르(Benjamin Z. Kedar)

- Department of History, Hebrew University

존 맥닐(John R. McNeill)

- School of Foreign Service and Department of History, Georgetown University

케네스 포메란츠(Kenneth Pomeranz)

- Department of History, University of Chicago

베린 셰퍼드(Verene Shepherd)

- Department of History, University of the West Indies

산자이 수브라마니암(Sanjay Subrahmanyam)

- Department of History, UCLA and Collège de France

스기하라 가오루(杉原 薫)

- Department of Economics, Kyoto University

마르설 판 데르 린던(Marcel van der Linden)

- International Institute of Social History, Amsterdam

에드워드 왕(Q. Edward Wang)

- Department of History, Rowan University

노먼 요피(Norman Yoffee)

- Departments of Near Eastern Studies and Anthropology, University of Michigan; Institute for the Study of the Ancient World, New York University

한국어판 영어판 분권 대조표

케임브리지 세계사 시리즈 영어판은 7권 9책으로 구성되어 있지만, 번역본 한국어판은 18권으로 출간한다. 그 이유는 분량 때문이다. 분량이 워낙 많은 데다 번역하는 과정에서 페이지 수가 더욱 늘어나 때로는 1000페이지가 넘는 경우가 생기므로, 부득이 영어판 각 1권을 한국어판 2권으로 나눴다. 다만 세계사 서술에서는 시대구분 문제가 중요한 주제 중 하나이며, 영어판의 구성 자체가 시리즈 기획자들의 의도를 담고 있으므로, 페이지 분량 문제로 한국어판에서 부득이 분권을 하더라도 영어판의 구성을 최대한 존중하고자 했다. 그리하여 각 권의 표지에서 영어판의 분권 체제를 명시했으며, 또한 아래와 같이 한국어판과 영어판의 분권 구성과 시대구분을 정리했다. ─ 옮긴이

영어판		한국어판
Cambridge World History Vol. I (to 10,000 BCE)	Part 1	케임브리지 세계사 01
	Part 2	케임브리지 세계사 02
Cambridge World History Vol. II (12,000 BCE~500 CE)	Ch.1~7	케임브리지 세계사 03
	Ch. 8~23	케임브리지 세계사 04
Cambridge World History Vol. III (4000 BCE~1200 CE)	Part 1~3	케임브리지 세계사 05
	Part 4~6	케임브리지 세계사 06
Cambridge World History Vol. IV (1200 BCE~900 CE)	Part 1	케임브리지 세계사 07
	Part 2	케임브리지 세계사 08

영어판		한국어판
Cambridge World History Vol. V (500~1500 CE)	Part 1~3	케임브리지 세계사 09
	Part 4~5	케임브리지 세계사 10
Cambridge World History Vol. VI (1400~1800 CE)	Part I Ch. 1~10	케임브리지 세계사 11
	Part I Ch. 11~18	케임브리지 세계사 12
	Part II Ch. 1~12	케임브리지 세계사 13
	Part II Ch. 13~18	케임브리지 세계사 14
Cambridge World History Vol. VII (1750~Present)	Part I Ch. 1~10	케임브리지 세계사 15
	Part I Ch. 11~23	케임브리지 세계사 16
	Part II Ch. 1~11	케임브리지 세계사 17
	Part II Ch. 12~21	케임브리지 세계사 18

케임브리지 세계사 VOL.Ⅲ 소개

기원전 제4천년기부터 기원후 제2천년기 초까지의 세계는 곧 도시의 세계였다. 이번 책(한국어판 05~06권)에서는 메소포타미아와 이집트에서 최초의 도시가 등장했을 때부터 아시아, 지중해, 아프리카, 아메리카에 이르기까지 도시가 생겨나는 결정적 변화의 순간을 포착했다. 세계 전역에 걸친 핵심 도시의 사례 및 비교를 통해 선도적 학자들의 연구 성과를 선보인다. 저자들은 핵심 도시들이 어떻게 순례나 의례, 교역, 저장, 재분배의 중심으로 성장했는지, 그리고 어떻게 방어와 전쟁의 중심이 되었는지를 보여주었다. 이들 도시는 주변의 시골과 결부되어 시골의 구조를 바꾸어놓았다. 또한 새로운 의례는 지도자와 시민과 신들을 연결해주었다. 시민이라는 새로운 신분이 탄생했고, 새로운 형태의 권력과 통치권도 출현했다. 인구가 집중되면서 질병과 폭력, 노예화, 예속화의 과정이 전혀 새로운 방식과 규모로 전개된 측면도 살펴보았다.

책임 편집 / 노먼 요피(Norman Yoffee)
미시건대학교 근동 지역 연구 및 인류학과 명예교수, 뉴욕대학교 고대 세계연구소 시니어 펠로우(Senior Fellow), 케임브리지 고고학 시리즈 편집자.

05권 저자 목록

노먼 요피(Norman Yoffee), University of Michigan; Institute for the Study of the Ancient World, New York University

니콜라 테레나토(Nicola Terrenato), University of Michigan

존 베인스(John Baines), University of Oxford

스티븐 휴스턴(Stephen Houston), Brown University

토머스 개리슨(Thomas G. Garrison), University of Southern California

미리엄 스타크(Miriam T. Stark), University of Hawaii, Mānoa

한스 니센(Hans J. Nissen), Free University of Berlin

왕 하이청(Wang Haicheng, 王海城), University of Washington

대니 로(Danny Law), University of Texas

게리 어튼(Gary Urton), Harvard University

존 자누섹(John W. Janusek), Vanderbilt University

제프 엠버링(Geoff Emberling), University of Michigan

사라 클레이턴(Sarah C. Clayton), University of Wisconsin, Madison

06권 저자 목록

칼라 시노폴리(Carla M. Sinopoli), University of Michigan

이언 모리스(Ian Morris), Stanford University

알렉스 노델(Alex R. Knodell), Carleton College

로드릭 매킨토시(Roderick J. Mcintosh), Yale University

프랑수아즈 미쇼(Françoise Micheau), University of Paris I

앤 킬러브루(Ann E. Killebrew), Pennsylvania State University

티모시 파우케탓(Timothy R. Pauketat), University of Illinois, Urbana-Champaign

수전 알트(Susan M. Alt), Indiana University, Bloomington

제프리 크루첸(Jeffery D. Kruchten), University of Illinois, Urbana-Champaign

아델하이트 오토(Adelheid Otto), Ludwig-Maximilians-University of Munich

헤라르도 구티에레스(Gerardo Gutiérrez), University of Colorado, Boulder

니콜라 테레나토(Nicola Terrenato), University of Michigan

노먼 요피(Norman Yoffee), University of Michigan; Institute for the Study of the Ancient World, New York University

케임브리지 세계사 시리즈 서문

케임브리지 역사 시리즈는 오래전부터 역사학의 특정 주제를 선정하여 권위 있는 개론을 제공해왔다. 전문가들이 각 장별로 집필을 맡아서 여러 권으로 구성된 시리즈를 제작하는 방식이었다. 이런 방식으로 만들어진 첫 번째 시리즈는 〈케임브리지 근대사〉였다. 액턴 경(Lord Acton)이 기획을 맡았는데, 그가 사망한 직후 1902년부터 1912년까지 14권으로 출간되었다. 이는 이후 시리즈 구성의 모범이 되었다. 후속 시리즈로는 7권으로 구성된 〈케임브리지 중세사〉(1911~1936), 12권으로 구성된 〈케임브리지 고대사〉(1924~1939), 13권으로 구성된 〈케임브리지 중국사〉(1978~2009) 등이 있었다. 이외에도 국가별, 종교별, 지역별, 사건별, 주제별, 장르별로 전문화된 시리즈가 있었다. 이러한 시리즈들은 〈케임브리지 중국사〉가 표방했듯이 해당 주제에 대해서 영어로 된 "가장 방대하고 가장 종합적인" 역사서였고, 〈케임브리지 정치사상사〉가 주장했듯이 해당 분야의 "주요 주제를 모두" 포괄하고자 했다.

〈케임브리지 세계사〉 시리즈는 위대한 선배들의 업적을 본받았지만 동시에 차이도 있다. "가장 방대하고 가장 종합적인" 세계사 시리즈로서 "주요 주제를 모두" 포괄하려면 적어도 300권 규모가 필요할 것이다(시간은 100년쯤 걸리지 않을까?). 그 대신 이번 시리즈는 세계사 중에서 활발히 논의되는 분야를 개괄하고자 했고, 전체는 7권(volume) 9책(book)으로 구성되었다. 시간 범위는 문자 기록이 발달한 이후로 한정하지 않고 인류의 역사 전체를 포괄했다. 이러한 범위 설정은 최근 세계사 연구 경향을 반영한 것이다. 이처럼 폭넓게 시간 범위를 설정하면 고고학과 역사학의 경계가 모호해지고, 인류의 과거를 밝혀내기 위해 두 학문이 서로 보충적 관계에 놓이게 된다. 그래서 시리즈 각 권의 책임 편집에는 역사학자뿐만 아니라 고고학자도 참여했다. 이들은 미국, 영국, 프랑스, 오스트레일리아, 이스라엘 등지의 대학교에 재직하는 학자다. 또한 저자들의 연구 분야 역시 지역 범위 못지않게 폭이 넓다. 역사학, 미술사, 인류학, 고전학, 고고학, 경제학, 언어학, 사회학, 생물학, 지리학, 지역학 전문가가 참여했다. 이들은 오스트레일리아, 영국, 캐나다, 중국, 에스토니아, 프랑스, 독일, 인도, 이스라엘, 이탈리아, 일본, 네덜란드, 뉴질랜드, 폴란드, 포르투갈, 스웨덴, 스위스, 싱가포르, 미국 등지의 대학교에 재직하는 학자다. 연구를 통해 세계사 분야를 형성하는 데 기여한 원로 학자도 포함되어 있으며, 중견 및 소장 학자는 앞으로 세계사 분야를 만들어갈 사람들이다. 저자들 중 일부는 독립된 학문 분과이자 교육 분과로서의 세계사를 구축하는 데 긴밀한 노력을 기울였다. 학계에서는 이들의 활동을 지구사(global history), 초국사(transnational history), 국제사(international history), 비교사(comparative history) 등으로 일컬었다. (이들 분야는 서로 겹치거나 얽혀 있고 때로는 경쟁 관계에 놓여 있다. VOL. I에 이 분야의 발전을 추적하는 글이 몇 편 수록되었다.) 대부분의 저자는 자기 분야의 전문가일 뿐이라고 생각하지만, 편집자들이 보기에는 폭넓은 대중에게 해당 분야를 가장 잘 설명할 수 있는 전문가, 혹은 자신에게 익숙한 영역을 넘어 새로운 영역으로 나아갈 수 있는 학자다.

세계사에 접근하는 길은 여러 갈래가 있고, 시공간적 범위를 다양하게 설정해야 한다는 인식이 날로 심화되고 있다. 이를 반영해서 각 권에는 다양한 분야의 글이 수록되었다. 지역 연구, 주제 연구, 비교 연구뿐만 아니라 사례 연구도 포함되었다. 사례 연구는 세계사 특유의 폭넓은 시야에 깊이를 부여해줄 것이다.

VOL. I(한국어판 01~02권)에서는 핵심적인 분석의 틀을 소개한다. 시대를 관통하는 세계사를 어떻게 서술할 것인지, 가장 중요한 접근 방법과 주제는 무엇인지 등에 대한 내용이다. 그리고 인류 역사의 95퍼센트를 차지하는 구석기 시대부터 기원전 1만 년까지를 다룬다. 이후로 각 권이 포괄하는 시간 범위는 갈수록 줄어들 것이며, 각 권별로 시간 범위가 다소 겹칠 수도 있다. 여기에는 복잡한 시대구분 문제가 반영되어 있다. 진정으로 글로벌한 역사를 다루려면 시대구분 문제가 복잡할 수밖에 없다. 편집자들은 겹치는 시간 범위를 억지로 조정하지 않았고, (예컨대 고전기, 근대 등의) 전통적 시대구분에 얽매이지 않았다. 이는 기존의 시대구분에 도전하고자 하는 의미도 있다. 또한 각 권별로 시간 범위를 조금씩 겹치게 함으로써 다양한 지역 간의 고립과 불균형, 서로가 서로에게 영향을 미치는 방식을 강조할 수 있었다. 각 권은 고유의 주제, 혹은 일정한 범위 내의 주제에 집중한다. 주제 선정은 편집자들이 맡았는데, 각 권에서 포괄하는 시대의 핵심인 동시에 세계사 전체를 이해하는 데 기본이 되는 주제들이 선정되었다.

VOL. II(한국어판 03~04권) "농업과 세계사(1만 2000 BCE~500 CE)"는 신석기 시대 이전부터 시작해서 이후 농업의 기원과 세계 여러 지역의 농경 공동체를 살펴본다. 더불어 유목 경제와 사냥·어로·채집 경제 관련 이슈들도 검토한다. 농업을 통해 형성된 더욱 복합적인 사회 구조 및 문화 양식의 공통점을 추적하고, 세계 여러 지역을 개관하며, 해당 지역의 사례 연구를 제시한다.

VOL. Ⅲ(한국어판 05~06권) "고대의 도시들(4000 BCE~1200 CE)"은 초기 도시에 초점을 맞춘다. 도시는 인류 사회 변화의 원동력이었다. 도시 및 공통 이슈 비교 연구를 통해 행정 및 정보 기술의 탄생과 전승, 의례, 권력의 분배, 도시와 그 배후지의 관계를 추적한다. 세계 여러 지역을 대상으로 도시의 발전과 일부 도시가 제국의 수도로 전환되는 과정을 살펴보기 때문에, VOL. Ⅲ이 포괄하는 시간 범위는 매우 폭넓다.

VOL. Ⅳ(한국어판 07~08권) "제국과 네트워크(1200 BCE~900 CE)"는 대규모 정치 단위와 상호 교환 네트워크가 형성되는 과정을 분석한다. 여기에는 "고대 문명"이라고 일컬어지던 내용이 포함된다. 그러나 세계의 다른 지역까지 포함하다 보니 시간 범위가 더 넓어졌다. 노예, 종교, 과학, 예술, 성차별에 대한 장을 포함해 사회·경제·문화·정치·기술 발전의 공통점을 분석한다. 또한 지역별 개관을 제시하는데, 지역별로 한두 군데 사례 연구도 포함되어 있다. 이는 해당 지역을 보다 깊이 있게 들여다보도록 하기 위함이다.

VOL. Ⅴ(한국어판 09~10권) "교역과 분쟁(500~1500 CE)"은 당시 1000년 동안 특징적으로 나타났던 무역 네트워크 및 문화 교류의 확장을 조명한다. 여기에는 경전 중심 종교의 확장과 과학, 철학, 기술의 전파도 포함된다. 사회 구조, 문화 제도, 환경, 전쟁, 교육, 가족, 법정 문화 같은 의미 있는 주제들이 전 지구적 차원 혹은 유라시아 차원에서 논의된다. 그리고 아시아, 아프리카, 유럽, 아메리카의 정치 및 제국 연구에서는 VOL. Ⅳ에서 시작된 국가 형성에 관한 논의가 계속 이어진다.

이상 VOL. Ⅰ~Ⅴ는 모두 각 1책(book)이다. 그러나 VOL. Ⅵ~Ⅶ은 각 2책이다. 기존의 시대구분으로 보면 근현대에 해당하는 부분이다. 최근 500년에 해당하는 이 시대의 특징은 갈수록 복잡해졌다는 데 있다. 전례 없는 세계화가 진행되었기 때문이다. 뿐만 아니라 그리 멀지 않은 과거이기 때문에 자료도 풍부하고 연구 성과도 많이 남아 있다.

VOL. Ⅵ(한국어판 11~14권) "세계화의 시대(1400~1800 CE)"는 갈수록 확대되는 생물학적·상업적·문화적 교류를 추적하고, 정치·문화·지성의 발달을 살펴본다.

VOL. Ⅵ 제1책(한국어판 11~12권)은 갈수록 상호 의존성이 심화되는 세계가 어떻게 만들어지게 되었는지 그 기초를 살펴본다. 여기에는 환경이나 기술 혹은 질병 등의 주제, 카리브해나 인도양 혹은 동남아시아처럼 특히 교류가 집중되었던 지역, 해양 제국이나 러시아 같은 육지 중심의 제국, 이슬람 제국, 대륙과 해양 모두 진출한 이베리아반도의 제국(포르투갈과 스페인) 같은 대규모 정치 체제 등이 연구 대상에 포함된다.

VOL. Ⅵ 제2책(한국어판 13~14권)은 전 세계적 혹은 지역적 이주와 서로의 만남을 검토한다. 이주를 일으킨 경제·사회·문화·제도적 구조를 살펴보고, 또한 이주를 통해 이러한 구조가 어떻게 바뀌었는지 검토한다. 여기에는 무역 네트워크, 법, 생필품 유통, 생산 과정, 종교 체제 등의 논의가 포함된다.

VOL. Ⅶ(한국어판 15~18권) "생산, 파괴, 접속(1750~현재)"은 세계가 화석 연료 사용 단계로 접어드는 과정을 추적하고, 인구 폭발과 세계화 과정을 통한 활발한 교류의 시대를 다룬다.

VOL. Ⅶ 제1책(한국어판 15~16권)은 인구 과잉의 지구가 만들어진 물질적 조건에 대해 논의한다. 여기에는 환경, 농업, 기술, 에너지, 질병 등의 주제와, 국가주의, 제국주의, 탈식민화, 공산주의 등 현대 사회를 만든 정치적 흐름, 그리고 몇몇 핵심 지역 연구가 포함된다.

VOL. Ⅶ 제2책(한국어판 17~18권)은 앞에서 논의된 주제들을 다시 검토한다. 가족, 도시화, 이민, 종교, 과학 등의 주제뿐만 아니라 스포츠, 음악, 자동차 등 이 시대에 특징적으로 나타난 글로벌한 현상, 냉전과 1989년 같은 변화의 특별한 계기 등에 대한 연구가 포함된다.

〈케임브리지 세계사〉 시리즈에는 모두 200여 편의 논문이 수록된 만큼 종합적이라고 할 수 있다. 그러나 결코 충분하지 않다. 각 권별 책임 편집자는 무엇을 포함하고 무엇을 배제할지 고심을 거듭했다. 이는 세계사 연구자라면 누구나 맞닥뜨리는 문제다. 2000년도 더 지난 과거에 헤로도토스(Herodotos)도 그랬고, 사마천(司馬遷)도 마찬가지였다. 각 권에서 논문의 배열 순서는 해당 시대의 특성을 고려하여 책임 편집자(들)가 판단했다. 그래서 각 권의 구성이 조금씩 다르다. 권별로 시대도 조금씩 겹치므로 어떤 주제는 여러 권에 걸쳐서 등장하기도 한다. 이는 각 권의 역사적 흐름을 이해하는 데 모두 중요하다고 판단되는 주제였기 때문이다. 특히 시리즈 편집자들은 중요한 요소의 발전 과정을 각기 다른 관점에서 살펴보는 것이 세계사 연구에 가장 적합한 방향이라

17

고 생각했다. 각주는 다른 케임브리지 역사 시리즈들과 마찬가지로 상대적으로 가볍게 달았고, 처음 이 분야에 주목하는 독자들을 위한 배려로 각 장이 끝날 때마다 "더 읽어보기" 목록을 제시했다. 또한 이 시리즈는 이전의 시리즈들과 달리 전권이 한꺼번에 출간되었다(영어판의 경우 — 옮긴이). 시리즈를 출간하는 데 10여 년씩 걸리던 출판계의 여유로운 속도가 21세기 디지털 시대에 이르러 달라진 것인지도 모르겠다.

다시 말해 〈케임브리지 세계사〉 시리즈는 책이 기획 및 생산되는 시점의 시대상을 반영하고 있다. 〈케임브리지 근대사〉 시리즈도 이와 다르지 않았다. 케임브리지대학교 출판부의 설명에 따르면, 액턴 경이 기획한 것은 "세계사"였다. 그러나 실제로 그 시리즈에 수록된 수백 편의 글 중에서 주인공이나 사건 혹은 정치 단위가 유럽과 북아메리카를 벗어난 경우는 손에 꼽을 정도에 불과했다. 〈새로운 케임브리지 근대사〉 (1957~1979) 시리즈도 마찬가지로 세계사를 자처했지만 지역 편중은 별로 개선되지 않았다. 이는 놀라운 일이 아니다. 1957년, 심지어 시리즈의 마지막 권이 출간된 1979년에도 유럽은 곧 "세계"였고, 근대의 모든 것은 유럽에서 비롯되었다고 믿었다. 이런 관점을 우리는 "유럽 중심주의"라 부른다. (다른 언어권에서도 세계사가 집필되는 해당 지역을 중심으로 세계를 바라보는 관점이 없지 않았다.) 20세기 중반에도 유럽 중심은 지속되었고, 세계사와 지구사 분야는 미약했다. 강연회, 학회, 학술지 등 신생 분야를 형성해간 주역들은 1980년대에 이르러서야 등장했다. 그중에는 시작된 지 10년도 안 지난 것들도 있다. 가령 〈세계사 저널(Journal of World History)〉이 1990년 처음 출간되었고, 〈지구사 저널

(Journal of Global History)〉이 2005년, 〈뉴 글로벌 스터디즈(New Global Studies)〉가 2007년 시작되었다.

세계사 혹은 지구사의 발전은 다른 모든 학문 분과에서 치열한 자기 반성이 이루어지던 시대와 맥을 같이했다. 자신의 존재를 돌아보지 않고는 어떤 연구도 불가능했고, 기존의 모든 범주가 혼란스러워졌다. 포함과 배제, 다양성에 대한 우려가 역사학의 하위 분야에서 기본으로 자리 잡았고, 이러한 분위기에서 역사학 관련 교육이 이루어졌다. 그래서 이 시리즈의 편집자들은 균형을 추구하려고 노력했다. 전통적으로 세계사 분야에서 중점을 둔 것은 거대 규모의 정치·경제적 과정이었고, 정부나 경제 엘리트들이 주체가 된 역사였다. 이것과 문화적 요인, 사고방식, 의미 등 새로운 관심 주제들의 균형을 고려해야 했다. 뿐만 아니라 우리는 세계 여러 나라의 역사에서 중요한 주제들도 포함시키고자 노력했다. 저자의 구성에서도 지역적 안배와 세대별 안배를 고려했다. 〈케임브리지 근대사〉와 비교하자면 저자군의 지역적 범위가 훨씬 더 넓고, 저자의 성별도 더 균형이 맞는다. 그러나 우리가 원한 만큼 글로벌하지는 못했다. 현재 세계사와 지구사 연구는 영어권에서 압도적으로 많이 진행되고 있다. 그래서 학자들의 분포 또한 영국과 미국의 대학교에 편중되어 있다. 현대 세계의 여러 가지 불평등한 현실도 그렇지만, 세계사 연구의 이 같은 격차는 그야말로 이 시리즈에서 서술하는 세계사의 결과다. 그중 어느 시대가 핵심 요인이었는가, 그리고 어느 정도 비중으로 기원의 문제를 다룰 것인가 하는 문제는 저자마다 의견이 다를 수 있다.

나는 다만 이 시리즈가 액턴 경의 시리즈만큼 편차가 크지 않기를 바랄 뿐이다. 가능하면 2권으로 구성된 〈케임브리지 인도 경제사〉 (1982) 정도였으면 좋겠다. 〈케임브리지 인도 경제사〉의 편집자들(Tapan Raychaudhuri, Irfan Habib)은 서문에서 이렇게 말했다. "우리는 감히 우리의 노력이 새로운 지식을 형성하는 데 촉매가 되기를 바랄 뿐이다. 그래서 머지않아 새로운 지식이 이 책에 수록된 내용을 대체할 수 있기를 기원한다." 세계사와 지구사는 활발한 분야라서 머지않아 틀림없이 새로운 지식이 등장할 것이다. 다만 우리의 시리즈가 21세기 초라는 시점에 한해서나마 세계사 분야로 들어가는 문이 되고 전체를 조망할 수 있는 유용한 개론이 되기를 기대해본다.

메리 위스너-행크스(Merry E. Wiesner-Hanks)

케임브리지 세계사 05 차례

케임브리지 세계사 시리즈 소개   4
한국어판 영어판 분권 대조표   7
케임브리지 세계사 VOL.Ⅲ 소개   9
케임브리지 세계사 시리즈 서문   12

CHAPTER 1   서론: 초기 도시 연구의 역사   33

PART 1 초기 도시, 의례의 각축장

CHAPTER 2   고대 이집트의 도시들: 기념비적 건축물과 의례 행사   79
CHAPTER 3   신을 위한 헌정 도시: 고전기 마야 도시의 형태와 의미   117
CHAPTER 4   동남아시아의 도시 형성:
                 초기 도시부터 고대 국가까지   161
CHAPTER 5   행사를 위한 무대, 도시   197

PART 2 초기 도시와 정보 기술

CHAPTER 6   도시화와 커뮤니케이션 기술:
                 메소포타미아의 도시 우루크, 기원전 제4천년기   229
CHAPTER 7   고대 중국의 문자와 도시   261
CHAPTER 8   초기 마야 도시 읽기: 도시화 과정에서 문자의 역할   303

CHAPTER 9	키푸로 보는 타완틴수유(잉카 제국)의 행정 체계	343
CHAPTER 10	초기 도시의 문자와 기록 관리	383

PART 3 초기 도시의 경관

CHAPTER 11	티와나쿠 도시의 기원:	
	분산된 중심과 정령이 깃든 경관	421
CHAPTER 12	메소포타미아의 도시와 도시화 과정,	
	기원전 3500~1600년	463
CHAPTER 13	테오티우아칸: 지역적 맥락에서 본 초기 도시화	507
CHAPTER 14	도시 경관: 공간의 변화와 공동체의 재구축	541

케임브리지 세계사 06 차례

PART 4 초기 도시와 권력의 분배

CHAPTER 15   고대 남아시아 지역에서 도시의 위상

CHAPTER 16   기원전 제1천년기 그리스의 도시들

CHAPTER 17   다양한 도시들: 제니-제노와 아프리카의 도시화

CHAPTER 18   도시의 권력 구조: 위계질서와 그 불만

PART 5 초기 도시, 창조의 공간

CHAPTER 19   바그다드, 제국의 기반(762~836 CE)

CHAPTER 20   예루살렘: 반석 위의 도시, 상상 속의 도시

CHAPTER 21   흙과 나무로 만든 도시 뉴 카호키아: 물질성의 역사적 의미

CHAPTER 22   도시의 상상력

PART 6 고대 제국의 도시들

CHAPTER 23   신아시리아의 수도: 제국의 수도에서 코즈모폴리턴 도시로

CHAPTER 24   멕시코-테노치티틀란:
　　　　　　 메소아메리카 최후 제국의 수도, 기원과 변화

CHAPTER 25   제국 도시의 전형: 로마의 부상과 제국의 무게

CHAPTER 26   제국의 도시들

CHAPTER 27   결론: 초기 도시의 의미

그림 목록

2-1. 멤피스 신들의 이름 목록	89
2-2. 해외 원정에서 귀환하며 왕을 찬양하는 선원들	92
2-3. 마후(Mahu)의 무덤 벽화, 엘-아마르나	108
3-1. 통치자 및 도시와 관련된 그림문자들	131
3-2. 건물 축소 모형, 문도 페르디도 복합 유적, 티칼	139
3-3. 도스 필라스의 안마당, 과테말라	140
3-4. 사크비(Sakbih) 2	143
3-5. 피에드라스 네그라스의 광장, 과테말라	148
4-1. 앙코르 보레이 고고 유적에서 볼 수 있는 초기 도시의 형태	172
6-1. 우루크 에안나 구역의 건물 유적, 발굴층위 4a(c. 3300 BCE)	236
6-2. 우루크 태블릿(Level Ⅳ)과 직업 목록 태블릿 중 가장 시기가 올라가는 유물	239
6-3. 실린더 모양 인장의 인면	241
7-1. 소쌍교(小雙橋) 유적 출토 고대 문자 모음, 기원전 14세기경	266
7-2. 환북 시기의 문자 유물	269
7-3. 청동 제기 화(盉)	272
7-4. 글씨가 새겨진 소의 어깨뼈	273
7-5. 가문의 정착지, 은허 서가교(徐家橋) 북부	275
7-6. 은허 발굴 청동기에 새겨진 가문의 문장(紋章, emblem) 혹은 명칭	276
7-7. 산동성 지역의 소금 제조 오두막 복원 모형도	293
7-8. 상나라 말기의 청동기 뚜껑에 새겨진 글씨의 탁본	298
8-1. 산 바르톨로의 핀투라스 무덤 벽화 1번에 등장하는 왕의 모습, 서측 벽면 세부	323

8-2. 마야 저지대 최초의 문자 기록, 산 바르톨로의 핀투라스 무덤 벽화 5번 324

8-3. 티칼의 31번 비석에 아이콘으로 새겨진 이름 327

8-4. 코판 소재 건물의 회반죽 띠 장식에 포함된 통치자의 이름 329

8-5. 옥 장신구에 새겨진 그림과 텍스트 333

9-1. 쿠스코의 세케 시스템 도식 354

9-2. 키푸 UR53 356

9-3. 쿠스코의 세케 시스템과 짝을 이루는 키푸 유물 UR53B와 UR53C를 가상으로 비교한 도식 362

9-4. 잉카 제국의 행정 체계 도식 365

9-5. 푸루추코 키푸에 기록된 회계 배열 도식화 367

9-6. 치카마강 유역의 이중적 권력 체계 369

9-7. 키푸 UR28 373

9-8. 키푸 UR28에 기록된 밧줄의 배열과 색깔 및 수치 값 375

11-1. 티와나쿠 평면도, 중요 건축물과 수로 및 코차의 관계 428

11-2. 티와나쿠 북동쪽 복합 건물 유적 경관 428

11-3. 티와나쿠의 주거지 발굴 약도 432

11-4. 콘코 완카네의 중앙 의례용 복합 건물 438

11-5. 칼라사사야, 서측 발코니 벽의 위치 444

11-6. 단일 암체 석상 451

12-1. 텔 타야(Tell Taya) 유적 평면도, 기원전 2300년경 473

12-2. 도시 우르의 구성, 기원전 1800년경 474

12-3. 점토판에 그려진 고대 도시 니푸르 평면도, 기원전 1300년경 475

12-4. 마리(Mari)의 왕 짐리-림(Zimri-Lim)의 왕궁, 기원전 1750년경 484

12-5. 메소포타미아 지역의 사원 복원 모형도 487

12-6. 마슈칸-샤피르(Mashkan-shapir) 평면도 491

13-1. 라 벤틸라 구역의 아파트형 구조물 평면도 521

지도 목록

2-1. 이집트의 주요 유적지   83
2-2. 신왕국 시대의 테베 지도(c. 1100 BCE)   102
2-3. 람세스 2세의 수도 피라메스(Piramesse) 지도   110
3-1. 마야 유적지 지도   120
3-2. 엘 조츠의 조망점, 과테말라   150
3-3. 피에드라스 네그라스의 조망점, 과테말라   152
4-1. 동남아 초기 도시 유적 및 중국식 지명   169
4-2. 9~14세기 동남아 도시국가들   176
6-1. 메소포타미아와 우루크   232
6-2. 우루크 도시 평면도   235
7-1. 초기 청동기 시대의 고고 유적지   264
7-2. 안양의 상나라 유적지들   270
7-3. 은허의 왕실 구역   278
7-4. 산동성 지역에 있던 상나라의 식민지   292
9-1. 타완틴수유의 대략적 영역 및 네 개 수유의 위치(작은 지도)   347
11-1. 티티카카 호수 남부 평원과 콘코 완카네의 관계 및 지리적 배경   427
12-1. 중동 지역의 고대 도시들(본문에 등장하는 도시들)   470
13-1. 멕시코 평원의 선사 시대 정착지   510
13-2. 테오티우아칸, 기념비적 건축물 및 도시 내 주요 구역의 위치   519

표 목록

2-1. 고대 이집트 연표   82
3-1. 스페인 정복 이전 시기 마야의 연표   121
4-1. 거대 도시를 보유했던 초기 동남아 국가들   177
6-1. 연표   233
7-1. 중국 초기 청동기 연표   264
9-1. 쌍을 이루는 키푸   358-360
13-1. 테오티우아칸 시기의 연표   513

그림/지도/표 출처

[그림 2-1] courtesy Egypt Exploration Society. [그림 2-2] after Ludwig Borchardt, Ernst Assmann, Alfred Bollacher, Oskar Heinroth, Max Hilzheimer, and Kurt Sethe, *Das Grabdenkmal Des Königs Sa3Hu-Re'll: Die Wandbilder*, Ausgrabungen der Deutschen Orient-Gesellschaft in Abusir 1902–1908, 7 (Leipzig: J. C.Hinrichs, 1913), pl. 13. [그림 2-3] after Norman de Garis Davies, *The Rock Tombs of el Amarna*, IV, Archaeological Survey of Egypt, 16 (London: Egypt Exploration Fund, 1906), pls. xxi–xxii). [그림 3-1] (a) photograph by David Stuart; (b) photograph by Stephen Houston; (d) photograph by George Mobley, courtesy George Stuart. [그림 3-2] Proyecto Nacional Tikal. [그림 3-3] mapped and drawn by Stephen Houston. [그림 3-4] photograph by Scott Hutson. [그림 3-5] generated by Zachary Nelson. [그림 6-1] in J. N. Postgate (ed.), *Artefacts of Complexity: Tracking the Uruk in the Near East* (London: British School of Archaeology in Iraq, 2002), p. 3. [그림 6-2] in Hans J. Nissen, Peter Damerow, and Robert K. Englund, *Archaic Bookkeeping: Early Writing and Techniques of Economic Administration in the Ancient Near East* (Chicago: The University of Chicago Press, 1993), p. 110. [그림 6-3] in Postgate (ed.), *Artefacts of Complexity*, p. 10. [그림 7-1] table after Song Guoding, "Zhengzhou Xiaoshuangqiao yizhi chutu taoqi shang de zhushu" *Wenwu* 5 (2003), p. 42, Table 1. Photographs courtesy of Song Guoding. [그림 7-2] Left: photograph courtesy of History and Philology, Academia Sinica. Right: photograph courtesy of Tang Jigen. [그림 7-3] Left: photograph courtesy of Tang Jigen. Right: courtesy of the Nezu Bijutsukan Tokyo. [그림 7-4] after Zhongguo Guojia Bowuguan (ed.),

Zhonghua Wenming. (Beijing: Zhongguo Shehui Kexue Chubanshe, 2010), p. 142, by permission of the National Museum of China. 〔그림 7-5〕 from Meng Xianwu and Li Guichang, "Yinxu siheyuan shi jianzhu jizhi kaocha," *Zhongyuan wenwu* 5 (2004), p. 28, fig. 2. Redrawn by Kyle Steinke. 〔그림 7-6〕 from Zheng Ruokui, "Yinxu Dayi Shang zuyi buju chutan," *Zhongyuan wenwu* 3 (1995), p. 88, fig. 3. 〔그림 7-7〕 courtesy of Yan Shengdong. 〔그림 8-5〕 drawn by Linda Schele, ⓒ David Schele, courtesy Foundation for the Advancement of Mesoamerican Studies, Inc. 〔그림 7-8〕 Photograph after Umehara Sueji, *Hakutsuru kikkinshū* (Hyōgo, Japan: Hakutsuru Bijutsukan, 1934), no. 12 (rubbing after Zhongguo shehui kexueyuan kaogu yanjiusuo (ed.), *Yin Zhou jinwen jicheng* (Beijing: Zhonghua shuju, 1984), no. 5417-1). 〔그림 8-1〕 drawn by Heather Hurst. 〔그림 8-2〕 drawn by David S. Stuart. 〔그림 8-3〕 image by author based on drawings by William Coe (Christopher Jones and Linton Satterthwaite, *The Monuments and Inscriptions at Tikal: The Carved Monuments*, Tikal Report No. 33, Part A (Philadelphia: The University Museum, University of Pennsylvania, 1982), Fig. 51); courtesy the University of Pennsylvania Museum of Archaeology and Anthropology. 〔그림 8-4〕 drawn by Lucia R. Henderson. 〔그림 8-5〕 drawn by Linda Schele, ⓒ David Schele, courtesy Foundation for the Advancement of Mesoamerican Studies, Inc. 〔그림 9-2〕 ATE3517, Banco de la Reserva del Perú (photograph by Gary Urton). 〔그림 9-6〕 after P. Netherly, "The Management of Late Andean Irrigation Systems on the North Coast of Peru," *American Antiquity* 29 (1984), 234. 〔그림 9-7〕 Museum für Völkerkunde, Munich; s/n C; photograph by Gary Urton. 〔그림 12-1〕 Julian E. Reade, "Tell Taya (1972–73): Summary Report," *Iraq* 35 (1973), 155–87; courtesy of Julian Reade, map by George Farrant. 〔그림 12-2〕 C. Leonard Woolley and M. E. L. Mallowan, *The Old Babylonian Period*,

Ur Excavations 7 (London: British Museum, 1976), fig. 124; courtesy of the Penn Museum. 〔그림 12-3〕 courtesy of the Hilprecht-Sammlung. 〔그림 12-4〕 Jean-Claude Margueron, *Recherches sur les palais Mésopotamiens de l' Age du Bronze* (Paris: Guethner, 1982), fig. 437. 〔그림 12-5〕 (a) Delougaz, *The Temple Oval at Khafajah*, frontispiece; courtesy of the Oriental Institute of the University of Chicago. (b) C. Leonard Woolley, *The Ziggurat and its Surroundings*, Ur Excavations 5 (Oxford: Oxford University Press, 1939), pl. 86; courtesy of the Penn Museum. 〔그림 12-6〕 Elizabeth C. Stone, "Surface Survey and Satellite Reconnaissance: Reconstructing the Urban Layout of Mashkan-shapir," *Iraq* 74 (2012), 65–74, fig. 1. 〔그림 13-1〕 drawing after Sergio Gómez Chávez and Jaime Núñez Hernández, "Análisis preliminar del patrón y la distribución espacial de entierros en el Barrio de La Ventilla," in Linda Manzanilla and Carlos Serrano (eds.), *Prácticas funerarias en la Ciudad de los Dioses: los enterramientos humanos de la antigua Teotihuacan* (Mexico City: Instituto de Investigaciones Antropoló´gicas, 1999), pp. 81–148.

〔지도 2-1〕 drawn by Alison Wilkins. 〔지도 2-2〕 adapted by Alison Wilkins, after Barry Kemp, *Ancient Egypt: Anatomy of a Civilization*, 2nd edn. (London and New York: Routledge, 2006), p. 266, fig. 97. 〔지도 2-3〕 drawn by Nicola Math, with kind permission of Manfred Bietak. 〔지도 3-2〕 generated by Thomas Garrison. 〔지도 3-3〕 generated by Thomas Garrison. 〔지도 4-1〕 adapted from Pierre-Yves Manguin, "The Archaeology of the Early Maritime Polities of Southeast Asia," in Peter Bellwood and Ian C. Glover (eds.), *Southeast Asia: From Prehistory to History* (London: RoutledgeCurzon, 2004), pp. 282–313. 〔지도 7-1〕 drawn by Kyle Steinke. 〔지도 7-2〕 based on Niu Shishan, "Zhongguo gudai ducheng de guihua moshi chubu yanjiu," in

Zhongguo shehui kexueyuan kaogu yanjiusuo (ed.), *Yinxu yu Shang wenhua: Yinxu kexue fajue 80 zhounian jinian wenji* (Beijing: Kexue chubanshe, 2011), p. 227, fig. 3; Meng Xianwu and Li Guichang, "Anyang Yinxu bianyuan quyu kaogu gaishu," in ibid., p. 160, fig. 1; drawing by Cao Dazhi and Kyle Steinke. 〔지도 7-3〕 based on Du Jinpeng, *Yinxu gongdian qu jianzhu jizhi yanjiu* (Beijing: Kexue chubanshe, 2010), p. 407, fig. 11-2, redrawn by Kyle Steinke. 〔지도 7-4〕 drawn by Yan Shengdong and Kyle Steinke. 〔지도 12-1〕 courtesy of Jason A. Ur. 〔지도 13-1〕 drawn by author. 〔지도13-2〕 modified from the original 1:40,000 scale map by the Teotihuacan Mapping Project, RenéMillon, *The Teotihuacan Map* (Austin: University of Texas Press, 1973), Map 1.

〔표 4-1〕 Date ranges from Pamela Gutman and Bob Hudson, "The Archaeology of Burma (Myanmar) from the Neolithic to Pagan," in Peter Bellwood and Ian C. Glover (eds.), *Southeast Asia: From Prehistory to History* (New York: RoutledgeCurzon, 2004), pp. 149–76; John N. Miksic, "The Classical Cultures of Indonesia," in Bellwood and Glover (eds.), *Southeast Asia*, pp. 234–56; and William A. Southworth, "The Coastal States of Champa," in Bellwood and Glover (eds.), *Southeast Asia*, pp. 209–33. 〔표 9-1〕 Banco Central de la Reserva del Perú.

CHAPTER 1

서론: 초기 도시 연구의 역사

노먼 요피 Norman Yoffee
니콜라 테레나토 Nicola Terrenato

모시스 핀리(M. I. Finley)는[1] 고대 도시를 연구하는 고고학자들이 마주할 수밖에 없는 근본적인 도전 과제를 지적했다.

고대 도시의 "분위기"를 포착하는 일은 매우 어렵고, 아마도 불가능할지 모른다. 우리 눈앞에 있는 것은 폐허이며, 그로부터 이후 수 세기에 걸쳐 사람들이 살았던 흔적 아래 묻혀 있는 그림자일 뿐이다. 고대의 건물이나 구역의 모형 혹은 복원은 완전히 죽은 시체와 다름없다. 그렇게 해서 고대 건물의 형태적 측면은 다시 만들 수 있을지 몰라도, 살아 있는 공동체에서의 생생한 삶 자체는 완전히 빗나가고 만다.

고고학자뿐만 아니라 아마도 고대사를 연구하는 역사학자에 대해서도 같은 이야기를 할 수 있을 것이다. 역사학자의 자료 또한 고고학자의

이번 책의 책임 편집을 나에게 맡겨주신 총괄 편집자 메리 위스너-행크스(Merry Wiesner-Hanks)에게 감사드린다. 또한 이 책에 참여한 필진을 학회에 초청해주신 고대세계연구소 소장 로저 배그널(Roger Bagnall)에게도 감사드린다. 메리 위스너-행크스는 또한 이 학회를 지원해주시기도 했다. 마지막으로 이 프로젝트에 호의를 가지고 흥미진진한 논문으로 참여해주신 저자 여러분께도 감사의 말씀을 드리고자 한다.

1 Moses I. Finley, "The City," *Opus* 6-8 (1987-9), 309.

자료 못지않게 파편적이다. 그 자료를 통해 재구성하는 역사는 흔히 엘리트 계층에 초점이 맞추어진 형식적 내용일 뿐, 삶 자체는 빠져나가고 없다. 문헌 자료에는 고대의 생활 방식을 조명하는 극적인 지점들이 포함되어 있다. 그러나 공동체의 생생한 삶의 모습과 그 극적인 지점이 어떻게 연결되는지를 알 수 있는 실마리는 거의 없다. 이와 같은 문헌 자료와 고고학자가 복원한 건물 및 구역을 바탕으로 과연 우리는 옛날 사람들이 왜 도시에 들어가서 살았는지, 도시가 어떻게 번성하거나 무너졌는지, 시민 스스로는 자신의 삶을 어떻게 생각했는지를 어떻게 알 수 있을까?

고대 세계에서, 구체적으로 (〈케임브리지 세계사〉 시리즈 VOL. Ⅲ, 곧 한국어판 05~06권의 시간 범위인) 기원전 제4천년기부터 기원후 제2천년기 초까지의 세계는 곧 도시의 세계였다. 다시 말해서 대다수의 사람들이 고립된 채 시골에서 살지 않고 공동체에 소속되어 살았다. 그 공동체 가운데 일부는 도시에 있었고, 일부는 마을이나 시골이나 목축민이 모여 사는 곳에 있었지만, 후자도 어떻게든 도시와 연결되었다.

그렇다면 "도시"란 무엇인가? 과거의 현자들은 (그들 중 일부는 이후에 다시 소개할 텐데) 여러 가지 대답을 내놓았다. 예를 들면 이렇다. 도시는 상당히 넓은 면적을 차지하는 영구 정착지로서, 수천 명에 이르는 꽤 많은 인구가 사회적으로 다양한 신분을 갖고 매우 가깝게 살아간다. 도시에는 지도자와 그를 따르는 추종자가 있는데, 그들은 도시 안에 있는 사람과 물건을 파악하고 있으며, 누가 그리고 무엇이 도시를 떠났는지 혹은 도시로 들어왔는지 알고 있다. 도시 중심에는 인상적 건물이 위치하며, 그곳에서 정치적·사회적·이념적 행사를 거행할 수 있고, 또한 금지할 수 있다. 도시는 식량을 시골에 의존하고, 도시와 연관된 시골에서 도시인의 이익을 위하여 식량을 생산한다. 도시는 연관된 시골 사람들에게 특정한 서비스나 생산품을 공급하고, 원거리 무역을 통해 사치품과 실용품을 제공한다. 도시는 시민에게 (그리고 그 도시와 연관된 시골 사람들에게) 일종의 신분 정체성을 제공한다. 도시는 통치자를 위한 행사의 장이며, 도시의 통치자는 행사를 통해 높은 신격 또는 우주와 자신이 특별한 관계로 연결되어 있음을 과시한다. 또한 도시는 다양한 경쟁/협력 집단과 그 지도자들 사이의 사회적 드라마와 불평불만이 가득한 그릇과 같다. 도시는 자연환경과 인간의 건강에 상당한 문제를 초래했다.

도시의 "정의"랍시고 바이킹의 뷔페처럼 늘어놓은 온갖 문구 가운데 독자들이 보시기에 맘에 드는 것이 없다 하더라도 놀랄 일은 아니다. 독자들도 나름대로 여러 분야의 사상가로부터 얼핏 이런 이야기를 들은 적이 있을 것이다. 내가 필자로서 단순 명확한 도시의 정의를 내놓지 않고 회피한다는 비난을 받을지도 모르겠지만(물론 정당한 비판이다), 내 의견을 말하자면, 앞서 말한 정의는 모두 고대 도시를 연구하는 데 부분적으로 사용될 수 있는 후보다. 여기서 늘어놓은 수많은 정의에도 불구하고 예외와 조건부 상황이 있을 것이다. 이들 정의는 그야말로 (베버Weber의 의미에서) "이념형(ideal-typical)" 모델일 뿐, 우리 책에 참여하는 저자들은 나름대로 이를 수정하거나 교정하거나 자유롭게 재검토하여 사용할 것이다. 그럼에도 불구하고 도시에 대해 단순하고 말끔하게 정리된 정의를 원하는 독자가 있다면, 나로서는 니체의 지혜를 들려주고 싶다. "우리는 오직 역사가 없는 것만 정의 내릴 수 있을 뿐이다."[2] 어떤 식으로든 고고학적으로 확인할 수 있는, 다른 정착지와 형태적으로 구분되는 "도시" 만의 특성을 찾고자 하는 것은 디스코 세대(1970년대 – 옮긴이) 사회학의 잔재일 뿐이다. 오늘날 고고학자의 연구, 즉 초기 도시는 어떤 구조를 가지고 있었는지, 도시에서 통치자는 무엇을 했고 무엇을 하지 않았는지, 도시 사람들은 어떻게 움직였으며 무엇을 섬겼는지, 왜 수많은 초기 도시는 연약했는지, 여러 활동이나 행동 양식의 통합은 물론 하나의 영토 국가로 통합될 때 왜 많은 도시가 저항했는지 등등의 주제가 앞에서 열거한 도시 생활의 변수 가운데 하나의 관점에서 연구될 수 있다.

우리 책이 의미가 있는 이유는 세계적으로 초기 도시가 드물지 않았다는 사실 때문이다(세계사로 보자면, 도시가 하나도 없던 시기를 지난 뒤에 여러 도시가 진화했다. 이 시리즈의 앞 권 참조). 메소포타미아와 이집트 지역에서는 기원전 제4천년기 말엽에 최초의 도시가 출현했고, 남아시아에서는 기원전 제3천년기 초중엽에 도시가 등장했으며, 그로부터 멀지 않은 시기에 중국에서도 도시가 나타났다. 이들 도시는 각 지역에서 독자적으로 발달했다. 이후 아시아와 지중해 지역에서 여러 도시가 출현했으며, 계속해서 그 수가 늘어났다. 나일강 유역을 제외한 나머지 아프리카 지역에서는 기원후 제1천년기에 도시가 성립했다. 신대륙에서 처음 도시가 등장한 곳은 중앙아메리카 지역으로 시기는 기원전 제1천년기 초였고, 그보다 조금 뒤에 남아메리카에서 도시가 출현했으며, 오늘

---

2 Friedrich Nietzsche, "Definierbar ist nur Das, was keine Geschichte hat," in Friedrich Nietzsche, *Zur Geneologie der Moral: Eine Streitschrift. Zweite Abhandlung: "Schuld," "Schlechtes Gewissen," und Verwandtes*, O. Höffer (ed.) (Berlin: Akademie Verlag, 2004), p. 820.

날 미국 중서부에 해당하는 지역에서는 기원후 1000년경에 최소 하나 이상의 도시가 존재했다. 우리 책에서는 이들 도시의 "분위기"를 느껴보고자 한다. 그러려면 기존의 연구와는 조금 구별되는 새로운 접근법을 채택하지 않을 수 없다.

그러나 새로운 접근법을 설명하기에 앞서, 비록 이번 책의 주제는 아니지만 도시가 어떻게 왜 진화하게 되었는지 간단히 살펴볼 필요가 있겠다.[3] 도시의 진화는 결국 모든 물길이 모여드는 "저수지"와 같았다. 오랜 기간을 두고 볼 때, 세계 전역에서 독자적으로 사회적 차별과 계층화가 강화되었다. 메소포타미아, 이집트, 남아시아, 중국 북부 등의 여러 지역에서, 마야 지역에서, 안데스 지역에서 등장한 최초 단계의 도시는 서로가 경쟁자였다. 게다가 최초의 "국가"는 대개 "도시국가"였다. 이때에도 단일한 정치 구조 아래 포함되는 영토는 그리 크지 않았다.

소박한 시골 마을이나 작은 도시의 많은, 그리고 대개 다양한 사회적 집단이 도시로 몰려들어 재결합되었다. 이러한 도시는 순례, 의례, 교환, 저장, 분배의 결절점이자 전투와 방어의 중심지로 성장했다. 이들 도시에서, 더불어 도시와 결부되어 재조직된 시골까지 포함해서, 시민이라는 새로운 신분(정체성)이 만들어졌다. 그러나 새로운 신분이 기존의 경제 집단, 친족 집단, 민족 집단 구성원으로서 가졌던 신분을 완전히 대체한 것은 아니었다. 최초의 도시에서 새로운 의례 행사는 통치자와 시민 및 신격을 연결했다. 의례 행사는 새로운 통치자의 정당성과 통치권을

---

[3] 이하 이번 소절의 내용은 이 책에도 수록되어 있다. Norman Yoffee, *Myths of the Archaic State: Evolution of the Earliest Cities, States, and Civilizations* (Cambridge: Cambridge University Press, 2005).

과시하고 정당화했으며, 사회 질서를 통제할 권한을 재확인해주었다. 기념비적 건축물, 거리와 통로, 벽과 광장 등으로 구성되는 도시 설계는 시민의 사회적 역할과 관습을 정형화했다. 건축된 도시의 환경 자체가 통치자의 권한을 과시하는 것이었다. 통치자는 특정한 지식에 접근할 수 있는 특권적 지위를 가졌고, 이를 바탕으로 표면상으로는 모두를 대신하여 설계와 통제를 실행했다. 최초의 도시에서 통치술은 현재의 질서를 포함하는 것이었지만, 통치자는 문자를 통해 시간을 초월하는 역사의 목표를 주장했다. 새롭게 만들어진 도시의 경관은 여러 집단으로 구성된 사회 위에 건설된 것이지만 기존의 각 집단에서 전해져오던 질서를 말소하지는 않았다. 각각의 집단은 나름의 관심사와 지향성을 가지고 있었다.

도시의 성장은 고든 차일드(Gordon Childe)의 개념으로 보자면 대개 혁명적이었다(이하에서 다시 논의한다). 초기 도시는 단순히 정태적인 시골 기반이 누적되어 생겨난 것이 아니며, 그렇다고 정착 피라미드의 정점도 아니었다. 도시의 배후지는 이른바 도시의 "변두리"가 되었다. 도시의 발달 과정도 마찬가지였다. 도시 안팎에서의 사회생활은 궁극적으로 도시화(urbanization) 및 시골화(ruralization)라는 양쪽의 과정에서 완전히 새롭게 규정되었다(시골도 도시와의 관계에서 새롭게 만들어졌다).

연구사 개요(1)

앞에서 언급한 바와 같이, 도시의 진화를 전체적으로 보면 세계 전역에서 공통점들이 대강 드러난다. 그렇다고 해서 초기 도시의 역사가 어떻게 달랐는지, 도시 생활의 성격이 결정적으로 어떤 차이가 있었는지

도외시해서는 안 된다. 우리 책 각 장에서는 이러한 차이를 분명히 말하고 있다. 더욱이 도시 생활의 다양성을 확인하고 설명하려면 도시와 사회 제도(기관)를 비교하지 않을 수 없다.

이어지는 장에서 채택한 비교분석 방법론을 설명하기 전에 간략히 초기 도시 연구사를 언급하고자 한다. 앞에서 말했던 도시의 정의와 도시의 진화를 보는 관점이 연구사를 서술하는 가운데 다시 등장할 것이다. (여기서는 간략히 언급할 수밖에 없고, 더 자세한 내용은 이 장 말미에 나오는 "더 읽어보기" 자료를 참고하기 바란다.)

오늘날 고고학자들은 고대 도시에 대한 관심을 환기시키고 있다. 지리학, 사회학, 역사학에서도 마찬가지다. 현대의 도시가 일으키는 문제는 대중적 우려를 불러일으키고 있다. 오늘날 도시는 세계 인구의 50퍼센트가 거주하면서 전 세계 GNP의 75퍼센트를 생산하고, 전 세계 물 자원의 60퍼센트를 소비하며, 전 세계 온실가스의 80퍼센트를 배출하고 있다.[4] 현대 도시 문제에 관한 책은 셀 수 없이 많다. 그중에는 도시 연구 가이드북,[5] 도시 백과사전,[6] 도시 설명서,[7] 그리고 도시를 "혁신

---

4 Thomas Gladwin, "Doomsday Alert: Megachallenges Confronting Urban Modernity," *Journal of the International Institute, University of Michigan* 16 (2008), 14-16.
5 Gary Bridge and Sophie Watson (eds.), *A Companion to The City* (Oxford: Blackwell, 2000).
6 Peter Clark, *Cities in World History* (Oxford: Oxford University Press, 2013); and Ray Hutchison, *The Encyclopedia of Urban Studies* (Thousand Oaks, CA: Sage, 2010).
7 Mark Kurlansky, *The Big Oyster: History on the Half Shell* (New York: Random House, 2007); and Mark Mazower, *Salonika, City of Ghosts* (New York: Knopf, 2004); Gary Wills, *Venice: Lion City* (New York: Simon & Schuster, 2001).

의 엔진"이라고 주장하는 책이[8] 포함되어 있다. 이런 식의 주장은 물론 새로운 것이 아니다. 현대 도시 전공자의 연구만 보더라도 최초의 도시에 관한 제인 제이콥스(Jane Jacobs)의 주장이 있었고,[9] 에드워드 소자(Edward Soja) 또한 제이콥스의 연구에 공감을 표했다.[10]

도시를 합리적 행동 양식과 모범적 삶의 터전으로 보는 관점은 도시에 관한 서양 최초의 저작들을 떠올리게 한다. 그리스와 로마의 철학가와 역사가, 예컨대 아리스토텔레스, 테오프라스토스, 파우사니아스, 스트라본, 비트루비우스 등이 그러한 견해를 밝힌 바 있다. 그들은 도시 생활이 철학적 담론, 즉 자주적이고 "문명화된" 행동 양식에 이상적으로 걸맞은 곳이라고 생각했다. 한편 시골은 낙후된 곳이며, 단순한 시골뜨기만 사는 곳이라고 했다.[11] 물론 도시를 도둑과 사기꾼과 폭군과 불만 세력의 온상이라고 묘사한 저작들도 있었다. 그리스와 로마의 사상가들보다 수천 년 앞서 기록된 자료에 도시 관련 내용이 남아 있는데, 도시와 시골을 동등한 다양성의 입장에서 바라보고 있다. 기원전 제1천년기 중국의 초기 학자들도 마찬가지였다. 기원후 14세기에 이르러 이븐 할둔(Ibn Khaldun)은 도시 생활이 어떻게 부패하게 되었는지를 서술하면

---

8 Edward Glaeser, *Triumph of the City: How Our Greatest Invention Makes Us Richer, Smarter, Greener, Healthier, and Happier* (New York: Penguin, 2011).
9 Jane Jacobs, *The Economy of Cities* (New York: Random House, 1969). 이 책에는 최초 단계의 도시들(예컨대 신석기 아나톨리아 지역의 차탈회위크)이 농업 도입 이전에 성립되었고, 그 도시에 거주하는 사람들에게 식량을 공급하기 위해 식물 재배와 동물 사육이 시작되었다는 주장이 수록되어 있다.
10 Edward Soja, *Postmetropolis* (Oxford: Blackwell, 2000).
11 Moses I. Finley, "The Ancient City," *Comparative Studies in Society and History* 19 (1977), 305-27. 이 책에 고전적인 설명이 수록되어 있다.

서, 시골에 있는 고귀한 이방인(유목민)이 주기적으로 청소를 해줄 필요가 있다고 말했다. 그러므로 오늘날 도시에 관한 주장들이, 특히 사회 제도(기관)에 주목하며 윤리적 판단을 내린다는 점에서 그렇게 새로운 것만은 아니다.

17~18세기의 진보주의적 관점에서 보는 도시 진화의 역사를 여기서 재론할 필요는 없을 것이다. 다만 그들이 사회법과 자연법을 구분했던 것만은 언급해두고자 한다. 진보주의적 사유, 존재의 거대한 사슬이 얽혀 있다는 사유는 물론 고고학적 근거에 바탕을 둔 것이 아니었다. 〈창세기〉에 따르면 카인과 그의 아들 에녹은 최초로 도시를 건설한 사람들이었다. 또한 그리스와 로마 유물로는 고전 문학 작품 말고 선사 시대와 관련된 것이 거의 없었다. 페르디난트 퇴니스(Ferdinand Tönnies)가 "공동사회(Gemeinschaft)"와 "이익사회(Gesellschaft)를 구분할 때, 혹은 메인 경(Sir Maine)이 신분(status)과 계약(contract)을 구분할 때, 서구적 전통에서 도시는 그 논점에 포함된 적이 없었다. 도시의 진화를 생각할 수 있었던 근거는 여행자들이 가져왔는데, 식민지에 가서 "원주민"을 관찰한 결과였다. 그들은 원주민이 역사가 없는 "자연 상태"에 있다고 생각했다. 이 말에는 도시가 아니라는 의미가 함축되어 있었다. 19세기 중엽에 이르러 도시의 진화를 바라보는 관점이 크게 바뀌었다. 당시 오랜 시간에 걸친 세계의 거대한 지질학적·진화론적 관점이 확립되었다. 기존에는 성서에 나오는 희미한 이야기의 파편들을 모아서 이해했던 메소포타미아의 도시들도 이 무렵부터 본격적으로 발굴의 대상이 되기 시작했다. 논쟁의 여지가 없지 않지만 고대 도시사를 현대적으로 이해하려는 최초의 시도는 1864년 퓌스텔 드 쿨랑주(Fustel de Coulanges)에 의해서

시작되었다. 오늘날 학자들은 그의 저작을 인용하면서 학문적 선배에게 존경을 표하지 않을 수 없지만, 그의 저작은 그보다 훨씬 신중하게 들여다볼 만한 의미가 있다.

퓌스텔의 고대 도시[12]

이미 오래전부터 고대 도시에 관한 논의에서는 언제나 퓌스텔(Fustel)이 등장했다. 혹은 그의 책 《고대 도시(La Cité antique)》가 거론되기도 했다. 도시 관련 문헌 자료를 설명하자면 시기적으로 가장 앞서는 책이 바로 그 책이었기 때문이다. 그래서 고대사, 인류학, 고고학 연구에서 모두 그의 이름이 거론되었다. 그러나 깊이 있는 내용을 제대로 들여다보지는 않았던 것 같다. 그들이 보기에 각 분야의 도시 관련 최근 저작들에 비해 퓌스텔의 책은 이미 시대가 지난 데다 어딘가 복잡하고 기이한 구석이 있었다. 퓌스텔의 유산이 특히 강한 영향을 미친 분야는 역사사회학(historical sociology)과 도시 연구(urban study)였다. 그들에게 퓌스텔은 교과서로 간주되었다. 에밀 뒤르켐(Émile Durkheim), 베르너 좀바르트(Werner Sombart), 막스 베버(Max Weber) 등이 모두 퓌스텔의 논제를 거론했을 뿐만 아니라 정밀한 분석을 시도했던 것으로 보아 그 영향력을 짐작할 수 있다. 최근 전근대 도시에 관한 다양한 갈래의 연구들이 다시금 전체론적 관점으로 통합되는 경향을 고려할 때, 퓌스텔의 관점은 지금도 고대 도시 연구자라면 누구나 다시 한 번 깊이 새겨볼 만한 가치가 있을 것이다.

---

12 이번 소절은 니콜라 테레나토(Nicola Terrenato)가 집필했다.

뉴마 드니 퓌스텔 드 쿨랑주(Numa Denis Fustel de Coulanges)는 1840~1850년대에 프랑스 파리의 고등사범학교(École Normale)에서 그리스-로마 역사를 전공했다.[13] 라틴어로 쓴 그의 학위 논문 주제는 로마 신화에 나오는 화로의 여신 베스타(Vesta)였다. 베스타는 고대 로마에서 정치 조직(기관)의 등장을 이끈 강한 원동력이었다. 그가 학위 논문을 보충하여 1862년에 생애 최초로 출간한 책이 바로 《고대 도시: 그리스와 로마의 문화, 권리, 제도에 관한 연구(La Cité antique: Étude sur le culte, le droit, les institutions de la Grèce et de Rome)》(Paris, 1864)였다. 그 무렵 스트라스부르대학교에서 역사 교수로 임명된 그는 이후 거의 전적으로 중세 및 근대 프랑스사에 몰두했다. 나중에 소르본대학교와 모교인 고등사범학교에서 프랑스사를 강의했으며, 1889년 사망할 때까지 강의는 계속되었다. 이러한 이력을 감안할 때 그의 연구는 고대사보다는 가까운 시대를 애국적 관점에서 주목했던 것으로 보인다. 《고대 도시》는 퓌스텔의 개인적 연구 이력에서 완전히 고립된 저작이었을 뿐만 아니라 그리스-로마사 관련 19세기 후반 학계의 연구 경향과도 동떨어져 있었다.

퓌스텔의 고대 도시 연구에서 주요 주제는 가족과 친족 구조였다. 이들 집단이 고대 도시의 기본 구성 요소로 들어와서 블록을 형성하고 있었다. 대개는 종교와 특히 조상 숭배 문화가 도시에 사람들이 모여든 최초의 원인이었다. 확대 가족 집단은 망자를 자신이 소유한 땅에 매장하기 위해 토지 자산을 늘려갔으며, 그들의 조상 숭배가 조상을 점차 신격

---

13 François Hartog, *Le XIXe siècle et l'histoire: le cas Fustel de Coulanges* (Paris: Presses Universitaire de France, 1988).

화했고, 집단에서 나이 든 남성이 공식적으로 성직자의 역할을 맡았다. 몇몇 가족 집단이 결합하여 더 넓은 가문을 구성했고, 가문 차원에서 다시 성직자의 특권을 가진 지도자를 내세웠으며, 그의 통치를 받아들였다. 이와 같은 기본 구조가 보다 큰 규모로 확대 재편된 공간이 곧 도시였다. 도시의 왕은 시민을 대표하는 폭넓은 의미의 가문 체제에서 가장 높은 성직자였으며, 도시의 영토는 도시 정치 조직의 사유 재산이었다. 말하자면 국가는 고도의 질서를 내포한 새로운 조직이었지만 구조적으로는 가족이나 가문과 비슷했다. 가족 혹은 가문 조직은 새로운 도시 조직 내부에서도 그대로 지속되었다.

기원전 제1천년기 모든 그리스 및 이탈리아 지역 정치 조직의 출현은 이런 식의 과정으로 설명할 수 있다(또한 여러 조건을 감안해야겠지만, 다른 지역 국가 출현의 과정에도 참조가 된다. 뒤에서 다시 논의하기로 한다). 퓌스텔 당시 고전학자들의 입장과 비교할 때 퓌스텔의 이론 자체는 어느 정도 과감한 면이 있었다. 틀림없이 퓌스텔은 이 모델을 다른 곳에도 적용할 수 있다고 믿었다. 그 범위는 최소한 인도유럽인(인도유럽어족 계열 언어 사용자. 퓌스텔 당시에는 인도아리아인이라고도 했다. – 옮긴이) 종교를 공유하는 문화권, 혹은 그 바깥 지역까지 포함되었다. 남아 있는 그의 편지들과 미출간 저작들에 따르면, 그가 비교 대상으로 생각했던 지역으로 분명 인도인과 심지어 페니키아인, 중국인, 아메리카 원주민의 도시가 있었다. 그러나 이런 내용은 결코 출간된 적이 없었다.

《고대 도시》는 아름다운 문체로 쓰인 저작이며, 교양 있는 식자층으로부터 상당한 호응을 얻었다. 그런 점에서 사회과학의 선구로 알려진 여느 저작과는 다른 상황이었다. 《고대 도시》와 비슷한 시기에 전근대 문화를 다룬 다른 저서도 많이 출간되었다. 예를 들면 메인(Maine)의 《고대법(Ancient Law)》, 모건(Morgan)의 《고대 사회(Ancient Society)》, 그리고 약간 나중에 출간된 프레이저(Frazer)의 《황금가지(The Golden Bough)》 등이었다. 퓌스텔은 사회적으로 상당히 출세한 사람이었다(그는 프랑스의 명문 학교인 고등사범학교의 교장을 역임했으며, 황후 외제니 드 몽티조Eugénie de Montijo에게 개인적으로 역사 강의를 하기도 했다). 하지만 그의 첫 번째 저서 《고대 도시》는 그의 역사 강의에서 교재로 사용된 적이 없었다. 주제의 범위가 너무 일반적이고 모호하며, 또한 저서에서 인용한 1차 자료와 2차 자료가 지나치게 축약되어 있다고 보았기 때문이다. 퓌스텔은 어떤 식으로든 연대기적 틀을 만들려고 시도한 적이 없었고, 도시화 과정의 세부 사항을 특정하지도 않았다. 건조한 역사철학적 관점에서 그의 연구는 완전히 괴상한 글로 취급되었다. 이것이 당시 독일에서 학계를 주도하던 몸젠(Mommsen)의 평가였다(퓌스텔도 몸젠을 싫어한다고 공개적으로 밝혔다).

퓌스텔의 저서를 좀 더 호의적으로 읽어주는 고전학자들은 20세기 후반이 되어서야 나타났다. 예를 들면 아르날도 모밀리아노(Arnaldo Momigliano)나 모시스 핀리(Moses Finley) 같은 학자였다. 그들은 고대 역사를 인문학보다 사회학에 더 가깝게, 해석을 좀 더 적극적으로 하는 입장을 찾다가 퓌스텔까지 거슬러 올라가게 되었다. 그들은 퓌스텔의 관점이 등장하게 된 지성사적 맥락을 제대로 짚었다고 볼 수 있지만, 그들 시대의 학문적 논의와 퓌스텔을 연결하는 데 실패하고 말았다. 한편 그 무렵 파리에서는 퓌스텔의 학문적 후손이라 할 수 있는 고등사범학교 학생들 몇몇이 그의 저작에서 영감을 얻고자 했다. 그중 가장 주목할 만한 인물은 조르주 글로츠(Georges Glotz)였다.[14] 그는 고대 그리스 연구 전문가들의 담론에 퓌스텔의 사상을 재이식하고자 했다.

같은 시기 고대사 연구자들은 학문적 방향을 재검토하고 있었다. 사회인류학자들도 마찬가지였다. 그들은 국가와 도시의 출현을 진보주의 모델로 설명하고자 했다. 혁명적 지식 운동이 모두 그러했듯이, 그들은 앞 세대로 시선을 돌려 누군가 예언자처럼 새로운 사상을 선도한 인물이 있었는지 찾아보았다. 그러다가 모건(Morgan)을 기꺼이 채택했다(그 또한 퓌스텔을 알고 있었고, 퓌스텔을 참고하기도 했다). 모건은 사회 조직이 계단식으로 점차 복잡한 단계로 진화해왔다는 가설을 선구적으로 제시한 인물로 평가되었다. 클라이드 클럭혼(Clyde Kluckhohn)처럼 퓌스텔의 존재를 알린 사람도 있었지만, 퓌스텔의 관점은 (주로 고대 그리스와 로마에 한정되어 있어서) 너무 범위가 좁은 것처럼 보였고, 또한 퓌스텔의 문화-역사적 접근 방식은 복합적 정치 구조의 등장과 관련되는 물질적 조건과는 거의 상관이 없었다. 종교와 세계관에 대한 퓌스텔의 주장은 기껏해야 서문의 각주란 정도에 실어주면 그만이었다.

역사학과 인류학에서 퓌스텔을 받아들였던 태도와 극명히 대비되는 분야가 있었으니, 당시 신생 학문이었던 사회학이었다. 사회학에서는 처음부터 퓌스텔을 분과 학문의 창시자(founding father) 중 하나로 환영했다. 이는 의심할 나위 없이 에밀 뒤르켐에 의한 것이었다. 뒤르켐은 퓌스텔의 고등사범학교 제자들 가운데 유명한 스타였다(그는 몽테스키외를

---

14 Georges Glotz, *La cité grecque, evolution de l'humanité collective* (Paris: La Renaissance du Livre, 1928).

주제로 한 자신의 학위 논문을 퓌스텔에게 헌정했다). 그러나 사회학의 퓌스텔 평가 그 자체를 지적 분기점의 한 징후로 볼 수도 있겠다. 당시 생성된, 그리고 보기에 따라서는 그 영향이 지금까지 미치고 있는 지성사적 경향성이 있는 것이다.[15] 사회학에서는 확인 가능한 도시 생활의 모든 측면을 이론적으로 고려하는 것이 기본이 되었지만, 고고학의 도시 연구에서는 (아래에서 상세히 논의하겠지만) 신앙 체계를 무시하는 경향을 보이거나, 혹은 신앙 문제를 물질적 조건에 부수되는 대수롭지 않은 현상으로 간주했다. 가끔은 양쪽의 지적 전통을 풍부히 흡수한 인물이 등장하기도 했다. 예를 들면 막스 베버 같은 인물이었다(아래에서 상세히 논한다). 그는 원래 고대사 전공으로 훈련받은 학자였다. 그러나 사회학이라는 새로운 분야를 지지했으며, 경제학 및 인류학과 다른 사회과학 분야에서도 많이 읽히는 저자가 되었다. 베버는 분명 퓌스텔의 저작을 알고 있었다. 심지어 자신의 저서《경제와 사회》(1922)에서《고대 도시》의 상당 부분을 축약해 인용하기도 했다.[16] 막스 베버는 도시화 과정을 물질과 제도(기관)의 측면에서 설명했지만, 퓌스텔은 결코 그런 적이 없었다. 다만 흥미로운 지점은, 베버가 퓌스텔과 마찬가지로 도시화 과정에서 이데올로기와 그 역할의 문제를 간과하지 않았다는 사실이다.

퓌스텔을 분과 학문의 선조로 소중히 추앙하는 또 하나의 제자가 있으니, 바로 종교사 분야다. 도시 생활에서 종교적 신앙이 결정적 역할을

---

15 François Héran, "L'institution démotivée: De Fustel de Coulanges à Durkheim et audelà," *Revue Française de Sociologie 2* 8 (1987), 67–97.
16 Max Weber, *The City*, Don Martindale and Gertrud Neuwirth (trans.) (New York: Free Press, 1958).

한다고 보았던 퓌스텔의 입장을 고려할 때, 종교사 분야의 퓌스텔 추앙은 그리 놀랄 일이 아니다. 또한 분명한 것은, 일신론을 벗어난 종교 연구는 어느 분과 학문에서도 거의 관심을 두지 않았던 희귀 주제에 속한다는 사실이다. 비교 연구 대상에 고전 시기가 포함되더라도 마찬가지였다(고인류학에서도 이는 주변적 주제로 취급되었다). 그러나 로마의 종교는 과거에도 그랬고 지금도 그렇지만, 다른 종교와의 맥락에서 연구되어왔다. 이것이 바로 퓌스텔이 그의 박사 학위 논문에서부터 채택한 방식이었다. 게다가 조르주 뒤메질(Georges Dumézil)이 일생에 걸쳐 노력했던, 즉 로마의 종교를 인도유럽인의 신앙과 문화적 맥락에서 설명하려 했던 시도는 퓌스텔의 독창적 시각의 직접적 연장선상에 있었던 것으로 알려져 있다. 비교언어학 또한 사정이 이와 다르지 않았다.

　이상과 같은 학문적 역사를 거쳐 이제는 전근대 도시들에 대해서도 비교의 관점에서 접근할 때가 되었다. 우리 책에서 하고자 하는 일이 바로 그것이다. 이는 아마 《고대 도시》 이후 지속되어온 가치를 제대로 평가하는 일과도 관련이 있을 것이다. 《고대 도시》를 오늘날 다시 읽으면 충격적으로 다가오는 점이, 어떻게 역사를 넘어서서 논의의 공간을 만들었을까 하는 것이다. 그러면서도 순수 정치학(구조주의적 무시간성)까지는 나아가지 않았다. 퓌스텔의 연구에는 연대기도 없고 실제 사건 사례도 충분히 제시되지 않았다. 그래서 역사서로 보기에는 낯선 측면이 있지만, 그렇다고 완전히 무시간적이거나 추상적인 것도 아니다. 퓌스텔의 최우선적 관심사는 도시의 기원이 비롯된 사상적 연원을 이해하는 것이었고, 도시화 과정에 참여했던 사람들이 왜 하필이면 그런 형태로 도시를 만들었는지를 확인하는 것이었다. 퓌스텔의 도시는 실제 사람들에 의해 만들어진 것이었다. 그들의 삶은 전통과 의식 구조에 따라 구조적으로 정해져 있었지만, 그러나 동시에 그들은 사회적 변화를 이끌어낼 결정을 내렸던 사람들이다.

《고대 도시》에는 현대 사상의 선구라 할 만한 아이디어들이 풍부하게 담겨 있다. 예컨대 이데올로기적 공간에 관한 그의 주장은 오늘날 많은 도시 이론에도 적용될 수 있을 것이다. 또한 오늘날 초기 도시의 유적지와 심지어 농업 유적(예컨대 터키의 괴베클리 테페나 루이지애나의 포버티 포인트)에서도 종교의 핵심적 중요성이 새롭게 발견되고 있다. 이는 초기 정착 생활에서 종교 문제를 중요하게 다루었던 퓌스텔의 학위논문에 흥미로운 근거를 더해주고 있다.

더욱이 퓌스텔은 자연적 공간과 사회적 공간의 관계를 형성하는 방식으로서의 종교를 강조했는데, 이는 인지적 참여(cognitive involvement)의 차원에서 사회정치적 복합 구조의 등장을 이해하는 데 도움이 된다. 또한 퓌스텔의 확고한 입장은 "고대인들(anciens)"이 "현대인들(modernes)"과 아무런 관계가 없으며, 고대사를 현대에 투사하여 이해하는 것은 무식한 오해에 불과하다는 것이었다. 이러한 퓌스텔의 관점에 따르면, 정치 조직에서 목적론적으로 고대사를 이용하는 것은 원천적으로 불가능한 일이었다.

논란의 여지가 없지 않지만, 퓌스텔은 망탈리테(mentalité) 개념의 초석을 마련한 인물이었다. 이 개념은 차후 브로델(Braudel)과 아날학파(Annales school)의 역사사회학 이론의 핵심이 되었다(고등사범학교와 경쟁 관계인 고등연구원École des Hautes Études에서 그의 개념이 발전했다는 것도 아이러니라 하겠다). 퓌스텔은 독자들로 하여금 신앙과 행동 규범에 따른 금기가 당시에 어떠했을지 상상해볼 것을 촉구했다. 당시의 금기는 우리 시대의 금기와는 완전히 다른 것이었지만, 여전히 도시가 존재하기 위해서는 어떤 식으로든 금기가 있어야 했다. 가장 주목할 만한 그의 통찰은 금기에 관한 것이었다. 금기는 기존의 문화적 요소(가족)를 받아들이고 그것을 규모가 다른 차원에 적용함으로써 무언가 새로운 것을 만들어낸다. 그래서 새로 만들어진 것이지만 익숙한 느낌을 주고 금기 체계에 처음 참여하는 사람들도 쉽게 이해할 수 있는 것이다. 더불어 그는 가족을 고대 사회의 유일한 실체(vrai corps)로 보았으며, (그가 보기에 기독교의 산물일 뿐인) 근대적 개인주의의 영향을 완전히 배제했다.

퓌스텔의 걸작《고대 도시》는, 19세기 후반의 몇몇 위대한 논문이 그러했듯 시사하는 바가 많고 독자의 마음을 사로잡는다. 상세한 대목에서 잘못된 내용이 있는 것은 분명하다(예컨대 초기 로마인이 사유지에 매장을 했다는 가설에 반대되는 증거가 충분히 발견되어 있다). 그러나 이런 점들 때문에 그의 저서가 그려 보이는 문화적 풍경의 매력이 감소되는 것은 결코 아니다.《고대 도시》는 도시에 관한 현대적 이론의 틀을 만들었을 뿐만 아니라 고대 도시에 관한 현대의 많은 연구에도 상당한 울림을 주고 있다.

연구사 개요(2)

고대 도시와 현대 도시를 막론하고, 19세기 유럽에서 도시를 보는 관점이 바뀌게 된 것은 몇 가지 학문적 요인 때문이었다. 첫 번째 요인은 당시 새롭게 등장한 경제지리학이었다. 이는 도시와 도시, 도시와 시골의 공간적 관계를 형태적으로 살펴보는 학문이었다. 경제지리학은

간접적으로나마 고고학 연구의 혁명적 변화에 영향을 미쳤는데, 이 문제에 관해서는 뒤에 다시 논의하기로 한다. 1826년 폰 튀넨(J. H. von Thünen)은 도시를 둘러싸고 있는 토지 이용의 동심원적 구조를 밝혔다(가장 가까운 첫 번째 원 안에서는 과일과 채소를, 그다음 원 안에서는 목재와 곡물을 생산했고, 마지막 원은 목장 지대였다). 이러한 분석은 이상적 환경을 전제로 한 것이었다. 즉 자연적 장애물이나 도로 혹은 기타 특별한 운송 수단이 없는 상황에서, 비용 대비 효율성이 높은 방식으로 시장 상품을 생산하고 지출 비용을 최소화하는 합리적 농부의 행동 양식을 가정했을 경우다. 폰 튀넨은 지주였고, 그의 연구는 실제 적용을 염두에 둔 것이었다. 1909년 알프레드 베버(Alfred Weber)는 비슷한 방식으로 산업을 연구했다. 즉 원재료 공급처와 시장의 관계에서 산업의 지출 비용을 최소화할 수 있는 생산 설비의 위치를 검토한 연구였다. 이와 더불어 여러 연구를 바탕으로 1933년 발터 크리스탈러(Walter Christaller), 그리고 1940년 아우구스트 뢰슈(August Lösch)가 "중심지 이론(central place theory)"을 만들어냈다. 발터 크리스탈러의 책이 1966년 영국 지리학자에 의해 번역되었으며, 이 책은 1960년대 말에서 1970년대 초까지 미국 고고학계에 영향을 미쳤다(아래 개요 참조).

초기 도시에 관한 고고학계와 고대사학계의 연구 방향 설정에 영향을 미친 도시 관련 이론의 두 번째 경향은 철학적 및 사회학적 관심이었다. 이들은 도시의 특성을 새로운 종류의 행동 양식이 출현한 공간이라는 데에서 찾았다. 대표적 예로 페르디난트 퇴니스(Ferdinand Tönnies)를 들 수 있는데, 앞에서 언급한 "공동사회(Gemeinschaft)"와 "이익사회(Gesellschaft)"의 구분이 1887년에 발표되었다. 두 가지 사회 유형의 진화론적 차이를 고려하면서 퇴니스는 특히 시골과 상업 도시의 차이를 언급했다. 이것이 나중에 마르크스와 엥겔스의 계급 기반 도시 분석으로 이어졌다. 퇴니스의 이론이 도시 생활과 도시에 결부된 배후지에 관심을 두게 되면서 1861년 메인(Maine)이 제시한 신분(status) 유형과 계약(contract) 유형 모델과는 내용이 달라졌고, 이후 뒤르켐의 유기적 연대(organic solidarity)와 기계적 연대(mechanical solidarity) 개념에 영향을 미치게 되었다.

마르크스는 도시에서의 노동 분화와 계급 차이, 그리고 생산 양식과 산업화에 관해 썼는데, 이는 분명 도시를 전제로 한 것이었다. 그러나 그는 이른바 도시 이론을 특별히 따로 설정하지는 않았다. 고대 도시는 노예와 농지 소유에 기반을 두고 있었다. 봉건 도시와 중세 유럽의 교역을 설명할 때는 도시와 배후지의 구분과 생산 양식의 차등을 강조했다. 근대에 이르러 도시와 시골은 모두 자본주의적 생산 양식에 접어들었으며, 도시라는 주제 그 자체에는 관심도가 낮아졌다. 엥겔스는 자본가의 거대 도시를 혹평했지만, 지적했던 문제는 경제 체제였을 뿐 도시 그 자체가 아니었다.

게오르그 짐멜(Georg Simmel)은 1903년 특이하게도 "정신적 도시 생활"의 본성에 관한 글을 발표했다. 짐멜은 베를린을 관찰 지점으로 설정한 뒤 도시에서의 사람들의 충돌, 도시의 소음과 악취에 주목했으며, 사람들이 왜, 특히 낯선 사람들끼리, 공동의 이익을 나누는 인간 대 인간이 아니라 소비자 대 생산자로 만나게 되는지를 연구했다.

짐멜은 연구를 함께한 발터 벤야민(Walter Benjamin)뿐만 아니라 로버트 파크(Robert Park)를 거쳐 시카고대학교 도시사회 연구에도 영향을 미쳤다. 여기에 대해서는 곧 다시 설명하기로 한다. 도시 연구에서 폰 튀넨 및 알프레드 베버가 기초를 놓은 경제지리학과 시카고학파의 연관 관계는 매우 뚜렷했다.

시카고학파의 도시사회 연구는 같은 대학교 인류학과의 로버트 레드필드(Robert Redfield)와 밀턴 싱어(Milton Singer) 같은 학자들에게 강한 영향을 미쳤다. 이들은 민속-도시의 이항 대립 구조를 제시한 바 있다. 또한 인류학과 및 오리엔탈 박물관에 근무했던 로버트 애덤스(Robert Adams)도 영향권 내에 있었다. 애덤스의 제자들(특히 헨리 라이트Henry Wright)과 제자의 제자들은 고고학 분야에서 도시 연구의 영향을 강하게 흡수했다. 런던에서 교수 생활을 하다가 시카고로 건너간 폴 휘틀리(Paul Wheatley)는 시카고학파의 도시 연구 전통에 새로운 내용을 더해주었다. 다시 언급하게 되겠지만, 그는 퓌스텔 전통의 중요한 상속자 가운데 한 사람이었다.

도시에 관한 연구 성과를 모은 논문집(《도시》[17])의 참고 문헌 목록에 매력적인 문헌 해제가 수록되어 있는데, 여기서 저자는 게오르크 짐멜의 연구 성과에 대해 "사회학적 관점에서 도시에 관한 가장 중요한 논문"이라고 평했다. 시카고대학교의 사회학과 구성원들은 도시 시카고 자체를 대상으로 하는 많은 연구에 참여했다. 어니스트 버지스(Ernest Burgess)는 기존 독일 지리학자들의 연구를 요약하면서 도시 생활의 동심원적 구조를 제시했다. 가운데 기업 사무실이 위치하고 방사형으로

---

17 Robert Park and Ernest W. Burgess (eds.), *The City: Suggestions for the Investigation of Human Behavior in the Urban Environment* (Chicago: University of Chicago Press, 1984).

다양한 종류의 주거 공간이 펼쳐진다는 요지였다. 다양한 집단의 사람들이 경제적 신분과 민족적 출신이 서로 다른 사람들과 어울려 거주하게 된 것은 끊임없이 도시로 밀려드는 이민자 때문이었다.

루이스 워스(Louis Wirth)는 1938년 시카고학파의 간판과도 같은 논문 〈생활 양식으로서의 도시화〉를 발표했다. 이 논문에서 그는 도시를 "상대적으로 크고 밀집되며, 사회적으로 이질적인 개인이 모여 사는 영구 정착지"로 규정했다.[18] 워스는 개인의 아노미(사회적 무질서)와 도시 생활의 불평등, 다양한 사회적 집단 간의 한정된 자원 경쟁, 민족 관계의 혼성 및 민족 집단의 단절(그리고 다른 많은 문제)을 검토한 글에서 "도시 이론"과 "사회적 조직의 형태로서의 도시" 개념을 만들어보고자 했다.

워스에게 막스 베버의 장편 논문 〈도시(The City)〉는 새로운 영감을 주었다. 베버의 도시 개념이 경제적 토대와 계급으로 사회를 분석한 마르크스주의적 견해에 대립되었던 것은 주지의 사실이다. 베버에게 도시는 다양한 정치적·경제적·사회적 관계의 집합을 포괄하는 것이었다. 즉 경제적 계급뿐만 아니라 민족, "인종", 직업, 종교 등 다양한 차원으로 형성되는 다양한 사회 집단이 서로 교류하고 협상하고 투쟁하는 공간이었다. 베버에게 도시는 정치 투쟁과 사회 투쟁의 구심점이었다. 고대 중국, 인도, 이스라엘, 그리스, 로마 등지에 대한 연구를 통하여 베버는 특정 권위를 중심으로 결집한 집단과 다양한 지역에서 발생하는 분쟁 및 동맹 형성에 가치를 두었다. 베버의 도시 비교 스케일은 때로 너무 크

---

18 Louis Wirth, "Urbanism as a Way of Life," *American Journal of Sociology* 44 (1938), 1–24.

게 보는 경향이 있었다. 예를 들면 고대 도시를 소비 도시로, 중세와 근세 도시를 생산 도시로 규정하는 것은 역사학 및 고고학 연구에서 보자면 과도한 면이 없지 않았다. 그러나 그의 연구는 다양한 자원을 통제하는 서로 다른 제도적 방식을 구분하는 것이었다. 정보의 생산과 분배도 자원의 범주에 포함되었다. 이와 같은 그의 연구 방법론은 도시 연구 분야에서 중요한 측면과 고대 도시의 사회정치적 변화의 특성을 밝혀주었다. 우리 책에 수록된 연구에서 시도하고자 하는 도시 연구도 바로 이것이다.

고대 도시의 특성에 관한 고고학적 연구의 시작

고대 도시 발굴은 오랜 역사를 가지고 있다. 최소한 19세기 중엽부터 신아시리아 왕국 수도의 발굴이 시작되었다(물론 고전 그리스-로마 도시의 탐사도 빼놓을 수 없다). 그러나 초기 도시의 발전과 그 특성에 관한 고고학 최초의 의미 있는 연구는 오스트레일리아의 연구자 고든 차일드(V. Gordon Childe)에 의해 이루어진 것으로 알려져 있다. 1950년에 발표한 그의 논문은 고고학이 아닌 다른 분야의 저널에 수록되었지만, 그럼에도 불구하고 고고학계에서 그의 명성은 하늘로 치솟았다.[19] 고든 차일드의 저작은 의미심장한 새 발굴 자료에 근거를 두고 있었다. 남아시아와 마야의 도시, 메소포타미아, 특히 우루크 도시 유적의 발굴이 포함되었다. 이집트의 도시들도 모호하게 등장하기는 했지만 구체적으로

---

19 Michael Smith, "V. Gordon Childe and the Urban Revolution: A Historical Perspective on a Revolution in Urban Studies," *Town Planning Review* 80 (2009), 3-29, with extensive bibliography.

언급된 도시는 하나도 없었다.[20] 확신에 찬 어조로 그는 최초 단계의 도시들을 서로 비교 및 대조해보자고 제안했다. 그러면 최초의 도시들이 "사회 진화 과정에서 차지했던 새로운 경제적 변화"의 단계를 드러내게 되리라는 주장이었다.

고든 차일드는 일반화된 진화의 경향을 "도시 혁명(urban revolution)"이라고 일컬었다. 이 용어를 통해 그가 의미하고자 한 바는 "도시의 세계"와 도시 탄생 이전 "마을 생활의 세계"의 극적인 차이였다. 도시는 과거의 가장 큰 마을보다 몇 배나 더 컸고, 도시에는 이전 시기보다 더 다양한 노동의 구분이 존재했다. 고든 차일드가 특별히 도시 진화의 속도를 염두에 두고 혁명이라는 표현을 사용한 것은 아니지만, 최근 연구에 따르면 조그만 마을 생활에서 도시로 발달하기까지의 과정이 상당히 신속하게 진행되었을 가능성이 크다.

고든 차일드가 제시했던 유명한 도시의 기준(criteria)이 있다. "상당히 추상적인 10가지 기준은 모두 고고학 발굴 자료로부터 연역된 것이다." 기준을 설정한 목적은 "도시 이전 시기 혹은 도시와 같은 시기의 마을과 최초 단계의 도시를 구분"하기 위함이었다. 그가 제시한 10가지 "기준", 혹은 일상적 표현으로 말하자면 10가지 "특징"을 5개의 그룹으로 묶어서 보면 다음과 같다. 도시의 특징(기준) 첫 번째는 인구다. 도시의 인구 규모는 상당히 컸다. 도시에서 이웃은 단순히 친족 집단으로 구성되는 것이 아니라 경제 혹은 정치적 기반을 가지고 있었다. 그다음은 도시의 경제다. 도시의 경제는 잉여 농산물에 의존했다. 그래서 일부 도

---

20 고든 차일드 시대 이집트 연구자의 대부분은 이집트에 도시가 없었다는 입장을 취했다.

시 주민은 식량 생산에 종사하지 않았고 농부가 그들을 부양했다. 외국과의 사치품 및 "살아 있는 물품" 교역은 마을의 교역과는 다른 질서 아래 이루어졌다. 그다음은 노동의 분화다. 초기 도시에서 등장한 새로운 방식의 노동 분화는 도시의 특성을 가장 극명히 보여주는 요소였다. 노동 분화의 성격은 도시마다 서로 달랐을 것이다. 그러나 크게 보아 사회가 극소수 통치자 계층과 나머지 모든 사람으로 나뉜 것은 모든 도시에서 공통적이었다. 그다음은 도시의 정치다. 도시에서 정치는 새로운 형태의 지도자가 주도했다. 그가 바로 왕이었다. 왕은 세금을 제도화하고, 문자와 수학 및 달력 등을 이용해 경제와 사회 조직을 관리하며, 거대한 건축물을 건설했다. 왕은 통치 계급의 일부였으며, 성직자와 "시민 대표 및 군사 지도자"도 통치 계급에 속했다. 따라서 사원도 정치 구조의 일부였다고 보는 것이 합리적이다. 마지막으로 도시의 문화다. 최초 단계의 도시에서는 새로운 형태의 문화가 만들어졌다. 예컨대 조각, 회화, 인장 등의 미술도 새로운 문화에 포함되었다. (아마도 고든 차일드는 메소포타미아 원통형 인장과 도시 우루크를 비롯한 메소포타미아 지역 도시의 초기 유적을 염두에 두고 이와 같은 기준을 설정했을 것이다.) 또한 도시에서는 새로운 통치 계급의 통치를 정당화하는 새로운 이데올로기도 만들어졌다.

시카고대학교의 로버트 애덤스(Robert Adams)는 고고학의 도시 진화 연구 선구자로서 고든 차일드의 중요성을 부각시켰다. 고든 차일드가 고고학자들의 주목을 받게 된 것은 로버트 애덤스가 인용한 고든 차일드의 글 때문이었다. 같은 시카고대학교의 도시사회학 및 사회인류학 연구자들의 영향을 받은 로버트 애덤스는 표층 연구 프로젝트를 추진했고,[21] 항공 사진으로 정착지 시스템과 운하의 흔적을 찾아냈으며, 그것이 시간에 따라 어떻게 변화했는지를 추적했다. 나아가 도시와 시골의 관계, 도시와 다른 도시의 관계, 이러한 관계의 발전 과정 등을 구체적으로 파악했다. 또한 로버트 애덤스는 1966년의 저서 《도시 사회의 진화》를 통해 한정된 범위에서 비교(예컨대 메소포타미아와 메소아메리카 도시 비교)가 얼마나 효율적인지를 보여주었다.[22] 로버트 애덤스의 거작 《도시의 하트랜드》는 고고학이 도시 발전을 연구하는 데 어떻게 독창적인 통찰력을 제공할 수 있는지를 직접 보여주었으며, 이후로 고고학자들에게 지속적으로 영감을 주고 있다.[23]

발터 크리스탈러의 "중심지 이론"은 1933년 출간 이후 고고학자들에게 상당한 영향을 미쳐왔으며, 1966년에 영어로 번역되었다.[24] 그리고 시카고대학교의 지리학자들이 1967년에 상당한 분량의 연구 성과를 발표했다.[25] 독일의 지리학자 발터 크리스탈러는 도시 체계에 입각한 이상적인 도시 경관을 제시했다. 그에 따르면 소비자는 필요한 물품과 용역을 구하기 위해 도시를 방문했고, 점차 확장되는 도시에서는 그와 같은 필수 "기능"을 제공했을 뿐만 아니라 드물지만 특수한 기능도 제공했

---

21 고든 윌리(Gordon Willey)는 페루 지역을 연구하는 과정에서 지역별 정착지 패턴을 분석하는 조사 방법론을 처음으로 사용했던 연구자로 알려져 있다(연구 성과는 1953년 출간). 그것은 곧 전체 지역 가운데 문화적 행위의 공간 범위를 분명하게 밝혀내는 방법이었다.
22 Robert McC. Adams, *The Evolution of Urban Society* (Chicago: Aldine, 1966).
23 Robert McC. Adams, *Heartland of Cities* (Chicago: University of Chicago Press, 1981).
24 Walter Christaller, *Central Places in Southern Germany*, Carlisle W. Baskin (trans.) (Englewood Cliffs, NJ: Prentice Hall, 1966).
25 Richard Chorley and Peter Haggett (eds.), *Models in Geography* (London: Methuen, 1967). 이보다 영향력은 덜했지만 몇몇 고고학자들이 인용했던 아우구스트 뢰슈(August Lösch)의 연구가 있는데, 영어로는 1954년에 번역되었다.

다. 이상적 조건(즉 운송에 장애가 없고 인구가 고르게 분포하는 경우)에서라면 도시 체계는 형태적으로 6각형 모양이 될 테고, 여러 개의 6각형 시스템이 모여서 전체 도시 경관을 이룰 것이다.

고고학자들은 정찰 기법을 사용해 (로버트 애덤스가 했던 것처럼) 유적지의 지역별 등급을 매기고, 그 지역 규모에 적합한 분포도를 작성해 해당 지역의 마을, 도시, 대도시의 등급 체계를 밝혀냈다. 유적지는 4단계의 등급으로 나뉘었다(의사 결정과 관련해서는 3단계의 등급이 적용되었고, 가장 낮은 단계에는 의사 결정 기능이 포함되지 않았다). 지역 내 물품과 용역의 흐름은 대도시에서 통제했는데, 그 대도시가 바로 국가였다(이 문제에 관해서는 1975년 헨리 라이트와 그레고리 존슨의 연구가 영향력이 있었다).[26] 이처럼 고고학자들은 유적지 규모의 등급에 근거하여 최초의 국가들을 고고학적으로 확인하고자 노력했다. 등급 체계에 따른 분포를 근거로 예컨대 그레고리 존슨(Gregory Johnson) 같은 고고학자들은 경제적 "성숙도" 측면에서 정착지의 특성을 파악했다. 지역에 따라 체계 내의 1등급 도시가 경제를 주도하는 경우도 있었고, 혹은 체계적 통제가 이루어지지 않는 경우도 있었다.[27]

요컨대 고고학자들은 1980년대부터 권역별로 도시 체계를 파악하고 도시별 정착지 패턴을 연구하는 새로운 방법론을 사용했다(지리학자

---

26 Henry T. Wright and Gregory A. Johnson, "Population, Exchange, and Early State Formation in Southwestern Iran," *American Anthropologist* 77 (1975), 267-89.
27 Gregory A. Johnson, "Aspects of Regional Analysis in Archaeology," *Annual Review of Anthropology* 6 (1977), 479-508.

들 중에서도 연구에 참여하는 사람들이 있었다). 그리고 이를 통하여 도시의 발전과 정착지 패턴을 밝혀내는 복잡한 경로를 추적했다. 그러나 그들은 이번 장의 서두에서 인용한 핀리(Finley)의 도전을 무시하는 경향이 있었다. 즉 고고학에서 형식화된 양적 자료만 가지고 어떻게 도시의 "분위기를 포착할" 것인가(다시 말해서 도시 사람들의 생활상을 어떻게 이해할 것인가)? 국가의 구성 요소로서 도시를 당시에는 어떻게 이해했을까? 초기 도시들은 서로 어떻게 달랐으며, 만약 그랬다면 그 이유는 무엇이었을까?

초기 도시의 비교: 왜 그리고 어떻게?

최근 수십 년 동안 전 세계적으로 고대 도시 유적이나 그 주변에서 방대하게 고고학적 현장 발굴이 이루어졌다. 그 결과 현재 우리는 중국 최초의 도시에 관해 상당히 많은 내용을 얻었고, 세계의 고대 도시 가운데 중국의 고대 도시가 가장 큰 규모였다는 사실도 알고 있다(안양安陽 유적을 조사한 결과 기원전 1200년경 도시 면적은 30제곱킬로미터 이상, 인구는 약 20만 명이었던 것으로 추정된다).[28] 최근의 발굴 조사에 따르면 중국에서 고대 도시는 그보다 더 일찍, 그러니까 기원전 제3천년기 말엽부터 존재했을 가능성도 있다. 오래전부터 도시가 존재했다고 알려진 지역에서는 새로운 연구들이 진행되었고, 심오한 평가와 종합적 연구 결과가 많이 제출되었다. 다만 이 자리에서 풍성한 성과를 모두 열거하

---

28 기원전 제1천년기 중반 도시 바빌론도 인구나 면적이 이와 비슷한 정도로 대규모였고, 제국의 수도 로마는 그보다 더 컸다.

기란 불가능할 따름이다("더 읽어보기"에서 몇 가지 사례를 참조할 것).

다른 한편 고대 도시에 관한 한 비교 연구는 거의 없었다. 다만 비교 연구의 한 가지 주제가 있었으니, 도시국가라고 하는 오래된 개념을 새롭게 조명하는 연구였다. 1997년 데보라 니콜스(Deborah Nichols)와 토머스 찰턴(Thomas Charlton)은 《도시국가의 고고학: 다문화적 접근(The Archaeology of City-States: Cross-Cultural Approaches)》을 출간했다.[29] 저자들은 메소포타미아, 이집트, 남아시아, 중국, 마야, 멕시코, 안데스 지역을 연구했고, 최초의 국가가 왜 그렇게 규모가 작은 소국가 혹은 도시국가였는지를 탐색했다.

저자들에 따르면 도시국가는 단지 도시 하나로 구성된 것이 아니라 자원과 인력을 공급하는 상당한 규모의 배후지를 거느렸으며, 배후지는 사회·정치적 조직에 의거해 도시에 결부되어 있었다. 배후지와 도시로 구성된 많은 도시국가가 있었고, 이들은 커다란 하나의 문화권에서 "대등정치체(peer-polity)"로 공존했다. 상호 전쟁을 통해 그중 한 도시국가가 전체 문화권의 헤게모니를 장악하는 경우도 있었다. 그러나 그렇게 차지한 헤게모니는 흔히 변화되었고, 이후 도시국가의 자치 체제가 무너지고 더 큰 규모의 영토국가가 들어선 뒤에는 헤게모니 자체가 "붕괴"되었다. 물론 "도시-국가"라는 용어를 사용하면 (특히 고전학자들에게는) 고대 그리스의 폴리스(polis)와 (특히 유럽 중세학자들에게는) 르네상스 시기 이탈리아의 도시-국가가 떠오를 것이다. 이 문제에 관해서 1981년

---

29 Deborah Nichols and Thomas Charlton (eds.), *The Archaeology of City-States* (Washington, D.C.: Smithsonian Institution, 1997).

에 출간된 《5개 문화권의 도시-국가》라는 책에서 연구된 바가 있었다.[30] 모겐스 헤르만 한센(Mogens Herman Hansen)은 2000년에 《30개 도시-국가 문화 비교 연구(A Comparative Study of Thirty City-State Cultures: An Investigation Conducted by the Copenhagen Polis Center)》, 2002년에 《6개 도시-국가 문화 비교 연구(A Comparative Study of Six City-State Cultures)》를 출간했다. 여느 도시국가를 그리스의 폴리스와 비교하는 것을 어쨌든 꺼려하는 학자들이 없지 않지만, 헨리 라이트(Henry Wright) 같은 고고학자들은[31] 현재 초기 도시와 국가의 "다중심적(polycentric)" 진화 개념을 추적하고 있다. 이는 한센의 용어로 "도시-국가 문화(city-state culture)"라고 했던 개념을 준용한 것이다.

도시는 시골의 잉여 생산물을 흡수하는 곳이며 도시는 당연히 왕과 정치 지도자들이 다스렸다는 식의 도시 연구는, 오늘날 고고학자들의 관심에서 멀어졌다. 오늘날의 연구 성과에서 우리는 원로 의회, 의회, 과두 정치, 분파, 중간 엘리트층 등의 주제를 접한다. 고고학의 새로운 연구 경향 가운데 유의미한 한 가지 방향은 종교의 역할을 재검토하는 것이다. 종교는 초기 도시뿐만 아니라 도시 이전 단계에서도 조직화의 원리로 작동했다. 우리 책에서는 도시에서 의례의 중심적 역할을 검토할 텐데, 1971년에 폴 휘틀리(Paul Wheatley)가 이 주제에 대해 깊이 있는

---

30 Robert Griffeth and Carol G. Thomas, (eds.), *The City-State in Five Cultures* (Santa Barbara: ABC-Clio, 1981).
31 Henry Wright, "The Polycentricity of the Archaic Civilizations," in Vernon Scarborough (ed.), *A Catalyst for Ideas: Anthropological Archaeology and the Legacy of Douglas W. Schwartz* (Santa Fe, NM: School of American Research Press, 2005), pp. 149-68.

논의를 펼친 적이 있었다.³² 퓌스텔의 저서는 단지 초기의 도시 연구사를 정리할 때 주석란에 들어가는 정도가 아니라 종교 중심 도시 연구의 첫걸음을 내디뎠다는 측면에서 특히 중요한 의미가 있다.

이제 우리는 모시스 핀리가 언급한 고대 도시의 분위기(생활)에 대해, 또한 베버(그리고 퓌스텔)의 도시 구성에 관한 문제에 도전할 수 있게 되었다. 즉 도시에는 얼마나 많은 친족 집단과 어떤 부류의 민족 집단이 결합되어 있었을까? 도시와 시골의 관계는 어떠했을까? 도시에서 경제 및 정치 투쟁은 어떤 식으로 존재했을까? 새로운 이데올로기 혹은 새로운 절대 주권의 성립은 도시 내부의 투쟁을 어떻게 해결했을까(혹은 해결하지 못했을까)? 이데올로기는 어떻게 만들어지고 또한 도전을 받게 되었을까?

초기 도시에 관한 가장 최근의 연구들도 특별히 두드러지게 비교 연구의 방법론을 채택하고 있지는 않다.³³ 형태적 비교도 없을뿐더러 고고학 이외의 다른 분야에서 수행한 도시 연구를 인용하는 경우도 별로 없다. 현대 도시 연구가 고대 도시 생활을 이해하는 데 특별한 통찰력을

---

32 Paul Wheatley, *Pivot of the Four Quarters* (Edinburgh: University of Edinburgh Press, 1971).
33 Joyce Marcus and Jeremy A. Sabloff (eds.), *The Ancient City: New Perspectives on Ancient Urbanism* (Santa Fe, NM: School of Advanced Research Press, 2008); and Monica Smith (ed.), *The Social Construction of Cities* (Washington, D.C.: Smithsonian, 2003); Glenn Storey (ed.), *Urbanism in the Preindustrial World: Cross-Cultural Approaches* (Tuscaloosa: University of Alabama Press, 2006). See my review: Norman Yoffee, "Making Ancient Cities Plausible," *Reviews in Anthropology* 38 (2009), 264-89. 마이클 스미스(Michael Smith)는 고대 도시에 관하여 중요한 비교 관점을 제시하는 여러 논문을 발표했다. 이 글 말미의 "더 읽어보기"에 그 목록을 수록했다.

제공한다거나 새로운 문제 제기에 도움이 된다는 점을 인정한다고 해서, 굳이 도시 개념이 시공간을 초월하는 범주라고 생각할 필요는 없다. 산업화, 세계화, 이동 수단과 통신 체계, 정부 형태 등 몇 가지 측면만 보더라도 현대 도시와 고대 도시의 차이는 명확하다. 그럼에도 불구하고 비슷한 면도 있다. 예컨대 도시에 사는 많은 인구와 이질적 사회 집단들도 비슷하고, 도시가 배후지에 의존한다는 점도 크게 다르지 않다.

이 책의 구조

우리 책의 목적은 고대 도시의 특징적인 몇 가지 측면을 구체적으로 밝히고 서로 비교해보는 것이다. (서론과 결론을 제외하고) 모두 6부(part)로 나뉘는데, 각 부는 사례 연구를 내용으로 하는 3~4개 장(chapter)으로 구성된다. 각 장에서는 새로운 발굴 성과를 제시하고 그러한 흔적이 남은 이유를 간략히 설명할 것이다. 누가 만들었으며 어떤 목적으로 그리했는지를 살펴봄으로써, 각 장에서는 한 지역 내에서 하나 혹은 그 이상의 고대 도시 생활을 설명하고 도시들 간의 교류를 살펴볼 것이다. 그 뒤 각 부에 참여한 저자들이 공동으로 각자가 서술한 도시의 여러 특징이 어떻게 서로 비교될 수 있는지, 그리고 각각의 도시에서 왜 그런 차이가 생겨났는지를 서술할 것이다. 이것이 곧 각 부의 요약이 될 텐데, 여기서는 일정한 기준 아래 각 도시를 비교하게 될 것이다. 다시 말해 사례 연구 장에서 도시 간 비교를 할 때는 특별한 제한 없이 비교 주제가 선정되겠지만(그리고 사례 연구를 벗어나는 참고 내용도 가끔 언급되겠지만), 부를 요약하는 장에서는 제한된 주제의 범위에서 도시 간 비교를 할 것이다. 그 이유는 나중에 지역 범위를 더 넓혀 도시 간 비교를 수행할 단초를 마련하기 위함이다.

제1부는 "초기 도시, 의례의 각축장"이다. 이집트, 마야, 동남아시아 도시 사례 연구가 포함되었다. 각 장에서는 도시 설계가 대규모 의례와 신들을 위한 축제를 거행하기 위해 마련된 것임을 보여주었다. 또한 통치자를 위한 의례도 거행되었는데, 통치자는 자신이 근본적으로 신들과 특별한 관계에 있음을 과시했다. 수많은 도시에서 도시를 관통하는 행진이 거행되었다. 행렬이 도착하는 곳에 광장이 있었고, 그 광장에서 행사가 펼쳐졌다. 휘틀리가 말했듯 일부 도시는 그 자체로 하나의 코스모그람(cosmogram), 즉 우주를 이 땅에 재현해놓은 모양이었다. 각 장에서는 누가 의례를 거행했는지, 참석한 청중의 특성은 어떠했는지, 도시의 경관 자체가 어떻게 의례 공간이 될 수 있었는지를 검토했다.

제2부는 "초기 도시와 정보 기술"이다. 각 장에서는 문자의 발명과 사용을 검토했다. 기원전 제4천년기 말경의 초기 메소포타미아, 특히 도시 우루크(Uruk), 기원전 제2천년기 말경의 중국, 기원후 제1천년기(그리고 그 이전 시기)의 마야 사례를 연구했다. 그중 한 장에서 키푸스(quipus 혹은 khipus) 사용을 검토했는데, 키푸스란 기원후 14~15세기 잉카 제국에서 사용되었던 매듭 형식의 복잡한 정보 기록 시스템이다. 논의의 핵심은 초기 도시에서 통치자들이 어떻게 물품, 용역, 인구의 유통을 관리했는가 하는 문제였다. 문자 매체의 종류로는 태블릿(점토판), 갑골문, 비석, 항아리 등이 있었다. 기록 관리(record-keeping) 책임자는 누구였을까? 제임스 스콧(James Scott)은 통치자의 입장에서 통치 대상을 관리하는 것을 "가독성(legible, 읽을 수 있음, 읽기 쉬움)"이라는 개념으로 설명했는데, 그의 용어를 빌리자면 당시 국가는 어떻게 도시와 국가의

"가독성"을 높였을까?[34] 문자나 매듭 시스템에 기록되지 않은 정보는 어떤 종류의 것이었을까?

제3부는 "초기 도시의 경관"이다. 앞에서 언급했듯 도시가 발달하자 전원 풍경 가운데 도시가 시각적으로 구별되어 우뚝한 모습을 띠게 되었고, 동시에 시골은 도시의 배후지로 구조 조정이 이루어졌다. 각 장에서는 기원후 제1천년기 말엽 안데스 지역의 도시 티와나쿠(Tiwanaku), 기원전 제4천년기 말에서 제2천년기 중엽 사이 메소포타미아의 도시들, 그리고 기원후 초기 수 세기 동안 멕시코의 거대 도시 테오티우아칸(Teotihuacan)의 사례를 통해 "시골화(ruralization)"의 과정(시골이 도시의 배후지로 구조 조정되는 과정)과 동시에 도시 구조의 형성 및 변화를 살펴보았다. 도시 구조의 경우 특히 주거 구역의 이웃 배치, 행정 구역 및 의례 구역과 주거 구역의 관계에 주목했다. 고고학자 애덤 스미스(Adam T. Smith)와, 제인 제이콥스(Jane Jacobs)와 에드워드 소자(Edward Soja) 같은 도시지리학자와 비평가는 도시의 공간 구성에 의해 규정되는 도시의 일상생활을 설명했다.

제4부는 "초기 도시와 권력의 분배"다. 각 장에서는 하라파 문명 전통(c. 2700~1900 BCE)과 남아시아의 그 후계 문명, 기원전 제1천년기 그리스의 도시들, 그리고 주로 기원후 제1천년기에 속하는 제니-제노(Jenne-jeno)를 비롯한 아프리카의 도시들(이집트 제외)을 다룬다. 기존의 이론은 (이안 모리스Ian Morris와 알렉스 노델Alex Knodell이 주목했듯

---

34 James C. Scott, *Seeing Like a State: How Certain Schemes to Improve the Human Condition Have Failed* (New Haven, Yale University Press, 1998).

이) 일종의 "오리엔탈리즘(orientalism)"이라고 비판받을 만한 소지가 없지 않았다. 왜냐하면 그리스 이전의 도시들과 국가들은 왕실이 모든 토지를 소유하고 모든 경제 및 정치 과정을 통제하는 전제 군주의 통치 아래 있었다고 보기 때문이다. 고고학 및 고대사 분야의 연구자들은 기존의 이러한 관점을 재검토했다. 각 장에서는 초기 도시에서 절대 군주가 아닌 다른 형태의 권력과 최고 주권에 대하여 살펴보았다.

제5부는 "초기 도시, 창조의 공간"이다. 각 장에서는 기원후 1000~1300년경 미시시피강 주변의 거대했던 선사 도시 카호키아(Cahokia), 기원후 1000년경 논란이 많은 다윗의 도시(City of David)를 포함해 여러 번 재건된 도시 예루살렘(Jerusalem), 기원후 8세기 아바스 왕조의 수도로 창건된 도시 바그다드(Baghdad)를 검토한다. 이들 도시의 운명은 저마다 창건 당시의 주변 환경과 결부되어 있었다.

제6부는 "고대 제국의 도시들"이다. 기원후 초기의 로마, 기원전 제1천년기 초중기 아시리아 제국의 수도 여러 곳, 기원후 14~16세기 아즈텍의 수도 테노치티틀란(Tenochtitlan) 등이 검토 대상이다. 이들 도시는 군사 조직, 국가 종교, 대규모 건축물의 중심지였고, 먼 거리에 위치한 제국의 자원 및 노동력 공급처에 의존하고 있었다. 또한 자발적으로든 강요에 의해서든 많은 사람들이 몰려드는 곳이었다. 새로 들어온 도시 인구는 새로운 문제들을 일으켰다. 도시 내 구역에 따라서 질병, 폭력, 노예, 예속 등 전에 없던 종류와 규모의 문제들이 생겨났다.

각 장은 초기 도시의 사회·경제·정치적 측면에서 새로운 정보를 제공하고 있다. 그러나 여기에 수록된 내용이 종합적일 수는 없기 때문에 "더 읽어보기"에서 관련 참고 문헌을 제시했다(독자들은 상당한 양의 참고 자료를 확인할 수 있을 것이다). 우리 책의 목적은 독자들에게 초기 도시의 세계사를 소개하는 것이다. 그리하여 종교를 비롯한 여러 측면에서 도시들의 상호 교류를 검토하고, 도시 간의 차이를 분명히 하는 가운데 초기 도시 생활의 유사성을 탐색하고, 새로운 종류의 비교 연구를 제시하며 나름의 주장을 펼쳤다. 로마와 테노치티틀란 비교, 예루살렘과 카호키아 비교, 아테네와 제니-제노 비교가 기존의 초기 도시 연구에서 표준적 서술 방식은 아니었다. 각 장에서 제시되는 새로운 연구에 관한 논의와 비교 방법론의 결과를 우리 책의 결론(06권 제27장)에서 다시 개관하게 될 것이다. 고고학과 고대사 분야에서는 끊임없이 새로운 자료가 생산되고 있으며, 이를 설명하기 위하여 새로운 모델이 제시되고 있다. 우리 책에서는 비교적 관점에서 과거의 자료를 재검토하고, 새로운 관점을 위한 여지를 남겨두고자 했다. 재검토나 새로운 관점은 모두 살아 있는 과거(living past)의 수정과 교정, 전적으로 새로운 시선에 의해 가능하며 미래에도 또한 그러할 것이다.

더 읽어보기

Adams, Robert McC., *The Evolution of Urban Society*, Chicago: Aldine, 1966.
Alter, Robert, *Imagined Cities*, New Haven, CT: Yale University Press, 2005.
Ampolo, Carminé, "Le origini di Roma e la 'cité antique,'" *Mélanges de l'École Française de Rome* 92 (1980), 567–76.
Beard, Mary, *Pompeii: The Life of a Roman Town*, Cambridge: Profile, 2006.
Berry, Brian J. L., and James Wheeler (eds.), *Urban Geography in America: Paradigms and Personalities*, New York: Routledge, 2005.
Blanton, Richard, "Urban Beginnings: A View from Anthropological Archaeology," *Journal of Urban History* 8 (1982), 427–46.
Butzer, Karl, "Other Perspectives on Urbanism: Beyond the Disciplinary Boundaries," in Joyce Marcus and Jeremy A. Sabloff (eds.), *The Ancient City: New Perspectives on Urbanism in the Old and New World*, Santa Fe: School of Advanced Research Press, 2008, pp. 77–96.
Cantwell, Anne-Marie, and Diana diZerega Wall, *Unearthing Gotham: The Archaeology of New York City*, New Haven, CT: Yale University Press, 2001.
Chamboredon, Jean-Claude, "Émile Durkheim: le social objet de science: du moral au politique," *Crititique* (1984), 460–531.
Childe, V. Gordon, "The Urban Revolution," *Town Planning Review* 21 (1950), 3–17.
Clark, Peter (ed.), *The Oxford Handbook of Cities in World History*, Oxford: Oxford University Press, 2013.
Cowgill, George L., "Origins and Development of Urbanism," *Annual Review of Anthropology* 33 (2004), 525–42.
Duby, G., "Histoire des mentalités," in Charles Samaran (ed.), *L'histoire et ses méthodes, Encyclopédie de la Pléiade*, Paris: Gallimard, 1961, pp. 937–66.
Eisenstadt, Shmuel N., and Arie Schachar, "Theories of Urbanization," in Shmuel N. Eisenstadt and Arie Schacher (eds.), *Society, Culture, and Urbanization*, Newbury Park, CA: Sage, 1987, pp. 21–75.
Emberling, Geoff, "Urban Social Transformations and the Problem of the 'First City,'" in Monica Smith (ed.), *The Social Construction of Ancient Cities*, Washington, D.C.: Smithsonian Institution, 2003, pp. 254–68.
Fox, Robin, *Urban Anthropology: Cities in the Cultural Setting*, Englewood Cliffs, NJ: Prentice-Hall, 1977.
Fustel de Coulanges, Numa Denis, *La cité antique*, Paris: Libraire Hachette, 1864.
Hansen, Mogens Herman (ed.), *A Comparative Study of Six City-State Cultures*,

Copenhagen: Royal Danish Academy of Sciences and Letters, 2002.

─────, A *Comparative Study of Thirty City-State Cultures*, Copenhagen: Royal Danish Academy of Sciences and Letters, 2000.

Héran, François, "L'institution démotivée: De Fustel de Coulanges à Durkheim," *Revue Française de Sociologie* 28 (1987), 67-97.

Inomata, Taskeshi, and Lawrence S. Cobben (eds.), *The Archaeology of Performance*, Lanham, MD: Altamira, 2006.

Isin, Engin F., "Historical Sociology of the City," in Gerard Delanty (ed.), *Handbook of Historical Sociology*, London: Sage, 2003, pp. 312-25.

Janusek, John W., *Ancient Tiwanaku*, Cambridge: Cambridge University Press, 2008.

Keith, Kathryn, "Cities, Neighborhoods, and Houses: Urban Spatial Organization in Old Babylonian Mesopotamia," unpublished Ph.D. thesis, University of Michigan, 1999.

─────, "The Spatial Patterns of Everyday Life in Old Babylonian Neighborhoods," in Monica Smith (ed.), *The Social Construction of Ancient Cities*, Washington, D.C.: Smithsonian Institution, 2003, pp. 56-80.

Kenoyer, J. Mark, *Ancient Cities of the Indus*, Oxford: Oxford University Press, 1998.

─────, "Early City-States in South Asia: Comparing the Harappan Phase and the Early Historic Period," in Thomas Charlton and Deborah Nichols (eds.), *The Archaeology of City-States*, Washington, D.C.: Smithsonian Institution, 1997, pp. 51-70.

─────, "Indus Urbanism: New Perspectives on its Origin and Character," in Joyce Marcus and Jeremy A. Sabloff (eds.), *The Ancient City: New Perspectives on Urbanism in the New and Old World*, Santa Fe, NM: School of Advanced Research Press, 2008, pp. 185-210.

Khaldun, Ibn, *The Muqaddimah: An Introduction to History*, Franz Rosenthal (trans.), Princeton, NJ: Princeton University Press, 1969.

Kraeling, Carl H., and Robert McC. Adams (eds.), *City Invincible*, Chicago: The University of Chicago Press, 1960.

Leick, Gwendolyn, *Mesopotamia: The Invention of the City*, London: Allen and Lane, 2001.

Liu Li and Chen Xingcan, *The Archaeology of China: From the Late Paleolithic to the Bronze Age*, Cambridge: Cambridge University Press, 2012.

Liverani, Mario, *Immaginare Babele: Due secoli di studi sulla città orientale antica*, Rome: Editori Laterza, 2013.

_____, *Uruk: The First City*, London: Equinox, 2006.
Marcus, Joyce, and Jeremy A. Sabloff (eds.), *The Ancient City: New Perspectives on Urbanism in the Old and New World*, Santa Fe, NM: School of Advanced Research Press, 2008.
McIntosh, Roderick, and Susan Keech McIntosh, "Early Urban Configurations on the Middle Niger: Clustered Cities and Landscapes of Power," in Monica Smith (ed.), *The Social Construction of Ancient Cities*, Washington, D.C.: Smithsonian Institution, 2003, pp. 103-20.
McIntosh, Susan Keech, "Modeling Political Organization in Large-Scale Settlement Clusters: A Case Study from the Inland Niger Delta," in Susan Keech McIntosh (ed.), *Beyond Chiefdoms: Pathways to Complexity in Africa*, Cambridge: Cambridge University Press, 1999, pp. 66-79.
Momigliano, Arnaldo, "Foreword," in Arnaldo Momigliano, *Fustel de Coulanges, The Ancient City*, Baltimore, MD: Johns Hopkins Paperbacks, 1980, pp. ix-xiv.
Morris, Ian, "The Early Polis as City and State," in John Rich and Andrew Wallace-Hadrill (eds.), *City and Country in the Ancient World*, London: Routledge, 1991, pp. 25-57.
Mumford, Lewis, *The City in History*, New York: Harcourt, Brace, and World, 1960.
Nissen, Hans J., "Fruehe Stadtbildung im alten Vorderen Orient," in Mehmet Özdoğan, Harald Hauptmann, and Nezih Basgelen (eds.), *Köyden kente: Yakındoğu'da ilk yerleşimler (From Villages to Cities: Early Villages in the Near East- Festschrift Ufuk Esin)*, Istanbul: Arkeoloji ve Sanat Yayınları, 2003.
Raaflaub, Kurt, "City-State, Territory and Empire in Classical Antiquity," in Anthony Molho, Julia Emlen, and Kurt Raaflaub (eds.), *City-States in Classical Antiquity and Medieval Italy*, Ann Arbor: University of Michigan Press, 1990, pp. 565-88.
Redfield, Robert, and Milton Singer, "The Cultural Role of Cities," *Economic Development and Social Change* 3 (1954), 53-73.
Renfrew, Colin, "The City through Time and Space: Transformations of Centrality," in Joyce Marcus and Jeremy A. Sabloff (eds.), *The Ancient City: New Perspectives on Urbanism in the New and Old World*, Santa Fe, NM: School of Advanced Research Press, 2008, pp. 29-52.
Rothschild, Nan, "Colonial and Postcolonial New York: Issues of Size, Scale, and Structure," in Glenn Storey (ed.), *Urbanism in the Preindustrial World: Cross-cultural Approaches*, Tuscaloosa: University of Alabama Press, 2006.
Ryckwert, Joseph, *The Idea of a Town: The Anthropology of Urban Form in Rome, Italy and the Ancient World*, Princeton, NJ: Princeton University Press, 1976.

Scott, James C., *Seeing Like a State: How Certain Schemes to Improve the Human Condition Have Failed*, New Haven, CT: Yale University Press, 1998.

Sjoberg, Gideon, *The Pre-Industrial City*, New York: Free Press, 1960.

Smith, Adam, *The Political Landscape: Constellations of Authority in Early Complex Polities*, Berkeley: University of California Press, 2003.

Smith, Michael, "Ancient Cities," in Ray Hutchison (ed.), *The Encyclopedia of Urban Studies*, New York: Sage, 2009, pp. 24-8.

_____, "The Archaeological Study of Neighborhoods and Districts in Ancient Cities," *Journal of Anthropological Archaeology* 29 (2010), 137-54.

_____, "Editorial - Just How Comparative is Comparative Urban Geography? A Perspective from Archaeology," *Urban Geography* 30 (2009), 113-17.

_____, "Empirical Urban Theory for Archaeologists," *Journal of Archaeological Method and Theory* 18 (2010), 167-92.

_____, "Form and Meaning in the Earliest Cities: A New Approach to Ancient Urban Planning," *Journal of Planning History* 6 (2007), 3-47.

Smith, Monica (ed.), *The Social Construction of Ancient Cities*, Washington, D.C.: Smithsonian Institution, 2003.

Smith, P. D., *City: A Guidebook for the Urban Life*, London: Bloomsbury, 2012.

Soja, Edward, "Cities and States in Geohistory," *Theoretical Sociology* 39 (2011), 361-76.

_____, *Thirdspace: Journeys to Los Angeles and other Real-and-Imagined Places*, Oxford: Blackwell, 1996.

Stone, Elizabeth, "City-States and their Centers," in Thomas Charlton and Deborah Nichols (eds.), *The Archaeology of City-States*, Washington, D.C.: Smithsonian Institution, 1997, pp. 15-26.

_____, "The Constraints on State and Urban Form in Ancient Mesopotamia," in Michael Hudson and Baruch Levine (eds.), *Urbanism and the Economy in the Ancient Near East*, Cambridge, MA: Peabody Museum, 1999, pp. 326-80.

_____, "The Development of Cities in Ancient Mesopotamia," in Jack Sasson (ed.), *Civilizations of the Ancient Near East*, New York: Scribner's, 1995, pp. 235-48.

_____, "The Mesopotamian Urban Experience," in Elizabeth Stone (ed.), *Settlement and Society: Essays Dedicated to Robert McCormick Adams*, Los Angeles: Cotsen Institute of Archaeology, UCLA, 2007, pp. 213-34.

Terrenato, N., "The Versatile Clans: The Nature of Power in Early Rome," in Donald C. Haggis and Nicola Terrenato (eds.), *State Formation in Italy and Greece*, Oxford: Oxbow, 2011.

Trigger, Bruce, "Early Cities: Craft Workers, Kings, and Controlling the Supernatural," in Joyce Marcus and Jeremy A. Sabloff (eds.), *The Ancient City: New Approaches to Urbanism in the New and Old World*, Santa Fe, NM: School of Advanced Research Press, 2008, pp. 53–66.

_____, "The Evolution of Pre-Industrial Cities: A Multilinear Perspective," in Francis Geus and Florence Thill (eds.), *Mélanges offerts à Jean Vercoutter*, Paris: Éditions Recherche sur les Civilisations, 1985, pp. 343–53.

_____, *Understanding Urban Civilizations*, Cambridge: Cambridge University Press, 2003.

Tringham, Ruth, Peter Ucko, and George Dimbleby (eds.), *Man, Settlement and Urbanism*, London: Duckworth, 1970.

Van de Mieroop, Marc, *The Ancient Mesopotamian City*, Oxford: Clarendon, 1997.

Von Falkenhausen, Lothar, "Stages in the Development of 'Cities' in Pre-Imperial China," in Joyce Marcus and Jeremy A. Sabloff (eds.), *The Ancient City: New Approaches to Urbanism in the New and Old Worlds*, Santa Fe, NM: School of Advanced Research Press, 2008, pp. 211–30.

Wilhelm, Gernot (ed.), *Die orientalische Stadt*, Saarbrücken: Saarbrücken Drueckerei und Verlag, 1997.

Zeder, Melinda, *Feeding Cities*, Washington, D.C.: Smithsonian Institution, 1991.

_____, "Food Provisioning in Urban Societies: A View from Northern Mesopotamia," in Monica Smith (ed.), *The Social Construction of Ancient Cities*, Washington, D.C.: Smithsonian Institution, 2003, pp. 156–83.

PART 1

초기 도시, 의례의 각축장

CHAPTER 2

고대 이집트의 도시들:
기념비적 건축물과 의례 행사

존 베인스
John Baines

고대 이집트에서 거대 왕국이 성립된 시기는 기원전 3100년 무렵으로, 당시 영토는 나일강 제1급류 지대(여울목)에서부터 북쪽으로 1000여 킬로미터를 뻗어 나가 지중해까지 이르렀다(표 2-1 참조). 왕국 성립 이전부터 지역별로 중심지는 있었다. 나일강을 따라가며 곳곳에 중심지가 있었고, 그곳에서 이미 오래전부터 도시가 발달했었다. 그중 한두 곳이 정치적 중심지로 부상했고, 결국 통일 왕조의 주역이 되었다(지도 2-1). 나일강 하류의 삼각주 또한 이집트의 중요한 정착지 가운데 하나였다. 다른 지역에서 강변을 따라 중심지가 형성될 무렵, 하류의 삼각주에서도 도시가 형성되었던 것으로 추정된다.

고대 왕국이 형성될 무렵(c. 3200~3000 BCE) 멤피스(Memphis) 근처에서 인구가 고도로 밀집한 정착지가 형성되었다. 지도로 보면 그곳은 나일강 삼각주 삼각형의 하단 꼭짓점 아래, 오늘날 카이로의 남쪽 인근이었다. 당시의 인구 규모는 무덤 유적의 규모나 개수로 추정하는데, 무덤 구역은 나일강 서안(西岸)의 사막 저지대에 분포했다. 고대 도시 멤피스에서 최초로 대규모 무덤이 조성된 시기는 제1왕조와 이른바 "역사" 시대가 시작될 무렵이었다. 위치는 도시 중심지에서 가까운 서안(西岸)이었다. 기념비적 건축물은 도시의 구성 자체를 바꾸어놓았다. 그 도시의 이름이 "멤피스"라고 확인된 것은 지금으로부터 불과 두어 세대 전이

선왕조 시대	c. 5000 – 3000 BCE
나카다 문화 1기(Naqada I, 나일강 유역)	c. 4000 BCE
마아디 문화(Ma'adi, 나일강 삼각주 및 나일강 하류 유역)	c. 3800 BCE
나카다 문화 2기(Naqada II, 나일강 유역, 나중에는 이집트 전역)	c. 3500 BCE
나카다 문화 3기(Naqada III, 선왕조 시대의 최후 단계)	c. 3200 BCE
초기 왕조 시대(제1-3왕조)	c. 3000 – 2575 BCE
고왕국 시대(제4-8왕조)	c. 2575 – 2150 BCE
제1중간기(제9-11왕조)	c. 2150 – 1980 BCE
중왕국 시대(제11-14왕조)	c. 1980 – 1630 BCE
제2중간기(제14-17왕조)	c. 1630 – 1520 BCE
신왕국 시대(제18-20왕조)	c. 1540 – 1070 BCE
제3중간기(제21-25왕조)	c. 1070 – 715 BCE
말기 왕조 시대(제25-30왕조, 제2차 페르시아 지배기)	715 – 332 BCE
마케도니아 지배기	332 – 305 BCE
프톨레마이오스 왕조 시대	305 – 30 BCE
로마 지배기	30 BCE – 395 CE
비잔틴 지배기	395 – 640 CE
무슬림 정복	640 CE

〔표 2-1〕 고대 이집트 연표

었다.[1] 그러나 그곳에서 이집트 역사상 최초의 거대 고분이 조성된 이후로 오늘날에 이르기까지 멤피스는 이집트 최대 도시의 지위를 잃은 적이 없었다. 다만 그리스-로마 시대는 예외였다. 그때는 알렉산드리아가 최대 도시였다. 알렉산드로스 대왕이 나일강 삼각주 북서부 해안에 새

1 Pierre Tallet and Damien Laisney, "Iry-Hor et Narmer au Sud-Sinaï (Ouadi 'Ameyra): un complément à la chronologie des expéditions minières égyptiennes," *Bulletin de l'Institut Français d'Archéologie Orientale* 112 (2012), 385–7.

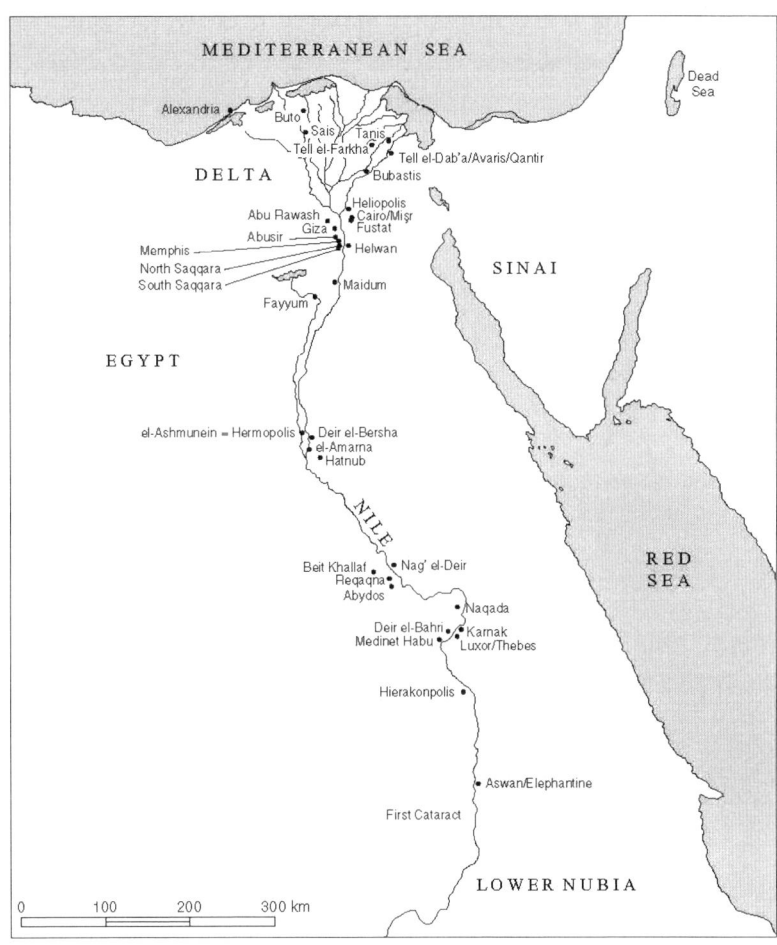

[지도 2-1] 이집트의 주요 유적지

로 건설한 이집트의 수도가 알렉산드리아였다. 당시 알렉산드리아는 세계 최대 도시 중 하나였지만, 기원후 640년 무슬림의 점령 이후 상대적으로 비중이 약해졌다. 멤피스 북동쪽으로 하루 정도 거리에는 부도심이 있었는데, 바로 헬리오폴리스(Heliopolis)라는 성지(성스러운 도시)였다.

고대 이집트에서는 역사상 수많은 왕조가 성립되었다. 모든 왕조의 설립자에게 출신지는 상당히 중요한 의미가 있었다. 그중에서도 가장 중요한 곳은 나일강 남쪽(상류)의 도시 테베(Thebes)였다. 테베는 기원전 제2천년기 동안 제1 혹은 제2의 수도였고, 이후로도 오랫동안 중요한 도시로 남아 있었다. 1000여 년의 시간이 지나는 동안 나일강 하류 삼각주에 비해 (테베나 멤피스 같은) 나일강변 지역의 중요성은 점차 약화되었다. 대부분의 사람들은 하류 삼각주에 살았고, 삼각주에 수많은 도시들이 형성되었다. 그곳은 지리적으로 근동 및 지중해 동부 지역과 가까운 곳이어서 이집트는 점차 그쪽 문화에 동화되어갔다.

나일강 상류(남쪽)에 위치했던 도시 나카다(Naqada)와 아비도스(Abydos)는 멤피스보다 먼저 지역 중심지로 부상한 곳으로 추정된다. 도시가 형성된 시기는 기원전 3700년 이후였다. 이집트의 다른 도시들과 마찬가지로 나카다와 아비도스의 경우도 도시와 관련된 1차 자료는 사막에 남아 있는 묘지 구역 혹은 의례 구역에서 발견되었을 뿐, 실제로 사람들이 거주했던 정착지 유적은 발견되지 않았다. 그래서 나카다와 아비도스의 정착지 규모와 특성은 거의 알려진 것이 없었다. 그러나 히에라콘폴리스(Hierakonpolis)의 경우는 사정이 달랐다. 그곳은 나일강 상류(남쪽) 끄트머리에 있는 사막에 위치한 도시였는데, 정착지의 상당 부분이 발굴되었다. 기원전 제4천년기 후기 이후 히에라콘폴리스의 도심 형성, 사회적 신분 차등화, 대규모 식량 생산 및 수공예품 생산 관련 자료 등이 분명히 확인되었다. 주요 종교 건축물과 기념비적 거대 무덤도 조성되었다. 이 모든 요소가 도시의 특성을 보여주는 것이었다. 그러나 도시의 인구는 그리 많지 않았던 것 같다. 나카다와 아비도스의 경우도 (묘지 구역과 의례 행사 구역 등의) 도시 구성 방식은 히에라콘폴리스와 다르지 않았을 것이다. 나일강 북쪽(하류)의 도시 멤피스 또한 거대 도시로 성장하기 전부터 그 자리에 있었던 작은 도시를 계승했을 것이다. 상류의 도시 아비도스의 통치자가 하류의 도시 멤피스 확장의 주역이었을 가능성이 매우 높다. 나중에 그는 전체 이집트의 왕이 되었다.

기원전 제3천년기에는 중상류 나일강변의 충적 평야가 도시 입지로 그리 좋은 곳이 아니었다. 강줄기가 수시로 옮겨졌기 때문이다. 당시 강줄기는 주로 동쪽으로 이동하는 경우가 많았다. 물줄기의 방향이 바뀌면 기존에 건설된 모든 것을 휩쓸어버렸다. 그래서 가장 선호한 정착지의 입지는 강둑 근처였다. 그곳이 접근성도 좋고 물건을 운반하기도 좋았다. 또한 강둑 근처는 지대가 약간 솟아 있었기 때문에 늦여름에 홍수가 날 때도 도시를 보호하기가 오히려 쉬웠다. 강변의 충적 평야 지대는 늦여름 홍수 때 완전히 잠겨버렸다(그래서 후대와 달리 그때는 강우량도 도시 입지와 관련해서 중요한 고려 요소였다). 상당한 노력을 기울인 끝에 기원전 제2천년기 후기에는 충적 평야 지대에도 대규모 도시를 건설하는 데 성공했다. 새로운 시도는 나일강의 기후 변화 덕분이었을 것이다. 강변의 충적 평야 지대에서 물 관리는 언제나 골치 아픈 문제였다. 그러나 하류의 삼각주는 사정이 달랐다. 삼각주는 여러 갈래로 흩어지는 물줄기 사이에 위치했고, 정도의 차이는 있지만 언제나 강 수면보다 높은 위치에 있었다. 그래서 도시 입지로는 중상류 강변의 충적 평야보다 하류의 삼각주가 훨씬 더 안정적이었다. 삼각주 지역에서 발굴되는 구석기 시대의 유물을 보더라도 그곳 생태 환경이 매우 오랜 세월 동안 안정적이었음을 알 수 있다. 또한 삼각주 지역에서 발견되는 (부토Buto, 사이스Sais, 멘데스Mendes, 텔 엘파르카Tell el-Farkha 같은) 도시의 흔적도 시기가 매우 오래되었는데, 기원전 제3천년기에는 뚜렷하게 도시의 특성을 갖추었던 것으로 추정된다. 그러나 이런 작은 도시가 아닌 거대 도시의 유적은 삼각주 지역에서도 기원전 제2천년기 중엽이 되어서야 비로소 등장했다. 삼각주의 도시 텔 엘다바(Tell el-Dab'a)/아바리스(Avaris)가 성장한 시기도 이 무렵이었다.

기원전 제3천년기의 멤피스와 입지 여건

멤피스 정착지의 초기 중심지는 퇴적층에서 코어(core)를 여러 개 추출하여 분석함으로써 확인할 수 있었다. 규모가 비교적 크지 않은 유적이 오늘날의 충적 평야 아래에 깊이 묻혀 있었다. 그러나 위치만 확인되었을 뿐 발굴 조사는 불가능했다. 북부 사카라(North Saqqara) 사막 구릉지대 바로 동쪽에 인접해 있었다. 북부 사카라 구릉 지대의 꼭대기에는 이 지역 최초의 그야말로 거대한 기념비적 고분들이 위치하고 있었다. 제1왕조와 제2왕조 시기(c. 3000~2700 BCE)의 고분들이었다. 무덤의 주인공은 왕의 직속 수하들이었을 것으로 추정되었다. 제1왕조 왕들의 무덤과 의례 구역은 전통적으로는 나일강 상류(남쪽) 지역의 도시 아비도스(Abydos)에 있었다. 제1왕조 중엽의 왕 덴(Den)은 아비도스 이외에 나일강 하류(북쪽)에 있는 사카라에도 부가적으로 추모 공간을 조성했고,

이후 다른 통치자들도 경쟁적으로 이러한 공간을 조성했던 것 같다. 제2 왕조의 왕들은 초기 3대에 걸쳐 사카라에 매장되었는데, 거대한 제1왕조의 고분이 있는 곳에서 남쪽으로 2킬로미터가량 떨어진 곳이었다. 이후 제2왕조의 후계자들에게 정치적 위기가 닥쳤을 때 그들의 무덤은 다시 아비도스로 옮겨 갔다. 제3왕조 최초의 왕 조세르(Djoser, c. 2650 BCE)는 사카라에 계단식 피라미드를 건설했다. 그것이 바로 그의 무덤이었는데, 이집트에서 가장 오래된 진정한 거석 기념물이었다. 위치는 제2왕조 초기 왕들의 무덤 바로 옆이었다.

이후로 약 500년 동안 모든 왕의 묘지 건축물과 왕실 내부 엘리트의 무덤 대부분은 나일강 서안(西岸)의 사막 저지대에 건설되었다. 그곳이 바로 도시 멤피스와 연결된 묘지 구역이었다. 묘지 구역은 남쪽으로 마이둠(Maidum)부터 북쪽으로 아부 라와시(Abu Rawash)까지 약 80킬로미터 공간에 펼쳐져 있었다. 그중에서 핵심 그룹은 남부 사카라(South Saqqara)와 기자(Giza) 사이 20킬로미터 공간에 위치하고 있다(공간이 남북으로 길게 뻗어 있는 이유는 고대 이집트인이 남쪽을 향해 무덤을 조성했기 때문이다). 이외에도 무덤이 최대 규모로 밀집된 헬완(Helwan) 구역이 있었다. 그곳의 고분은 무려 1만 기 이상이었다. 시기적으로 선사 시대 말기부터 기원전 2600년경까지의 무덤이었다. 위치는 멤피스로부터 약간 남쪽에 있는 나일강 동안(東岸)이었다. 그곳에는 중간 계층 엘리트들이 묻혔던 것으로 추정된다.

당시 유적의 범위가 그토록 넓게 분포한 이유는 나일강 때문이었다. 나일강을 이용하면 이동과 운반이 비교적 쉬웠다. 주된 물줄기가 닿지 않는 곳은 운하를 건설하여 물길을 연결했다. 왕의 통치가 대를 거듭하면서 왕의 거처나 행정 기관, 고분 등이 하나씩 건설되었고, 결과적으로 그때마다 도시의 모습이 바뀌었다. 그러나 이러한 건축물은 도심 지역에 몰려 있는 것이 아니라 넓은 지역 곳곳에 흩어져 있는 구조였다. 행정 기관과 저장고는 아마도 강둑에서 가까운 곳에 위치했을 것이다. 물품 저장을 위해서는 일단 건조한 지역이 필요했고 교통 접근성도 좋아야 했기 때문이다.

멤피스의 도심 지역에는 종교적 색채가 만연해 있었다. "멤피스 신들의 목록(table of gods of Memphis)"도 그러한 분위기를 증언해주는 유물이다. 목록 자체는 제19왕조의 자료지만, 적어도 그 내용 가운데 일부는 이전 왕조 시기부터 전해 내려왔을 것이다(그림 2-1).[2] 목록에는 모두 63개의 이름이 나오는데, 일부 반복되는 것도 있지만 전체적으로 7~8개 그룹으로 나뉘어 있고, 도시 내의 특정 구역 및 구역별 랜드마크와 대응되어 있다. 이러한 구분은 그 신격들을 모셨던 사원과 관련이 있는 것 같다. 즉 같은 사원에서 모시는 신격들이 같은 그룹으로 분류되었을 가능성이 있다. 멤피스가 이집트에서 가장 중요한 도시였던 만큼, 이에 걸맞게 신들의 이름도 대단히 복잡하고 난해했다. 제5왕조 말에서 제6왕조 초의 최고위 관료 두 명이 이들 신격의 이름을 일부 사용한 사례가 있었다. 아마도 성직자들이 이러한 명칭을 사용했던 것으로 추정되는데, 특정 분야의 전문 지식을 드러내려는 의도가 숨어 있었을 것이다.

멤피스에서 도시의 다른 기능들을 나타내는 근거는 발굴된 자료가

---

2 John Baines, *High Culture and Experience in Ancient Egypt* (Sheffield: Equinox, 2013), pp. 167-70.

〔그림 2-1〕 멤피스 신들의 이름 목록
아비도스에 있는 세티(Sety) 1세(c. 1290~1279 BCE) 사원의 예배실 벽면 부조.

없으므로 추정을 해보는 수밖에 없다. 애초 도시의 규모는 1제곱킬로미터가 조금 못 되었던 것 같다.³ 그러므로 도시 안에는 사원 구역 이외에도 행정 구역(다른 지방에서 수행하는 일들을 관리하는 관청들)이나 평민 주거 구역도 있었을 것이다. "신들의 목록"은 그 도시의 문화적 중요성을 알려주는 자료였다. 멤피스에는 행정 관료나 성직자를 훈련시키는 학교 같은 곳이 있었을지도 모른다. 그러나 이러한 도시의 기능들은 아

3 수치는 다음에서 인용. Norman Yoffee, *Myths of the Archaic State: Evolution of the Earliest Cities, States, and Civilizations* (Cambridge: Cambridge University Press, 2005), p. 43. 도심 지역뿐 아니라 주변을 전체적으로 아우르는 면적을 의미한다.

직 분명히 확인되지 않고 있다.

내부 엘리트 계층의 구성원은 분명 자신만의 거처가 있었을 것이다. 그들은 도시의 경계를 살짝 벗어나 가까운 시골에서 생활했던 것으로 추정된다. 그들의 무덤이나 왕의 무덤에 기록된 바에 따르면, 그들은 도시보다 시골에 더 가치를 두었다. 도심 유적이 발굴되지 않았다고 해서, 그것이 당시 사람들의 생활을 반영한다고 해석해서는 안 된다. 다만 그들이 시골에 관심을 두었다는 사실, 그리고 무덤 건축물이 분명하게 주거지를 벗어나 다른 지역에 위치했다는 사실에서 우리는 당시의 권력 과시 방식을 엿볼 수 있다. 즉 집중이 아니라 분산과 이동이 당시의 권력 과시 방식이었던 것이다.

멤피스 지역 안에서의 권력 과시

기원전 제3천년기에는 특히 왕국의 수도와 왕실의 경우 의례가 매우 강화된 상황이었고, 의례 과정은 사실적 혹은 상상적 그림으로 표현되곤 했다. 의례의 거행은 다섯 가지 주요 맥락 아래 놓여 있었다.

첫째, 전 세계적으로 전례가 없는 대규모의 기념비적 건축물이 건설되었다. 건축 과정 자체가 일종의 의례 행사와 같았다. 예를 들어 건축의 대미를 장식하는 피라미드 꼭대기에 설치할 돌을 운반하는 행사는 매우 오랜 시간 거행되는 의례였다.[4] 완성된 건축물은 그 자체로 거대한 무덤일 뿐만 아니라 향후 지속적인 숭배의 대상이 되었다. 건축물에 필요

---

4 Zahi Hawass and Miroslav Verner, "Newly Discovered Blocks from the Causeway of Sahure," *Mitteilungen des Deutschen Archäologischen Instituts, Abteilung Kairo* 52 (1996), 177–86.

한 자재가 여러 지역에서 운반되어 온 것이었기에 건축과 자재를 맞추어 가는 과정은 많은 사람들의 관심을 받았다. 물론 공사 자체에만도 굉장히 많은 인원이 동원되었다. 작업 현장에 단기적 정착지가 조성되기도 했다.[5]

둘째, 왕은 스스로를 끝없이 이어지는 의례의 주최자로 자처했다. 참여의 정도는 의례에 따라 달랐다. 왕의 활동 범위는 주로 왕궁 주변이었지만, 지방까지 그 범위를 넓히기도 했다. 초기 왕조 시대(Early Dynastic Period)에는 정기적으로 지방 순회를 했던 것 같다. 고왕국 시대(Old Kingdom Period)에 이르러서는 왕이 여행을 했다는 구체적 근거가 거의 없지만, 왕이 지방에서 온 사람들을 왕궁에서 접견하거나 혹은 건축 공사장에 나가보는 등 인근 지역으로 출타한 자료는 남아 있다.

셋째, 강물은 곧 의례를 거행하는 무대였고, 건설 노동 집단도 선원과 관련된 어휘로 표현되었다. 특히 이런 어휘들을 살펴보면 강물이 고대 이집트인의 일상생활에 얼마나 중요한 의미였는지 짐작할 수 있다. 고대 이집트에서는 왕과 신을 위해 봉사하는 업무를 담당한 엘리트 집단을 "지켜보는 자(watches)"라(watch는 항해 용어로, 배에서 항해 상황을 주시하는 당직 항해사 혹은 견시見視에 해당한다. – 옮긴이) 했다. 이집트학 전문가들은 고대 이집트어에서 이 어휘가 외래어로 표기되었음을 밝혀냈다. 즉 그리스어 "퓔레(phyle, 부족)"가 고대 이집트에서는 "지켜보는 자"라는 의미로 사용되었다. 또한 고대 이집트에서는 특정 임무에 종사하는 집단을 퓔레라고 했다. 여러 퓔레(집단)가 한 달씩 돌아가며 해당 임

---

5 AERA, *American Egypt Research Associates*, accessed November 12, 2013, www.aeraweb.org.

[그림 2-2] 해외 원정에서 귀환하며 왕을 찬양하는 선원들
멤피스 도착 장면으로 추정된다. 사후레(Sahure) 사원의 부조. 기원전 2450년경. 이집트의 아부시르(Abusir)에 위치한다.

무를 수행했다.[6] 이외에도 고대 이집트어 가운데 "퓔레"라는 발음이 포함된 두 개의 단어가 알려져 있는데, 이 또한 배와 관련된 단어였다. 즉 하나는 배의 우현(우측면)을 의미하는 단어였고, 또 하나는 배의 좌현(좌측면)을 의미하는 단어였다. 건설 현장에서 노동자 집단을 구분할 때도 하나의 집단을 하나의 퓔레로 분류했다. 이집트의 그림에는 선원 집단이 노래를 부르는 장면이 남아 있다(그림 2-2). 해외 원정을 나갔던 함대가 항구로 돌아오면 축제가 벌어졌고, 축제에 참여하는 선원들이 왕을 찬양하는 노래를 부르는 장면이다. 또한 그림 속에는 상징성 있는 작은 배를 탄 신들의 이미지가 등장하는데, 실제 축제 행렬에서도 이런 모형이 등장했을 것이다.

넷째, 사원에서 신을 숭배하는 문화가 고도로 발달했다. 매일 예배를

---

6 Ann Macy Roth, *Egyptian Phyles in the Old Kingdom: The Evolution of a System of Social Organization* (Chicago: Oriental Institute, University of Chicago, 1991).

하고 수많은 축제가 거행되었다. 공들여 준비한 제물을 신들에게 바쳤고, 이를 통해 신과 죽은 자와 산 자가 통합되었다. 여기에 대규모 묘지 구역에서 거행하는 과거의 왕들과 평민들의 제사도 어우러졌다. 이러한 통합은 누구나 참여할 수 있는 공공연한 행사였지만, 예배 그 자체(그리고 무덤 안에서 치르는 장례식 그 자체)는 내부 공간에서 거행되었기 때문에 엄격한 통제 아래 아무나 접근할 수 없었다.

다섯째, 제1왕조와 제2왕조 시기의 왕들은 대부분 멤피스 지역이 아니라 아비도스 지역에 묻혔다. 아비도스에는 왕들의 무덤뿐만 아니라 제사를 위한 별도의 공간이 건축되었다. 그 결과로 대를 이어갈수록 아비도스의 공간이 나뉘자, 나중에는 결국 후계자들의 장례식을 치르는 장소를 하나로 통합했다. 또한 아비도스에는 중앙 정부의 엘리트 계층이 자신들의 무덤으로 조성한 공동묘지 구역들이 있었다(Nag' el-Deir, Beit Khallaf, Reqaqna). 그들의 무덤은 수 세기 동안 지역의 중심지로 남아 있었다. 왕들은 멤피스의 왕궁에서 사망하거나 여행 중 사망할 수도 있었다. 왕의 장례식에는 하류의 도시 멤피스에서 상류의 도시 아비도스까지 시신을 운구하는 과정이 포함되었다. 이는 그 자체로 권력을 과시하는 중요한 의례였을 것이다. 최소한 이 장례식을 통해 누가 사망한 왕의 뒤를 잇는 계승자인지 분명히 확정되었다.

이와 같은 행사 무대, 과시 패턴, 배제, 배제의 과시를 통하여 권력의 실체는 더욱 분명히 드러났다. 오직 왕만이 모든 맥락의 행사에 참여할 수 있었다. 중앙 엘리트 계층에게도 과시의 기회가 주어졌다. 전국에 흩어져 있는 그들의 영지에도 도시가 건설되었고, 도시와 연결되어 기념비적 건축물이 조성되었다. 벽화에는 자신의 영지를 방문하는 엘리트 계층의 행렬이 강을 따라 운행하는 소규모 함대로 표현되어 있다. 거꾸로 영지에서 수도로 올라오는 행렬도 있었다. 행렬 속 사람들은 축제 복장으로 물품을 들고 동물을 끄는 모습이었다. 이 같은 행사가 자주 있지는 않았겠지만, 이런 식의 행렬은 다른 행사의 과시적 방식을 그대로 따르는 것이었다.

멤피스 지역에서는 (왕실 묘역이 있는 다른 곳도 그랬겠지만) 충적 평야 지대와 주변의 사막 지대를 포함해서 대규모 이동이 자주 반복되었을 것이다. 주요 행사나 건설 공사는 멤피스 지역 어디에서나 확연히 눈으로 볼 수 있는 일이었다. 많은 사람들이 행사에 참여했을 테고, 주로 종속적 역할을 맡았을 것이다. 멤피스 지역에서 정착지와 고정된 업무 장소는 밀집되지 않고 흩어져 있었다. 멤피스 지역에서도 도심의 특성은 별로 강하지 않았다. 예외라면 강변 구역 정도였다. 도시에 사는 사람들과 엘리트 계층 사람들은 지방에서 올라오는 물품에 의존해서 생활했다. 멤피스 지역권에도 시골이 있었고, 멀리 떨어진 시골에서 가져오는 물건도 있었다. 이처럼 도시와 시골의 상호 의존 관계는 겉으로 확연히 드러나 보였다. 엘리트 계층을 비롯한 도시의 사람들은 중간 계층으로서 권력과 재산 면에서 지배 계급과 일반 백성의 현격한 차이를 다소 완화하는 기능도 했던 것 같다.

이와 같은 폭넓은 맥락에서 볼 때 멤피스 도심 지역의 규모는 그리 크지 않았다. 앞에서 언급한 신들의 목록으로 보건대 멤피스 도심은 종교 생활에 집중되어 있었다. 아마도 작은 규모의 사원들이 몰려 있었을 테고, 각 사원에서는 몇몇 신격을 숭배했을 것이다. 사원 내부로 들어갈 수 있는 사람은 극히 제한되어 있었다. 사원에서 예배하는 것 자체가 특권이었고, 그에 따른 소소한 수입도 있었다. 대부분의 관료는 성직을 겸했다. 그들은 일생 동안 여러 직책의 성직을 맡았을 것이다. 성직과 관련된 행사를 통해 그들은 자신이 다른 사람들에 비해 중요한 인물임을 과시했을 것이다.

왕의 거처는 왕궁이었지만 이동해야 할 일도 많았다. 왕궁은 어느 정도 도시의 기능을 가지고 있었다. 작업 공방, 가게, 시종과 하인의 거처 등이 모두 왕궁에 딸려 있었다. 왕에게 접근하려면 의례와 격식을 갖추어야 할 뿐만 아니라 겹겹이 왕을 둘러싼 호위 관문을 통과해야 했다.

이와 같이 기원전 제3천년기 이집트의 "수도"는 도심 한 구역이 아니라 지역 전체였다. 왕들이 대를 거듭하는 과정에서 수도의 규모와 형태도 바뀌었지만, 어쨌든 한쪽으로는 나일강과 또 한쪽으로는 반대편 산기슭의 기념비적 건축물 사이의 범위를 벗어날 수 없었다. 도시를 중심으로 기념비적 건축물과 나일강이 연결되었고, 아마도 나중에는 헬리오폴리스(Heliopolis)까지 도시 구역이 확장되었을 것이다.

고왕국 후기의 변화

우리에게 익숙한 이집트 고왕국의 전형은 제3~4왕조 시기다. 제5왕조 시기 왕들의 기념비적 건축물은 절반 이상이 축소된 규모였다. 매장지 위치도 사카라(Saqqara)의 묘지 구역보다 조금 북쪽에 있는 아부시르(Abusir)로 옮겼고, 일부는 사카라에 매장되기도 했다. 제6왕조에서 두 번째 주요 왕으로 평가되는 페피 1세(Pepy I)는 자신의 피라미드를 남부 사카라에 건설했다. 피라미드와 연결된 왕의 거처 멘-네페르(mn-nfr)는 "완성된 (페피의 기념비여) 영원하라"라는 의미였으며, 후대의 도시 명칭 멤피스(Memphis)도 멘-네페르에서 파생되었다고 전한다. 왕의 궁전은 피라미드와 같은 지역에 위치했다. 나중에 왕궁 근처에서 도시가 발달했는데, 왕궁을 기준으로 보자면 남동쪽이었다. 이후 제6왕조의 피라미드도 계속 이 지역에 건설되었다.

　　고왕국이 끝나갈 무렵 왕들의 거처는 도심 가까이로 옮겨 갔던 것으로 추정된다. 중심지가 이동한 이유는 아마도 강줄기의 위치가 바뀌었기 때문일 것이다. 페피 1세는 고왕국 전체의 혁신을 주도한 인물이었다. 그의 재위 당시 만들어진 유물이 여러 지방 유적지에서도 발견되었다. 페피 1세는 멤피스 지역 내 사원 구역 근처에 자신의 제사를 담당할 작은 사원 네트워크를 건설했다. 이는 중심 도시를 특별히 강조하는 정책이었다. 왕국 내 여러 지방에 산재한 왕실의 기념비적 건축물 또한 같은 방식의 의미를 갖게 되었다. 이와 같이 기념비적 건축물과 지역의 중심지가 함께 발달하는 패턴은 엘리트 계층의 주거 패턴에도 크나큰 영향을 미쳤다. 주요 인물들은 자신이 살던 곳에서 매장되었다. 멤피스에 살던 왕과 엘리트 계층도 (아비도스 등 다른 곳으로 가지 않고) 멤피스의 묘지 구역에 묻혔다. 이와 같은 변화가 멤피스 지역에서 권력 과시에 얼마만큼의 영향을 미쳤는지는 분명하지 않다. 먼 거리를 이동하는 의례 행사는 축소되었을 것이다. 그리고 이전과는 달리 무덤보다 도시가 곧 왕의 권위를 나타내게 되었다. 페피 1세의 후계자 메렌레(Merenre)는 이름 자체가 "완성된 (메렌레의 기념비가 태양처럼) 떠오르다"라는 뜻의 거처 이름(hꜥ-nfr)을 딴 것이었다. 그로부터 2000년 뒤 프톨레마이오스 왕조 시기에 작성된 한 인물의 전기는 메렌레의 이름과 도시 멤피스의 명칭이 관련 있다고 전했다. 전기 작가는 아마도 메렌레의 위치를 도

시에서 매우 가까운 곳으로 기억하고 있었으리라고 추정된다.[7]

중왕국 시대의 사례

중왕국 시대(Middle Kingdom period)의 도시 형태는 알려진 바가 거의 없다. 멤피스 지역에서 발굴된 자료가 없기 때문이다. 다만 제12왕조의 왕 아메넴헤트 1세(Amenemhet Ⅰ)의 왕궁 근처에 이치타위(Itjtawy)라는 도시가 있었다고 하는데, 도시 이름은 아메넴헤트 1세의 별칭이었다. 후대에는 중왕국이 이집트의 "고전적" 시대로 알려졌던 점에 비추어, 이치타위의 사례는 중왕국 시대 도시의 전형이었다고 추정할 수 있겠다. 고왕국 시대와 마찬가지로 중왕국 시대에도 정치권력의 중심 도시 규모는 비교적 작았고, 지방과의 관계 및 입지 여건과 매우 강하게 결부되어 있었다. 나중에 제12왕조의 왕들은 파이윰(Fayyum) 지역 호숫가를 새로 개척해 자신들의 기념비적 건축물을 건설했다. 파이윰은 경쟁이 치열하고 농업 잠재력이 큰 지역이었다. 제12왕조의 왕들은 그러한 입지 여건을 높이 평가했던 것 같다. 이외에 당시의 "모델"이라고 하는 몇몇 도시가 알려져 있는데, 대부분 이집트 왕국이 정복했던 누비아 북부(Lower Nubia) 지역에 위치했다. 이들 도시는 권력을 과시하기 위한 위압적 면모를 갖추었겠지만, 실제로 도시라는 개념에 걸맞은 형태는 아니었으므로 우리의 논의에서는 일단 제외하기로 한다.

중왕국 시대의 중요한 특징 중 하나는 지역 엘리트 계층의 부상이었다. 그들 중 일부는 왕실과 같은 모양새를 갖추려 했다. 제후티호테프

---

7 Stela of Psherenptah, British Museum EA 886, line 11.

(Djehutihotep)의 사례는 자못 충격적이다. 그는 제12왕조 중엽 헤르모폴리스(Hermopolis) 지역의 노마르크(nomarch), 즉 주지사였다. 그의 무덤은 데이르 엘-베르샤(Deir el-Bersha)에 있는데, 무덤에 그려진 그림과 텍스트를 통하여 우리는 그의 석상에 관한 정보를 알 수 있었다. 석상은 석회암의 일종인 동석(洞石, travertine)으로 제작했다. 그 바위는 무덤에서 남동쪽으로 조금 떨어져 있는 하트누브(Hatnub)란 곳의 채석장에서 캐낸 것이었다. 석상의 높이는 13큐빗(약 7미터)이었고, 석상이 완성된 뒤 172명의 남자들이 군대처럼 조직되어 석상을 끌고 왔다. 작업팀은 지역별로 인원을 나누어 조직을 구성했다. 그들은 축제 복장 차림이었으며, 그들이 노동할 때 부른 노래의 노랫말은 그림과 함께 기록된 텍스트로 남아 있다. 사람들이 줄을 매어 석상을 끄는 동안 한 사람이 석상의 무릎에 올라앉아 박자를 맞추었고, 나머지는 그의 지휘에 따라 노래를 불렀다. 무덤 벽화에는 줄을 끄는 대열 장면 위로 남자들이 커다란 나뭇잎을 들고 있는 모습이 보인다. 이는 환영의 뜻을 나타내는 장면으로, 중동 지역에서는 오늘날에도 이런 식으로 환영 의사를 표시하곤 한다. 텍스트에 따르면 도시의 모든 사람(늙은이와 젊은이, 남자와 여자)이 석상의 도착을 환영했다고 한다. 석상을 놓을 위치는 강에서 가까운 세관(稅關)이었다. 그곳에는 제후티호테프의 조상들을 위한 작은 사원들이 이미 존재했으며, 그 옆에 제후티호테프의 제사를 모시기 위한 작은 사원이 새로 건축되었다. 그곳은 작은 도시의 중심지로 추정되는데, 도시의 이름은 제르티(Djerty)였다. 석상이 안치될 목적지는 벽화 끄트머리에 대충 그려져 상세히 묘사되어 있지 않다.[8]

이와 같은 형식의 벽화는 고왕국 왕실 무덤을 따른 것이었다. 아니면 우리가 알지 못하는 중왕국의 선례를 따랐을 수도 있다. 거대한 석상과 석상의 도착을 축하하는 인파도 왕실의 방식 그대로였다. 제후티호테프 이전 시기에는 도시 안에서 행사를 과시한 일이 직접적으로 확인된 사례가 없다. 그러나 제후티호테프가 왕위를 찬탈하려 했던 것은 아니다. 석상을 끌던 사람들의 노동요 후렴구에 "왕의 총애를 받는 제후티호테프"라는 문구가 포함되어 있다.

중왕국 시대의 발전 과정을 확인할 수 있는 또 하나의 사례가 사원 카르나크(Karnak)다. 도시 테베(Thebes)의 사원 구역이었던 그곳은 훗날 왕국 내 다른 어느 사원보다 거대한 성지가 되었다. 카르나크 사원이 처음 건설될 당시는 이집트 제1중간기(First Intermediate period)였다. 당시 그곳은 아마도 강줄기 안에 위치한 섬이었을 것이다. 제12왕조에 이르러 그곳이 제사의 중심지가 되었고, 주변 지방에서 그곳으로 사람들이 모여들었다. 도시 테베의 옛날 이름은 단순히 "정착지/도심지(njwt)"라는 의미였다. 그렇다면 애초 그곳이 그토록 의미심장한 장소는 아니었을 것이다. 제1중간기에 테베의 적들이 새긴 글에서는 그곳을 "잊어버린 흙더미"라고 표현했다.[9] 그러므로 그곳에 어느 정도 규모의 인구가 거주하기는 했겠지만, 애초 사원 카르나크가 발달한 도시와 연결된 사원 구역이었다고 보기는 어렵다. 더욱이 카르나크에 남아 있는 중왕국

---

8 Harco Willems, Christoph Peeters, and Gert Verstraeten, "Where Did Djehutihotep Erect His Colossal Statue?", *Zeitschrift für Ägyptische Sprache und Altertumskunde* 132 (2005), 173–89.

9 Jacques Vandier, *Mo'alla: la tombe d'Ankhtifi et la tombe de Sébekhotep* (Cairo: Institut Français d'Archéologie Orientale, 1950), p. 198, line 3 of text.

후기의 기록(c. 1650 BCE)에는 홍수 때문에 "물에 잠긴 사원을 왕과 수행단이 걸어서 통과해야 했다"는 내용이 있다. 또한 제22왕조의 텍스트에 따르면 룩소르(Luxor) 사원에서도 비슷하지만 더 심각한 사건이 있었다고 한다. 룩소르 사원은 카르나크 사원과 같은 부류의 사원으로, 카르나크에서 강을 따라 몇 킬로미터 거리에 위치해 있었다.[10] 당시의 기록은 나일강 충적 평야에 위치한 사원이 감수해야 했던 위험을 여실히 전해주고 있다.

중왕국 후기에는 나일강 삼각주의 텔 엘-다바(Tell el-Dab'a), 즉 아바리스(Avaris) 지역에서 거대 도시가 발달했고, 레반트 출신의 이민족(힉소스Hyksos)이 지배한 제15왕조의 수도가 되었다. 도시 옆으로는 두 개의 강줄기가 흐르고 있었다. 이후로도 삼각주에는 많은 도시들이 건설되었지만, 삼각주 최초의 도시는 아바리스였다. 후대의 도시로 예컨대 부바스티스(Bubastis)가 있었는데, 기원전 제1천년기 중엽의 역사가 헤로도토스는 그곳에서 "70만 명"이 참가하는 축제가 벌어진다고 기록하기도 했다.

---

10 John Baines, "The Sebekhotpe VIII Inundation Stela: An Additional Fragment," *Acta Orientalia* 37 (1976), 11-20 (more fragments of this text have now been identified); and Susanne Bickel, "The Inundation Inscription in Luxor Temple," in Gerard P. F. Broekman, R. J. Demarée, and Olaf E. Kaper (eds.), *The Libyan Period in Egypt: Historical and Cultural Studies into the 21th-24th Dynasties: Proceedings of a Conference at Leiden University, 25-27 October 2007* (Leiden: Nederlands Instituut voor het Nabije Oosten, 2009), pp. 51-5.

신왕국 시대 도시의 발전

신왕국 시대(New Kingdom period)의 도시 경관은 우리가 지금까지 이야기해온 도시의 모습과 사뭇 달랐다. 강변의 충적 평야에 위치한 테베와 멤피스는 상당히 큰 규모의 도시로 성장했다. 어떻게 이 같은 변화가 일어났는지 불분명하지만, 아마도 기술상의 변화보다 자연의 변화 때문이었을 것이라고 추정할 수는 있다. 나일강의 물줄기가 동쪽으로 이동했고, 그에 따라 강 수위가 낮아지면서 기존에 자주 홍수 피해를 입던 넓은 지역이 안정을 찾은 덕분이었을 것이다. 강물을 이용하는 기술상으로는 특별한 변화가 없었다. 제18왕조 시기에 샤두프(shaduf)라는 물 푸는 기계가 근동 지역에서 수입되기는 했지만, 강 수위를 낮추거나 범람을 막을 수는 없었다. 혹은 근동 지역과의 접촉이 늘어나면서 새로운 도시 계획에 대한 영감을 얻었을 수도 있다. 그러나 근동 지역과 이집트 지역의 조건을 동일시하기는 어렵다.

신왕국 시대 카르나크 신전은 점진적으로 발달하여 도시 테베의 의례 및 행사 중심지가 되었다. 의례 행렬은 강의 동안(西岸)과 서안(西岸)을 모두 연결했다. 강, 운하, 육로가 모두 행렬이 지나가는 통로가 되었다(지도 2-2). 행렬은 카르나크에서 룩소르까지 강과 평행한 방향으로 이어졌다. 일부는 강을 이용했고 일부는 육로를 이용했다. 테베는 멤피스보다 규모가 작았지만, 나일강과 서안 사이의 공간은 중요한 행사의 무대가 되었다. 그곳에 수많은 기념비적 사원들이 밀집해 있었고, 광대한 묘지 구역과 엘리트 계층의 무덤이 조성되어 있었다. 왕실의 무덤은 서쪽 사막의 말라버린 강바닥(왕들의 계곡)에 숨겨져 있었다. 테베의 동쪽 사막에는 아무런 건축물이 없었다. 그러므로 동안에 살던 사람들의

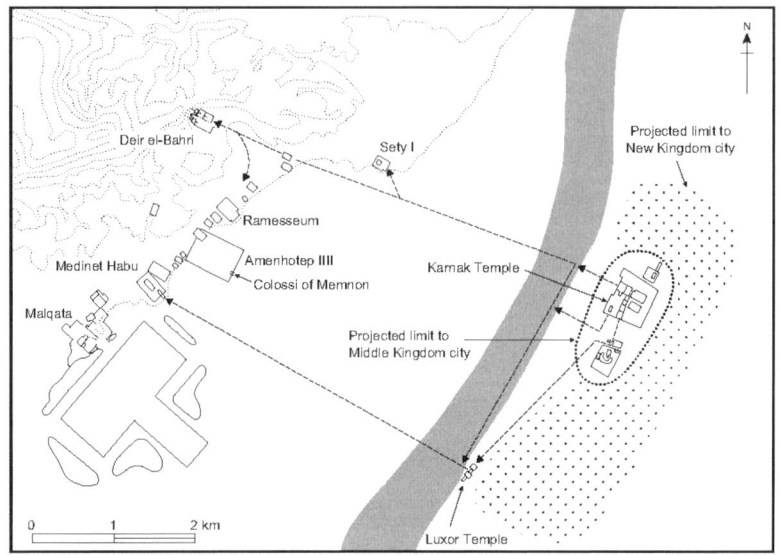

〔지도 2-2〕 신왕국 시대의 테베 지도(c. 1100 BCE)
나일강 동안과 서안의 사원 약도 및 행사 경로.

중심지는 강에서 가까운 곳에 위치한 사원 구역이었다. 그곳에서 바로 맞은편에 바라보이는 곳이 서안이었다. 서안을 따라 펼쳐진 낮은 사막 지대에는 기념비적 건축물들이 약 5킬로미터에 걸쳐 흩어져 있었다.

이 시기의 이집트는 제국이 되어 있었다. 왕들은 먼 거리를 이동해야 했는데, 수단(Sudan) 중부에서 유프라테스강까지 이동하기도 했다. 그러나 왕들의 주요 거처는 멤피스였고, 그곳이 국가 행정의 중심지였다. 멤피스 지역은 강변의 충적 평야를 중심으로 확장되었다. 추정컨대 강둑에서 그리 멀리 벗어나지는 않았을 것이다. 한편 테베는 부유하기로 이름난 곳이 되었다. 예컨대 《일리아드》 제9권에서, 아킬레우스는 "테베에

100개의 성문이 있고, 각 성문에서 200명의 전사가 말과 전차를 이끌고 등장한다"라고 말한다. 또한 테베는 종교적 중심지였다. 사원 건축을 위해 어마어마한 기부금이 테베로 흘러들었고, 도시 전체가 주요 의례를 거행하는 무대가 되었다. 왕들은 정통성을 강화하기 위해 테베를 방문했다. 그리고 매년 그곳에서 열리는 왕국 최대 규모의 축제(오페트Opet)에 참가했는데, 카르나크 사원에서 룩소르 사원까지 왕복하는 행진이 포함되어 있었다. 왕들은 룩소르 사원에서 거행되는 의례를 통해 통치자로서의 지위를 확인받거나 재확인했다. 의례에 직접 참여할 수 있는 인원은 극소수에 불과했으나, 수많은 사람들이 육로와 수로를 통해 사원에서 사원으로 이어지는 행렬에 참여했다. 과시와 배제 혹은 은폐의 사이에서 긴장을 형성하는 방식은 거의 세계 공통의 권력 표현 방식이었다. 거대한 사원의 규모와 극소수 참가자의 규모는 극명한 대비를 이루었다. 사원 안에는 의례 참여자보다 석상과 비석의 수가 더 많았다.

미래의 어느 날, 제18왕조의 왕 아멘호테프 2세(Amenhotep Ⅱ, c. 1428~1401 BCE)나 투트모세 4세(Thutmose Ⅳ, c. 1401~1391 BCE) 같은 이들은 소원을 빌기 위하여 멤피스의 왕궁에서 기자(Giza)의 피라미드와 대(大)스핑크스까지 여행을 했다. 당시 기자 지역은 이미 고대 유적지였다. 그들의 여행에는 새로운 교통수단인 전차가 이용되었으며, 아마도 사막 저지대를 따라 이동했을 것이다. 오늘날의 사람들은 말을 타고 그곳을 방문하고 있다. 대스핑크스는 당시 제사의 중심지였고 그 아래에는 투트모세의 아버지(아멘호테프)가 건설한 작은 사원이 있었음에도 불구하고, 투트모세는 위세를 드러내지 않고 은밀히 여행을 하고자 했다. 아멘호테프의 스핑크스 비석에는 노를 젓는 모습과 이동하는 전차 위에서 활을 쏘는 장면이 등장한다. 이는 멤피스 지역의 어느 강가에서 군대가 지켜보는 가운데 거행된 행사였을 것이다. 아멘호테프는 멤피스에서 기자까지 거대한 배를 타고 혼자서 노를 저어 2이테루(iteru, 고대 이집트에서 강의 너비를 일컫는 단위. 또한 고대 이집트인은 나일강을 이테루라 했다. – 옮긴이), 즉 21킬로미터가량을 이동했다고 한다. 두 텍스트가 전해주는 의미는, 신왕국 시대의 멤피스 또한 예전의 고왕국 시대에 그러했듯 지방 배후지와의 관계망을 토대로 존재했다는 사실이다. 그러나 당시 배후지는 이미 고대의 유물이 압도하고 있었다.

왕권을 과시하는 방식이 뚜렷하게 바뀐 시기는 아멘호테프 3세(Amenhotep Ⅲ, c. 1391~1353 BCE)의 재위 기간이었다. 이 무렵에 테베와 멤피스를 비롯하여 헤르모폴리스 같은 충적 평야의 여러 도시들이 새롭게 정비되어 거대 규모로 확장되었다. 도시 계획에는 물론 대규모 사원의 건축과 확장 공사가 포함되어 있었다. 그러나 가장 뚜렷한 변화는 스핑크스였던 것 같다. 의례를 거행하기 위해 강변의 충적 평야에 도로를 건설했고, 그 도로를 표시하기 위해 스핑크스가 배치되었다. 멤피스에서 있었던 일을 알려주는 멤피스의 자료는 고위 관료들의 비문뿐이다. 그러나 테베에서 발굴된 텍스트에는 좀 더 풍부한 내용이 남아 있어서 도시의 발굴 성과와 비교해볼 수 있다. 가장 주목할 만한 발굴 성과는 거대한 평원 유적이었다. 유적지의 위치는 멤피스 도시에서 약간 상류(남쪽)로 거슬러 올라가 있는데, 강의 양쪽에 모두 평원이 있으며 사막 지대의 끄트머리와 맞닿아 있다. 서쪽 평원에서 하류 방향으로 왕궁에 딸린 건물 유지들이 불규칙하게 흩어져 있으며, 같은 방향으로 사막 저지대를 따라 의례용 건축물 유지들이 나란히 줄지어 있다. 이 지역 전체가 주로 세드 축제(sed festival)를 위해 건설된 것으로 추정된다. 세드 축제는 왕의 재위 30년을 축하하는 행사였는데, 이후 3년마다 개최되었다. 왕궁에서 약간 북쪽으로 올라가면 왕의 제사를 모시기 위한 사원이 있었다. 그때까지 건설된 사원 중에는 최대 규모로, 예전과 달리 충적 평야에 자리를 잡았다. 건설 공사는 실패로 막을 내렸는데, 아마도 공사 도중 강의 범람을 막지 못했던 것 같다. 이 사원은 건설이 중단된 뒤로 채 한 세대가 지나지 않아 다른 사원에 사용할 석상을 공급하는 채석장으로 쓰였다. 그럼에도 불구하고 행사 때 아문(Amun) 신을 실어 나르는 배에는 물론 몇몇 건물 등에도 왕의 건설 공사를 찬양하는 문구가 새겨져 있었다. 강은 여전히 도시를 하나로 통합하는 역할을 했고, 이동과 왕권 과시의 가장 중요한 현장도 강이었다.

아멘호테프 3세의 기획은 부분적 성공을 거두었다. 그는 지난날 전혀 이질적인 공간으로 흩어져 있던 도시와 기념비적 건축물들을 가까이 통합하고, 의례 거행을 위해 새로운 도로를 건설하려고 했다. 그의 새로운 기획은 제18왕조 내내 이어져 사원을 중심으로 도시가 통합되었다. 이전 왕조에서 왕의 무덤이 홀로 거대했던 것과는 전혀 다른 양상이었다. 주거 공간은 아마도 카르나크 동쪽에 집중되어 있었던 것 같다.

아멘호테프 3세의 도시 계획을 실현하기 위해서는 부와 권력이 필수적이었다. 당시에 유명했던 다른 많은 도시들처럼 국제도시의 면모를 갖추는 것도 상당히 중대한 문제였을 것이다. 기존에는 사람들이 꿈꾸던 이상 사회가 사원 내부에 표현되었지만, 아멘호테프 3세는 사원 밖 더 넓은 공간에 이상을 투영하고자 했다. 그리하면 도시에 왕이 주재한다는 사실 자체가 곧 신성한 질서를 증명하는 것이 되었다. 이러한 기획은 특히 재위 후기에 본인의 우상화 정책과 맞물렸다.

아멘호테프 3세의 기획은 후계자에 의해 더욱 사치스러운 방식으로 계승되었다. 아멘호테프 4세, 즉 아케나텐(Akhenaten, c. 1353~1335 BCE)은 혁명적으로 왕위를 계승했다. 그는 자신이 모시는 새로운 신 아텐(Aten) 혹은 레-아텐(Re-Aten)을 위한 거처와 자신의 통치를 위한 왕궁을 새로 건설하고자 했다. 위치는 나일강 동안(東岸) 바로 옆에 있는 엘-아마르나(el-Amarna)였다. 그곳은 만을 끼고 있는 강둑 근처의 사막 저지대였다.[11] 이 도시에 사람들이 거주한 기간은 고작 20년이었고, 그 동안 3만 명의 주민이 살았다. 비교적 좁은 띠처럼 몇 킬로미터에 걸쳐 길게 뻗은 도시였는데, 왕궁은 도시 구역에서 약간 북쪽으로 떨어져 있었다. 사막으로 더 깊이 들어가서 조그만 정착지가 두 개 더 있었다. 하나는 도시에서 마주 보이는 동안에 위치한 엘리트 계층의 무덤 구역이었고, 왕실의 무덤 구역은 조금 더 멀리 떨어진 마른 강바닥(wadi)에 위치하고 있었다.

이러한 구성 방식은 과거의 도시 구성 방식을 그대로 복제한 것이지만, 강을 기준으로 한쪽 편에만 몰려 있다는 점이 달랐다. 그곳의 옛날 이름은 아케타텐(Akhetaten)으로, "(태양처럼 떠오르는) 아텐의 지평선"이라는 의미였다. 그 이름은 아마도 그곳 지형과 함께 우주론적 의미를 담고자 했을 것이다. 이러한 콘셉트는 도시 경계를 나타내는 비석을 통해 더 넓은 지역 범위에서 확인되었다. 10여 개 이상의 경계석이 나일강 양안(兩岸)에 세워져 있었다(무려 20킬로미터에 걸쳐 경계석이 발견되었는데,

---

11 David O'Connor, Claude Traunecker와의 사적 토론에 의거한다.

이례적으로 넓은 분포였다). 비문에는 농경지를 비롯해 전체 도시의 범위가 기록되었으며, 모두 신에게 바친다는 내용이 포함되어 있었다. 비문에 기록된 도시의 면적은 6이테루(약 675제곱킬로미터)와 그에 부속된 토지였다(이는 과장된 수치로, 실제 토지 면적이 이렇게 클 수는 없었다). 경계석으로 표시된 구역에서 발견된 아케나텐 시대의 정착지는 엘-아마르나 말고 확인된 것이 없었다.

드넓은 공간 덕분에 새로운 방식의 도시 계획이 가능했고, 아마도 주민의 출신지 주거 패턴도 반영되었을 것이다. 중심부는 사원과 행정부와 왕궁을 위한 공간이었다. 이 왕궁 이외에도 왕의 주요 거처는 따로 있었다. 도시의 남쪽과 북쪽에는 시민의 주거 공간이 있었다. 대략 강줄기와 평행한 방향으로 넓은 도로가 건설되어 도시를 가로질렀다. 스핑크스가 놓인 테베의 작은 도로와 달리, 새로운 도시에서는 도로를 표시하는 기념물이 설치되지 않았다. 그리고 의례 공간을 주거 공간에서 분리하지도 않았다. 엘-아마르나의 도시 구조는 예전부터 그랬다. 그럼에도 불구하고 장대한 왕의 행차는 거행되었다. 엘리트 계층의 무덤에 그 장면이 그려져 있다. 행렬의 중심에는 왕의 전차가 놓여 있었다. 도시 북쪽에 있는 왕궁에서 도심지까지 도로를 따라 왕복하는 행렬이었다. 무덤에 매장할 시신도 전차에 태워서 이동했다(고고학적으로 확인된 사실이다). 아마 장례 행렬도 왕의 행차와 같은 도로를 이용했을 것이다. 왕의 행차에는 대규모 군대가 왕을 수행했다. 어떤 기록에는 왕이 경계석을 방문했던 이야기가 남아 있는데, 경계석이 일종의 울타리와 연결된 것으로 묘사되어 있다(그림 2-3). 대규모 대중 행사가 거행되는 가운데 일부 고위 관료에게 상을 내리기도 했으며, 수많은 외국 사절단을 접견하

〔그림 2-3〕 마후(Mahu)의 무덤 벽화, 엘-아마르나
왕의 경계석 방문 장면으로 추정된다.

기도 했다. 도시에서 발굴된 점토판 기록은 대부분 아카드어로 기록되어 있다. 기록에 따르면 외교관이 행사에 참석했고, 경우에 따라 1년 내내 도시에 머무르기도 했다.

 엘-아마르나의 벽화는 당시의 많은 사실을 알려주고 있다. 예컨대 평화로운 행사에 군대가 등장하는 장면은 이전까지 그 비슷한 장면도 발견된 적이 없었다. 도시의 평면 구조 또한 다른 지역에서 발견되는 자료와는 비슷한 점이 거의 없었다. 이와 같은 차이는 부분적으로는 사막의 위치로 설명이 가능하다. 사막에서는 홍수를 막아야 하는 문제가 없었다. 이는 왕의 종교적 혁명과 기존 관습에 대한 경멸의 시선에서 비롯된 예외적 환경이었다. 도시의 기본적 기능은 아마도 이전 시대와 별로 달라지지 않았을 것이다. 다만 군사적 측면이 직전 세기보다 더 강화된 것이 차이라면 차이였다. 겉으로 드러나는 두드러진 변화는 바퀴가 달린 전차였다. 전차 때문에, 동물을 직접 탔더라면 필요치 않았을 많은 것들이 요구되었다. 이 점에 있어 시각 유물 자료는 오해의 소지가 있다. 그림에 등장하는 바퀴 달린 탈것은 오직 전차뿐이다. 다른 종류의 탈것도 존재했다는 사실이 확인되었지만 그림에 등장하지 않는다. 전차는 기원전 16세기에 전래되었는데, 전차 때문에 의례 공간의 변화가 촉진되었다. 즉 의례 공간이 더욱 열린 공간으로, 그리고 더욱 직선적으로 변했던 것 같다. 도시 엘-아마르나는 바로 그러한 변화의 결과물이었다.

이처럼 엘-아마르나는 이집트 수도의 전부는 아니더라도 일정한 측면을 잘 보여주는 사례였다. 그곳은 건설된 뒤 불과 20년 만에 버려지고 파괴되었다. 전통 종교가 복권되었기 때문이다. 이 또한 당시의 도시가 설립자와 얼마나 밀접하게 연관되어 있었는지를 보여주는 증거가 아닐 수 없다.

아케나텐 이후 람세스 2세(Ramesses Ⅱ, c. 1279~1213 BCE)는 피라메스(Piramesse)에 새로운 수도를 건설했다. 위치는 나일강 삼각주에 있는 텔 엘-다바-칸티르(Tell el-Dab'a – Qantir)였다(지도 2-3). 그곳은 옛 도시 아바리스가 있던 자리였고, 아시아 및 지중해 지역과 교류하기에 아주 좋은 위치였다. 당시의 "도시 찬양"이라는 시편이 남아 있는데, 내용이 지배 계층보다는 필경사에게 말을 건네는 문투라는 점에서 독특한 성격을 띠는 글이다. 그중 다음과 같은 구절이 있다.

> 그와 같은 영웅은 … 자신을 위해 성을 쌓았고 그 이름을 "위대한 승리"라 했다.
> 그곳은 시리아와 이집트 사이,
> 음식과 재물이 가득한 곳이었다.

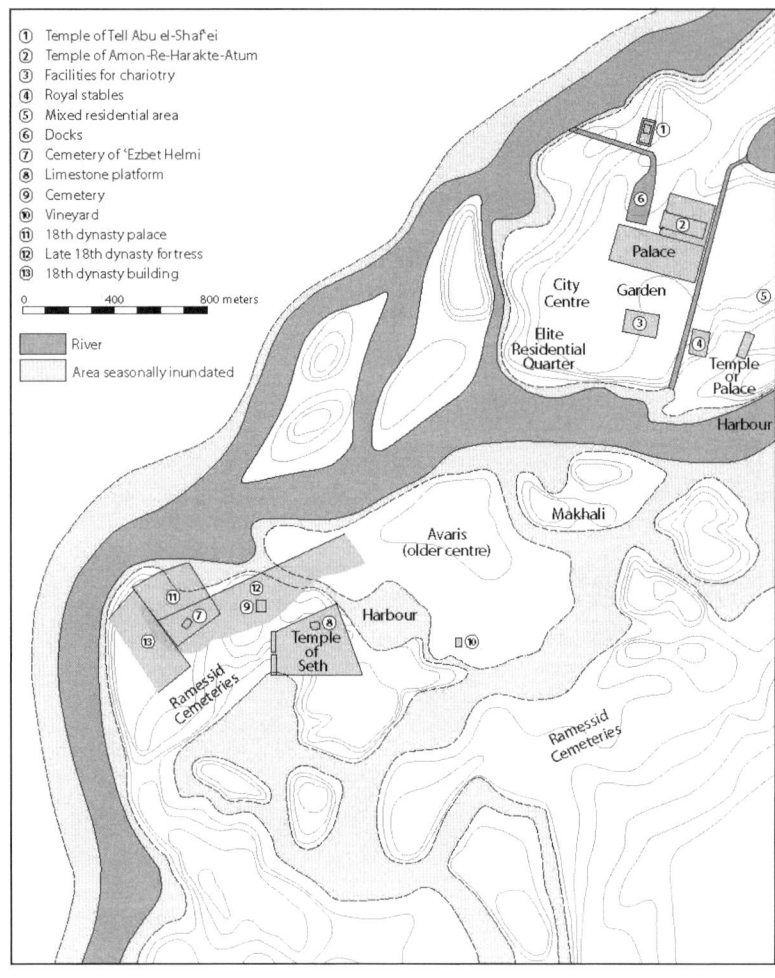

〔지도 2-3〕 람세스 2세의 수도 피라메스(Piramesse) 지도, 텔 엘-다바-칸티르에 위치

상이집트의 헬리오폴리스(테베의 한 구역)도 마찬가지로,
헬리오폴리스의 수명도 멤피스와 같다.
도시의 지평선에서 떠오른 태양은
도시의 지평선으로 사라진다.

누구나 자신이 만든 도시들을 버렸다.
그들은 어느 한구석에 정착했다.

그 서쪽은 아문(Amun)의 땅이었다. ….[12]

이 시편에서는 기존의 주요 도시 모델이 어떠했는지를 잘 보여주고 있다. 태양과 우주론적 측면이 분명했고, 도시 전체는 신들의 사원 구역에 따라 조직되었다. 집을 갖고자 하는 유혹도 포함되어 있다. 사람들은 새로운 도시를 찾아 이동해야 했다. 그러나 번잡한 도심 같은 것은 강조되지 않았고, 오히려 도시는 반은 시골 같은 풍경이었다. 고고학적 발굴을 통해서도 이와 같은 특성이 확인되었다. (다른 시편에 등장하는) 외교적 중심지뿐만 아니라 무기나 유리를 만드는 산업의 중심지도 마찬가지였다. 왕실의 무덤은 여전히 테베에 위치했고, 그곳은 여전히 종교의 중심이었다. 그러므로 육로를 통한 왕의 행차는 계속해서 왕권 과시의 핵심이었다.

---

12 My translation from the Egyptian in Alan H. Gardiner, *Late-Egyptian Miscellanies*, Bibliohteca Aegyptiaca 7 (Brussels: Fondation Égyptologique Reine Élisabeth, 1937), pp. 12–13.

피라메스의 수명 또한 길지 않았다. 도시 옆으로 흐르던 나일강의 지류가 퇴적으로 막혀버리자 제3중간기(Third Intermediate period)인 제21왕조(c. 1070~945 BCE)의 왕들이 타니스(Tanis)에 새로운 왕궁을 건설했다. 그곳은 기존 도시의 북동쪽에 있는 나일강의 다른 지류 옆이었다. 피라메스에서 많은 대형 조각상들을 타니스로 옮겼으며 주요 사원 구역도 포함된 상당히 큰 규모로 도시가 건설되었다. 당시 그들은 북쪽의 테베를 따라 도시를 건설하려는 목표를 세웠을 뿐만 아니라 2개 왕조에 걸친 왕들의 무덤도 건설하고자 했다. 수천 년 동안 나일강 삼각주에서 축적되어온 왕들의 도시 전통은 기원전 332년경 알렉산드로스 대왕의 명으로 알렉산드리아가 건설될 때 밑바탕이 되었다.

결론

고대 이집트에서 권력 과시의 핵심은 도시 건설이었다. 왕조의 역사가 시작될 무렵의 멤피스 건설부터 오늘날 카이로의 전신인 푸스타트(Fustat) 건설까지, 그리고 기원후 640~642년 무슬림의 정복 이후에도, 이집트의 통치자들은 도시 건설을 통해 자신의 시대와 변화의 시작을 알리고 권력을 과시했다. 그들이 건설한 수도는 다른 많은 문명의 도시들과 같은 양상을 포함하고 있었다. 특히 신왕국 이후로 이집트 도시의 형태는 외형상 다른 지역의 도시와 더욱 비슷해졌다.

그러나 초기의 도시들은 다른 지역의 도시들과 굉장히 다른 모습이었다. 한편으로는 나일강의 홍수와, 다른 한편으로는 곳곳에 흩어져 있는 기념비적 건축물에 압도된 것이 그러한 차이의 이유였다. 초기에는 통치자나 엘리트 계층이 도시에 별로 관심을 기울이지 않았다. 그들의 우주론이 반영되는 공간은 개별 기념비적 건축물이나 묘지 구역이었을 뿐, 도시의 전체적 구성은 그들의 관심 밖이었다. 그들의 권력을 나타내는 일은 도시 지역에 국한되지 않았다. 기념비적 건축물들이 곳곳에 흩어져 있었고, 그 사이를 오가는 것이 권력의 바탕이 되었다. 다양한 맥락에서 과시와 은폐가 상호 작용하는 가운데 특권적 존재의 우상화가 가능했다.

우리 논의에서는 2000년 동안 이집트 도시의 성격이 근본적으로 변해온 과정을 살펴보았다. 신왕국 후기에 이르러서는 도시 인구가 급증했던 것으로 추정된다. 이후 통치자들은 도시 건설에 더욱 관심을 기울였고, 이집트의 도시는 점차 근동 지역의 도시들을 닮아가기 시작했다. 도시는 권력 과시의 핵심이었다. 또한 종교, 왕과 궁정, 국제 관계가 도시에서 서로 연결되었다. 이 모든 요소는 특히 그림 자료를 통해 기록되었다. 국가 권력을 과시하는 무대가 될 수 있는 도시는 왕국 전역에서 단지 두세 곳뿐이었다. 특정 도시와 배후지의 관계, 개별 도시와 국가 전체의 관계에서 도시의 의미는 더 넓은 사회로 퍼져 나갔다.

더 읽어보기

Arnold, Dieter, *Die Tempel Ägyptens: Götterwohnungen, Kultstätten, Baudenkmäler*, Zurich: Artemis & Winkler, 1992.

Baines, John, "Kingship before Literature: The World of the King in the Old Kingdom," in Rolf Gundlach and Christine Raedler (eds.), *Selbstverständnis und Realität: Akten des Symposiums zur ägyptischen Königsideologie Mainz 15-17.6.1995*, Wiesbaden: Harrassowitz, 1997, pp. 125-74.

_____, "Modelling the Integration of Elite and Other Social Groups in Old Kingdom Egypt," in Juan Carlos Moreno García (ed.), *Élites et pouvoir en Égypte ancienne*, Lille: Université Charles-de-Gaulle, 2010, pp. 117-44.

_____, "Public Ceremonial Performance in Ancient Egypt: Exclusion and Integration," in Takeshi Inomata and Lawrence Coben (eds.), *Archaeology of Performance: Theaters of Power, Community, and Politics*, Lanham, MD: AltaMira, 2006, pp. 261-302.

Bard, Kathryn, "Royal Cities and Cult Centers, Administrative Towns, and Workmen's Settlements in Ancient Egypt," in Joyce Marcus and Jeremy A. Sabloff (eds.), *The Ancient City: New Perspectives on Urbanism in the Old and New World*, Santa Fe, NM: School for Advanced Research Press, 2008, pp. 165-82.

Bietak, Manfred, "Houses, Palaces and Development of Social Structure in Avaris," in Manfred Bietak, Ernst Czerny, and Irene Forstner-Müller (eds.), *Cities and Urbanism in Ancient Egypt: Papers from a Workshop in November 2006 at the Austrian Academy of Sciences*, Vienna: Österreichische Akademie der Wissenschaften, 2010, pp. 11-68.

_____, "Urban Archaeology and the 'Town' Problem in Ancient Egypt," in Kent R. Weeks (ed.), *Egyptology and the Social Sciences*, Cairo: American University in Cairo Press, 1979, pp. 97-144.

Bietak, Manfred, Ernst Czerny, and Irene Forstner-Müller (eds.), *Cities and Urbanism in Ancient Egypt: Papers from a Workshop in November 2006 at the Austrian Academy of Sciences*, Vienna: Österreichische Akademie der Wissenschaften, 2010.

Bietak, Manfred, and Irene Forstner-Müller, "The Topography of New Kingdom Thebes and Per-Ramesses," in Mark Collier and Steven Snape (eds.), *Ramesside Studies in Honour of K. A. Kitchen*, Bolton: Rutherford Press, 2011, pp. 23-50.

Bulliet, Richard W., *The Camel and the Wheel*, New York: Columbia University Press, 1990.

Campagno, Marcelo, "Kinship, Concentration of Population and the Emergence of the State in the Nile Valley," in Renée Friedman and Peter N. Fiske (eds.), *Egypt at Its Origins 3: Proceedings of the Third International Conference "Origin of the State: Predynastic and Early Dynastic Egypt," London, 27th July–1st August 2008*, Leuven: Departement Oosterse Studies, 2011, pp. 1229–42.

Cline, Eric H., and David O'Connor (eds.), *Amenhotep III: Perspectives on His Reign*, Ann Arbor: University of Michigan Press, 1998.

Graham, Angus, "Islands in the Nile: A Geoarchaeological Approach to Settlement Location in the Egyptian Nile Valley and the Case of Karnak," in Manfred Bietak, Ernst Czerny, and Irene Forstner-Müller (eds.), *Cities and Urbanism in Ancient Egypt: Papers from a Workshop in November 2006 at the Austrian Academy of Sciences*, Vienna: Österreichische Akademie der Wissenschaften, 2010, pp. 125–43.

Janssen, J. J., "El-Amarna as a Residential City," *Bibliotheca Orientalis* 40 (1983), 273–88.

Jeffreys, David J., and Ana Tavares, "The Historic Landscape of Early Dynastic Memphis," *Mitteilungen des Deutschen Archäologischen Instituts, Abteilung Kairo* 50 (1994), 143–73.

Kaiser, Werner, "Ein Kultbezirk des Königs Den in Sakkara," *Mitteilungen des Deutschen Archäologischen Instituts, Abteilung Kairo* 41 (1985), 47–60.

Kemp, Barry J., *Ancient Egypt: Anatomy of a Civilization*, 2nd edn. London: Routledge, 2006.

_____, "The City of el-Amarna as a Source for the Study of Urban Society in Ancient Egypt," *World Archaeology* 9 (1977), 123–39.

_____, "The Window of Appearance at el-Amarna and the Basic Structure of This City," *Journal of Egyptian Archaeology* 62 (1976), 81–99.

Kemp, Barry J., and Salvatore Garfi, *A Survey of the Ancient City of el- Amarna*, London: Egypt Exploration Society, 1993.

Köhler, E. Christiana, "On the Origins of Memphis – the New Excavations in the Early Dynastic Necropolis at Helwan," in Stan Hendrickx, Renée Friedman, Krzysztof M. Ciałowicz, and Marek Chłodnicki (eds.), *Egypt at Its Origins: Studies in Memory of Barbara Adams, Proceedings of the International Conference "Origins of the State. Predynastic and Early Dynastic Egypt", Krakow, 28th August–1st September 2002*, Leuven: Leuven University Press, 2004, pp. 295–315.

Lacovara, Peter, *The New Kingdom Royal City*, London: Kegan Paul International,

1997.

Lehner, Mark E., *The Complete Pyramids,* London: Thames & Hudson, Ltd., 1997.

Luft, Ulrich, "The Ancient Town of el-Lâhûn," in Stephen Quirke (ed.), *Lahun Studies*, Reigate: Sia, 1998, pp. 1-41.

Martin, Geoffrey Thorndike, "Memphis: The Status of a Residence City in the Eighteenth Dynasty," in Miroslav Bárta and Jaromír Krejčí (eds.), *Abusir and Saqqara in the Year 2000*, Prague: Academy of Sciences of the Czech Republic, Oriental Institute, 2000, pp. 99-120.

Nims, Charles F., and Wim Swaan, *Thebes of the Pharaohs: Pattern for Every City*, London: Elek, 1965.

O'Connor, David, *Abydos: Egypt's First Pharaohs and the Cult of Osiris*, London: Thames & Hudson, 2009.

_____, "City and Palace in New Kingdom Egypt," *Cahiers de Recherche de l' Institut de Papyrologie et Égyptologie de Lille* 11 (1989), 73-87.

_____, "The City and the World: Worldview and Built Forms in the Reign of Amenhotep III," in Eric H. Cline and David O'Connor (eds.), *Amenhotep III: Perspectives on His Reign*, Ann Arbor: University of Michigan Press, 1998, pp. 125-72.

_____, "Cosmological Structures of Ancient Egyptian City Planning," in Tony Atkin and Joseph Rykwert (eds.), *Structure and Meaning in Human Settlements*, Philadelphia: University Museum, University of Pennsylvania, 2005, pp. 55-66.

Ragazzoli, Chloé, *Éloges de la ville en Égypte ancienne: histoire et littérature*, Paris: PUPS, 2008.

Routledge, Carolyn, "Temple as Center in Ancient Egyptian Urbanism," in Walter Emanuel Aufrecht, Neil A. Mirau, and Steven W. Gauley (eds.), *Urbanism in Antiquity: From Mesopotamia to Crete*, Sheffield: Sheffield Academic Press, 1997, pp. 221-35.

Vleeming, S. P. (ed.), *Hundred-Gated Thebes: Acts of a Colloquium on Thebes and the Theban Area in the Graeco-Roman Period*, Leiden: E. J. Brill, 1995.

CHAPTER 3

신을 위한 헌정 도시:
고전기 마야 도시의 형태와 의미

스티븐 휴스턴Stephen Houston
토머스 개리슨Thomas G. Garrison

고전기(古典期, classic) 마야의 도시는 매우 역동적인 공간이었다. 유카탄반도와 인근 지역에 도시가 건설된 시기는 기원후 제1천년기였다(지도 3-1). 당시의 도시에는 마야 건축의 특징이라 할 수 있는 모든 요소, 곧 피라미드, 플랫폼(platform), 광장, 경기장, 소규모 주거지, 포장도로 등이 포함되어 있었다. 수많은 발굴 조사를 통해 이런 건축물들에 특별한 맥락이 있다는 사실이 밝혀졌다. 이러한 맥락들은 또한 역사 및 문헌 자료와도 긴밀히 얽혀 있었다. 다 밝혀지면 그 내용도 상당히 풍부하겠지만, 텍스트 자료는 아직 다 해독되지 못했다. 유적에 따라서 맥락의 의미가 풍부한 곳도 있고 얕은 곳도 있다. 어떤 경우든 유적지가 전해주는 메시지가 있다. 정착지의 형태 혹은 구조 이면에는 당시 사람들의 관점이 숨겨져 있다. 이번 장에서는 마야 사람들이 도시를 어떻게 이해했는지, 또한 어떻게 사용했고 어떻게 바꾸어 나갔는지를 검토해보고자 한다. 마야의 도시들은 활발한 성장을 거듭했지만 중간중간 간헐적 쇠락을 경험하기도 했다. 성장과 쇠락에 영향을 미친 요인 중에는 마야 문명 내내 지속된 것이 있는가 하면 일시적인 것도 있었다. 지속적 영향을 미친 요인이라면 예컨대 의례 행사와 마야인의 관념이 있었다. 이와 달리 짧은 시간 동안 갑자기 많은 건축물이 세워지는 등의 사례는 당시 왕이나 왕실의 의지가 투영된 것으로 보아야 한다.

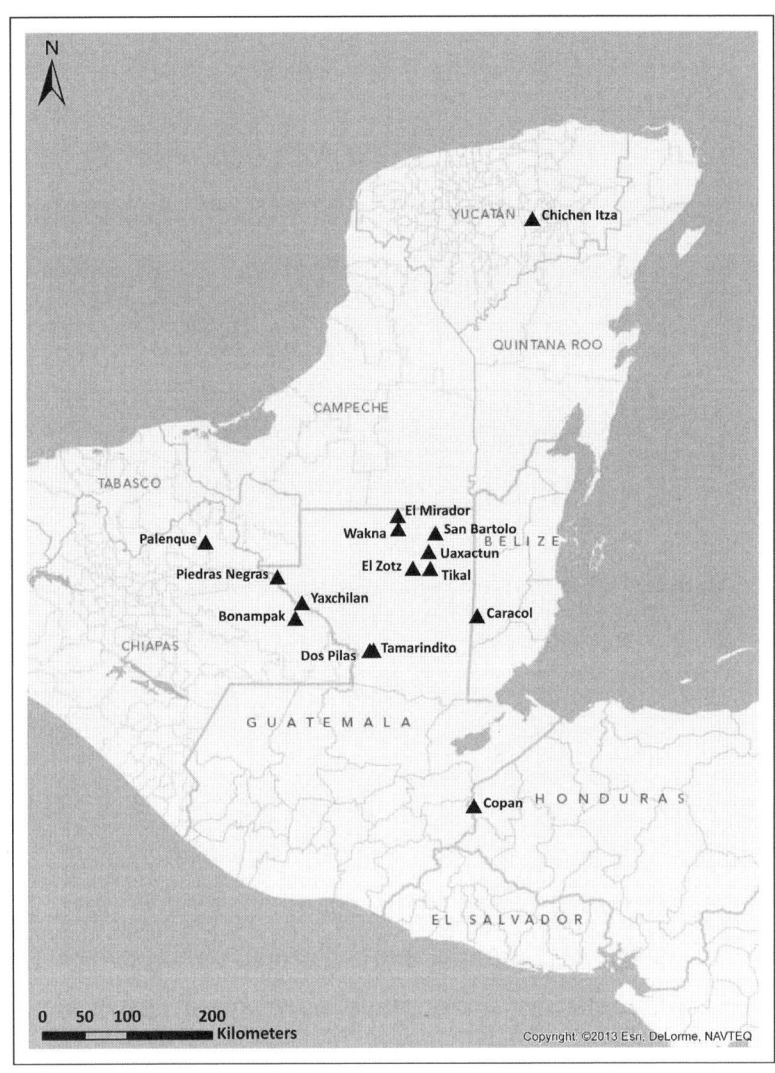

[지도 3-1] 마야 유적지 지도

아르카익기	6000-2000 BCE
선고전기	2000 BCE-250 CE
초기	2000-1000 BCE
중기	1000-400 BCE
후기	400 BCE-250 CE
(기원후 1-2세기를 말기 선고전기로 구분하기도 한다.)	
고전기	250-900 CE
후고전기	900 CE-스페인 정복

〔표 3-1〕 스페인 정복 이전 시기 마야의 연표

    마야가 처음 알려졌을 때부터 마야의 도시에 대해서 공통적으로 이해하는 바가 있었다. 즉 정착지의 핵심 구역에, 그 규모와 영향력은 경우에 따라 다를지라도 어쨌든 왕궁이 존재했다는 점에 대해 의문을 제기하는 학자는 거의 없었다. 이런 정착지의 기원은 기원전 400년경에서 기원후 250년에 이르는 선고전기(先古典期, preclassic)였다. 당시 마야 지역에서 대규모 정착지들이 등장하기 시작했다. 그 범위는 오늘날의 과테말라, 벨리즈, 멕시코 동부, 엘살바도르 일부 지역과 온두라스 등이었다. 선고전기 정착지에는 기념비적 규모의 건축물들이 있었다. 예컨대 과테말라의 엘 미라도르(El Mirador) 유적처럼 기념비적 건축물의 규모가 굉장히 큰 경우도 있었다. 여기에는 지면에서 높이 올려 쌓은 플랫폼이 있었는데, 아마도 주거용이었던 것 같다. 플랫폼 양쪽으로 두 개의 독특한 건물이 위치하고 있었다.

    첫 번째로 확인된 건물 유형을 "E-그룹(E-Group)"이라 한다. 이런 건물이 처음 발견된 곳은 과테말라의 고대 도시 와샥툰(Uaxactun) 유적이었는데, 유적 내에서 건물이 서 있는 위치를 발굴 현장의 구역 분류상 E-그룹이라 부르던 것이 이후 이런 유형의 건물을 일컫는 명칭이 되었다. E-그룹은 지표면보다 조금 높은 직사각형 형태의 평대와 두 개의 건물로 구성된다. 대부분의 발굴 사례에서 E-그룹의 서쪽에는 피라미드가 우뚝 솟아 있었다. 특히 선고전기 말기에 건축된 피라미드는 이후 시대의 것들보다 훨씬 더 큰 규모였다. 피라미드에는 또 다른 특징적인 면이 있었는데, 피라미드의 4방향에 모두 계단이 있고 각각의 계단에는 4방위를 나타내는 마야식 기호가 붙어 있었다. 피라미드 동쪽에는 남북 방향으로 긴 직사각형 형태의 E-그룹이 있었다. 수많은 유적에서 E-그룹이 확인되었다. E-그룹은 아마도 마야 문명 최초의 "공공" 건물(공동체 단위로 공유하던 기념비적 의미를 지닌 건물)이었던 것으로 추정된다. 이미 기원전 500년경부터 이와 같은 형태가 뚜렷하게 나타나는 유적지도 많았다. 이런 식의 건축물은 대개 태양의 방향, 특히 동쪽 지평선에서 태양이 떠오르는 것과 관련되어 있다는 해석이 지배적이다. 그러나 그 동기를 따져보면 문제는 훨씬 더 복잡하다. 즉 마야인은 성스러운 산의 축소 모형을 만들어 공동체 안에 붙잡아두고자 했다. 처음에는 이러한 의도에서 시작된 프로젝트였을 것이다.[1] 선고전기 마야인은 성스러운 산을 지역과 역사적 뿌리 속에 영원히 고착시키고자 했던 것이다.

---

1 가장 최근의 E-그룹 연구 요약은 다음을 참조. James Doyle, "Early Maya Geometric Planning Conventions at El Palmar, Guatemala," *Journal of Archaeological Science* 40 (2013), 793-8; and James Doyle, "Re-group on 'E-Groups': Monumentality and Early Centers in the Middle Preclassic Maya Lowlands," *Latin American Antiquity* 23(4) (2012), 355-79.

두 번째 부류의 건물은 E-그룹보다 수백 년 뒤에 등장하는데, "트리아딕(Triadic)"이라 한다. 트리아딕(3인조)이라 부르는 이유는, 높은 플랫폼 위에 있는 왕궁이 세 개의 건물, 즉 가운데 피라미드와 양 측면 건물로 구성되기 때문이다. "트리아딕 그룹"은 전근대 시기 인류가 세운 건축물 가운데 최대 규모에 속한다. 이 건축물을 해석할 수 있는 단서가 몇몇 유적에서 발견되었으며, 과테말라의 와크나(Wakna) 유적도 그중 하나였다. 와크나의 트리아딕 그룹에는 중요한 무덤이 있었는데, 이로써 트리아딕 그룹은 적어도 일부 지역에서 매장지로 사용되었음을 알 수 있었다. 이런 패턴은 고전기의 건축물에도 그대로 이어졌을 것이다. 다만 와크나 이외에 달리 무덤이 발견된 사례는 없었다. 이는 트리아딕 그룹의 건축물이 워낙 거대한 규모라서 발굴이 쉽지 않았기 때문이다.

선고전기에 대규모로 집중화된 공동체들이 등장했는데, 그중 일부는 마야 특유의 도로로 연결되어 있었다. 지표면보다 약간 돋우어 만든 도로였다. 중심지에는 해자를 두른 구역이 있었다. 이런 구조는 분명 미리 설계를 한 뒤에 설계에 따라 건설된 것이므로, 당시 마야 문명에서 전례가 없을 정도로 방대한 노동력 통제가 있었다는 증거가 된다. 그러나 연구자들은 기념비적 건축물에 더 많은 관심을 기울였다. 규모가 인상적이었기 때문이다. 그에 비해 규모가 작은 선고전기 도시들에 대해서는 알려진 바가 거의 없었다. 인구 규모는 상당했을 것으로 어느 정도 추산되었으나, 그들의 거주 형태와 생계 수단 문제는 향후 연구를 통해 밝혀 내야 할 과제다.

이에 못지않게 풀리지 않은 문제들이 있다. 바로 선고전기 도시와 고전기 도시의 관계에 대한 문제다. 고전기의 시간적 범위는 대략 기원후

300년에서 850년까지다. 대규모 선고전기 건축물들은 고전기 건축물의 토대가 되었다. 그러나 선고전기 문명의 말기에 단절과 반란의 시기가 있었고, 이때 선고전기 건축물의 운명도 각각 달라졌던 것 같다. 다만 선고전기로부터 고전기를 관통하여 일관된 중점이 있었다. 기념비적 건축물의 대칭 구조, 배열, 의례 공간 등이었다. 이는 우주의 중심을 강조하는 표현 방식으로, 하늘과 땅 및 지하 세계를 포함하는 여러 방향의 행진 의례와 관련이 있었다. 포장도로와 지표면보다 높게 돋운 도로, 거대한 계단의 강조, 드넓은 광장 등을 통해 우리는 마야 사람들이 길을 따라 이동하는 행렬에 깊은 관심을 두었다는 사실을 확인할 수 있다. 광장, 테라스, 통로, 층계 꼭대기 플랫폼 등의 공간은 의례 행렬을 강조하도록 구성되었다. 행렬은 공간에 따라 때로 차단되고 때로 합쳐졌을 것이다. 또한 공간은 의례에 참여하는 집단을 차별하는 기능도 했을 것이다. 대부분의 기념비적 건축물 꼭대기에는 높은 위치에 접근하기 어려운 공간이 있었다. 이런 공간은 이미 선고전기 도시에서도 선례가 있었지만, 고전기 후기 도시에 이르러 보다 완벽히 발달했다. 그 공간을 설치한 목적은 사람들의 행렬을 조정하고 마지막에는 극소수의 특권층만이 그곳에 접근할 수 있도록 하기 위함이었다. 추정컨대 계단 아래에 모인 사람들은 계단을 오르내리는 사람들을 보면서 그들이 극소수의 특권층임을 인식할 수 있었을 것이다.

그러나 선고전기에 통치자나 엘리트 계층이 존재했다는 확실한 근거 자료는 거의 없다. 마야의 그림문자 자료도 그 시기에 해당하는 텍스트가 가장 해독하기 어렵다. 대부분의 그림문자는 신들을 찬양하는 내용으로 짐작된다. 예를 들어 과테말라의 산 바르톨로(San Bartolo)에 특이한 선고전기 무덤 벽화가 남아 있다. 마야 지역에서 가장 풍부하고도 다양한 벽화로 알려진 이곳에는 후대의 고전기 마야에서 시행된 의례를 예시하는 듯한 장면도 포함되어 있으나, 통치자와 관련된 내용은 전혀 없었다. 엘 미라도르 같은 유적에 남아 있는 벽면에는 전쟁 포로로 추정되는 흔치 않은 그림이 남아 있다. 아마도 피와 살이 튀는 육박전이 있었고, 전리품으로 적을 사로잡아 데려왔던 것 같다. 그러나 당시 상황을 더 깊이 이해할 수 있을 만한 텍스트 자료는 아직 분명하게 잡히는 것이 없다.

고전기에 이르면 도시 건설을 누가 지시했는지, 건축 주체의 동기와 신분에 관해 좀 더 분명한 정보가 남아 있다. 광장 확장이나 피라미드 혹은 궁궐 건축을 지시한 왕에 대한 정보도 학자들의 연구를 통해 종종 밝혀졌다. 당시의 정착지는 두 가지 의미에서 왕궁으로 해석되었다. 첫째, 성스러운 왕, 왕비, 왕실, 궁정 관리나 하인으로 확인되는 사회 집단이 존재했다. 둘째, 도시 전역에 걸쳐 구역별로 건물과 궁궐이 있었고 그 내부에 왕의 거처가 포함되어 있었다. 이런 패턴은 유카탄반도의 중부 지역에서 특히 강세를 보였다. 다른 지역의 공동체들은 이보다 이질적이거나 다양성이 강화된 조직 구성 방식이었던 것 같다. 그래서 종교적 책임이 집중되는 지도자가 그만큼 두드러지지 않았다. 몇몇 예외를 제외하면 대개의 도시들은 규모가 굉장히 다양했다. 주민 수백 수천 명이 거주하는 도시도 있었지만, 경계를 어떻게 그리느냐에 따라 훨씬 더 큰 규모의 도시도 있었다. 규모 자체는 중요한 문제였다. 규모가 작은 공동체들은 비록 내부에 성스러운 군주와 왕궁이 있더라도 공동체 구성원끼리 더 깊은 관계를 맺기 위해 노력을 기울였다. 그래서 주민들 사이에

서로를 알고 긴밀한 교류를 나눌 기회가 더 많았다. 규모가 큰 공동체는 아무래도 구성원끼리 서로를 알 수 있는 기회가 적었다. 그런 곳에서는 가장 많은 사람들이 알아볼 수 있는 인물이 통치자 혹은 엘리트 계층이었다. 그러므로 그들이 당연히 집단 행위의 중심적 위치에 있었다. 대부분의 지역에서는 기원후 8~9세기까지 정착지가 유지되었다. 유카탄반도 변두리 지역과, 특히 호수나 강을 끼고 있는 지역의 정착지들은 비교적 더 오래 유지되는 경향이 있었다.

간과해서는 안 될 또 한 가지 측면이 있다. 이는 마야의 도시를 연구할 때 맞닥뜨리는 근본적인 문제다. 즉 마야의 도시를 연구하다 보면 시대를 거꾸로 해석해야 할 것 같은 유혹에 빠지는 경우가 많다. 왠지 그 시대에는 맞지 않을 것 같고 연구 결과가 조화롭지 못한 것 같다는 생각을 하다 보면 그런 유혹에 빠진다. 마야의 도시를 연구할 때 전형적인 시기별 지표를 사용하다 보면 흔히 시대를 착오하게 된다. 이른바 시기별 지표는 때로 보편적으로 받아들여지기도 하지만, 사실 기원지의 시공간적 특성을 그대로 간직하기 마련이다. 도시의 평면 모델과 관련된 이론이 바로 그런 사례였다. 사회학 분야에서 시카고학파(Chicago school)가 주장한 도시 관련 이론이 있었는데, 그것은 어디까지나 19세기 말에서 20세기 초 미국과 유럽의 산업 도시를 염두에 둔 도시 모델이었다.[2] 얼핏 보기에 도시 간 비교는 그럴듯했다. 그러나 이는 도시 내

---

2 For such views see, Joyce Marcus and Jeremy A. Sabloff, "Introduction," in Joyce Marcus and Jeremy A. Sabloff (eds.), *The Ancient City: New Perspectives on Urbanism in the Old and New World* (Santa Fe, NM: School for Advanced Research Press, 2008), pp. 3-26; views first espoused in Joyce Marcus, "On the

일부 구역의 기능 변화에 따라 도시 인구가 집중 혹은 분산되는 경우에만 적용될 수 있는 모델이었다. 이런 식으로 시기별 지표를 적용하는 것은 훨씬 더 문제가 있었다. 예컨대 고전기 마야에서는 산업화에 따라 혹은 자본에 따라 형성된 인구 집단이 전혀 없었다. 인구 이동을 가능케 하는 대중교통 수단이나 자동차 같은 것도 없었다. 멕시코의 치첸이트사(Chichen Itza) 같은 고전기 후기의 몇몇 도시를 제외하면(치첸이트사의 도시 구성은 아직도 수수께끼로 남아 있다) 민족적 구분의 증거는 거의 남아 있는 것이 없다. 다양한 민족 구성은 마야 지역을 벗어난 다른 지역에 걸맞은 패턴이었다. 특히 멕시코 중부의 테오티우아칸(Teotihuacan)이 그랬다. 더더욱 미심쩍은 부분은, 그리고 이 또한 시기의 혼란을 가중시키는 또 다른 사례인데, 벨리즈의 카라콜(Caracol) 같은 마야의 도시에 "중산층"이 존재했다는 주장이다.[3] 문제의 유적지는 벨리즈의 마야산맥(Maya mountains) 맞은편에 위치하는데, 거미줄처럼 뻗어 있는 좁은 포장도로가 매우 인상적이다. 그곳의 건물이나 농지로 조성한 테라스는 규모가 그리 크지 않았다. 이에 비하여 주거 구역의 밀집도는 높은 편이었다. 발굴자들은 그 도시의 규모를 예외적 경우로 간주했지만 내부 조직 구조는 모든 마야 유적이 같을 것으로 추정했다. "중산층"이라는 개념은 당연히 "상류층"과 "하류층"을 전제로 한다. 정치철학에서 처음 중

Nature of the Mesoamerican City," in Evon Z. Vogt and Richard M. Leventhal (eds.), *Prehistoric Settlement Patterns: Essays in Honor of Gordon R. Willey* (Albuquerque: University of New Mexico Press, 1983), pp. 195-242.

3 Arlen F. Chase and Diane Z. Chase, "A Mighty Maya Nation: How Caracol Built Its Empire by Cultivating its 'Middle Class,'" *Archaeology* 49 (1996), 66-72.

산층이란 개념이 등장했을 때는 산업혁명 이후 새로운 가처분소득과 선거권을 가지고 사회에 영향을 미칠 수 있는 사람들을 의미했다. 그들은 보다 넓은 공간에서 살기를 원했고 더 높은 사회적 계층으로 올라가기 위해 경쟁을 했던 사람들이다. 이런 의미는 마야의 도시를 설명하기에는 너무 동떨어져 있고 오해를 불러일으킬 뿐이다.

도시를 평가하는 방식의 전형은 비교를 많이 해보는 것이다. 어느 한 곳에 사람들이 집중되는 것은 일반적인 도시의 패턴으로 인정되고 있다. 그러나 비슷한 형태의 도시 구조가 비슷한 동기를 나타낸다고 해석하려면 그러한 결정을 했던 배경과 과정에 대한 이해가 전제되어야 한다. 예컨대 별다른 교통수단 없이 도보로 이동해야 하는 도시는 자동차를 타고 이동하는 도시와 공간 구성이 다를 수밖에 없다. 여러 개념어들, 예컨대 (마이클 스미스Michael Smith가 "저밀도, 분산, 대규모 체계적 개발 계획 혹은 구역별 공공 토지 사용 계획 없이 발달한 도시"라고 묘사한) "난개발(sprawl)" 혹은 ("불법적 주거지와 그에 부수되는 빈곤"이라고 묘사한) "무단 점유(squatter)" 같은 개념을 마야의 도시에 적용한다면, 이 또한 상당히 의심스러울 수밖에 없다. 이 경우 그들이 말하는 토지 점유나 기타 정착에 영향을 미친 요인들이 학문적으로 밝혀진 적 없기 때문이다.[4] "난개발"이나 "무단 점유" 같은 용어를 사용함으로써 고대 도시들 간의 비교를 어떻게 할 것인가 하는 일반적 논의를 촉진할 수도 있다. 그러나 그런 용어가 함축하는 역사·문화적 맥락이 함께 딸려 들어오기 때문에 문

---

4 Michael E. Smith, "Sprawl, Squatters and Sustainable Cities: Can Archaeological Data Shed Light on Modern Urban Issues?", *Cambridge Archaeological Journal* 20 (2010), 229–53.

제가 되는 것이다. 마야의 유적지에서 확인되는 저밀도 주거 형태는 농업 혹은 원경(園耕, horticulture)에 적응하는 과정에서 비롯된 것이었다. 그러므로 일부 학자들이 주장했듯 고전기 마야는 "정원의 도시"였다.[5] 그러나 마야의 도시에 원경이 존재했다는 주장에도 불구하고 토지권이 어떻게 분배되었는지에 관해서는 알려진 바가 전혀 없다. 핵심은 형태적인 것으로, 마야의 도시 내 구역별 인구 규모를 파악할 수단은 오직 도시의 형태뿐이다. 인구 규모 이외에 다른 차원의 과제들도 많이 있다.

(1) 인구가 밀집된 경우를 마야에서는 뭐라고 불렀을까? 내부 구성 요소들의 명칭은 무엇이었을까? 사회적 구조는 어떠했을까?
(2) 건물과 개방 공간의 기능은 무엇이었을까? 이와 관련하여 사람들이 공간 사이를 이동하는 패턴(일상적 혹은 장기적 관점에서)은 어떤 식이었을까?
(3) 왕실과 엘리트 계층의 소망과 임무는 시기별로 어떻게 달라졌을까? 그것이 도시의 평면 디자인과 공간 사용에 어떻게 반영되었을까? 특히 장소의 전망과 시야를 어떤 식으로 고려하며 설계했을까?

이러한 과제들에 대한 연구는 고전기 마야 도시의 활동과 의미를 이해하는 안목을 더욱 넓혀줄 수 있을 것이다.

---

5 Chase and Chase, "A Mighty Maya Nation"; Christian Isendahl, "Agro-urban Landscapes: The Example of Maya Lowland Cities," *Antiquity* 86 (2012), 1112-25.

명칭과 사회적 구성 요소

고전기 마야의 대규모 주거지와 관련된 모든 논의는 패러독스로 시작될 수밖에 없다. 왜냐하면 그들의 문자 기록에서 "도시"를 지칭하는 단어가 발견되지 않았기 때문이다. 가장 흔한 오류는 군주의 칭호와 도시의 명칭을 동일시하는 것이다. 이런 관점이 야기하는 문제는 훨씬 후대의 마야 문명 유적에서 발견되는 칭호를 1000여 년 이전의 도시에 적용시킨다는 점이다. 이는 정확한 해석이라고 보기 어렵다. 군주의 칭호는 어떤 영토에 대한 주권을 의미한다(그림 3-1 a). 학자들은 이를 "엠블럼 글리프(Emblem glyph, 紋章)"라고 한다. 군주의 칭호는 "성스러운 (k'uhul)+'가변 요소'+군주(ajaw)"라는 구조로 되어 있다. 학자들의 해석에 따르면, 가변 요소 자리에 들어가는 단어는 인구 집단이 아닌 장소를 가리킨다. 드문 사례로 통치자가 두 지역의 주권을 주장한 경우가 있었는데, 이때는 특이하게 "쌍둥이 엠블럼"을 사용했다. 예컨대 멕시코 치아파스(Chiapas)의 우수마신타강(Usumacinta River)의 지류나 과테말라 엘 조츠(El Zotz)에서 그러한 사례가 있었다. 더욱 기이한 경우도 있었는데, 서로 다른 지역의 통치자들이 같은 엠블럼을 사용한 사례였다. 이는 하나의 왕조에서 서로가 정통성을 주장했던 경우로, 과테말라의 티칼(Tikal)과 도스 필라스(Dos Pilas)가 그러했다. 혹은 한 왕조에서 장남 이외의 다른 계보가 분봉하여 갈라져 나온 경우도 있었다. "분봉(分蜂)"이란 원래 벌떼에 대해 하는 말인데, 벌떼에서 일군의 벌이 떨어져 나와 다른 곳에서 새로운 집을 짓는 것을 가리킨다. 인간의 경우 분봉은 평화적으로 시작되었을 수도 있다. 잠재적 왕권 경쟁자가 다른 곳에 왕실 대표로 파견되는 방식이었다. 그러면 새로운 정착지에서 기원 왕조의 영향력을 확대

[그림 3-1] 통치자 및 도시와 관련된 그림문자들
(a) 쿠훌 아하우(k'uhul ajaw): 도스 필라스 그림문자 계단 2; (b) 첸(ch'e'n), 티칼 마르카도르; (c) 위츠(witz), 리오 아줄; (d) 하(ha'): 리오 아줄 무덤 12번.

할 수 있었다. 그러나 티칼과 도스 필라스의 경우는 예측이 빗나갔다. 새로 정착한 방계 계보가 왕가의 적들과 동맹을 맺어버렸기 때문이다.

후대에 들어온 "도시"라는 단어와 개념은 혼란을 더욱 가중시켰다. 스페인 정복 이후 도시라는 단어가 사용되었는데, 유카텍 마야어(유카탄반도 북부 지역의 언어)로 도시를 치남(chinam) 혹은 노카(noh kah)라

했다. 치남은 비교적 늦은 시기에 멕시코 중부 지역의 언어에서 유래한 차용어였고, 노카는 대규모 거주지 혹은 인구 밀집지를 의미했다. 멕시코(나우아틀어)에서 기원하는 테나미트(tenamit) 혹은 티나미트(tinamit)는 어원이 같은 단어로 고지대 마야어에서 사용되었다. 이 모든 단어는 주로 이웃 사람들의 집단을 의미하는 개념으로 사용되었다. 대개 가까이 사는 사람들을 의미했지만, 아마도 "지역적 단위"까지 포괄하는 의미였던 것 같다. 스페인 정복기의 또 다른 사전에서는 "거대한 땅덩어리"(muk'ta j-tek lum, 초칠어, 멕시코 치아파스 지역) 혹은 "많은 이웃 사람들"(mucul ghculegh, 첼탈어, 치아파스 지역) 같은 어휘가 언급되고 있다. 당시에 규모는 불분명하지만 "공동체"를 뜻하는 단어들이 여러 가지가 있었다(촐티어로 공동체는 "포폴popol"이다. 촐티어는 마야 문자와 가장 관련이 깊은 언어다). 고전기의 그림문자 텍스트를 보면 관심사가 전혀 달랐는데, 정착지 내의 특정 구역을 의미하는 단어들이 있었다. 그러나 많은 사람들이 모이는 정착지라는 개념은 그와 전혀 상관이 없었다.

그림문자에서 등장하는 단어는 대부분 실제로 눈에 보이거나 실용적인 것과 관련되어 있었다. 그러나 더 깊은 뉘앙스나 예상 밖의 의미를 지니는 경우도 종종 발견되었다. 아직 논란의 여지가 있지만, 데이비드 스튜어트(David Stuart)의 해석에 따르면 기본적으로 장소와 관련된 첸(ch'e'n)이라는 단어가 있는데 "동굴" 혹은 "돌출된 바위"를 뜻한다(그림 3-1 b). 열대 지방에서 물은 곧 자원이자 주기적으로 재난을 일으키는 문젯거리기도 했다. 그러므로 돌출된 바위 지대는 주거지로 매력적인 곳이었다. 물이 잘 빠지는 곳이라면 더욱 좋다. 다른 해석도 있다. 즉 여기서 말하는 "장소"는 기본적으로 정착지 아래에 위치하는, 의례를 거행하는 동굴(ch'e'n)이라는 의미로 보는 것이다. 실제로 그런 동굴이 발견된 적도 있었다. 이런 해석은 다른 식의 해석이라기보다 기존 해석을 보충하는 의미로 이해해야 할 것이다. 실재적이든 상징적이든, 어느 쪽으로 해석하든 그 의미는 돌로 고정된 장소, 두드러지면서 항구적인 장소를 강조하고 있다. 더불어 어떤 복합 건물 지하에 있는 미로와도 관련이 있다. 다만 이는 개념적일 수도 있고 현실적일 수도 있다. 첸(ch'e'n)이라는 단어는 때로 "땅"을 의미하는 그림문자와 함께 사용되었다. 이때 첸은 아마도 땅에서 바라보는 하늘을 간접적으로 암시하는 의미로 추정된다. 다른 텍스트에서 첸(ch'e'n)은 시적 문구로 등장하기도 했는데, 대비되는 요소를 대구로 배열하면서 더 큰 전체를 뜻하는 의미로 사용되었다. 과테말라의 티칼에서 발견된 한 텍스트에서는 장소를 묘사하는 가운데 "하늘-첸, 땅-첸"이라는 표현이 등장했다. 또 다른 텍스트에서는 아마도 이 표현의 축약형으로 보이는 "하늘-첸"이 나왔다. 멕시코의 팔렝케(Palenque)에서는 첸(ch'e'n)이 특수한 경우에만 사용되었는데, 이전의 해석과 달리 도시 안에서 높은 혹은 고귀한 장소를 의미했다.

　이와 관련하여 "언덕"을 의미하는 위츠(witz)라는 단어가 있다(그림 3-1 c). 이 또한 여러 곳의 정착지에 적용된 단어다. 정착지 입지 요건을 고려할 때 마야에서는 기본적으로 물이 잘 안 빠지는 곳을 기피했고 바람이 잘 들고 우뚝 솟아 방어에 유리한 곳을 선호했기 때문에, 언덕이 곧 정착지라는 의미와 연결될 수 있었다. 다른 여러 장소 명칭과 마찬가지로 위츠라는 단어에도 접미사가 연결되는 경우가 많았다. 위츠 뒤에 붙은 접미사는 발음이 "날(nal)"이었다. 그림문자 날(nal)은 분명 옥수수를 본뜬 모양이었다. 마야의 여러 언어 중에서 옥수수를 "날"로 발음하는 언어가 있었을 수도 있다. 그러나 접미사로 쓰였을 때의 의미는 상당히 혼란스럽다. 아마도 경작지를 의미할 수도 있고, 아니면 내용상 상관이 없는 동음이의어일 수도 있다. 그림문자 위츠(witz)에는 훼손된 흔적이 분명하게 남아 있다. 자연적인 훼손도 있고 인위적인 훼손도 있다. 이러한 훼손 사례의 유래는 선고전기까지 거슬러 올라간다. 위츠라는 문자를 사용할 때 자연적으로 형성된 거대 언덕과, 피라미드의 기단 같은 인공 건축물의 언덕을 사실상 구분하지 않고 사용했던 것은 분명하다. 마야인의 사고방식에서 그 두 가지는 서로 구별되지 않는 언덕이었을 뿐이다. 이는 단지 비유의 성격을 넘어서는 것이었다. 같은 패턴이 멕시코 중부에서도 발견된다. 멕시코 중부의 촐룰라(Cholula)에 거대한 피라미드가 있는데, 그 이름이 틀라치우알테페틀(Tlachihualtepetl), 즉 손으로 만든 산이라고 새겨져 있다. 마야 도시의 구성 의도를 해석한 설득력 있는 견해 중 하나를 소개하자면, 마야인은 멀리 다른 곳에 떨어져 있는, 길들여지지 않고 위험해 보이는 성스러운 공간(동굴, 언덕 등)을 "포착" 내지 복제하려는 의도가 있었다고 한다. 그래서 그것을 도시 중심에 가져다 놓고 엘리트 계층의 통제 아래 두고자 했다.[6] 복제 건설 프로젝트를 빙자하여 인력을 동원했는데, 구체적으로는 건물을 세우거나 계단식 플랫폼을 건설하는 작업이었다. 마법 같은 주장을 통해 인간의 재주로 만들어낸 건축물은 자연적이면서도 영원한 것으로 간주되었다. 언덕은 언제나 그곳에 있었지만, 왕이나 엘리트 계층의 주도로 다시 만들어진

---

[6] Andrea Stone, "From Ritual in the Landscape to Capture in the Urban Center: The Recreation of Ritual Environments in Mesoamerica," *Journal of Ritual Studies* 6 (1992), 109-32.

언덕은 오래된 것인 동시에 새로운 것이었다. 성스러운 야생의 공간을 공동체 안으로 끌어들이는 일은 고전기나 그 이후의 마야에서도 흔히 거대 규모로 재현되었다. "멀리 떨어진 숲, 언덕, 고립된 지역" 등은 "길들여진, 문명화된, 도시의 중심지"와 상반되는 범주였다. 이런 일들은 얼핏 패러독스로 보이기도 한다. 그러나 위험을 숨겨두는 건축물이 마야 도시의 중심에 분명 존재했다. 이는 위험의 통제 및 집중화 개념으로, 예기치 못한 위협을 정착지의 핵심부로 끌어다 놓은 셈이었다. 수많은 마야 피라미드의 "거주자"는 바로 그들이었다. 그림문자에서 피라미드를 와히브(wahyib)라고 기록한 사례가 일부 있는데, 신들이 "잠자는 곳"이라는 의미였다. 신들의 조각상은 잠든 상태로 피라미드 꼭대기에 안치되었다가 의례를 통해 깨어나는 것이었다. 신들의 모습이 등장하면 지켜보는 사람들이나 그곳에 접근할 수 있는 사람들이 두려움에 떨었을 것이다. 물론 그곳에 접근할 수 있는 자격은 엄격히 통제되었다.

마야에서 정착지를 의미하는 또 다른 단어가 있는데, 기본적 필요를 강조한다는 점에서는 앞의 사례와 같지만, 이번에는 물이 잘 빠진다거나 방어에 유리하다는 것이 아니라 물 그 자체다. 장소 명칭 가운데 하(ha'), 즉 "큰물"을 의미하는 단어가 포함되어 있다(그림 3-1 d). 돌출된 바위 혹은 언덕도 그랬지만, 이 경우도 단지 편의성만을 고려한 개념은 아니다. 고전기 마야에서 큰물은 뱀의 영혼을 간직하고 있다고 믿었다. 마야의 군주나 왕비가 때로는 뱀의 형상을 한 경우도 있었다. 마야인은 분명 물의 순환을 이해하고 있었다. 지하 깊은 곳에서 솟아 나온 물이 물 순환 체계에 따라 바다로 흘러갔다가 폭풍우로 되돌아와서 다시 땅속으로 흘러들어 순환을 마치는 과정이었다. 그림문자로 표현된 광장은 속을 파낸 모양으로, 물과 관련된 공간으로 그려졌다. 오늘날 평평하게 보이는 마야의 광장이 마야인에게는, 그리고 상징적 의미에서는 움푹 꺼진 공간으로 보였을 수도 있다. 그래서 그곳이 지하 세계와 지상 세계가 연결되는 공간이었던 것이다. 광장을 조성한 의도는 사람들의 이동보다 광장의 존재를 알리는 데 있었던 것 같다. 경우에 따라서는 다른 건물들로 광장이 가려져 있기도 했는데, 이때는 접근이 어렵거나 제한되었을 것이다. 피라미드 꼭대기 층에 있는 사원과 마찬가지로 광장 또한 사람들이 다만 눈으로 보아서 존재한다는 사실만 알고 있는 것이 더 중요했다.

주목할 만한 마야 도시의 특성이 하나 있는데, 후대의 건축가들은 이전 시대의 건물을 분명히 알고 있었다는 사실이다. 때로는 보존 상태가 놀라울 정도였다. 마야에서는 기념비적 규모의 건축물이 파괴되고 다시 건축된 사례가 거의 없었다. 대신 건물에 포함된 조각상의 "힘을 막았다". 즉 조각상의 코와 귀와 입을 불구로 만든 다음, 모래와 석횟가루와 흙으로 전체를 완전히 덮어버렸다. 온두라스의 도시 코판(Copan)에서 그 사례의 전형을 확인할 수 있다. 그곳에는 하나의 주제로 연결되는 건물들이 계속 건축되었다. 대표적 주제는 왕조의 창시자와 태양을 연결하는 것이었다. 해당 사례의 구역 번호(Structure)는 10L-16인데, 여기서 기원후 400년경부터 800년경까지 400년 동안 건물들이 잇달아 건축되었다. 어떤 측면에서 보면 같은 건물이 계속 복제되었다고 할 수도 있다. 그러나 새로 짓는 건물은 규모가 더 컸고 새로운 아이콘(iconography)들로 채워졌다. 이는 다른 형태로 태양의 이미지를 강조하는 것이었다.

마야 도시의 또 다른 유명한 경관은 피라미드와 제단이다. 불행히도 둘 다 관련된 그림문자가 아직 다 해석된 단계는 아니다. 피라미드는 정면 계단을 강조하는 구조였는데, 이런 모습을 그린 마야의 낙서도 많이 발견되었다. 피라미드 꼭대기에는 향을 피우는 곳으로 추정되는 조그만 건물이 있다. 계단은 상당히 길고 층위나 구역에 따라 나뉘는 경향이 있었다. 사람이 올라가기 편하도록 만들어진 것은 아니었다. 가파른 경사를 주어서 성스러운 공간에 접근하기 어렵도록 만들었다. 제단은 주로 돌로 만든 평상이었다. 그러나 사실 평상은 마야 유적지에서 흔히 발견되지 않는 유물이다. 놀라운 점은 두 가지 유적이 다 있을 경우 피라미드 뒤에 제단이 설치되었다는 사실이다. 이는 의례 행사를 조망할 수 있는 위치를 마야의 방식으로 만든 것으로 보인다. 의례 순서에 제단도 포함되었을 것이다. 피라미드에서 내려온 뒤 제단에 희생물을 바치는 방식이었다. 코판(Copan)의 유적지에서 발견된 텍스트는 제단의 부재와 그 지역 통치자의 죽음을 연결시키고 있다. 왕이 사망한 경우 아마도 제단을 어딘가에 숨겨두었던 것 같다. 텍스트 해석이 모호하기는 하지만, 상상할 수 없는 일이 벌어지는 야생의 황무지를 언급하는 내용이라는 해석도 있다. 치아파스의 팔렝케(Palenque) 유적에서도 마찬가지로 군주 부재 기간에 대한 내용이 발견되었다. 여기서는 "군주"와 "성스러운 여인"의 결합이 통치의 핵심이었고, 그들의 죽음 또는 "사라짐"(그림문자로는 satayi)으로 왕실의 통치도 사라진다.[7] 그럼에도 불구하고 과연 고전기 마야에서 왕실을 단지 왕과 왕비에 국한하여 이해했을까 하는 의문이

---

7 Nikolai Grube, "Palenque in the Maya World," in Martha J. Macri and Jan McHargue (eds.), *Eighth Palenque Round Table*, 1993 (San Francisco, CA: Pre-Columbian Art Research Institute, 1996), pp. 1–13.

남는다. 보남파크(Bonampak)의 고분에서 발견된 10여 개의 인형은 한참 후대인 기원후 9세기 말의 것으로, 다양한 인물들이 표현되어 있다. 인형이 표현하는 인물은 왕실 구성원을 위해 시중들던 사람들이었다. 그러나 발굴된 유골의 동위원소 분석에 따르면, 마야에서는 "가거나 가지 않는 것으로(즉 발걸음으로) 의사 표현을 한" 것으로 나타났다. 기존에 생각했던 것보다 이동의 비중이 상당히 높았던 것이다. 인구 구성 면에서도 마야의 도시들은 다른 지역의 도시들과 마찬가지로 상당히 유동적이었다.

마야의 문자가 기록된 또 다른 건축물로 계단(마야어로는 ehb)과 경기장이 있는데, 그림문자는 아직까지 해독되지 못했다. 두 건축물 모두 구기(球技)와 관련되어 있으며, 흔히 탄력 있는 고무공을 가지고 하는 게임이 기록되어 있다. 이와 달리 플랫폼의 경우는 전리품과 포로를 전시하는 기능과 관련되어 있다. 멀리 원정을 나갔다가 돌아왔을 때 이런 행사가 있었다. 티칼(Tikal)에서 마야 도시의 축소 모형 그림이 발견되었는데, 이는 극히 드문 사례에 속한다. 그림에는 경기장, 피라미드, 플랫폼 등의 건축물이 밀집된 구역이 있다. 축소 모형이라서 그렇기도 하겠지만 건물과 건물 사이의 공간은 놀라울 정도로 좁다(그림 3-2). 새겨진 문자에서 건물을 의미하는 단어도 확인되었는데, 나아(naah)는 "구조", 오토오트(otoot)는 "거주"라는 뜻이다. 나아는 건축물의 상부 구조, 오토오트는 점유된 장소를 의미한다. 그림문자 자체는 플랫폼 위에 지어진 건물을 형상화한 것이다. 풀로 엮어 만든 지붕을 수직 기둥이 받치고 있는 모습이다. 기도를 할 때는 돌과 모르타르로 건축된 건물보다 영구적이지 않은 유기물 자재로 건축된 원초적 형태의 건물이 더 중요한 건물이

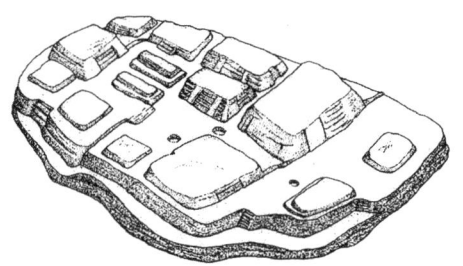

〔그림 3-2〕 건물 축소 모형, 문도 페르디도 복합 유적, 티칼

었다. 그렇다면 실제로 남아 있는 마야 도시 유적 가운데 이 두 그림문자가 어떤 건물을 가리키는가 하는 문제가 제기된다. 고전기 마야 도시에서 주거지 구역은, 적어도 주요 유적들 중에서는, 실용적이지 않지만 반복되는 형태가 있었다. 사각형 공간이 있었고, 사방을 둘러 건물이 있었는데, 입구는 안쪽을 향하고 있었다. 대부분은 이와 같은 건축물들로 가득 채워져 있었지만, 몇몇 경우에는 단 하나의 건물과 기껏해야 작은 안마당을 갖춘 것이 전부였다. 건물과 건물 사이에 단절이 없는 하나의 마당이 이어진 경우도 있었다. 규모나 밀집의 정도와 상관없이 마당은 대부분의 도시에서 확인되었다. 가장 작은 안마당에서부터 중앙 광장까지 사례는 다양했다. 유적에서 확인되는 공간은 마야의 텍스트에 등장하는 내용과도 일치하는 경우가 많았다. 텍스트에서는 도시 주변의 변두리를 이촌(ichon)이라 했는데, 도시같이 폐쇄된 공간의 틀 안에 들어와 있는 주변 지역이라는 의미였다.

고전기 마야 연구에서 시급한 문제는 이와 같이 마당을 공유하는 집단의 사회적 의미를 밝히는 것이다(그림 3-3). 고전기 사회에서 그들

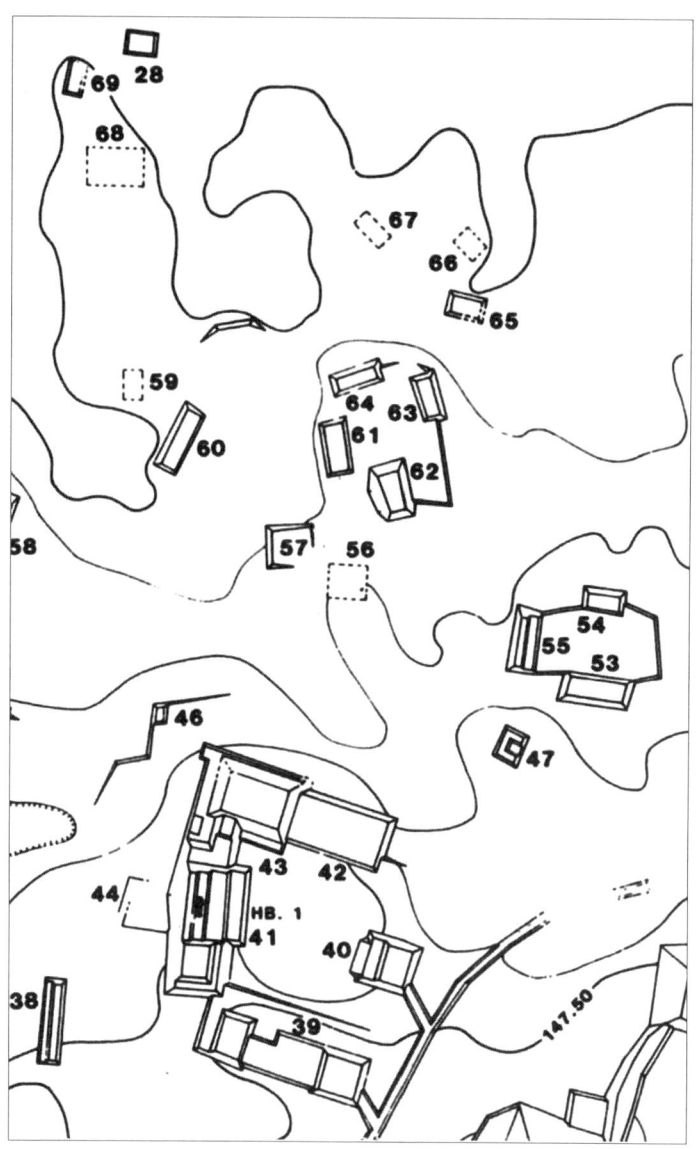

〔그림 3-3〕 도스 필라스의 안마당, 과테말라
숫자는 도시 구역 안에 있는 개별 언덕의 개수를 나타낸다.

은 분리된 하나의 집단에 소속되었을 가능성이 매우 높다. 그러나 혈연적 계보에 따른 집단인지, 아니면 인류학에서 "집 공동체(house society)"라고 일컫는 느슨한 집단의 개념인지는 불분명하다.⁸ 과테말라의 타마린디토(Tamarindito)에서 발견된 한 텍스트는 기원후 7세기의 기록인데, 스스로의 정체성을 나아(naah), 즉 "건축 구조물"에서 확인하는 가족 혹은 가문이 등장한다. 어머니는 꽃 이름을 가진 건물과 관련되어 있고, 아버지는 옥수수 이름을 가진 다른 건물과 관련되어 있다. 다만 이 내용이 실제 꽃이나 옥수수와 관련된 것일 뿐 사회적 범주에 국한된 내용은 아닐 수도 있다. 또 다른 사례로 왕실에 바치는 조공품과 관련된 라캄(lakam), 즉 "깃발"이 있다. 이는 마당을 공유하는 소규모 집단에서 바치는 조공품을 모은 것이었다. 그러나 이 또한 기존에 밝혀진 것 이외의 새로운 가능성을 타진하기란 쉽지 않다. 깃발 같은 명칭이 특정 집단과 연계하여 발견된 것이 아직은 없기 때문이다.⁹

이동 행렬, 의무, 의례 행사

후기 마야에는 올바른 행동 혹은 정당한 행동에 대한 관념이 있었는데, 곧 이동 방향과 오른쪽을 따르는 것이었다. "오른쪽"이나 "직진"이

---

8 Susan D. Gillespie, "Maya 'Nested Houses': The Ritual Construction of Place," in Rosemary A. Joyce and Susan D. Gillespie (eds.), *Beyond Kinship: Social and Material Reproduction in House Societies* (Philadelphia: University of Pennsylvania Press), pp. 135–60.
9 Alfonso Lacadena García-Gallo, "El título *Lakam*: evidencia epigráfica sobre la organización tributaria y militar interna de los reinos mayas del clásico," *Mayab* 20 (2008), 23–43.

라는 단어는 "진리"나 "미덕"이나 "정화"와 같은 의미였고, 심지어 "예언"을 의미하기도 했다. 세계적으로 폭넓게 발견되는 이 같은 개념의 기원은 매우 오래된 것이었다. 동굴을 방문하는 민속 의례에서도 비슷한 내용이 강조되는 경우가 있었다. 또한 의례의 중점으로 초자연적 존재에게 간청을 하는 과정이 있는데, 이는 곧 행진으로 표현되며, 통치자도 부분적으로 참여해야 하지만 아마도 모든 차원의 사회 구성원도 의무적으로 행렬에 참여했을 것이다. 마찬가지로 고전기 마야에서도 이와 같은 의례 행위를 강조하고 있다. 다만 그 방식이 다양했다. 의례의 중심에는 헌정 의례가 있었다. 불을 피우는 의례는 대개 "들어간다"는 의미의 은유적 표현을 포함하고 있다. 과테말라의 나 투니치(Naj Tunich) 동굴에서는 그림과 텍스트가 함께 발견되었는데, 왕실의 여러 젊은이가 그곳을 방문한 장면이 묘사되어 있다. 아마도 통과 의례의 일부였던 것으로 추정된다. 이와 같은 동굴 방문을 "달린다"는 뜻의 아니(ahni)라고 했다. 같은 의례를 통해 방문한 동굴이 최소 두 개는 더 있었던 것 같다. 왕실의 조각상, 잡동사니, 가마, 이동식 예배실 등은 전쟁에서 매우 큰 역할을 했다. 전쟁에 승리한 자는 전리품으로 이들을 자신의 지역으로 옮겨다 놓았다. 이동에 초점을 맞추는 이러한 관습은 도로 유적과 일관되는 면이 있다. 마야의 도시에는 깨끗하게 정돈되고 비교적 똑바른 보도가 조성되어 있었다. 지면보다 약간 높게 흙을 돋우거나 줄 맞추어 돌을 놓아서 만든 길 혹은 둑길이었다. 이는 마야의 몇몇 유적지에서 이동을 위해 혹은 특별한 공간을 위해 직접적으로 노동력을 투자했다는 증거다(그림 3-4). 그러나 모든 길이 지역을 연결하는 것은 아니었고, 어떤 중심을 향해 조성된 것도 아니었다. 유카탄반도 전역에서 가장 규모가 큰

〔그림 3-4〕 사크비(Sakbih) 2
유카탄반도 우치(Ucí)에서 발견되었다.

도로 시스템은, 태양과 비의 움직임을 포괄하는 더 큰 시스템의 일부였던 것 같다. 그림문자에서는 이와 같이 공간을 연결하는 도로를 사크비(sakbih)라고 하는데, "흰색" 혹은 "인공적으로 만든 길"을 의미한다. 도로 위에 돌이나 석회 등 무언가를 깔기 때문에 그런 이름이 붙었을 것이다. "도로-돌"을 의미하는 비투운(bituun)이라는 그림문자가 있는데, 아마도 도로에 돌을 깔았을 수도 있다. 비투운은 동시에 안마당이나 좀 더 폐쇄된 공간을 의미하기도 했다.[10]

윌리엄 맥도널드(William MacDonald)는 지중해를 비롯한 다른 지역의 경우 공간을 연결하는 시설(도로, 회랑, 광장, 다양한 형태의 통로 등)이 "도시의 기본 틀"이라고 했다. 그러나 마야에서는 공간 연결 시설이 이동의 측면에서 장애 요소였고, 일관성 있게 중심부를 향해 있지도 않았

---

10 David Stuart, "Hit the Road," *Maya Decipherment* (2007), accessed July 4, 2014, http://decipherment.wordpress.com/2007/12/07/hit-the-road/

다.[11] 마야의 어떤 도시든 단순한 하나의 디자인 혹은 설계 의도가 숨어 있는 것은 아니었다. 도시의 구조적 평면을 놓고 그 뒤에 숨어 있는 우주적 질서를 찾고자 하는 시도가 있었지만 설득력 있는 결론에 이르지는 못했다. 마야에서 공간의 역할은 사람들의 이동에 흐름을 부여하는 것, 그리고 얼마나 많은 참여자 및 관찰자를 수용할지 공간을 통해 통제하는 것이었다. 한 유적지에서 예상 주민 수와 행사에 참여한 인원을 비교해본 결과 주민의 대다수가 행사에 참여한 것으로 확인되었다. 왜 그런 이동을 했는지 그 이유는 불분명하며, 특별한 흔적을 남기지도 않았다. 다만 마야 캘린더로 중요한 날이 있었고, 그런 날에는 상당히 조직적인 이동 행사가 있었을 것이다. 후고전기 마야에서는 나무 인형이 등장하고 사방에서 행렬이 이어지는 행사가 치러진 것으로 확인되었다. 고전기 마야에서도 비슷한 일이 있었을 것으로 추정된다. 예컨대 특정한 해의 첫날에 돌을 세우는 행사도 그런 경우였다. 시공간의 표시는 질서를 강화하고 유지하는 데 도움이 되었다. 그리고 아마도 그러한 틀을 만든 최초의 행위를 기념하기 위해 피와 살과 불을 바치는 의례가 거행되었을 것이다. 행사는 "세계의 나무"를 향해 있었다. 초자연적 독수리가 날개를 펼치고 앉아 있는 곳이었다. 과거에는 번잡했을 그 공간이 지금은 텅 비어 있다. 아마도 옛날의 그곳은 깃발과 차양을 비롯한 여러 가지 물품으로 가득했을 것이다. 마야의 벽화에 과거를 엿볼 수 있는 그림들이 남아 있고, 멕시코의 보남파크(Bonampak) 같은 곳에는 행사 무대

---

11 William L. MacDonald, *The Architecure of the Roman Empire: An Urban Appraisal* (New Haven: Yale University Press, 1986), p. x.

를 떠받쳤던 돌기둥이 남아 있다.

　더더욱 명백한 것은 커다란 안마당의 용도였다. 마야 유적에서 발견되는 수많은 안마당은 행렬의 중요한 분기점이 되었을 것이다. 그곳에는 통치자가 영원의 춤을 추는 모습을 표현한 조각상들이 들어서 있었다. 때로는 통치자가 땅으로 내려온 신을 흉내 내는 모습도 있었다. 마야 기념비의 대다수는, 그리고 그 외의 다른 많은 조각들도 통치자나 군주나 몇몇 여성의 춤추는 자세를 보여주고 있다. 그들의 동작은 위풍당당하면서도 품위가 있었다. 단지 고개를 약간 숙이고 발뒤꿈치를 살짝 들어 올린 정도에 지나지 않는 춤 동작도 있었다. 어쨌든 다른 곳에서 흔히 볼 수 있는 에너지 넘치는 춤사위와는 뚜렷이 대비되는 위엄 있고 점잖은 모습이었다. 고전기 마야의 성스러운 광대나 평민 계층에게는 근육질의 춤이 더 어울렸을 것이다. 그러나 왕이 추는 춤의 본질적 성격은 동작을 통해 신격을 이 땅으로 불러오는 것이며, 눈앞에서 인간과 신격의 교류가 가능하도록 하는 것이었다. 신격이나 영혼이 춤추는 사람의 몸에 일시적으로 깃들었을 때 그와 같은 교류가 가능했다. 춤출 때의 복잡한 옷차림으로 보건대, 그리고 여러 영혼이 동시에 등장하기 위해 한 사람의 신체에 많은 영을 받아들일 수 있어야 했다. 인구학자들이 마야의 인구가 얼마였는지 추산해볼 수는 있겠지만, 단순히 숫자로 표현하기가 쉽지 않은데, 마야인이 생각하는 도시 거주민에는 영혼도 포함되었고 그들과 소통하는 신이나 조상도 적지 않았으며, 특히 놀라운 것은 (데이비드 스튜어트의 지적처럼) 통치자가 곧 "시간이 눈앞에 구체적으로 드러난 형상"으로 간주되었다는 사실이다. 왕실을 묘사한 많은 그림에서 왕은 신들의 행위를 흉내 내는 행동과 캘린더의 축제를 나타내는 모습으로 그려져 있다.

조망점을 통해 본 왕의 주요 관심사

마지막으로 남은 주제는 마야 도시들의 입지 여건이다. 마야의 도시들도 보통의 지리적 입지 여건 개념에 부합하기는 하지만 아직 더 구체적으로 이해해야 할 문제들이 많다. 오늘날 남아 있는 마야의 도시 유적은 건물과 공간의 배열이 "도시의 기본 틀"을 갖추고 있다. 그러나 고고학적 발굴 성과에 따르면, 이러한 도시 광경은 신규 건축을 통해 갑작스레 바뀌곤 했다. 변화는 점진적이지 않았으며 무계획적으로 이루어지지도 않았다는 것 또한 고고학 연구 결론이다. 기념비적 건축물이나 공공 건축물이 새로 건설될 때는 왕이나 엘리트 계층의 의중이 반영되었다. 고전기 마야의 도시가 지향하는 궁극적 형태가 따로 있는 것은 아니었고, 종합적 설계가 이루어졌다는 구체적 증거도 발견된 바 없다. 어떤 측면에서는 선고전기 주거지가 오히려 엄밀히 조직화된 양상을 보이기도 한다. 그러나 고전기의 대규모 주거지들은 큰 방향 차원에서 경향성이 있었다는 점만은 의문의 여지가 없는 분명한 사실이다. 다만 도시와 도시 간의 차이가 없지는 않았다. 각 도시의 특성을 하나로 묶을 수 있는 거대한 틀 같은 것은 존재하지 않았다. 고전기 도시들이 물을 확보하는 데 큰 비중을 두었다는 견해가 일부 연구자들에 의해 제기된 적이 있었다. 그래서 급류를 완화하거나 계절에 따라 쏟아지는 폭우 문제를 처리하기 위한 도시 설계가 기본적으로 요구되었다. 고전기 도시의 건축가들은 분명 이미 들어서 있는 기존의 건축물 문제도 해결해야 했다. 기존 건축물을 단순히 제거하기란 쉽지 않았다. 사실 일부 구조물은, 예컨대 과테말라의 피에드라스 네그라스(Piedras Negras)에서 과거의 건물은 노출된 채 방치되었고 수백 년 동안 한쪽에서는 활발한 활동이 펼쳐지는 가운데 기존 건물의 손상이 진행되었다. 이러한 손상은 주기적으로 건물을 새로 단장하는 프로그램에 정당성을 부여했을 것이다.

고전기 말기에 특징적인 면이 있었다면, 건물들이 동떨어진 집단으로 존재했다는 점이다. 이런 건물들은 의례 행렬의 이동 경로에 전적으로 포섭되지는 않았고, 굉장히 넓은 주변 지역에 둘러싸여 있었다. 팔렝케(Palenque)나 피에드라스 네그라스 같은 도시에서는 새로운 사원 구역이 건축되거나 거대한 연결 공간이 조성되었는데, 이전의 건물들은 새로운 건물 집단에 소속되지 않았다(그림 3-5). 이런 일이 일어난 시기는 마야 캘린더로 한 시대의 마감을 축하한 기원후 692년이었을 것으로 추정된다. 새로운 공간 중 일부에서, 그리고 인접한 건물의 안마당에서 시장 같은 편의 시설이 마련된 흔적이 점점 분명히 드러나고 있다. 피에드라스 네그라스에서는 왕궁 안의 훨씬 한정된 공간 범위에 시장이 있었다. 때로 시장이 폐쇄될 때면 통치자와 그의 가족, 그리고 궁궐의 시종도 대중의 시선에서 사라졌다.

고전기 도시에서는 규모도 중요하지만 시각적 측면, 즉 보는 것과 보이는 것도 못지않게 중요했다. 군사 용어로 "시야(visualscape)"라는 개념이 있는데, 이는 고전기 마야에서도 중요한 의미가 있었다. 즉 시야를 확보하면 위협을 즉각 알아차려 대응할 수 있었고 상당히 먼 거리에서부터 건물을 보호하는 것이 가능했다. 이러한 시야 확보가 마야 건축 설계의 가장 중요한 목적이었다는 것이 충분한 자료를 통해 확인되었다. 한 지역에서 시야를 분석하는 도구가 있는데, 바로 지리정보시스템(GIS)

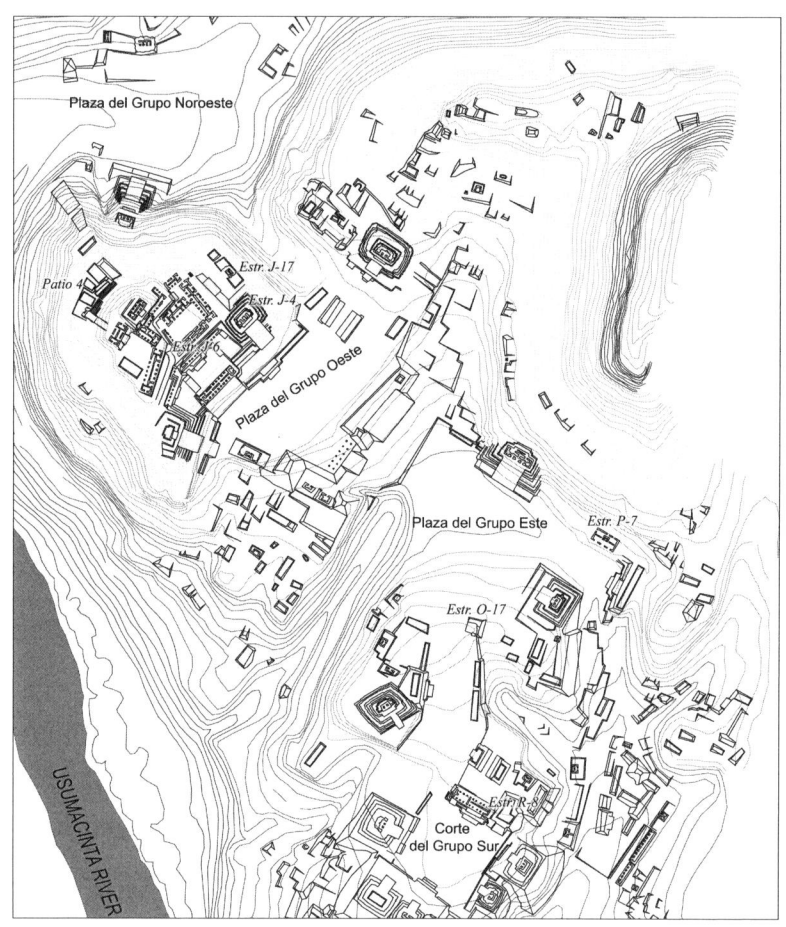

[그림 3-5] 피에드라스 네그라스의 광장, 과테말라
북쪽으로 너비 600미터에 달하는 거대한 평대가 조성되어 있다.

소프트웨어다. 지리 정보의 시각적 분석과 관련하여 수많은 문제가 있겠지만 그중 많은 논점은 조망점에서 도달하는 시선의 끝이 어딘가 하는 문제다(즉 지표면의 만곡을 조사하여 끝을 확인한다). 그러나 시선의 끝 지점에 인적이 나타나도 너무 멀어서 식별하기가 어려울뿐더러 의도를 파악하기란 더더욱 불가능했을 것이다.

과테말라의 엘 조츠(El Zotz) 유적은 이러한 특성을 잘 보여주는 정착지 유적으로, 부에나비스타 산록(Buenavista Escarpment)의 구릉 지대를 따라 위치해 있다. 그곳이 부에나비스타 계곡의 북쪽 끝 지점이다(지도 3-2).[12] 계곡은 중요한 지리적 연결 통로 구실을 하는데, 이 회랑이 과테말라의 북동부와 북서부를 지나 그 너머까지 연결된다. 또한 엘 조츠 바로 옆에 산록을 남북으로 가르는 강줄기가 있는데, 엘 조츠는 강줄기에 인접하여 서쪽 편에 위치해 있다. 이 강줄기를 따라가면 미라도르 평원(Mirador Basin)이 나오고, 그곳에 선고전기 공동체들이 있었다. 한때 엘 조츠와 적대 관계였던 티칼은 엘 조츠에서 동쪽으로 약 21킬로미터가량 떨어져 있었다. 티칼의 피라미드들은 디아블로 그룹(Diablo Group) 유적의 구역 번호 F8-1에서 분명하게 보이고, 엘 조츠의 아크로폴리스(Acropolis)에 인접해 있는 중앙 피라미드(구역 번호 L7-11)에서는 그렇게 잘 보이지 않는다.

근처에 막강한 적들이 있고 자연적으로 형성된 통로가 이어져 있었으므로, 엘 조츠의 입장에서는 적들과 통로 모두 잘 볼 수 있는 위치가

---

12 지형 관련 데이터는 미국 나사의 레이더(Airsar)를 근거로 했으며, 다음 자료로 보강했다. R. Sharer and J. Quilter, SBEBCS NSF Grant 0406472, "Archaeological Application of Airborne Synthetic Aperture Radar Technology in Southern Mexico and Central America," and R. Sharer and J. Quilter, NGS Grant 7575-04, "Archaeological Application of Airborne Synthetic Aperture Radar Technology in Southern Mexico and Central America."

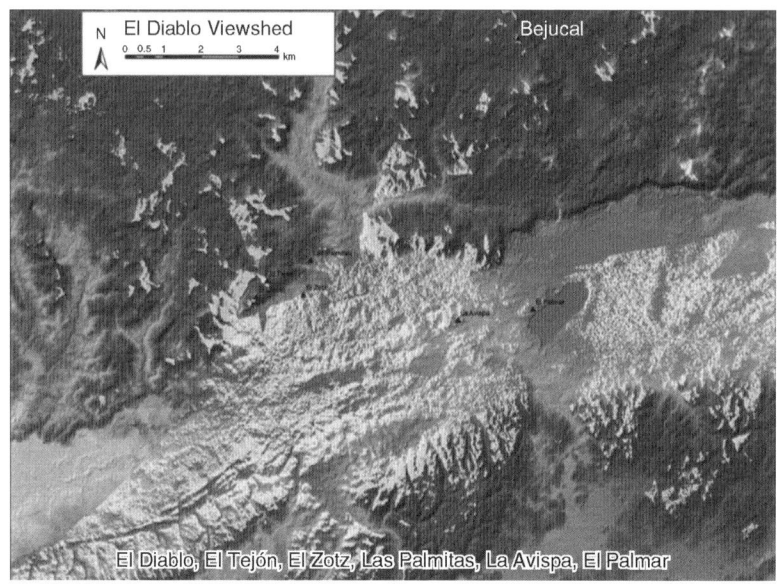

〔지도 3-2〕 엘 조츠의 조망점, 과테말라

매우 중요했을 것이다. 엘 조츠는 고전기 초기에 도시로 성장하기 시작했으며, 왕궁은 부에나비스타 산록의 꼭대기에 있는 디아블로 그룹에 건설되었다. 왕조의 설립자로 추정되는 인물의 무덤이 2010년에 구역 번호 F8-1의 지하에서 발견되었다. 계곡을 향해 있는 건물 정면 외벽과 이웃한 건물의 처마가 연결되어 거대한 얼굴 형상을 하고 있었다. 전체적으로 붉게 칠해져 있었지만 부분적으로 다양한 색채가 강조되어 있었다. 이 형상은 마야 태양신의 다양한 모습을 나타낸 것이었다. 이와 같은 궁궐 구조는 아래쪽 계곡에서도 바라볼 수 있도록 되어 있었다. 독특하면서도 붉은색이 더욱 특이해 보이는 그 건물은 하늘 높이 우뚝 솟아 있었고, 아침에 해가 뜰 때나 저녁에 해가 질 때 햇빛이 잘 비치도록 설계되어 있었다.

엘 디아블로(El Diablo)에서 가장 높은 곳에 있는 조망점에서는 상당히 먼 거리까지 잘 보였다. 아마도 부에나비스타 계곡을 감시하는 임무를 맡은 보초병이 그곳에 배치되었을 것이다. 그의 임무는 동쪽의 엘 팔마르(El Palmar)부터 남쪽의 산록 돌출부까지 약 8킬로미터 이상 되는 구간을 감시하는 것이었다. 밤이나 안개가 심한 날 혹은 비가 많이 내리는 날이 아니면 엘 디아블로에서 모든 통로를 내려다볼 수 있었다. 이와 대조적으로 고전기 후기 피라미드인 구역 번호 L7-11과 엘 조츠의 아크로폴리스에서는 조망점의 시야가 훨씬 더 축소되어 있었다. 이는 아마도 기원후 562년 멕시코의 캄페체(Campeche) 지역에 있던 칼라크물(Calakmul)의 침략으로 티칼이 무너진 뒤 엘 조츠의 경계심이 약화된 영향이었을 것이다. 또한 고전기 후기는 이 지역의 삼림이 가장 많이 줄어든 때이기도 하다. 그래서 계곡을 감시하기 위해 굳이 예전처럼 높은 곳까지 올라갈 필요가 없었을 수도 있다. 그럼에도 불구하고 엘 디아블로의 꼭대기는 여전히 주요 전망대로 남아 있었다(산록의 여러 지점 전망대도 함께 운영되었다). 한편 왕궁은 더 낮은 곳, 더 개방적인 공간에 위치함으로써 중심부의 확장이 가능했다. 왕국이 어디에 있든 계곡 통제는 여전히 그들에게 중요한 문제였다. 그러나 엘 조츠 건축물에서 조망할 수 있는 시야의 중요성은 적어도 부분적으로는 훨씬 축소되었다.

도시 피에드라스 네그라스의 경우는 조망점의 성격이 사뭇 달랐다. 도시는 우수마신타강(Usumacinta River) 동쪽 만곡에 위치했고, 그곳에서 강은 북서쪽으로 흘러 멕시코만을 향했다(지도 3-3). 강물은 시에라 라

〔지도 3-3〕 피에드라스 네그라스의 조망점, 과테말라

칸돈(Sierra Lacandon)의 카르스트 지대를 깊이 뚫고 지난다. 군데군데 급류 구간을 지나려면 일부 구간에서 밧줄과 육로 수송이 필요하지만, 이 지역의 과거와 오늘날의 모습을 확인하려면 이 강을 이용하는 것이 최선의 방법이다. 피에드라스 네그라스의 주요 적대 세력은 북서쪽으로 약 43킬로미터 떨어진 멕시코의 약스칠란(Yaxchilan) 지역에 있었다. 그 정도면 안전을 꽤 확보할 수 있는 거리였지만, 예상되는 공격이나 무역 관계에 종사하는 사람들을 감시하기 위해 강을 조망하고 감시하는 일은 매우 중요했다.

피에드라스 네그라스의 남부 그룹에는 고전기 초기 왕궁 자리가 남아 있었다. 남부 그룹 가장 높은 지점에서는 약스칠란으로 이어지는 강줄기의 상류 지역이 명확하게 보였다. 그리고 계곡 측면으로 곧장 접근할 수도 있었다. 계곡 주변 지역에서는 주기적 범람으로 농업에 필요한 토양 영양분이 공급되고 있었다. 조망점에서는 강줄기를 2킬로미터까지 감시할 수 있었고, 조망점에서 처음 눈에 들어오는 상류 지역과 남부 그룹의 거리는 1.5킬로미터였다. 고전기 후기의 피에드라스 네그라스 왕궁은 서부 그룹에 집중되어 있었다. 강을 따라 하류로 더 내려간 지역이었다. 서부 그룹의 조망점에서는 강줄기의 3킬로미터까지 조망이 가능했고, 상류와 하류를 다 볼 수 있었다. 이는 왕궁을 도심에서는 물론 공격 가능성으로부터 더 멀리 이동시킨 결과였다. 이동을 촉발한 계기는 고전기 초기가 끝나갈 무렵 벌어진 약스칠란과의 분쟁이었을 것이다. 서부 그룹에 있는 아크로폴리스는 상류에서 들어오는 침략자나 무역상에게 위압적으로 보였을 것이다. 지리적으로 다른 쪽은 다 막혀 있었으므로, 조망점의 입지 요건을 고려할 때 가장 중요한 요소는 강이었다. 피에드라스 네그라스에서 가장 높은 조망점은 구역 번호 O-13 뒤편에 있는 언덕인데, 남부나 서부 그룹의 조망점에서 불과 100미터 정도가 더 보일 뿐이다.

결론

마야 도시의 사람들이 공유한 관념이나 조직의 원칙은 도시마다 혹은 지역마다 매우 다양했다. 모든 도시에 광장과 피라미드가 있었고, 대부분은 경기장이 포함되어 있었다. 어느 도시든 거대한 플랫폼을 높게 설치하는 일도 마다하지 않았다. 이런 시설물을 통해 미묘하고 때로는 극적인 내부 계층의 차별이 만들어졌다. 비스듬한 경사로는 평평하게 닦아서 대중적 이동이 가능하도록 했다. 대중의 행렬은 격의 없이 자유로운 경우도 있었고 질서 있게 조직화된 경우도 있었으며, 개인적인 경우나 집단적인 경우도 있었다. 그러나 오히려 주목할 만한 일은, 마야인은 우리가 도시라고 부르는 인구의 밀집 현상에 대해 무언가 이름 붙여야 할 중요한 일로 생각하지 않았다는 점이다. 그들이 남긴 텍스트나 그림에는 "도시" 같은 개념이 전혀 등장하지 않았다. 마야 사람들은 오히려 신을 경배하는 장소, 물의 위치, 우뚝 솟은 언덕, 개별 건축물과 주거지에 초점을 맞추었다. "자연적인" 것과 "인공적인" 것의 경계, 지상과 지하 미로의 경계도 모호했다. 지표면보다 높이 돋우거나 테두리를 두른 도로 혹은 포장도로를 사크비(sakbih)라 했는데, 다양한 패턴의 사크비가 현존하는 기존 건축물과의 관계를 벗어나 새롭게 연결하고자 하는 각 지점들의 연결 고리가 되었다. 마야의 도시가 인상적이라 하더라도 외부에서 그곳으로 접근하고자 하는 여행자들은 수로를 이용할 수밖에 없었다. 그리고 그들 또한 주기적으로 쏟아지는 폭우, 찌는 듯한 더위, 무너지는 흙더미로부터 생명을 지키기 위해 갈수록 많은 자원을 투입해야 했다. 아마 마야의 주민도 마찬가지였을 것이다. 마야의 도시 같은 거대 규모 건축물을 유지하는 것은 후대 주민으로서 쉽지 않은 선택이었다. 유지한다는 것 자체가 헤어날 수 없는 딜레마였다. 그럼에도 불구하고 마야의 도시들은 여전히 그 자체로 신의 제물이었다. 도시는 집단적 의례 목적에 이용되고, 왕과 엘리트 계층의 왕궁으로 사용되었다. 도시 구조는 단순하면서도 복잡한 관계를 만들어냈고, 그래서 도시는 거대한 동시에 내밀한 공간이기도 했다. 도시는 곡물의 재배와 수확을 지원했고, 이로써 도시인이 생계를 유지했다. 또한 도시에 필요한 물건을 만들고 거래하고 분배하는 일에도 관여했다. 도시의 아래에 유적들이 흙 속에 묻혀 있었고, 먼저 간 사람들의 마지막 몸짓이 그 속에 저장되었다. 그리하여 산 자와 죽은 자의 공동체, 후손을 자처하는 사람들과 망자의 영혼이 서로 소통하는 공동체가 만들어졌다. 그곳 사람들의 사회적 관계는 안마당을 공유하는 집단을 중심으로 모호하게 나뉘어 있었지만, 그 전모는 아직 다 밝혀지지 못했다. 대부분의 도시가 그러하듯이, 신에게 바쳐진 헌정 도시 또한 대체로 희망과 긴장이 가득한 곳이었다. 그곳에서 누군가는 필요를 충족했겠지만 대부분은 만족하지 못한 채 살아갔다.

더 읽어보기

Ashmore, Wendy, "Some Issues of Method and Theory in Lowland Maya Settlement Archaeology," in Wendy Ashmore (ed.), *Lowland Maya Settlement Patterns*, Santa Fe, NM: School of American Research, 1981, pp. 47–54.

Ashmore, Wendy, and Jeremy Sabloff, "Spatial Orders in Maya Civic Plans," *Latin American Antiquity* 13 (2002), 201–15.

Barrera Vásquez, Alfredo (ed.), *Diccionario Maya Cordemex, Maya-Español, Español-Maya*, Mérida, Yucatan: Ediciones Cordemex, 1980.

Bruegmann, Robert, *Sprawl: A Compact History*, Chicago: The University of Chicago Press, 2005.

Chase, Arlen, Diane Z. Chase, and Michael E. Smith, "States and Empires in Ancient Mesoamerica," *Ancient Mesoamerica* 20 (2009), 175–82.

Conolly, James, and Mark Lake, *Geographical Information Systems in Archaeology*, Cambridge: Cambridge University Press, 2006.

Fash, Barbara W., and Richard Agurcia Fasquelle, "The Evolution of Structure 10L-16, Heart of the Copán Acropolis," in E. Wyllys Andrews and William L. Fash (eds.), *Copán: The History of an Ancient Maya Kingdom*, Santa Fe, NM: School of American Research Press, 2005, pp. 201–37.

Feldman, Lawrence H., *A Dictionary of Poqom Maya in the Colonial Era*, Lancaster, CA: Labyrinthos, 2004.

Graham, Ian, *Archaeological Explorations in El Peten, Guatemala*, New Orleans: Middle American Research Institute, Tulane University, 1967.

Houston, Stephen D., "Classic Maya Depictions of the Built Environment," in Stephen D. Houston (ed.), *Form and Meaning in Classic Maya Architecture*, Washington, D.C.: Dumbarton Oaks, 1998, pp. 333–72.

_____, *Hieroglyphs and History at Dos Pilas: Dynastic Politics of the Classic Maya*, Austin: University of Texas Press, 1993.

_____, "Living Waters and Wondrous Beasts," in Daniel Finamore and Stephen D. Houston (eds.), *Fiery Pool: The Maya and the Mythic Sea*, New Haven, CT: Yale University Press, 2010, pp. 66–79.

Houston, Stephen D., and Takeshi Inomata, *The Classic Maya*, Cambridge: Cambridge University Press, 2009.

Houston, Stephen D., and Patricia A. McAnany, "Bodies and Blood: Critiquing Social Construction in Maya Archaeology," *Journal of Anthropological Archaeology* 22 (2003), 26–41.

Houston, Stephen D., and David Stuart, "Of Gods, Glyphs, and Kings: Divinity and Rulership among the Classic Maya," *Antiquity* 70 (1996), 289-312.

Houston, Stephen D., David Stuart, and Karl Taube, *The Memory of Bones: Body, Being, and Experience among the Classic Maya*, Austin: University of Texas Press, 2006.

Inomata, Takeshi, "Plazas, Performers and Spectacles: Political Theaters of the Classic Maya," *Current Anthropology* 47 (2006), 805-42.

Inomata, Takeshi, and Stephen D. Houston (eds.), *Royal Courts of the Ancient Maya*, Boulder, CO: Westview Press, 2001.

Laporte, Juan Pedro, and Vilma Fialko, "Un reencuentro con Mundo Perdido, Tikal, Guatemala," *Ancient Mesoamerica* 6 (1995), 41-94.

Laughlin, Robert M., *The Great Tzotzil Dictionary of Santo Domingo Zinacantán*, Washington, D.C.: Smithsonian Institution Press, 1988.

Llobera, Marcos, "Extending GIS-based Visual Analysis: The Concept of Visualscapes," *International Journal of Geographical Information Science* 17 (2003), 25-48.

Looper, Matthew, *To Be Like Gods: Dance in Maya Civilization*, Austin: University of Texas Press, 2009.

MacDonald, William L., *The Architecture of the Roman Empire: An Urban Appraisal*, New Haven, CT: Yale University Press, 1986.

Martin, Simon, "Preguntas epigráficas acerca de los escalones de Dzibanché," in Enrique Nalda (ed.), *Los cautivos de Dzibanché*, México: Consejo Nacional para la Cultura y las Artes, Instituto Nacional de Antropología e Historia, 2004, pp. 105-15.

Martin, Simon, and Nikolai Grube, *Chronicle of the Maya Kings and Queens: Deciphering the Dynasties of the Ancient Maya*, London: Thames & Hudson, 2008.

Mathews, Peter, "Classic Maya Emblem Glyphs," in T. Patrick Culbert (ed.), *Classic Maya Political History: Hieroglyphic and Archaeological Evidence*, Cambridge: Cambridge University Press, pp. 19-29.

Maxwell, Judith M., and Robert M. Hill II, *Kaqchikel Chronicles: The Definitive Edition*, Austin: University of Texas Press, 2006.

Miller, Mary E., *The Murals of Bonampak*, Princeton, NJ: Princeton University Press, 1986.

Normark, Johan, "The Triadic Causeways of Ichmul: Virtual Highways Becoming Actual Roads," *Cambridge Archaeological Journal* 18 (2008), 215-38.

Plank, Shannon E., *Maya Dwellings in Hieroglyphs and Archaeology: An Integrative Approach to Ancient Architecture and Spatial Cognition*, Oxford: British Archaeological Reports, 2004.

Rice, Don, "Late Classic Maya Population: Characteristics and Implications," in Glenn R. Storey (ed.), *Urbanism in the Preindustrial World: Cross-Cultural Approaches*, Tuscaloosa: University of Alabama Press, 2006, pp. 252-76.

Robertson, John S., Danny Law, and Robbie A. Haertel, *Colonial Ch'olti': The Seventeenth- Century Morán Manuscript*, Norman: University of Oklahoma Press, 2010.

Ruz, Mario H., *Vocabulario de lengua tzeldal según el orden de Copanabastla de Fray Domingo de Ara*, México, DF: Universidad Nacional Autónoma de México, 1986.

Scarborough, Vernon L., "Reservoirs and Watersheds in the Central Maya Lowlands," in Scott L. Fedick (ed.), *The Managed Mosaic: Ancient Maya Agriculture and Resource Use*, Salt Lake City: University of Utah Press, 1996, pp. 304-14.

Sjoberg, Gideon, *The Preindustrial City: Past and Present*, New York: The Free Press, 1960.

Smith, Michael E., "The Archaeological Study of Neighborhoods and Districts in Ancient Cities," *Journal of Anthropological Archaeology* 29 (2010), 137-54.

_____, "Can We Read Cosmology in Ancient Maya Cityplans? Comment on Ashmore and Sabloff," *Latin American Antiquity* 14 (2003), 221-8.

_____, "Sprawl, Squatters and Sustainable Cities: Can Archaeological Data Shed Light on Modern Urban Issues?", *Cambridge Archaeological Journal* 20 (2010), 229-53.

Smith, Monica L., "Introduction: The Social Construction of Ancient Cities," in Monica L. Smith (ed.), *The Social Construction of Ancient Cities*, Washington, D.C.: Smithsonian Institution Press, 2003, pp. 1-36.

Spence, Michael W., "Tlailotlacan: A Zapotec Enclave in Teotihuacan," in Janet C. Berlo (ed.), *Art, Ideology, and the City of Teotihuacan*, Washington, D.C.: Dumbarton Oaks Research Library and Collection, 1992, pp. 19-88.

Stone, Andrea, *Images from the Underworld: Naj Tunich and the Tradition of Maya Cave Painting*, Austin: University of Texas Press, 1995.

Stone, Andrea, and Marc Zender, *Reading Maya Art: A Hieroglyphic Guide to Ancient Maya Painting and Sculpture*, London: Thames & Hudson, 2011.

Stuart, David, "'The Fire Enters His House': Architecture and Ritual in Classic Maya Texts," in Stephen D. Houston (ed.), *Function and Meaning in Classic Maya*

Architecture, Washington, D.C.: Dumbarton Oaks, pp. 373-425.
_____, "New Year Records in Classic Maya Inscriptions," *The PARI Journal* 5 (2004), 1-6.
_____, "Reading the Water Serpent as *witz*," *Maya Decipherment* (2007), accessed August 9, 2014, http://decipherment.wordpress.com/2007/04/13/reading-the-water-serpent/.
_____, *Ten Phonetic Syllables*, Washington, D.C.: Center for Maya Research, 1987.
Stuart, David, and Stephen D. Houston, *Classic Maya Place Names*, Washington, D.C.: Dumbarton Oaks Research Library and Collection, 1994.
Taube, Karl A., "Ancient and Contemporary Maya Conceptions of the Field and Forest," in A. Gómez-Pompa, Michael F. Allen, Scott L. Fedick, and Juan Jiménez-Moreno (eds.), *Lowland Maya Area: Three Millennia at the Human-Wildland Interface*, New York: Haworth Press, 2003, pp. 461-94.
Taube, Karl A., William A. Saturno, David Stuart, and Heather Hurst, *The Murals of San Bartolo, El Petén, Guatemala*, Barnardsville, NC: Boundary End Archaeology Research Center, 2010, Part 2.
Tokovinine, Alexandre, "The Power of Place: Political Landscape and Identity in Classic Maya Inscriptions, Imagery, and Architecture," unpublished Ph.D. thesis, Harvard University, 2008.
Tourtellot, Gair, "A View of Ancient Maya Settlements in the Eighth Century," in Jeremy A. Sabloff and John S. Henderson (eds.), *Lowland Maya Civilization in the Eighth Century A.D.*, Washington, D.C.: Dumbarton Oaks Research Library and Collection, 1992, pp. 219-41.
Vogt, Evon Z., and David Stuart, "Some Notes on Ritual Caves among the Ancient and Modern Maya," in James E. Brady and Keith M. Prufer (eds.), *In the Maw of the Earth Monster: Mesoamerican Ritual Cave Use*, Austin: University of Texas Press, 2005, pp. 157-63.
Wheatley, David, and Mark Gillings, "Vision, Perception and GIS: Developing Enriched Approaches to the Study of Archaeological Visibility," in Gary R. Lock (ed.), *Beyond the Map: Archaeology and Spatial Technologies*, Amsterdam: IOS Press, 2000, pp. 1-27.
White, Christine D., Michael W. Spence, H. L. Q. Stuart-Williams, and Henry P. Schwarcz, "Oxygen Isotopes and the Identification of Geographical Origins: The Valley of Oaxaca versus the Valley of Mexico," *Journal of Archaeological Science* 25 (1998), 643-55.

CHAPTER 4

동남아시아의 도시 형성: 초기 도시부터 고대 국가까지

미리엄 스타크
Miriam T. Stark

포르투갈의 제독 아폰수 드 알부케르크(Afonso de Albuquerque)가 믈라카 술탄국을 정복한 때가 1511년 8월 24일이었다. 당시 그는 동남아시아에서 포르투갈인의 통제 아래 정치 조직을 구축했고, 그 영향력은 말레이반도 전역에 미쳤다. 당시 믈라카에는 10만 명의 인구가 모여 살았으며, 말레이인, 중국인, 아랍인, 인도인 등 여러 민족이 각기 다른 언어를 사용했다. 믈라카의 도시화는 16~17세기 동남아에서 그리 특별한 사례가 아니었다. 동남아의 해안과 주요 강 유역에는 항구 도시와 왕국의 수도 들이 산재했고, 인구는 대개 5~10만 명 정도였다. 인구 밀도는 도시마다 제각각이어서 고지대는 인구 밀도가 낮았고, 북베트남이나 발리 같은 저지대 농업 지역은 같은 시기 중국보다 인구 밀도가 높았다.[1] 18세기 말 유럽 식민주의가 시작되면서 2000여 년을 이어오며 영원히 변치 않을 것 같았던 동남아시아 도시화의 경향도 역전되었다.

이 글을 집필하는 데 지원을 해주시고 NYUISAW 학회에 초청해주신 노먼 요피(Norman Yoffee)에게 감사드린다.

1 Laura Lee Junker, "Political Economy in the Historic Period Chiefdoms and States of Southeast Asia," in Gary M. Feinman and Linda M. Nicholas (eds.), *Archaeological Perspectives on Political Economies* (Salt Lake City: University of Utah Press, 2004), p. 230, Table 12.1.

동남아시아의 도시화는 이전 시대의 유산이었다. 동남아시아에서 도시는 정치 조직을 유지 및 강화하는 중심지 역할을 했는데, 기원후 제1천년기에서 제2천년기까지 꾸준히 이어졌다. 이번 장에서는 그와 같은 역할을 수행했던 도시의 구조에 논의의 초점을 맞추어보려 한다. 정치 조직, 권력, 도시화는 동남아시아 대부분의 지역에서 서로 얽혀 있었다. 물론 도시화의 시기와 특성은 지역에 따라 완연히 달랐다. 대륙동남아(mainland Southeast Asians) 지역에서는 요새화된 대규모 도심이 형성되었다. 그러나 자와섬의 경우에는 인구가 많았음에도 불구하고 기원후 13세기까지 도시가 뚜렷이 형성되지 않았다. 지역별로 도시가 언제 처음 형성되었는지, 그리고 그 형태는 어떠했는지는 오늘날 초기 동남아 도시 연구의 핵심 쟁점이 되어 있다. 그러나 초기 동남아 도시화 및 권력의 관계, 도시에서 거행된 의례와 행사에 주목한 연구는 거의 없었다. 관련 자료가 있는데도 연구가 없었다는 사실은 다소 의외인 면이 있다. 13세기 앙코르에서 거행된 화려한 왕의 행차에 관한 중국인의 기록이 남아 있고, 19세기 네덜란드 군대가 발리를 침공했을 때 일어난 왕실의 집단 자살 의식에 관한 자료도 있다. 기어츠(Geertz)가 언급한 극장 국가(theatre state)의 개념은 19세기 발리의 사례와 밀접하게 연관되어 있었다.[2]

유물 자료를 보면 연구 부족이 더욱 의아하다. 동남아에는 인도의 영

2　Clifford Geertz, *Negara: The Theater State in Nineteenth-Century Bali* (Princeton, NJ: Princeton University Press, 1980); and Zhou Daguan, *The Customs of Cambodia/Chen-la feng tu chi'an*, P. Pelliot (trans.) (Bangkok, Thailand: The Siam Society, 1993).

향을 받아 돌에 새겨진 부조(浮彫)의 아이콘(iconography)이 많은데, 여기에도 의례와 관련된 내용이 풍부하게 남아 있다. 9세기에서 14세기까지 캄보디아, 베트남, 자와의 공공건물에 이런 부조가 장식되어 있었다. 내외부의 기록 자료들은 종합적으로 초기 동남아 정치 지도자들이 의례 행사를 통해 권력을 획득하는 과정을 보여주고 있다. 초기 크메르족과 참족의 엘리트 계층은 힌두교의 특정 신격을 숭배하는 사원을 건립하고, 헌정하고, 후원했다. 그곳이 기원후 제1천년기 초기의 중심지였고, 그곳을 중심으로 그 지역 최초의 도시가 형성되었다. 나중에 크메르족과 참족의 엘리트 계층은 무덤을 대신하여 사원을 조성했고, 그리하여 왕국의 수도에 사원이 자리를 잡게 되었다. 사원에는 왕실의 조상을 모셨다고 알려져 있었으며, 따라서 사원에 의해 왕실의 정통성도 인정되었다. 대륙동남아 전역에서 통치자는 수도승을 위한 암자를 후원했고, 수도승은 비밀스런 힌두교 의례를 거행했다. 또한 통치자는 시골과 도시의 사원에서 대중적 행사를 주최하기도 했다. 행사를 통해 국가수반으로서 통치자의 자리는 더욱 굳건해졌다. 이런 행사를 벌이려면 관중과 장소가 필요했다. 동남아시아 최초의 도시에서부터 시작된 이러한 행사는 시간이 지날수록 그 규모가 커져갔다.

　이번 장의 주요 목표는 동남아시아 최초 도시화의 시기와 특성을 살펴보는 것이다. 그래서 우리는 (기원후 9~14세기 고전기를 포함해) 제1천년기에서 제2천년기까지 이어지는 과정에서 일어난 변화를 살펴보고, 동남아 초기 도시화의 과정에서 의례 관습과 정치적 행사가 어떤 식으로 긴밀히 연결되었는지를 검토해볼 것이다. 동남아 초기의 도시들을 비교해보면 핵심적 특성들을 공유했는데, 이는 지역 전체를 관통하는 모종의 시스템이 존재했음을 의미한다. 그것이 건축 양식과 의례 행위를 통해 표현되었던 것이다. 대부분의 대륙동남아 국가는 나름의 의례 중심지를 보유했는데,[3] 동시에 그곳은 정치·경제·사회의 중심지였다(섬동남아의 경우 도시화의 시기가 더 늦었고 형식도 달랐다). 기원후 제1천년기를 중심으로 당시의 이데올로기 시스템은 일종의 산스크리트 세계주의(Sanskrit cosmopolitanism)였다. 그러나 고고학 연구가 성장하면서 지역별로 도시화의 특성이 드러나기 시작했다. 심지어 동남아 최초의 도시조차 같은 시기 남아시아의 도시와는 달랐다. 초기 동남아의 도시는 이후 고전기 도시의 원형이 되었다. 1500년 이상 메콩강 하류의 크메르 지역에서 발달했던 도시들에서는 도시의 구조, 엘리트 조직, 도시를 떠받치는 이데올로기 측면에서 초기 도시의 영향이 뚜렷이 확인되었다.

이번 장의 논의는 먼저 방법론에 관한 검토로부터 시작하고자 한다. 그리고 제1천년기에서 제2천년기까지 이어지는 도시화의 여정이 어떤 맥락에 놓여 있었는지를 밝히고자 한다. 이 논의의 중점은 제1천년기의 대륙동남아 지역이다. 먼저 동남아 도시의 형태와 기능 면에서 일반적 패턴을 개괄하고, 그다음으로 메콩강 하류 지역으로 논의의 초점을 옮겨, 도시화 및 권력의 과시와 관련하여 장기 지속적 패턴을 보여주는 사례를 검토해볼 것이다.

---

3 Paul Wheatley, *The Pivot of the Four Quarters* (Chicago: Aldine Publishing Company, 1971), pp. 477-8.

자료의 출처 및 성격

동남아시아 역사 연구의 경우, 선사 시대 이후부터 고전기 이전까지를 대상으로 하는 연구에서는 아주 최근까지도 고고학이 주도적 역할을 하지 못했다. 대체적인 이유는 자료의 성격 때문인데, 해당 시기와 관련된 자료의 대부분이 비석 혹은 문헌에서 나왔던 것이다. 또한 동남아 고고학의 경향이 주로 금속 시대 연구에 치중되어 있었기 때문이기도 하다. 그러나 분명한 것은, 선사 시대와 고전기 "사이"에 동남아 최초의 중심지들이 발달했다는 사실이다. 다만 해당 시기의 자료가 희박하다는 것이 문제다. 중국 한(漢)나라의 연대기에 동남아시아와 관련된 최초의 흔적이 남아 있다. 한나라는 기원전 111년에 베트남 북부를 정복하고 그곳에 9개의 한나라 최남단 군(郡)을 설치했다. 중국은 여러 차례에 걸쳐 하노이 이남 지역까지 진출을 시도했으나 번번이 실패로 끝났다. 중국의 기록에 의하면 역사상 수많은 사신단이 동남아 여러 국가로 파견되었다. 관련하여 해안과 강 유역의 여러 왕국 및 도시가 중국의 역사서에 언급되어 있다. 중국의 문헌 자료에 의존하는 연구는 대체로 중국이 동남아시아 발전의 촉매가 되었다는 편견을 노출하는 경향이 있다. 여기에 맞서는 동남아 위주의 편견이 있는데, 이들은 주로 석상이나 건축물 등 동남아시아 자료를 중심으로 연구를 하는 편이다.

근대 초기(1500~1850 CE) 연구에 따르면, 동남아시아는 폭넓은 범위의 역사적 전통을 물려받았다. 비문(碑文), 궁정 연대기, 음악, 드라마 등에 역사가 기록되어 있으며, 이와 같은 현지 자료 연구를 통해 그들의 문화와 사회 및 정치의 역사를 밝힐 수 있다. 동남아시아에서는 기원후 제1천년기에 이미 문자를 기록했다. 중국 사신이 전하는 말에 따르면,

동남아에도 텍스트를 모아둔 도서관이 있었다. 그러나 오늘날 우리가 접근할 수 있는 현지 역사 자료는 대개 비문이다. 비문에는 주로 현지의 사원이나 의례를 기념하며 누가 헌정하고 기부했는지 등과 관련된 내용이 새겨져 있다. 제1천년기에서 제2천년기까지의 동남아시아를 연구하는 고고학에서는 대체로 이러한 유적들을 문화유산인 동시에 관광 수입의 원천으로 간주하고 있다. 그래서 오늘날 현지의 언어로 출간되는 연구 성과는 제1천년기보다 주로 제2천년기에 집중되어 있고, 특정 주제를 탐구하기보다 과거의 복원과 보존 문제에 치중되어 있다.

동남아시아의 초기 도시화: 기원전 500~기원후 500년경

대륙동남아에서 도시화는 철기 시대 혹은 초기 역사 시대에 시작되었다. 대부분의 학자들은 당시의 변화에 대해, 북인도 갠지스 평원에서 영향을 받은 "브라만화(Brahmanization)" 혹은 "산스크리트화(Sanskritization)"라고 해석한다. 이 무렵 동남아 사람들이 수립한 전통은 아마도 소규모 도시국가 체제였을 것이다(지도 4-1). 당시 동남아 전역에 걸쳐 토목 공사가 대대적으로 펼쳐졌다. 공동체 주위로 물길을 끌어들이고 성벽을 건설했으며, 성벽 외부에는 해자를 파서 가까운 물길과 연결했다. 열대 몬순 지대 중에서 비교적 건조한 지역에 이러한 시설이 건설되는 경우가 많았다. 이처럼 해자를 갖춘 정착지에서는 건기를 비롯해 연중 내내 물을 공급할 수 있었고, 외부의 침입을 막을 수도 있었다. 이와 같은 초기 "도시" 유적들이 대체로 기존 연구의 중심을 차지했었다. 그런데 비교적 최근에 이르러 고고학자들이 상당한 면적의 배후지 혹은 시골 지역을 연구하기 시작했다. 이러한 배후지는 도시와 연관

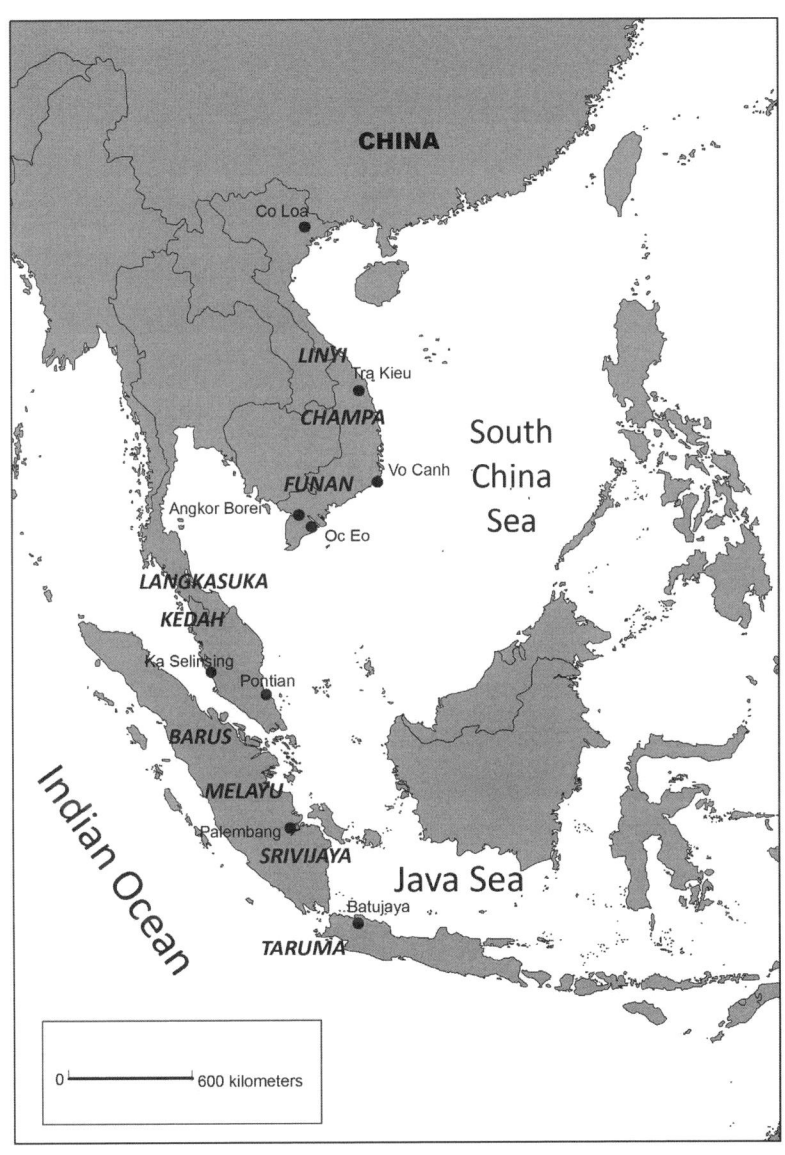

[지도 4-1] 동남아 초기 도시 유적 및 중국식 지명, 기원전 500~기원후 500년경

CHAPTER 4 - 동남아시아의 도시 형성: 초기 도시부터 고대 국가까지

되어 함께 발달했고, 대규모 주거지 주변을 넓게 에워싸고 있었다.

초기 도시가 등장한 이후 500년 동안 중심적 정착지 규모는 상당히 확장되었다. 예를 들어 베트남 북부에 있는 코 로아(Co Loa) 유적의 경우 성벽으로 둘러싸인 구역이 600헥타르에 달했다. 이는 그 이전 청동기 시대 정착지에 비해 거의 200배나 성장한 규모였다.[4] 같은 시기 캄보디아 남부에도 해자를 두르고 성벽을 쌓은 도시가 있었는데, 바로 앙코르 보레이(Angkor Borei) 유적이다. 이 경우 성벽 안쪽의 면적은 300헥타르에 달했다. 앙코르 보레이는 메콩강 삼각주 남부 지역의 여러 유적지와 관련이 있었는데, 옥 에오(Oc Eo) 유적도 그중 하나다. 삼각주 전역을 아우르는 시스템을 통해 상품이 이동했고, 남중국해의 해상 무역 네트워크 및 메콩강 하류 지역으로 전달되었다.

형태

동남아시아 고고학자들에 따르면 정착지의 핵심부에 도시가 형성되었고, 그 도시는 해안 및 강을 거치는 네트워크와 연결되었다. 도시의 주민은 무역과 농업에 종사했다. 아쉽게도 섬동남아의 도시국가들은 고고학적 흔적을 뚜렷이 남기지 못했다. 섬동남아의 도시 형태와 관련하여 직접적 증거는 거의 발견된 것이 없었다. 대륙동남아는 반대였다. 미얀마의 건조 지대로부터 베트남 북부에 이르기까지 대륙동남아의 도시들은 건축물, 조각상, 기타 유물을 풍부하게 남겼다. 이들을 보면 당시 주

---

4 Charles F. W. Higham, *Early Cultures of Mainland Southeast Asia* (Chicago: Art Media Resources Ltd., 2003), p. 172.

변 지역의 사회적·종교적 영향이 토착 기반과 혼합되었음을 알 수 있다.

섬동남아 지역의 기원후 제1천년기 비문(碑文) 자료에 관한 헤르만 쿨케(Hermann Kulke)의 해설에[5] 따르면, 당시 섬동남아 도시들은 이후 동남아 대부분 지역 정착지의 모델이 되었다고 한다.[6] 예를 들어 7세기에서 11세기까지 스리위자야(Srivijaya) 왕국에서는 내부 핵심 지역이 통치자의 직접 관할 아래 놓여 있었다. 그곳에는 왕의 거처(kaduatan 혹은 kraton)와 종교 건물이 있었고, 그 주변으로 시종들의 거처(puri 혹은 bhumi)가 있었다. 핵심 지역을 둘러싸고 조공국(nusantara)들이 분포했고, 그보다 더 바깥 지역(desantara)은 아예 왕국의 범위를 벗어나 있었다. 나중에는 이들도 왕국에 흡수되었던 것 같다.

수도는 정치적 중심지였고, 초기 동남아 국가 형성의 구심점이었다. 제1천년기 정착지들은 지형과 물길의 형편에 따라 다양했지만, 그러나 앞에서도 언급했듯 지역 전체적으로 어떤 공통점이 있었다. 이를 정리하자면 다음과 같다.

- 성벽과 해자로 구성된 복합 구조물 건축(흙이나 벽돌로 축성, 항상 외부에 해자를 건설[가끔 내부에 추가로 해자를 건설한 경우도 있다]): 해자는 기본적으로 강줄기와 연결되며, 하나 혹은 여러 물줄기가 이어지는 복합적 구조

---

5 Hermann Kulke, "Epigraphical References to the 'City' and the 'State' in Early Indonesia," *Indonesia* 3 (1991), 3-22.
6 Pierre-Yves Manguin, "The Amorphous Nature of Coastal Polities in Insular Southeast Asia: Restricted Centres, Extended Peripheries," *Moussons* 5 (2002), 73-99.

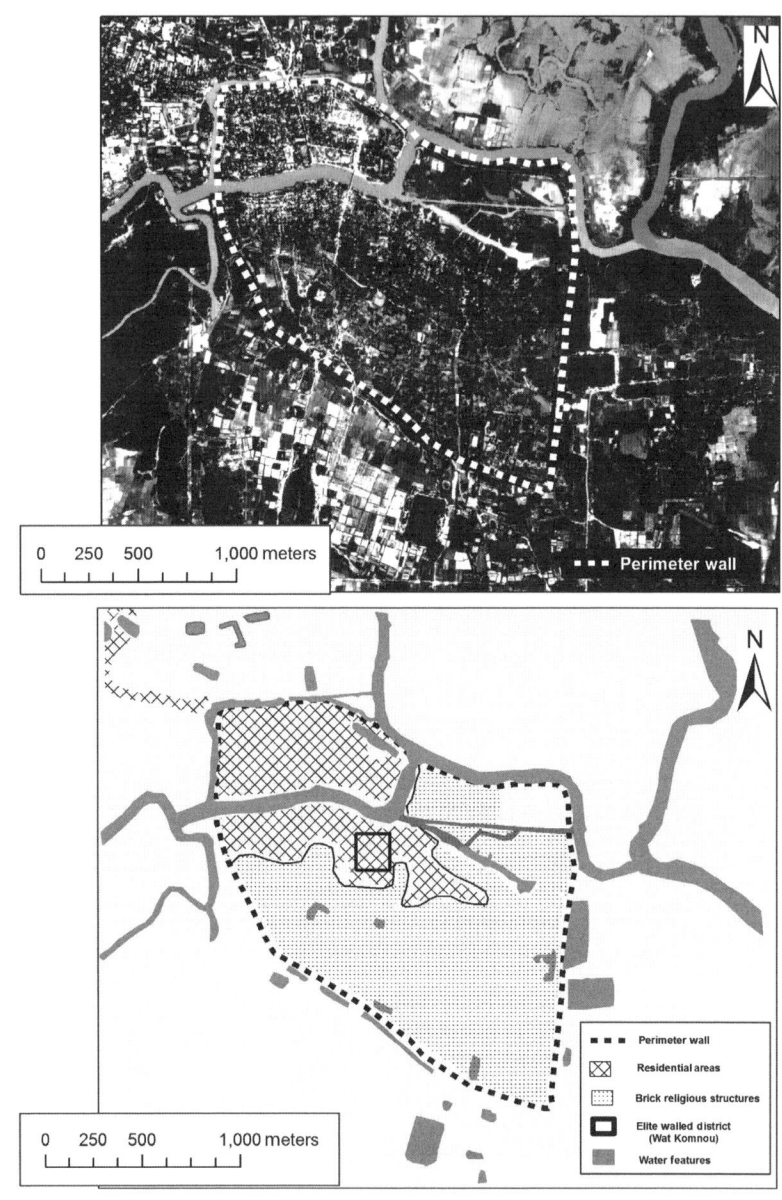

〔그림 4-1〕 앙코르 보레이 고고 유적에서 볼 수 있는 초기 도시의 형태

- 벽돌로 지은 의례용 건물(해자와 언덕으로 구성된 복합 건축물)
- 핵심부에 통치자와 수행원의 거처인 엘리트 계층 주거 구역("궁궐"로 추정)
- 매장지 구역
- 주거 구역

[그림 4-1]은 캄보디아 남부의 대표적 고고 유적지 앙코르 보레이 (Angkor Borei, c. 500 BCE~500 CE)다. 거대 도시 유적인 그곳은 초기 역사 시대의 특징을 잘 간직하고 있다. 주변을 둘러 성벽과 해자를 포함하는 복합 건축물이 건설되어 있고, 유적의 북동부와 중앙부에는 한때 기념비적 건축물에 사용되었던 벽돌이 흩어져 있다. 중심부에는 엘리트 계층의 공간(Wat Komnou)이 있었고, 그 주변으로 주거 공간이 배치되어 있었다.

기능

이와 같은 도시의 중심부에는 분명 경제적 기능이 포함되어 있었던 것 같다. 다만 고고학적으로 시장이나 창고 같은 것은 아직 발견된 바가 없다. 또한 그곳이 정치 행정의 중심 기능을 했던 것도 분명해 보인다. 주거지의 규모와 같은 시기에 존재했던 기념비적 건축물의 개수, 그리고 발굴을 통해 확인된 실용적이지 않은, 즉 의례에 사용되었을 법한 유물의 범위가 그를 증언하고 있다. 여기서 가장 가능성 높은 것은 의례 중심지 기능이다. 제1천년기의 도시 핵심 구역을 연구한 성과는 극히 드물다. 주변의 넓은 지역을 대상으로 당시의 의례와 관련된 공간을 조사한 결과, 도시의 중심 구역에서는 다른 구역에 비해 의례용 건물의 밀도가 더 높았다고 한다. 또한 주변의 주거 구역에 비해 훨씬 더 많은 종교적 조각상이 발굴되었다고 한다. 예컨대 앙코르 보레이의 일부 구역의 경우, 실용성을 기반으로 하지 않은 토기 유물들을 근거로 도시의 중심 구역에서는 주변의 주거 구역과 달리 공공 의례가 집중된 것으로 추정되었다. 그래서 도시 중심 구역에는 종교적 복합 건축물들이 들어서 있었던 것이다(사원 및 물과 관련된 시설 등). 그러한 건축물들은 공동체의 의례 중심지로 사용되었다. 기원후 7~8세기에 이르러 통치자들은 수도에서 기념비를 봉헌했고, 정기적으로 추종자들을 모아 행사를 거행했다.[7]

동남아 초기 도시화의 기원

대륙동남아 관련 연구의 대부분은 기본적으로 지역적 편견에 기반을 두지 않을 수 없다. 때로는 중국의 역할을, 때로는 인도의 역할을 강조하기 마련이다. 어느 쪽이든 동남아 초기 도시가 형성되는 데 영향을 미쳤다고 보는 것이다. 혹은 중국 문헌 자료의 중요성을 충분히 인정하기도 한다. 그러나 비교적 최근의 연구에서는 제1천년기 중심지 형성 과정에서 현지의 토착적 요인을 더 고려하는 편이다. 이런 연구는 주로 경제적 틀에 기반을 두면서 도시를 재분배의 중심지로 보거나 (예를 들면 존 믹식John Miksic이 말한 계통발생설orthogenetic과 이형발생설 heterogenetic의 대비 등[8]), 혹은 해상 무역 네트워크의 일부로서 도시가

---

7 Ma Touan-lin, *Ethnographie des peuples étrangers à la Chine: ouvrage composé au XIIIe siècle de notre ère*, Hervey de Saint-Denys (trans.) (Geneva, Switzerland: H. George, 1876-83).

출현하고 작동했던 것으로 본다.[9] 도시와 정치 조직을 유물론적 관점에서 봄으로써 이데올로기보다는 경제적 기능을 강조한다. 상징적 의례나 종교적 건축물의 건설 또한 그러한 과정의 일환으로 보는 것이다.[10] 이러한 접근 방식은 기존의 도시 모델을 거부하는데, 기존에는 이데올로기와 권력을 강조하면서 목숨을 건 투쟁을 통해 결합된 세력이 초기 국가를 형성한 것으로 보았다. 동남아 전역에 걸쳐 제1천년기의 엘리트 계층은 의례 행위로 권력을 과시했고, 의례 행위는 그들이 섬기던 힌두교 신격과 그들의 행동 및 정신의 본질을 연결해주었다. 도시의 중심에 거주한 존재는 바로 그러한 신격들이었다.

동남아시아의 도시화: 800~1400년경

동남아 사람들은 대개 기원후 제1천년기의 중심지들을 버리지 않고 유지했다. 다만 제2천년기에는 다른 곳으로 가서 새로운 수도를 건설하는 경우가 많았다(지도 4-2). 오늘날 태국, 캄보디아, 미얀마에 해당하는 지역의 여러 사회는 중심지를 북쪽으로 옮겨 저마다 새로운 수도

---

8 John N. Miksic, "Heterogenetic Cities in Premodern Southeast Asia," *World Archaeology* 32 (2000), 106-20.
9 Pierre-Yves Manguin, "The Amorphous Nature of Coastal Polities."
10 예술 양식을 경제적으로 해석한 연구는 다음을 참조. Pierre-Yves Manguin and Nadine Dalsheimer, "Visnu mitrés et réseaux marchands en Asie du Sud-est: nouvelles donneées archéologiques sur le I millénaire apr. J.-C.," *Bulletin de l'École Française d'Extrême Orient* 85 (1998), 87-124. 앙코르와트 이전 캄보디아의 경제적 연구는 다음을 참조. Michael Vickery, *Society, Economics, and Politics in Pre-Angkor Cambodia* (Tokyo: The Tokyo Bunko, 1998); and Michael Vickery, "What and Where was Chenla?", in Francois Bizot (ed.), *Recherches nouvelles sur le Cambodia* (Paris: École Française d'Extrême-Orient, 1994), pp. 197-212.

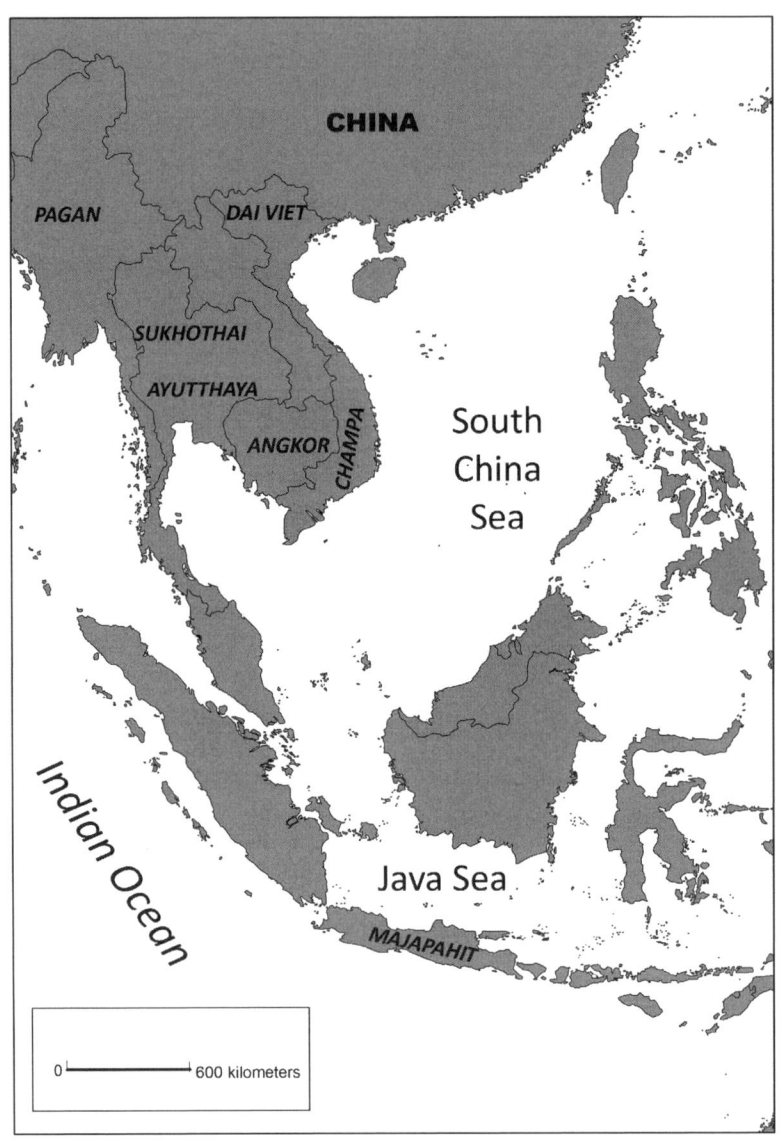

〔지도 4-2〕 9~14세기 동남아 도시국가들

왕국	도시의 위치	시작	끝
앙코르	톤레 사프 호수/메콩강 하류(캄보디아)	~ 802 CE	~ 1431 CE
참파	베트남 해안	~ 600 CE	1832 CE
다이비엣	베트남 북부	939 CE	1407 CE
수코타이	태국 남부	1238 CE	1438 CE
아유타야	태국 중앙부	1350 CE	1767 CE
파간	이라와디강 평원(미얀마)	849 CE	1298 CE
마자파힛	자와 동부-중앙부(인도네시아)	~ 1293	~1500

[표 4-1] 거대 도시를 보유했던 초기 동남아 국가들

를 건설했다. 모두 강줄기가 합류하는 교통 요지였다. 나라별 중심 도시는 [표 4-1]을 참조하기 바란다. 다이비엣(대월大越)이라는 나라는 베트남 북부 지역에서 건국되었고, 베트남 중부에서는 참파 왕국이 번성했다. 이외에도 평원의 농경지를 근거로 수마트라, 자와, 술라웨시 등지에서 국가가 성립되었다. 그중에서도 자와의 마자파힛(Majapahit) 왕국이 가장 강성했다. 이 글에서는 다만 9~15세기 동남아의 역사 중에서 도시 문제만 다루기로 했기 때문에 이 시기의 종합적 내용은 다른 책을 참조하기 바란다.[11]

11 See G. C. Bentley, "Indigenous States of Southeast Asia', *Annual Review of Anthropology* 15 (1996), 275–305; Jan Wisseman Christie, "State Formation in Early Maritime Southeast Asia: A Consideration of the Theories and the Data," *Bijdragen Tot De Taal-, Land- en Volkenkunde* 151 (1995), 235–88; Pierre-Yves Manguin, "Les cités-États de l'Asie du Sud-Est côtière: de l'ancienneté et de la permanence des formes urbaines," *Bulletin de l'École Française d'Extrême*

형태

"고전기 국가"들은 저마다 고유의 문자 문화를 보유했으며, 힌두교나 불교 형태의 기념비적 건축물에 강한 애착을 보였다. 그들이 건설한 대규모 성벽에 둘러싸인 도심은 잘 정비된 수로로 연결되어 있었다. 각 나라별 수로는 수도에서부터 다른 주요 도시들까지 이어졌다. 일부 고전기 도시들의 내부 구조는 직각 형태였는데, 도시 안에서는 인도식 우주론과 토착 애니미즘 신앙이 섞여 있었다. 학자들의 다수 의견에 따르면, 도시 중심부에 의례 거행을 위한 다양한 구조의 사원들이 존재했다.[12] 통치자들은 그와 같은 도시의 중심부에서 살았다. 통치자가 바뀌면 대개는 그 나라의 중심지도 바뀌었다. 남아 있는 당시 도시 유적들이 모두 "왕성"이었는지(또한 모든 도시가 신성한 점술에 의거해 건설되었는지)는 불분명하다. 다만 비교적 연구가 진척된 9~14세기 도시 유적들의 경우를 놓고 볼 때, 도시 설계는 인도식 우주론(과 구성 방식)을 따랐던 것으로 확인되었다. 이러한 도시 설계의 원칙은 4세기 카우틸랴(Kautilya)의 저서 《아르타 샤스트라(Artha shastra)》에 부분적으로 언급되어 있고, 《바스투 샤스트라(Vastu shastra)》의 한 부분으로 종합적인 내용이 들어 있다.[13]

Orient 87 (2000), 151-82; John N. Miksic, "The Classical Cultures of Indonesia," in Peter Bellwood and Ian C. Glover (eds.), *Southeast Asia: From Prehistory to History* (New York: RoutledgeCurzon, 2004), pp. 234-56.
12 Hans-Dieter Evers and Rüdiger Korff (eds.), *Southeast Asian Urbanism* (Münster- Hamburg-London: Lit Verlag, 2003); and Amita Sinha, "Design of Settlements in the Vaastu Shastras," *Journal of Cultural Geography* 17 (1998), 27-41.

기원후 제1~2천년기 중국 측 자료에 따르면, 왕과 엘리트 계층 및 일반 백성의 주택은 모두 목조 건물이었다고 한다(즉 건축 자재가 시간이 지나면 썩어 없어지는 유기물 재료였다). 혹시나 쓰레기 더미에서 잔해의 일부가 나오면 모를까, 지금으로서는 당시 주택이 달리 발굴될 가능성은 없다. 남아 있는 대부분의 건축물은 그래서 무덤 사원이나 종교적 건축물이다. 이들 건물은 벽돌, 돌, 라테라이트 등의 자재로 건축되었다. 후대에 정복 전쟁과 식민지 시기를 거치면서도 당시의 건물들은 결국 살아남았고, 오늘날 건물 보존을 위해 막대한 노력을 기울이고 있다. 기원후 제1천년기의 선조들이 그랬던 것처럼 제2천년기의 도시들도 성벽과 해자를 둘렀으며, 도시 안에는 잘 정비된 행정 및 종교 구역이 포함되어 있었다. 도시는 여전히 의례와 정치의 중심지였으나, 시골 지역에도 예전보다 더 많은 엘리트 계층이 있었다. 중심지를 둘러싼 주변 지역에서 고고학적 발굴 성과가 축적되기도 해서 중심부-배후지 시스템이 충분히 발달했을 것이라는 주장이 없지 않았다. 14세기 중엽 자와의 왕을 칭송하던 《나가라케르타가마(Nagarakertagama)》 찬송시에는 마자파힛 왕국의 배후지라 할 수 있는 여러 도시가 등장한다. 그러나 이들 지역과 중심 도시의 관계를 중심-배후지 시스템으로 보지 않는 학자들도 많다.[14]

---

13 예컨대 자크 고셰(Jacques Gaucher)는 이와 같은 인도의 텍스트에 따라 앙코르 톰(Angkor Thom)이 건설되었다고 결론지었다. 앙코르 톰은 9제곱킬로미터에 달하는 성벽으로 둘러싸인 도시다. 물론 최종적 형태는 인도와 크메르 사상이 융합된 결과로 인정했다. See Jacques Gaucher, "Angkor Thom, une utopie réalisée? Structuration de l'espace et modèle indien d'urbanisme dans le Cambodge ancien," *Arts asiatiques* 59 (2004), 58-86.

도시의 기능

　9~14세기 동남아 도시의 기능에 관해서는 학자들에 따라서 견해가 다르다. 한편에서는 도시가 의례와 행정의 중심지였다고 보기도 하고, 다른 한편에서는 동남아를 넘어서는 폭넓은 세계 시스템에서 경제적 측면을 강조하기도 한다. 학자들의 전공(예컨대 미술사와 경제사)에 따라, 그리고 본인이 주로 연구하는 자료(건축, 조각상과 회화, 토기, 정착지 패턴 등)에 따라 해석이 달라지기도 한다. 중국과의 국제 무역은 언제나 중요하게 언급되는 편이다. 예컨대 송나라와 원나라의 동남아 무역은 이후의 명나라보다 더 활발했었다. 오늘날 연구 성과가 축적되면서, 동남아의 도시가 지리적 위치나 해외 무역의 접근성에 따라 상당히 다양했다는 사실이 강조되고 있다. 그러나 당시 도시가 경제, 사회, 정치, 종교의 중심지로 기능했던 것만은 변함없는 사실이다. 이 점에서는 제1천년기 선조들의 도시와 전혀 다를 바가 없었다.

해석

　학자들은 대체로 대륙동남아의 모든 고전기 도시가 복합적 기능을 수행하지는 않았다는 데 동의한다. 그러나 각 나라별로 의례와 행사의 중심지였던 것만은 틀림없는 사실이다. 섬동남아 해안에는 무역에 기반을 둔 해양 국가가 많았다. 그 규모는 조그만 군장국가에서부터 믈라카나 마카사르(Makassar) 같은 거대한 국가까지 다양했다. 해안 지역에서

14　Pierre-Yves Manguin, "The Amorphous Nature of Coastal Polities"의 견해는 이와 다르다. 기원후 제1천년기 동남아시아에도 배후지가 존재했다는 주장이다. 14세기 중엽 자와 지역의 사례는 다음을 참조. Kulke, "Epigraphical References," p. 19.

개별적으로 성장한 도시들은 연이은 침략과 약탈에 결국 무너지고 말았다. 그러나 "도시"라는 개념만은 남아 있어서, 주민들은 모든 것이 무너진 빈자리에서도 금세 새로운 도시를 건설했다. 이와 대조적으로 대륙 동남아의 고전기 도시들 대부분은 15세기 말에 해체되고 말았다. 파멸의 원인으로는 전쟁뿐만 아니라 변화된 경제적 여건도 있었다. 일부 왕국은 수도를 남쪽으로 옮겨 해안 지역의 이점을 살리고자 했다. 해안 지역은 해상 무역에 접근하기가 용이했으므로 왕국의 정치에도 도움이 되었다. 그렇지 않고 이웃 나라의 침략으로 무너진 곳도 많았다. 당시에 일어선 새로운 중심 도시들과 중심에 연결된 다른 주요 도시들은 전체적으로 더 넓은 시스템을 갖추었다. 이들 도시는 대체로 단일한 원칙 아래 조직되었다. 이외에도 도시 안에서 중요한 변화가 하나 있었다. 이민족 거주지(enclave)가 생겨났는데, 주로(전부는 아니다) 바다를 건너온 중국인 거주지였다. 중국에서 청나라가 성립되면서 이를 피해 동남아로 건너온 중국인은 문화적 및 상업적으로 광범위한 네트워크를 형성했다. 이를 통하여 동남아와 중국 남부가 단일한 경제 체제로 통합되었다. 16세기 유럽인이 동남아로 진출했을 때, 그들은 이미 상업과 도시가 충분히 성장해 있는 하나의 세계로 들어온 셈이었다. 이곳의 상업과 도시는 규모 면에서 그들의 고향 서구에 못지않았고, 혹은 그보다 더 컸을 수도 있다. 그들이 간과한 것, 즉 그들이 오랜 시간이 지난 뒤에야 비로소 이해한 것은 동남아 도시의 전통이었다. 의례 행사와 권력의 결합이 어떻게 이들 도시의 전통을 형성했는지, 당시 그들로서는 이해할 수가 없었다.

의례 행사와 동남아시아의 정치권력

제1천년기 초기부터 권력의 구심점이었던 대륙동남아의 도시들은, 의례 행사와 세속 행사를 막론하고 대형 행사를 거행하는 장소로서도 중요한 의미를 갖게 되었다. 수많은 외국인(중국인, 유럽인, 아랍인)이 도시의 화려한 경관을 서술한 글을 남겼다. 왕국의 수도에서는 통치자와 시종, 엘리트 계층이 후원하는 행사가 벌어졌다. 왕의 취임식과 기념식에서부터 행진과 동물(특히 닭과 돼지) 싸움 경기까지, 공식적으로 한 해를 점치는 행사에서부터 과거의 왕들을 추모하고 애국심을 재확인하는 국가 주도 행사까지 도시의 행사는 무척이나 다양했다.

대부분의 동남아 문화에서 의례, 행사, 권력의 관계는 그 규모가 크든 작든 당연한 것으로 받아들여졌다. 지역 내 부족 사회에서는 의례 전문가가 의례를 거행했다. 그들은 의례를 통해 영적 존재에게 접근할 수 있었고, 영적 존재는 어떤 상황에서 무엇이 옳은지 판단할 수 있었다. 필리핀에 진출한 16세기 스페인 사람들은 여성 제사장(catalonan)을 매우 두려워했고, 그래서 그들을 필리핀 전역에서 제거하고 말았다.[15] 의례 전문가들, 특히 시바교의 브라만 성직자들은 국가 차원의 사회에서도 중요한 역할을 담당했다. 13세기 앙코르 왕국과 마자파힛 왕국에는 궁정에 기반을 둔 브라만이 있었다. 그들은 왕실 의례를 거행하는 핵심 인

---

15 Grace Barretto-Tesoro, "Where are the Datu and Catalonan in Early Philippine Societies? Investigating Status in Calatagan," *Philippine Quarterly of Culture & Society* 36 (2008), 74-102; and William H. Scott, *Barangay: Sixteenth-Century Philippine Culture and Society* (Manila: Ateneo de Manila University Press, 1994), pp. 84-5.

물이었을 뿐만 아니라 왕실의 자문 역할도 아울러 담당했다. 그들은 궁중 의례를 지휘하고 전국적으로 종교를 감독했다. 매년 혹은 주기적으로 종교 행사가 진행되는 것은 권력 유지에 반드시 필요한 일이었다. 오늘날 캄보디아와 태국의 테라바다(Theravada) 불교에서 브라만은 여전히 왕실 행정 업무에 중요한 역할을 하고 있다.

크메르 왕국 통치자의 권력은 세속적 행사와 성스러운 의례의 집전(예를 들면 봉헌 의례, 연례 축제, 취임 행사 등), 재판(백성이 참석하는 가운데 벌어지는 재판[16]), 그리고 군대에 달려 있었다(대부분의 동남아 통치자들도 마찬가지였다). 이와 같이 동남아에서 의례 행사와 권력의 밀접한 관계는 19세기와 20세기 초 발리에서 극명하게 나타났다. 당시 발리에는 수티(suttee, 혹은 sati)라고 하는 화장(火葬) 방식의 왕실 장례식이 있었고, 마지막으로 (패배한 발리 왕실이 스스로에게 종언을 고하는) 푸푸탄(puputan) 의례가 거행되었다. 발리 왕실은 이 의례로써 권력을 네덜란드 식민주의자들에게 넘겼다. 클리포드 기어츠(Clifford Geertz)에 따르면 통치자는 정치극의 연극배우인 동시에 의례의 대상으로서, 권력자가 소유한 작은 권력을 강조하는 것이 바로 그 행사였다.[17] 이처럼 권력과 의례 행사와 장소의 밀접한 관계는 동남아에서 오랜 역사를 가진 것이었다. 이는 다음으로 살펴볼 메콩강 하류 지역, 오늘날 캄보디아 왕국의

---

16 크메르 왕국 통치자의 역할은 재판관이라기보다 지역에 한정된 "법적 중재자"에 가까웠다는 주장이 있다. Merle Calvin Ricklefs, "Land and the Law in the Epigraphy of Tenth-century Cambodia," *The Journal of Asian Studies* 26 (1967), 420. 10세기 중엽 프레룹(Pre Rup) 사원의 비문이나 중국 사신 주달관(周達觀)의 기록에 따르면, 왕은 일상적으로 재판을 열고 송사를 처리했다고 한다.

17 Geertz, *Negara*, p. 131.

역사에서도 분명하게 드러날 것이다. 또한 19세기 발리를 서술한 기어츠의 책에는 최소한으로 표현되어 있을 뿐이지만, 당시 발리에서도 의례 행사와 정치권력은 서로 밀접하게 얽혀 있었다.

권력, 장소, 의례: 메콩강 하류 평원 지역 사례 연구

메콩강 하류 평야는 오늘날 라오스, 태국, 캄보디아, 베트남 남부에 걸쳐 있다. 앙코르 제국의 전성기인 13세기에 이들 지역 전체는 크메르 왕국의 지배하에 통합되어 있었고, 그 중심지는 톤레 사프(Tonle Sap) 지역이었는데, 그곳이 바로 오늘날의 "앙코르(Angkor)"다. 기원후 제1천년기 중국에서 파견되어 그곳을 방문했던 외교관의 기록과 이를 뒷받침하는 11세기 건축물 크메르 스독 칵 톰(Khmer Sdok Kak Thom)의 비문 기록에 따르면, 크메르 제국의 뿌리는 캄보디아 남부 및 메콩강 삼각주였다고 한다. 정치권력이 캄보디아 중부 지역으로 옮겨 간 시기는 6~8세기였다. 앙코르 제국의 수도가 처음 건설된 시기는 802년, 위치는 톤레 사프 호숫가였다. 캄보디아 및 그 주변 지역에서 고고 발굴 성과가 점점 속도를 더하면서 기존의 가설은 수정이 불가피해졌다. 즉 크메르 문화에는 여러 중심지가 존재했던 것으로 확인되었기 때문이다. 그럼에도 불구하고 이들 세 지역에 대한 체계적 연구를 통해, 의례와 권력의 통합이 어떻게 캄보디아의 초기 통치자에게 정당성을 부여했는지에 관한 중요한 통찰을 얻을 수 있다. 또한 통치자들이 선호한 곳이 왜 캄보디아 최초의 도시가 되었는지도 이해할 수 있다.

메콩강 하류 유역(500 BCE~800 CE)

메콩강 삼각주

고고학의 연구 성과에 따르면, 기원후 제1천년기 중엽에 이르러 메콩강 삼각주의 주거 지역 안에는 운하와 물길이 연결되어 있었다. 종교-행정 중심지, 농경지, 성스러운 언덕 등이 물길로 연결되어 있었다. 주거지는 충적 평야 가장자리에 위치했다. 강우에 따른 강의 범람 덕분에 농업 생산력을 최대화할 수 있는 곳이었다. 고대의 주거지 주변으로 몇몇 언덕이 있었는데, 언덕마다 의례를 거행할 건축물이 들어서 있었다. 이로 보아 산과 관련된 크메르의 신앙은 앙코르 이전 시기의 우주론에 바탕을 두었던 것으로 추정된다. 그중 한두 군데 언덕에서 고고학적으로 확인 가능한 전형적인 유적이 발견되었는데, 해자나 연못 같은 것으로 둘러싸여 있었다. 곳에 따라서는 벽돌과 석축 파편 및 석재 건축 자재가 발견되기도 했다. 아마도 진입로 혹은 제단의 흔적으로 추정된다. 깊은 곳에 토기 유물이 많이 묻혀 있는 유적은 대규모 정착지였던 것으로 판단할 수 있는데, 이런 유적은 흔치 않고 그중 한두 군데에서만 벽돌 건물의 흔적이 발견되었다.

이 문화의 초기 5세기가량은 역사적으로 토착 기록이 전혀 없다. 알려진 바로 가장 오래된 비문(碑文)이 앙코르 보레이 유적에서 발견되었는데, 시기는 기원후 611년이었다. 그러나 3세기와 6세기에 그곳을 방문했던 중국 외교 사절의 방대한 문헌 기록이 남아 있다. 중국인은 그곳의 정치 조직을 부남(扶南) 왕국이라고 했다. 중국의 기록에는 외교 사절에 관한 내용뿐만 아니라 양쪽을 오가던 교역 상품이나 도시의 중심지, 정치-행정 조직, 왕국의 기원, 왕위 계승에 관한 내용도 포함되어 있다. 중국 문헌 자료와 7~8세기의 크메르어 및 산스크리트어 비문 자료를 종합하면 당시의 계층 사회를 엿볼 수 있다. 최고 지도자는, 중국 측 기록에 따르면 "왕(王)"이었다. 그 아래로 한두 계층의 토착 귀족이 있었는데, 비문에는 그 명칭이 토착어로 되어 있었다. 그들은 아마도 지역별 및 구역별 행정 장관이었던 것으로 추정된다(인도의 문헌 자료에 그런 기록이 있다).

전하는 바에 따르면 부남국의 왕은 도시의 중심에 엘리트 계층을 위한 집을 지어 측근이 거주하게 했고, 일반 백성이 사는 곳과 그곳은 완전히 분리되어 있었다고 한다. 왕은 공공 건축 공사를 직접 관장했으며, 정치적 중심지로부터 이를 점차 확장시켜 나갔다. 그에 따라 성벽, 연못, 의례용 건물, 운하와 운송 체계 등의 공사가 벌어졌다. 중국의 기록에 따르면 부남의 군대는 남쪽으로 멀리 말레이반도까지 원정을 떠났으며, 그를 통해 조공과 외교 관계를 맺었다고 한다. 그들은 분명 경제적 자원도 독점했을 것이다. 그래서 부남국을 방문하는 외국의 무역상이나 브라만과 직접 거래를 했던 것 같은데, 이들은 몬순 계절풍을 이용하여 인도양이나 동중국해를 건너 부남국으로 오는 상인이었다. 통치자는 공공 의례도 집전했다. 종교적 상징은 정치 행위에 정당성을 더해주었다. 앙코르 보레이에서 발굴된 방대한 양의 의례용 토기는 그곳에서 종교적 축제가 벌어졌음을 시사한다. 이러한 의례 행사를 통해 과연 백성이 통치자의 권력을 직접 목격할 수 있었는지는 확인할 수 없지만, 주변 지역의 주민도 그곳 도시로 모여 다 같이 의례에 참여했던 것 같다.

이처럼 제1천년기에 이미 사회의 계층화는 중앙의 통치자로부터 지방이나 특정 지역 단위까지 보편화되어 있었다. 비문을 통해 지역 엘리트 계층 또한 의례로써 권위를 내세웠음을 알 수 있다. 이들은 힌두교의 통치 기술과 토착 애니미즘 신상을 혼합하여 왕국의 수도를 성지로 만들었고, 그곳이 의례 행정의 중심이 되었다. 성지화에 결정적 역할을 한 것은 의례용 건물(기도 시설과 사원 등) 건축이었다. 국가의 수도이자 의례의 중심지인 곳에서는 조상의 정령을 모시는 오랜 역사가 축적되었다. 또한 주변의 농촌 경관과 달리 한눈에 특별해 보이는 장소이기도 했다. 그중 일부는 오늘날까지 크메르인의 성지로 남아 있다. 예배소에는 성상이 모셔져 있는데, 시바교(Saivite)나 비슈누교(Vaishnavite)의 성상이 대표적이다. 이들을 유지하려면 신도의 후원이 필요했다. 사원에는 최소한 의례 전문가가 봉직했으며, 이들은 정기적으로 의례를 집전했다.

진랍?(c. 500~800 CE)

체계적인 고고학 발굴에 기초한 연구 성과는 아직 보고된 적이 없지만, 6세기에서 8세기 사이 앙코르 이전 시기에 도시가 존재했다는 가설이 있다(위치는 캄보디아 중부와 북부). 중국 외교관들의 기록에 따르면, 이 시기 북쪽에 진랍(眞臘)이라고 하는 크메르 왕국이 있었다고 한다. 이외에도 캄퐁 톰(Kampong Thom) 지역이나 스퉁 트렝(Stung Treng) 지역에 대규모 중심 도시가 여럿 있었다고 한다. 삼보르 프레이 쿡(Sambor Prei Kuk) 유적지 같은 곳에서는 벽돌로 지어진 사원 유지 10여 곳이 발견되었다. 성상(聖像)은 이미 오래전 사라졌지만, 그곳에 남아 있는 비문을 통해 서로 다른 문화의 통합을 엿볼 수 있다. 원래 그곳에 있던 성상들은 이질적 문화의 영향을 나타내는 것들이었다고 한다. 이와 같은 비문들과 중국에 남아 있는 문헌 기록을 종합해볼 때, 크메르의 통치자들은 대규모 정치-종교의 중심지 혹은 "사원-도시"를 건설했고, 서로 다른 문화를 받아들여 추종자들을 통합했으며, 이러한 사원들의 활동을 후원했고, 국가 차원에서 예술(특히 건축)의 발전을 주도했다. 이는 메콩강 하류 평원 지역에서 전체적으로 나타나는 현상이며, 학자들은 이를 앙코르-이전 문화(pre-Angkorian world)라고 일컫는다.

"앙코르"와 캄보디아 북서부(c. 800~1432 CE)

한 세기 이상 학자들은 크메르 제국의 형태와 발전 과정을 파악하려고 노력해왔다. 크메르 제국의 면모가 뚜렷이 드러나기 시작한 시기는 9세기 초였다. 그러나 수많은 건축 유물, 미술사 자료, 비문은 연구하기가 결코 만만치 않았고, 앙코르 도시 연구는 지난한 과정을 거쳐 최근에야 비로소 어느 정도 결실을 보게 되었다. 앙코르 시대 최초로 도시가 등장한 때는 9세기였다. 그 당시 왕성이 건설되었고, 그와 관련된 수리 시설의 규모가 갈수록 확대되었다. 앙코르 도시 연구 자료가 축적될수록 핵심 연구자들 사이의 논쟁도 깊어졌다. 그러나 모든 학자가 동의하는 바는 앙코르의 도시가 "광역 도시(conurbation)"였다는 점이다. 어느 시기를 막론하고 앙코르의 의례-행정 중심지는 수리 시설과 사원 시설을 포함했다. 그와 함께 거주 구역이 연결되어 있었고, 그러다 보니 부도심 혹은 변두리 구역이 중심부를 감싸는 모양새가 되었다.

앙코르의 복합 도시 가운데 "도시" 구조가 체계적으로 연구된 사례는 앙코르 톰(Angkor Thom)이 유일하다. 이 도시를 건설한 사람은 크메르 제국 최후의 위대한 지도자 자야바르만 7세(Jayavarman VII)였고, 그 시기는 12세기에서 13세기 초였다. 종합하자면 앙코르 톰은 인도의 우주론과 도시 계획 이론을 따라 도시의 틀을 만들고 공간을 구성했다. 즉 도시를 네 구역으로 나누어 그중 한 구역에는 종교 중심지(Bayon)를 배치했고, 또 한 구역에는 왕궁을 배치했다. 그리고 길게 늘어선 여러 수로를 따라 더 작은 규모의 공간들이 이어졌는데, 그곳에는 대부분 주택들이 들어서 있었다. 인도의 우주론에 따라 건설된 크메르의 (그리고 동남아의) 건축 사례는 충분히 남아 있으며, 수많은 미술사 및 건축사 연구의 소재가 되었다. 그러므로 도시 계획 또한 그러한 개념과 인도의 이론을 따랐을 가능성이 충분히 있다.

의례 행사, 특히 대중적 행사는 왕실 권위의 근본이었다. 그러나 앙코르의 통치자들은 과시용 의례 행사와 정치, 경제, 군사력을 섞어서 국가의 우두머리로 성공할 수 있었다. 크메르 왕국에서 새로운 통치자가 등극하면 톤레 사프 호수 근처에 새로운 수도를 건설했다. 새로운 수도를 건설하려면 다시 성을 쌓고 그 안에 종교 건축물도 세워야 했다. 종교 건물은 과거의 왕실 친인척을 추모하는 시설이었는데, 이를 통해 새로 등극한 통치자는 정당성을 인정받았다.

도시의 중심지 공간을 배려하는 것부터 이미 크메르 통치자들은 종교적 관습을 후원하고 제도화했다. 국가 종교는 결국 "교회"와 국가의 통합으로 나아갔다. 공통된 이념은 국가 차원의 아이콘으로 표현되었다. 건축물의 장식이나 조각상이 이를 잘 표현하고 있었다. 지방의 건물이나 조각상에도 어김없이 나타나는 과장된 표현은 도심의 중요성을 더욱 강조하는 것이었다. 도시의 핵심 공간에 위치한 사원의 벽면은 화려한 부조(浮彫)로 장식되었다. 그 장면은 군사적 승리를 축하하는 내용이거나, 서사시 《라마야나(Ramayana)》에 등장하는 힌두교의 기원을 나타낸 것이었다.

　의례 행사의 주최 측에서는 도시의 핵심 구역을 넘어서는 공사를 필요로 했다. 가장 강력했던 크메르의 왕들은 도로와 운송 네트워크를 건설하여 지방을 앙코르의 수도와 연결했고, 조공 물품의 중앙 이동에 편리를 도모했다. 통치자들은 지방 엘리트 계층과 사원과 암자에 토지를 하사했고, 특정 종교적 엘리트 계층을 후원했다. 그들은 왕국의 안녕을 기원하는 기도를 올렸다. 자야바르만 7세는 이런 측면에서 황제의 권력을 극대화했던 인물이다. 그의 사원, 병원, 숙박 시설, 다리, 도로 등이 오늘날 태국 북부, 라오스 남부, 캄보디아 서부에 걸쳐 촘촘히 건설되어 제국의 시스템을 구축했고, 이를 통해 물품과 사람 들이 순환되었다.

　크메르의 왕들이 가장 성공적으로 수행한 업무는 정기적 의례 행사를 통해 권력을 과시하는 일이었다. 왕들은 (13세기에 크메르를 방문했던 주달관周達觀이 자세히 묘사해둔) 왕실 의례와 행렬, 그리고 유적 순례에 직접 참여했다.[18] 이러한 행사가 있을 때면 기존에 설치해둔 도로와 교

18　1296년 주달관의 저서 《진랍풍토기》에서 크메르의 왕 인드라바르만의 행차(國主出入)를 묘사한 내용은 다음과 같다. "왕이 외출할 때는 제일 앞에 기마대가 나아간다. 그 뒤로 깃발과 만장을 든 악대부가 북을 두드리며 따른다. 그다음으로 궁녀가 300~500명가량 되는데, 화려한 옷을 입고 머리에 꽃 장식을 달았으며 손에는 등촉을 들고 있는데, 이들끼리 하나의 대열을 이룬다. 밝은 대낮에도 등촉은 꼭 든다. 그다음에 또 궁녀들이 뒤따르는데, 모두 궁중에서 쓰는 금은 그릇을 들고 있다. 그릇에는 장식 문양이 가득하고 형태가 매우 특이해서 어디에 사용하는 것인지는 알 수 없다. 그 뒤로 또 궁녀들이 따르는데, 창과 방패를 든 궁중 친위대. 이들이 또한 하나의 대열을 이룬다. 그 뒤에 양차(羊車)와 마차(馬車)가 뒤따르는데, 모두 금으로 장식했다. 대신들과 왕자들은 모두 코끼리를 타고 있다. 그들의 앞에는 진홍색 양산을 드리우고 가는데, 그 수를 헤아리기 어렵다. 그다음에는 왕의 여러 비빈이 가마나 수레나 말이나 코끼리를 타고 간다. 그들에게는 금으로 장식한 양산을 드리웠는데, 그 수가 100여 개가 넘는다. 그 뒤로 국왕이 행차한다. 왕은 코끼리 위에 곧게 선 채로 손에는 보검을 들고 있다. 왕이 탄 코끼리의 상아는 금박을 입혔다. 금으로 장식한 양산 20여 개가 왕의 주변

량, 앙코르 시대의 "접근로(avenues of approaches)"에 사람들이 가득 찼고, 참여자가 수천 명에 이르렀다. 이와 같은 특정 신격을 위한 일상적 의례 중 일부는 베다에 등장하는 희생 의례에 기원을 두고 있는데, 여기에 참가하는 것이 통치의 기본에 속했다.[19] 크메르의 통치자들은 정치-종교적 기념비에 자신의 권력을 기록해두었고, 의례 행사를 통해 자신의 주거지를 의례의 중심지로 만들었다.

결론

동남아에서 도시화는 깊은 역사적 연원을 가지고 있다. 도시의 등장은 동남아 국가의 운영과 궤를 같이했으며, 권력과 의례와 행사의 혼합으로 도시는 더욱 강화되었다. 이와 같은 혼합적 성격은, 비록 일회적 성격의 행사는 끝나면 사라지는 것이었지만, (기어츠가 소개한 발리의 경우와는 달리) 실질적 권력과 결부되는 경우가 많았고 그것이 세대와 세기를 거듭하는 동안 동남아 국가를 유지하는 바탕이 되었다. 크메르의 고대 국가에서 도시화는 보다 분명한 관계를 드러내었다. 크메르의 고대 국가와 그에 소속된 도시 앙코르는 지리적 규모에서 필적할 상대가 없을 정도로 광대했다(행정 권력의 면에서도 마찬가지였다). 그러나 주변 지역을 대상으로 관련 연구가 진행됨에 따라 고전기 힌두교 국가 및 불교

을 두르고 있으며, 양산의 손잡이는 모두 금박을 입혔다. 그 사방을 무수히 많은 코끼리가 옹위하며, 또한 기마병들이 이를 호위하고 간다."

19 Hiram W. Woodward, Jr., "Practice and Belief in Ancient Cambodia: Claude Jacques' Angkor and the Devarāja Question," *Journal of Southeast Asian Studies* 32 (2001), 249-61.

국가에서도 비슷한 사례가 확인되었다. 예컨대 미얀마의 파간(Pagan)과 자와의 트로울란(Trowulan)이 비슷한 패턴을 보였다.

13~14세기 캄보디아와 자와의 사례 연구(Gaucher와 Miksic)에서[20] 주목한 바와 같이, 동남아 사람들은 인도 및 토착 신앙을 혼합하여 현지화된 도시의 형태를 만들었다는 사실이 확인되었다. 정치권력은 행사 및 그에 수반되는 구체적 결과에 직접 참여했다. 도시가 정치의 구심점을 형성했으며, 이를 중심으로 동남아 도시 구조가 만들어졌다. 나아가 고전기 동남아 도시 구조의 저변에는 "조립 구성"의 개념이 전제되어 있었다는 견해도 있다(의례의 중심지와 함께 수로 시스템, 주거 집단, 도시 주변의 농업 지대와 점점이 산재하는 소규모 종교 시설 등). 이러한 패턴은 인도의 영향이 도입되기 이전 시기에 뿌리를 두고 있으며, 조상의 정령과 그들을 모신 집이 많았고, 그곳이 숭배의 대상이 되었다. 캄보디아 북서부에서 자와 중부까지 9~14세기 동남아 통치자들은 모범적 의례의 중심지를 만들어 유지하고자 했다. 그곳은 궁정 차원, 수도 차원, 범세계적 차원의 의례가 거행되는 곳이었다.

---

20 Jacques Gaucher, "Angkor Thom," and John Miksic, "Nail of the World: Mandalas and Axes," *Arts Asiatiques* 64 (2010), 20-31.

더 읽어보기

Bulbeck, David, and Ian Caldwell, "Oryza Sativa and the Origins of Kingdoms in South Sulawesi, Indonesia: Evidence from Rice Husk Phytoliths," *Indonesia and the Malay World* 36 (2008), 1–20.

Christie, Jan Wisseman, "State Formation in Early Maritime Southeast Asia: A Consideration of the Theories and the Data," *Bijdragen tot de Taal-, Land- en Volkenkunde* 151 (1995), 235–88.

_____, "States without Cities: Demographic Trends in early Java," *Indonesia* 52 (1991), 23–40.

Coedès, George, *The Indianized States of Southeast Asia*, W. F. Vella (ed.), S. B. Cowing, (trans.), Honolulu: University of Hawaii Press, 1968.

Cummings, Williams, "Historical Texts as Social Maps: *Lontaraq bilang* in Early Modern Makassar," *Bijdragen tot de Taal-, Land- en Volkenkunde* 161 (2005), 40–62.

Eisenstadt, S. N., "Religious Organizations and Political Process in Centralized Empires," *The Journal of Asian Studies* 21 (1962), 271–94.

Evans, Damian, Christophe Pottier, Roland Fletcher, Scott Hensley, Ian Tapley, Anthony Milne, and Michael Barbetti "A Comprehensive Archaeological Map of the World's Largest Preindustrial Settlement Complex at Angkor, Cambodia," *Proceedings of the National Academy of Science* 104 (2007), 14,277–82.

Hudson, Bob, "The Origins of Bagan: The Archaeological Landscape of Upper Burma to AD 1300," unpublished Ph.D. dissertation, University of Sydney, 2004.

Jacques, Claude, "Le pays Khmer avant Angkor," *Journal des Savants* 1 (1986), 59–95.

Jacques, Claude, and Pierre Lafond, *The Khmer Empire: Cities and Sanctuaries, Fifth to Thirteenth Centuries*, Bangkok: River Books, 2007.

Junker, Laura Lee, "Population Dynamics and Urbanism in Premodern Island Southeast Asia," in Glenn R. Storey (ed.), *Urbanism in the Preindustrial World: Cross-Cultural Approaches*, Tuscaloosa: University of Alabama Press, 2006, pp. 211–14.

Lavy, Paul A., "As in Heaven, So on Earth: The Politics of Visnu, Siva and Harihara Images in Preangkorian Khmer Civilisation," *Journal of Southeast Asian Studies* 34 (2003), 21–39.

Malleret, Louis, *L'Archéologie du Delta du Mekong*, Paris: Publication de l'École Française d'Extrême Orient, 1959–1963, Vols. I–III.

Manguin, Pierre-Yves, "The Archaeology of the Early Maritime Polities of Southeast Asia," in Peter Bellwood and Ian C. Glover (eds.), *Southeast Asia: From Prehistory to History*, London: RoutledgeCurzon, 2004, pp. 282-313.

_____, "City-states and City-state Cultures in Pre-15th-century Southeast Asia," in Mogens H. Hansen (ed.), *A Comparative Study of Thirty City-State Cultures*, Copenhagen: Reitzels Forlag, 2000, pp. 409-16.

_____, "Les cités-États de l'Asie du Sud-Est côtière: de l'ancienneté et de la permanence des formes urbaines," *Bulletin de l'École Française d'Extrême Orient* 87 (2000), 151-82.

_____, "Southeast Sumatra in Protohistoric and Srivijaya Times: Upstream-Downstream Relations and the Settlement of the Peneplain," in Dominik Bonatz, John N. Miksic, J. David Neideland, and Mai Lin Tjoa-Bonatz (eds.), *From Distant Tales: Archaeology and Ethnohistory in the Highlands of Sumatra*, Newcastle-upon-Tyne: Cambridge Scholars Publishing, 2009, pp. 434-84.

Miksic, John N., "The Classical Cultures of Indonesia," in Peter Bellwood and Ian C. Glover (eds.), *Southeast Asia: From Prehistory to History*, New York: RoutledgeCurzon, 2004, pp. 234-56.

_____, "Heterogenetic Cities in Premodern Southeast Asia," *World Archaeology* 32 (2000), 106-20.

Moore, Elizabeth, and San Win, "The Gold Coast: Suvannabhumi? Lower Myanmar Walled Sites of the First Millennium A.D.," *Asian Perspectives* 46 (2007), 202-32.

Mudar, Karen M., "How Many Dvaravati Kingdoms? Locational Analysis of First Millennium AD Moated Settlements in Central Thailand," *Journal of Anthropological Archaeology* 18 (1999), 1-28.

Pelliot, Paul, "Le Fou-nan," *Bulletin de l'École Française d'Extrême Orient* 3 (1903), 248-303.

Pollock, Sheldon, *The Language of the Gods in the World of Men: Sanskrit, Culture, and Power in Premodern India*, Berkeley: University of California Press, 2006.

Stargardt, Janice, *The Ancient Pyu of Burma, Vol. i: Early Pyu Cities in a Man-made Landscape*, Cambridge: Publications on Ancient Civilization, Institute of Southeast Asian Studies, 1990.

Stark, Miriam T., "Pre-Angkorian and Angkorian Cambodia," in Peter Bellwood and Ian C. Glover (eds.), *Southeast Asia: From Prehistory to History*, New York: Routledge- Curzon, 2004, pp. 89-119.

_____, "Pre-Angkorian Settlement Trends in Cambodia's Mekong Delta and the Lower Mekong Archaeological Project," *Bulletin of the Indo-Pacific Prehistory Association* 26 (2006), 98–109.

_____, "Southeast Asia Late Prehistoric: 2500–1500BP," in Peter Peregrine (ed.), *Encyclopedia of Prehistory*, New York: Plenum Press, 2001, Vol. iii, pp. 160–205.

Vickery, Michael, "Funan Reviewed: Deconstructing the Ancients," *Bulletin de l'École Française d'Extrême-Orient* 90 (2003), 101–43.

_____, *Society, Economics, and Politics in Pre-Angkor Cambodia: The 7th–8th Centuries*, Tokyo: The Centre for East Asian Cultural Studies for UNESCO, The Tokyo Bunko, 1998.

Wheatley, Paul, *Nāgara and Commandery: Origins of the Southeast Asian Urban Traditions*, Chicago: University of Chicago Press, 1983.

CHAPTER 5

행사를 위한 무대, 도시

존 베인스 John Baines
미리엄 스타크 Miriam T. Stark
토머스 개리슨 Thomas G. Garrison
스티븐 휴스턴 Stephen Houston

초기 도시들은 세계 여러 지역에서 등장했고, 그 시기도 서로 달랐다. 그러나 빠른 속도로 성장했고, 주변의 배후지에 깊은 영향을 미쳤다. 그러한 도시들은 의례와 경제의 중심지가 됨으로써 그전까지 여러 곳에 흩어져 있던 각각의 기능이 한곳으로 집중되는 결과를 가져왔다. 뿐만 아니라 새로운 유형의 여러 활동이 펼쳐지는 무대가 되기도 했다. 기원전 제4천년기 말엽에 메소포타미아 남부의 우루크(Uruk)라는 곳에서 면적 200헥타르에 달하는 도시가 성장했다. 그 주변으로 에안나(Eanna, 혹은 인안나Inanna)에게 헌정된 전용 구역이 아홉 곳 있었다. 그곳은 드넓은 개방지로 용도가 불분명하지만 의례에 사용되었던 공간인 것만은 분명한 사실이다. 도시와 성스러운 공간을 조성하려면 그때까지 비슷한 사례를 찾기 힘들 만큼 막대한 노동력이 필요했다. 건설 과정 그 자체는 하나의 사건이며 행사였고, 이후 반복적으로 개최될 행사의 무대를 만드는 일이기도 했다. 이처럼 새로 조성된 공간은 주민의 거주지와 밀접하게 연관되어 있었다. 그 이전 시기의 기념비적 거대 건축물들, 예컨대 거석(巨石)을 원형으로 배열한 스톤헨지(Stonehenge)는 기원전 제3천년기 잉글랜드 남부에 조성되었는데, 이를 만든 신석기 사회 집단들은 점점이 흩어져 거주했었다. 도시가 등장한 뒤로 도시가 주변 지역의 인구를 빨아들이자 주변 지역은 "시골"로 전락했고, 시골에서는 농산물 이외의 대부분을 도시에 의존할 수밖에 없게 되었다. 이 모든 과정에서 주도적 역할을 담당한 엘리트 계층이 존재했으며, 사회적 연대를 강화하고 사회에서 권력과 부의 차별을 완화하기 위해 행사가 벌어졌다. 행사에 참여하지 않는 사람들도 행사에 참여하는 사람들을 목격할 수 있었고, 대개는 참여자가 관중보다 높은 지위에 있었지만, 어쨌든 행사는 공동체를 위해 필수 불가결한 일이었다.

이번 장에서는 세 가지 사례 연구로부터 서로 비교되는 주제를 탐구하고자 한다. 그중 일부 사례는 우리 책의 다른 장에서 다루었을 수도 있다. 우리의 논의에서 사용되는 근거 자료는 주제의 성격에 따라서 달라진다. 고대 이집트의 경우 대부분의 시기에 걸쳐 영토국가(territorial state)가 존재했고, 이는 같은 시기 세계의 다른 대부분 지역에 존재한 도시국가(city-state)와 다른 유형의 국가였다. 이집트는 가장 큰 규모의 기념비적 건축물들을 건설했을 뿐만 아니라 연구 대상이 되는 시기 또한 가장 길지만, 이집트의 도시에 관해서는 아직 완벽히 파악되지 않고 있다. 마야의 경우는 도시국가였는데, 풍부한 고고학 발굴 자료와 수많은 그림 자료뿐만 아니라 민속 조사를 통해 확보한 유물도 상당히 중요한 자료였다. 그러나 텍스트 자료는 경우에 따라 다르고, 엘리트 계층이 아닌 서민과는 관련 없는 내용이 대부분이다. 동남아시아의 정치 조직은 대체로 문자 기록이 남아 있는 역사 시기에 발달했으며, 오늘날까지 이어지는 역사 자료가 고고학 발굴 자료를 직접적으로 뒷받침하고 있다. 이는 앞에서 언급한 두 지역의 사례와는 전혀 다른 상황이다. 초기 형태로는 동남아의 정치 조직도 도시국가 유형에 속했으나, 그중 일부가 팽창을 거듭하여 기원후 9~15세기에 영토국가의 면모로 성장했다.

행사의 유형과 성격

여러 문화권에서 정치권력이 주최하는 행사는 신앙 및 종교 활동과 관련이 있었다. 행사를 통해 인간은 초자연적 행위와 관념의 틀에 참여했다. 모든 행사의 성격이나 중점이 종교라는 말은 결코 아니다. 다만 세속적 행사라 하더라도 종교와 불가분의 관계에 있는 경우가 많은데, 이때 양자를 분명히 구분하는 일은 가능하지 않을뿐더러 의미도 없다. 예를 들어 고전기 마야에서는 비가 내리기를 기원하는 과정에서 플린트(flint, 燧石)로 돌날을 만드는 "생산" 활동을 했고, 이외에도 이와 비슷한 행동과 결과가 포함되어 있었다. 더 넓은 의미에서 도시를 조성하고 유지하는 것은 우주관과 우주의 구성 요소를 도시에 구현하는 일이었다. 도시 전체가 그러한 우주의 표현이었다. 사회의 가장 근본적인 구성원은 바로 신이었고, 또한 죽은 자들의 혼령이었다. 그들은 서로 다른 사회에서 서로 다른 방식으로 구현되었다. 그리고 그중에는 과거의 성스러운 통치자들의 혼령도 포함되어 있었다.

우리가 검토하는 사례들 가운데 이집트의 경우, 그들의 관념적 세계는 크게 보아 토착 신앙이었으며, 대부분의 시기에 이 점에서는 의문의 여지가 없었다. 그러나 마야의 경우는 토착 신앙이 아니었다. 마야 신앙의 기원은 1000여 년 전으로 거슬러 올라가는데, 그때는 아직 그들의 문명이 시작되기도 전이었다. 신앙의 기원지도 거리가 상당한 해안 지역과 멕시코 고산 지대였고, 언어적으로도 연관 없는 집단에서 시작된 신앙이었다. 동남아 전통 사회의 경우 핵심 요소는 마야에 못지않게 복잡했다. 동남아의 엘리트 문화는 상당 부분 인도에서 비롯되었고, 브라만교와 대승 불교가 토착 애니미즘 신앙과 뒤섞여 있었다. 이상 이집트와 마야, 그리고 동남아 지역의 도시들은 이와 같은 모든 구성 요소를 고려하지 않으면 이해할 수가 없을 것이다.

이와 같이 신격과 인격이 공존하는 사회로서 가장 규모가 크고 가장 정교하게 발달한 사회가 바로 도시였다. 이전에는 볼 수 없었던 대규모 건축물들이 도시의 경관을 압도했다. 고전기 마야의 경우 "자연"과 "인공"의 구분(사람이 만들지 않은 것과 사람이 만든 것의 구분)이 없었다. 그들은 이 두 가지를 하나의 어휘로 지칭했다. 마야에서는 피라미드도 "언덕"이라 했다. 바위가 불쑥 튀어나온 곳, 지하의 바위 동굴을 지칭하는 어휘도 이와 같았다. 신들과 죽은 자들은 산 자들과 함께 도시의 구성원이었다. 그렇다면 그들은 사회의 근본적 구성원으로서 가장 크고, 가장 오래도록 지속되고, 가장 화려한 건물에 거주해야 마땅했다. 또한 그들을 위해서라면 가장 화려한 방식으로 축제를 열어야 했다.

통치자들은 다양한 방식으로, 또 화려한 모습으로 행사에 참가했다. 도시 안에서 통치자의 거주 공간은 신들의 그것 못지않게 거대해야 했다. 혹은 그들은 흔히 스스로를 정신세계에 속하는 시종인 것처럼 행동했다. 수많은 사회에서 통치자들은 주요 주거 지역을 벗어난 곳에 거주했다. 생활의 실용적 목적도 있었고 안전 문제도 있었을 것이다. 이때 그들이 도시의 중심지로 이동하는 행렬은 그 자체로 권력을 과시하는 행사가 되었다. 또한 더 넓은 범위에서 기념비적 건축물이나 도시 배후의 생산 지역이 도시에 통합되는 효과도 있었다.

행사를 거행하려면 건물, 광장, 도시 구조가 건설되어야 했다. 세계 전역에 걸쳐 주요 건물을 건축할 때는 단계별로 의례를 거행했다. 위치 확정, 터 잡기, 기초 놓기에서부터 지붕의 완성과 전체 공정의 완공까지

각 단계를 기념하는 의례들이 펼쳐졌다. 재건축을 할 때도 비슷한 의례가 거행되었다. 이러한 의례는 흔히 액운을 막는다는 의미가 있었고, 해당 건물을 영혼이나 신격의 가호 아래 둔다는 뜻도 있었다. 그 건물이 예배소나 사원이 아니어도 마찬가지였다. 고대의 도시 설계는 많은 경우 코스모그램(cosmogram, 우주를 표현하는 평면 기하학 - 옮긴이)이었다. 도시 안에 건설되는 하나의 건물 또한 마찬가지였다. 그 건물이 상징적으로 자리를 잡는 것은 코스모그램 안에 또다시 코스모그램이 구현되는 셈이었다. 이러한 맥락들은 의례 행사에 많은 기회를 부여했다. 다양한 규모의 집단 행사가 가능했는데, 개별 가족 차원의 행사부터 전체 공동체와 관련하여 수천 명이 참여하는 차원의 행사까지 거행되었다. 도시 주변의 배후지나 다른 나라에서 온 참여자도 있었다. 때에 따라 매우 먼 거리에서 오는 사람들도 있었는데, 예를 들면 순례나 국가 장례의 경우였다. 기원전 433년 양자강 유역에 있던 증(曾)이라는 나라의 귀족 을(乙)의 장례식에는 수백 킬로미터 떨어진 다른 나라의 고위 관료가 수레를 타고 와서 참여하기도 했다(曾侯乙墓 - 옮긴이).

대부분의 행사는 반복적으로 거행되었다. 매일 반복되는 행사도 있었고, 달마다 혹은 계절마다 혹은 해마다 혹은 세대마다 거행되는 행사도 있었다. 매일 반복되는 행사는 일상의 질서를 유지하고 연속성에 가치를 부여하는 것이었다. 행사 횟수가 줄어든다는 것은 변화의 시기를 의미했다. 행사에 참여하는 엘리트 계층과 통치자의 정당성을 유지하는 데 의례는 근본적인 일이었다. 행사는 역사적 기억을 강화하는 역할도 했다. 행사를 통해 특정 장소에 의미를 부여하고 끊임없이 재확인했으며, 기념비적 건축물의 환경을 통해 그 의미는 더욱 강화되었다. 초기 도시들에서 가장 중요한 장소는 주요 행사가 열리는 곳이었다. 그곳 건축물에는 일반 거주지와 다른 건축 자재가 사용되었다(잘 다듬은 석재石材가 주로 사용되었는데, 일상적 주택이나 왕궁에 쓰이는 유기물 재료나 거칠게 다듬은 석재와 확연히 달랐다). 또한 스타일에서나 공들인 정도에 있어서 다른 건물들보다 월등히 뛰어난 건물이었다. 뿐만 아니라 건물 옆에는 거대한 개방 공간이 딸렸으며, 접근하는 도로가 그곳에서 끝이 나도록 설계되어 있었다. 도로 또한 전통적 구조에서는 흔히 볼 수 없는, 두꺼운 포장이 되어 있었다.

이처럼 도시 안에 건설된 특별한 구조와 행사는 고고학적으로 광범위한 흔적을 남겼다. 일반 주택은 끊임없이 수리되거나 썩어 무너졌으며 도시 전체의 구획 또한 시간이 지나면서 변하기도 했지만, 기념비적 건축물의 구조는 고정된 채로 오랜 세월 동안 유지되었다. 그리하여 시간이 갈수록 사람들의 기억 속에 더욱 강화된 이미지로 각인되었다. 새로운 공간 구성은 역사적으로 중요한 변화를 의미했다. 기념비적 건축물에서 거행되는 일부 행사에는 누구나 참여했다. 특히 지역 전체를 관통하는 행진이 그런 경우였다. 한편 다른 경우도 있었다. 즉 우주론적으로 가장 의미 깊은 행사는 건축물 내부에서 거행되었고, 극히 드문 몇몇의 사람들만 참여했으며, 참관인도 소수에 그쳤다. 행사에 참여하지 못하는 사람들은 자신의 처지를 자각했고, 행사에 참여하는 사람들의 중요성을 인정했다. 이러한 차별 구조는 어느 사회를 막론하고 어떤 식으로든 존재하는 방식이었고, 권력을 집행하는 데, 그리고 사회적·상징적 위계질서를 강화하는 데 핵심적 장치였다.

대중적 의례 행사가 사회적 의미를 성공적으로 연출하기 위해서는 화려한 장식이 필요했다. 오랜 준비 기간이 필요했고, 심지어 몇 달이 걸릴 수도 있었다. 시각뿐만 아니라 청각, 후각, 미각을 모두 연출해야 했고, 육체적 고난이나 쾌락 혹은 둘 다 포함되기도 했다. 이를 위해서는 참여자들의 체력이 요구되는 경우가 많았다. 행사 기간 중 단식 혹은 절식을 해야 했고, 그 과정이 끝나면 잔치가 베풀어졌다. 종교 행사와 세속적 행사를 막론하고 관객에게는 행렬 혹은 어떤 행동에 참여하거나 대기하는 임무가 주어졌다. 행사의 조직은 그 자체로 매우 아름답게 연출되기도 했지만, 값비싼 유기적이고 일시적인 재료를 사용하기도 했다. 이렇게 사용된 물품들은 고고학적으로 거의 혹은 전혀 남겨진 것이 없지만, 그림이나 문헌 자료를 통해 당시의 장면을 이해할 수는 있다. 전통 사회들을 비교해보면 대개 비슷한 행사를 거행했고, 막대한 사치와 낭비가 동원되었다. 그와 같은 과시적 행사에서 권력을 나타내는 수단은 곧 통치자들이 얼마나 많은 사람들을 동원하는가, 혹은 얼마나 강력히 금욕을 강제하는가에 달려 있었다.

행사: 상징적 영역의 체험과 연결

고전기 마야의 행사는 굉장히 시끄러웠다. 행사가 시작되기 전 나팔이나 고동 소리가 울려 퍼지고, 커다란 북이나 옆구리에 끼는 조그만 북을 두드리고, 휘파람을 불고 마라카스(리듬 악기)를 흔들고, 노래 부르고, 왕의 몸에 부착된 조개껍데기가 찰랑거렸다. 향을 태운 연기가 눈과 코를 따갑게 하는 동안 왁자지껄한 행사의 소음이 참가자들의 귀를 가득 채웠다. 오늘날 고고학 자료는 시각을 강조하는 경향이 있으나, 실제 행사에서는 시각 이외의 다른 감각도 동원되었다. 행사장이 눈에 들어오기 훨씬 전부터 이미 사람들은 행사의 시작을 느낄 수 있었다. 멕시코 보남파크(Bonampak) 유적의 벽화에는 대중적 행사 장면이 생생히 묘사되어 있다.

동남아시아의 세속적 행사에는 수백 명의 도시민이 직접 혹은 관객으로 참여했다. 12세기 앙코르와트 사원의 벽 부조(浮彫)에는 왕실의 행진 장면이 그려져 있는데, 수많은 남자들이 나팔을 불고 종을 울리고 징을 치는 가운데 200명의 군사가 왕을 향해 충성을 맹세하고 있다. 동시에 힌두교 고행자들은 최고위 성직자를 선두에 세우고 성스러운 보물과 신성한 불을 운반하고 있다. 수많은 의례 행사에서 오락과 교육과 속죄가 뒤섞여 있었다. 궁궐과 도시를 가로지르며 춤을 추고, 무용극 공연을 하고, 주문을 외웠다. 드라마틱한 행사는 며칠 동안 계속되었다. 그림자극과 배우가 등장하는 연극 공연도 개최되었다. 힌두교의 서사시《라마야나(Ramayana)》와《마하바라타(Mahabharata)》뿐만 아니라 불교의《자타카(Jataka, 본생경本生經)》를 내용으로 하는 공연이었다. 이러한 행사들은 대부분 국가에서 후원하고 도시의 성벽 안에서 개최되었으며, 행사에 앞서 종교의 축복과 봉헌을 하는 순서가 있었다.

지역에 따라서는 세속적 행사가 의례화된 경우도 있었다. 이를테면 체육 경기, 공놀이, 마상(馬上) 경기, 닭싸움, 돼지 싸움, 전차 경주 등이었다. 이런 행사와 함께 시장이 열렸는데, 중국산 자기부터 섬세하게 세공된 가마 부품에 이르기까지 엘리트 계층을 위한 상품이 진열되었다. 이런 물건들은 도시 안에서만 거래가 허락되었다. 물품을 수입하려 해도 일정한 절차를 거쳐야 했다. 이 모든 과정에서 조직화 및 규율이 필요했고, 이는 대중의 사회적 질서를 강화하는 역할을 했다. 또한 통치 집단의 통제력과 그들이 공동체를 관할한다는 사실을 과시할 수 있었다.

고대 도시들은 화려한 장관이 연출되는 무대였고, 부지불식간에 소비가 이루어지는 공간이었다. 그러나 동시에 보물과 공예품이 파괴 혹은 제거되는 일도 벌어졌다. 이집트의 장례식에서는 장례 행렬이 지나는 길 옆으로 꽃 장식을 한 오두막에 술과 음식을 차려두었고, 관이 지나간 뒤에는 이를 파괴하고 항아리를 던져서 깨트리는 풍습이 있었다. 사원에서 거행되는 희생과 봉헌 의례 또한 이와 비슷한 소비의 성격을 지녔다. 그러나 여기서는 봉헌된 물품을 다시 엘리트 계층에게 분배하는 과정이 있었다. 의례에 사용된 대부분의 음식과 의복은 나중에 다시 분배를 해주었고, 성직자와 그 수하의 사람들에게도 음식이 제공되었으며, 그 과정에서 사회적 위계질서가 재확인되었다. 성상에 걸치거나 입혔던 옷들이 특권층 인물의 미라를 감싸는 용도로 사용되기도 했는데, 이처럼 여러 행사가 하나의 연결망으로 편입되어 서로 연결되는 것은 사회의 또 다른 핵심적 부분이었다. 이런 행위를 통하여 행사 공간들도 서로 연결되었다. 사원은 대부분 도시 중심부에 위치했지만, 사원에서 재분배된 귀중품은 기념비적 건축물이 들어선 매장지에 안치되었다. 매장지는 대부분 주거 구역을 벗어나 있지만 도시로부터 시선이 벗어나지 않는 곳, 즉 폭넓은 도시의 범위 안에 있었다. 이처럼 사회 안에 죽은 자의 존재가 남아 있었기에 정치 조직 전체를 포괄하는 행사가 가능했던 것이다. 특히 지도자가 도시로부터 멀리 떨어진 곳에서 사망한 경우, 거국적 행사가 펼쳐졌다. 혹은 전통적으로 신성시되는 멀리 다른 지역에 매장지가 있는 경우, 사망 후 정치적 이유로 장례 행렬이 멀리 이동해야 하는 경우에도 마찬가지였다. 대표적 사례가 알렉산드로스 대왕의 장례식이었다. 그가 사망한 뒤 그의 시신은 바빌론에서 이집트의 멤피스로 옮겨졌다.

 이 모든 관습에서 물품과 공간 문제가 연결되어 있었다. 또한 행사에 사용될 소모품의 관리 문제도 있었다. 마야의 경우, 과테말라의 아구아테카(Aguateca) 유적에서 궁중에 보관되었던 물품이 발견되었다. 그곳이 열대 기후 지역이었기에, 이런 물품은 자주 정비하거나 교체해야 했다. 표범 가죽으로 만든 치마와 케찰(quetzal)의 깃털은 쉽게 손상될 수가 있었으며, 나무로 만든 머리 장식이나 왕의 등받이 도구도 마찬가지였다. 관리 업무 담당자가 좀 더 엄격한 창고에서 물품을 보관하는 경우도 있었다. 예를 들면 왕관이나 다이아몬드, 왕홀(王笏) 같은 물품이었다. 보관 그 자체가 하나의 행사이자 사회적 의미를 지녔다. 일부 물품은 왕에게 옷을 입히는 임무를 지닌 귀족이 관리했는데, 마야 도시 내 여러 곳에서 가져온 것들이었다. 이러한 물품이 귀중품이었다는 증거는 문헌 및 그림 자료를 통해 확인된다. 또한 제대로 보관된 사례도 극히 드문데, 온두라스 코판(Copan) 유적 왕의 무덤에서 겨우 발견되었을 따름이다. 행사에 사용했던 소도구는 직접 확인된 사례가 훨씬 더 많다. 특히 이집트의 유물은 소중한 단서를 제공하고 있다.

공간, 물질문화, 관습

 고대 도시의 전형적 구조는 밀집된 주거 구역과 개방된 공간 혹은 건축물들이 몇 차례 번갈아가며 구성되는 식이었다. 이와 같은 구성 방식은 행사를 개최하는 데 필수적이었다. 예외적으로 도시의 중심지가 흩어져 있는 경우도 없지 않았는데, 예컨대 앙코르(캄보디아)나 아누라다푸라(Anuradhapura, 스리랑카)가 그랬다. 또한 벨리즈의 카라콜(Caracol) 유적에서 보듯이, 마야 문명에서도 인적이 드문 곳에 고립된 도시들이 있었다. 당시 도시 인구는 대부분 근대에 비하면 상당히 적었다(동남아의 도시들은 이런 면에서 예외였다). 그런데도 가끔 열리는 행사를 위해서 방대한 전용 공간을 비워두는 것은 그 자체로 권력과 부의 상징이었다. 자주 비어 있는 데다 인간이 만들었다고 보기 어려울 정도로 규모가 거대했기 때문에 일상적 기준으로는 이해가 불가능한 곳이었다. 공간이 워낙 방대해 날씨가 더울 때는 행사를 거행하기 어려울 정도였다. 그래서 시종이 양산을 들거나 임시 건물을 세워서 행사의 주인공에게 그늘을 만들어주어야 했다.

행사에 사용되는 특별한 물품은 흔히 멀리서 가져왔다. 이는 통치자와 엘리트 계층과 그들의 도시가 지역 내에서 혹은 자신의 지역을 넘어서 서로 연결되어 있음을 공표하는 것이었다. 중요한 물품은 전문 수공업자가 만들었을 것이다. 그들의 주요 임무는 행사에 종속되어 있었다. 예컨대 특수한 장식품이나 악기를 만드는 전문가들이 있었다. 이런 사람들은 통치자나 엘리트 계층에게 후원을 받았을 뿐만 아니라 그들 스스로 사회의 지도층에 속했다. 마야 문명에 속하는 아구아테카(Aguateca)의 경우, 의례 중심지 근처 주거 유적에서 물품 제조의 흔적이 발견되었다. 유물 중에는 왕이 머리에 쓰던 장신구의 일부분이 있었는데, 이는 행사에 등장하는 중요한 물품 가운데 하나였다. 물품의 종류와 전문 생산업자가 얼마나 많은가 하는 것은 곧 왕의 권력에 달려 있었다. 물품 생산을 위해서는 전문화가 필요했고, 도시의 일부 공간이나 왕궁 안에 전문 생산 구역을 설치해야 했다. 필요한 재료를 조달하는 일은 그 자체로 행사의 일부였다. 기원전 제3천년기 이집트의 유물로 물건을 구하기 위해 멀리 탐험을 갔다 오는 장면을 담은 그림이 발견되었는데, 대중과 통치 집단이 모두 이를 축하했다.

이와 같은 물품은 실제 고고학을 통해 추적이 가능하지만, 행사를 수행하는 살아 있는 전문가는 유물을 통해 볼 수가 없다. 게다가 대부분의 사회에서는 그와 관련된 지식이 엄격히 제한되어 있었다. 도시는 그러한 전문가들을 보유하고 있어야 했다. 전문가들은 오래도록 연습과 리허설을 거듭했으며, 고대 문명에서 이들은 특히 고도의 수준을 지향했다. 기념비적 건축물이 도시를 주도했고, 또한 도시가 이들을 이끌었듯이, 행사 무대에 올라 펼쳐지는 공연과 도시의 관계 또한 그와 마찬가지였다.

도시에 따라서는 다른 기능에 비해 행사가 특히 중시되는 도시가 있었다. 이러한 도시에는 상시 거주민이 그리 많지 않았다. 왕실과 엘리트 계층의 사람들이 의례나 축제 기간이 되면 멀리서부터 찾아왔고, 정치적 중심 조직도 함께 행사에 참여했다. 이러한 도시에서는 기념비적 건축물들 때문에 일반 주거용 건물이 더욱 왜소해 보였다. 또한 이런 도시는 경제적으로 자립하기가 어려웠다. 예컨대 순례지 같은 특별한 도시 기능이 없다면 도시가 유지되기 어려웠을 것이다. 이러한 도시를 조성하고 유지하는 것은(그중 다수는 주로 상징적 의미를 지닌 고대 유적지였다) 곧 권력에 신격을 덧입히는 일이었다. 그 도시는 신을 위해, 그리고 도시를 만든 통치자에게 헌정된 봉헌물이었다. 대규모 정치 단위에는 이러한 도시들이 포함되었는데, 이집트의 테베(Thebes)가 대표적 사례였다. 도시국가의 경우 그러한 도시는 지역을 넘어서는 고유한 역할을 가지고 있었는데, 고대 메소포타미아의 니푸르(Nippur)가 바로 그러했다. 고전기 마야에서 도시는 특히 행사 기능에 강하게 초점을 맞추고 있었다. 마야의 도시 엘 조츠(El Zotz)는 도심의 거의 3분의 1이 광장과 의례를 위한 포장도로 공간이었다. 이외에 피라미드가 차지하는 공간이 7퍼센트였는데, 그 위에서 대중이 모이는 광장을 내려다볼 수 있었다.

통치자와 그 측근이 행사에서 담당하는 역할에서도 이러한 측면들이 드러났다. 많은 통치자는 자신의 행위를 통해 우주가 표현되기를 원했으며, 또한 의례로써 세계의 질서를 바로잡고자 했다. 일부 통치자는 스스로 신격의 역할을 자처하기도 했다. 관객에게 신의 모습을 보여줌으로써 통치자의 역할이 통치자의 신체를 통해 드러나도록 했고, 가능하면 완벽해야 했다. 통치자의 인격은 물질적으로 드러났고, 그것이 곧 그의 수준을 말해주는 것이었다. 고대 캄보디아에서 13세기의 왕관은 불상(佛像)의 관을 닮았다. 이집트의 이념에서는 시골 환경을 상당히 선호했는데, 투탕카멘(Tutankhamen)의 튜닉에는 사냥 모티프에서 비롯된 패턴이 표현되어 있었다. 이와 같은 장식을 착용함으로써 주로 도시의 맥락에서 등장했던 왕은 자연 세계 또한 자신의 손아귀에 있는 것이며, 기존 질서에 반하는 적들은 곧 야생 동물과 마찬가지라는 의미를 드러내었다.

고전기 마야의 왕들은 육체적인 면이 훨씬 더 강했다. 그들은 핵심 의례 중에 직접 춤을 추었다. 그 의례 자체가 도시의 구조와 맞물려 있었다. 거의 모든 광장에는 춤추는 장면의 부조가 있었다. 이로써 춤을 추는 통치자의 존재는 영원을 얻게 되었다. 통치자는 성스러운 옷을 차려입었다. 이때의 군주는 다른 존재와 혼동되었다. 흔히 신이 되기도 했고,

혹은 조상이 되기도 했다. 탈을 쓰거나 가면극을 함으로써 그들의 춤은 신이 눈앞에 나타나는 효과를 연출했다. 그것은 신들이 세상에 나타날 때 잠시 통치자의 육체를 빌리는 것이었다. 이런 행사를 하려면 복장을 갈아입거나 장신구를 보관하는 장소가 필요했다. 그곳에서 왕은 곧 신으로, 조상으로, 혹은 전혀 다른 모습의 자기 자신으로 변신했다. 광장이 사용되지 않을 때는 행사와 그 의미를 기억하는 공간으로 활용되었다. 벽면에 행사의 장면들을 새겨두고는 주민과 끊임없이 행사의 의미를 소통하도록 했다. 마야의 도시를 가로질러 걷다 보면 누구나 서로 다른 시간들이 교차하는 흐름 속으로 빠져들게 된다. 또한 도시의 벽면에서 일상적 존재를 넘어서는 다른 존재를 목격하게 된다.

12세기 중엽까지 앙코르의 통치자들은 대중적 행사를 진행할 때 기념비적 건축물로 둘러싸인 광장을 이용했다. 이와 반대로 12세기 말경의 여러 사원에는 상당히 내밀한 공간이 포함되어 있었는데, 아마도 밀교 의례를 거행하기 위한 공간이었을 것이다. 한편 코끼리 테라스(Elephant Terrace)는 성격이 전혀 다른 공간이었다. 길이 350미터, 높이 3.5미터의 거대한 코끼리 테라스는 행사를 관망하는 장소로 사용되었다. 통치자와 궁정의 인물들은 그곳에 서서 대중 행사를 구경하거나 개선하는 군대를 축하했다. 이와 같이 상반되는 성격의 공간들은 의례의 종류에 따라 과시적 행사와 격리된 행사의 긴장 관계가 존재했음을 의미한다. 사원의 구조가 바뀌고, 또한 그에 따라 도시도 바뀌면서 행사를 위해 준비된 공간은 사람들의 의식에 권위를 심어주었고, 배제와 의례의 의미를 동시에 담고 있는 메시지를 전달했다.

배제는 오늘날에도 거대 사원에서 강력한 기제로 작동하고 있다. 이집트의 도시에서는 기원전 제2천년기 말경부터 이와 같은 방식이 만연했다. 정화 의식을 배우고 그 규칙에 복종하는 자만이 사원 구역으로 들어갈 수 있었다. 거대한 사원 구역은 도시를 압도하는 위엄이 있었고, 공간적으로도 도시와 분리되어 있었다. 그곳에는 소수의 성직자와 사원에 부속된 사람들만 거주했다. 다른 사람들이 신을 목격할 수 있는 기회는 사원 밖에서 행해지는 축제의 행렬뿐이었다. 행렬이 진행되는 동안 대부분의 신상은 사원 모양의 이동식 건물에 안치된 채 성스러운 천으로 덮여 있었다. 도시에서는 그와 같은 축제 형식의 행진이 많았다. 그러한 행진조차 어느 정도 신성한 공간 안에서 진행되는 경우도 있었는데, 일상 공간과 신성 공간을 분리하는 벽이 설치되었다. 통치자는 행렬에 참여한 뒤 사원으로 들어갔다. 도시의 겉모습을 대표하는 건물은 왕궁이 아니라 사원이었다.

    왕위 계승식이나 국가 장례식처럼 중요하면서도 특별한 행사에는 대규모 군중이 반드시 필요했다. 이런 행사를 통해 도시는 (원래도 자족적이지 않았지만) 배후지와 더욱 긴밀히 연결되었다. 이집트 도시의 경우, 나일강을 이용해서 상당히 먼 지역까지 연결되었다. 또한 행사에 사용되는 이국적 물품을 통해 도시는 신비한 곳으로 알려진 아주 먼 지역과도 연결되었다. 도시와 정치는 상호 의존적이었다. 그것이 바로 도시가 행사의 무대가 된 이유였다. 양자는 서로가 필요했기 때문에 배후지로부터 필요한 물품을 징발해 오는 것을 정당화했다. 주변 지역 공동체의 지도자들은 도시에서 요구하는 바를 마땅히 받아들여야 했다. 그것이 도시뿐만 아니라 자신들에게도 이익을 가져다주었다. 적어도 국가적으로 개최하는 행사의 요구는 받아들여야 했다. 사람들에게 권력의 정당성을 설득하는 가장 기본적인 방법은 화려한 행사에 참여시키는 것이었다.

우주적 시공간 안에서의 이동

행사의 핵심은 이동이었다. 행사와 기념식을 위해 건물과 통로가 조성되었고, 그에 따라 이동 경로가 정해졌으며, 사람들이 이동 과정에서 특별한 의미를 전달받을 수 있도록 설계가 되었다. 도시 공간을 이용한 행사와 그 의미는 주민의 의식에 각인되었다. 이외에 다른 지역을 오가는 것도 또 한 가지 이동의 유형이었다. 정치적 관할 범위를 벗어나 왕의 사신, 대사와 조공, 공주 등이 오갔고, 이는 왕국 간의 혈연관계나 동맹을 강화하는 역할을 했다. 나이 어린 예비 군주는 다른 나라의 궁정으로 파견되어 문화적 수련을 쌓기도 했다. 이는 동시에 출신국을 다스리는 그의 부모가 나쁜 행동을 하지 못하도록 하는 인질의 기능도 있었다. 고전기 마야의 피에드라스 네그라스(Piedras Negras)를 비롯한 여러 도시에서 그와 같은 사례를 기록한 텍스트가 발견되었다. 볼모의 출신지와 파견지를 기록해둔 유물이었다. 그 텍스트에는 특정 의례나 왕조의 창시자와 관련된 장소가 등장했다. 그곳은 볼모의 여정이 문제없이 마무리되기 위해 마지막으로 들러야 하는 장소였다.

출발지와 도착지에 못지않게 중간 과정도 중요했고, 참여자들의 신분도 문제였다. 마야의 경우 왕이나 신격은 가마를 타고 이동했는데, 아마도 특별한 사유에 해당하는 축제일에 맞추어 움직였던 것 같다. 수호신이 사원 밖으로 나올 때는 전쟁이나 가뭄과 싸운 일 같은 중요한 과거를 떠올려야 할 때였다. 고대 동남아에서는 도시 전역에 걸쳐 평면 계획이 수립되고 그에 따라 각 사원들이 연결되었다. 도시에는 현지인의 이해와 의례에 필요한 요구 사항이 응집되어 있었다. 도시 설계 자체가 이동 경로와 특정 의례를 위해 만들어졌다. 그에 따라 의례의 취지와 도시의 헌정 대상이 하나로 통합되었다.

도시 안에서 이동을 함부로 할 수는 없었다. 농사나 사냥 같은 일상적 업무를 위해 오가는 일이나, 시장에서 식량이나 다른 물품을 구하는 일이나, 친척을 방문하거나 왕실에 일을 하러 갈 때도 그들만의 리듬이 있었다. 이러한 리듬은 관습과 필요에 의해 생겨났지만 기념비적 건축물과 권력자들이 부여한 금기 규칙에 의해 이동이 제한되었고, 이를 통해 사람들은 권력을 몸소 체험했다. 마야의 도시 안에 있는 어떤 특정 장소를 방문할 때는 정해진 광장이나 포장도로를 거쳐야만 했다. 즉 목적지뿐만 아니라 이동 경로도 정해져 있었다. 목적지는 도심, 사원, 포로나 천상의 무용수가 부조된 바위, 왕궁, 도시를 벗어나는 도로일 수도 있었다. 정해진 경로는 이동의 방향을 한정했고, 중간에 쉴 수 있는 장소는 별로 없었다. 마야 특유의 정해진 도로를 사크비(sakbih)라 하는데, "하얀 길"이라는 뜻이다. 이 포장도로는 도시 주변의 목적지까지 가는 경로를 확정해주었다. 크기와 규모가 다양한 그 길의 일부 구간에는 난간이 설치되어 있었다. 이는 다른 사람들이 그곳을 지나는 사람들을 보기 어렵게 하는 장치였다. 한편 보통의 길과 별 차이 없이 조금 더 반듯한 정도에 불과한 구간도 있었다. 길 양쪽으로 돌을 줄지어 늘어놓는 정도로 도시의 다른 일반 도로와 구별했다.

마야에서 시간은 경험일 뿐만 아니라 물건으로 인식되기도 했다. 왕은 특정 장소에 시간 단위를 표현한 비석을 세웠다. 그곳은 행렬이 도착하는 곳, 대개는 개방된 광장이나 정착지 안의 핵심 구역이었다. 그곳에서 행렬이 멈추고 의례가 거행되었다. 시간을 나타내는 비석은 곧 왕의 신분을 나타내는 신분재의 일종으로 간주되었다. 행렬을 따라 그곳에 도착한 사람들은 자신의 앞에 놓인 시간을 눈으로 직접 볼 수 있었다. 그것은 기억 속 존재나 추상적 존재가 아니라 돌로 만들어진 구체적 대상이었다. 이와 같은 목적지를 오가는 행사를 통해 공간과 공동체가 서로 결속되었고, 방향을 지시하는 상징물을 통해 결속이 더욱 강화되었다. 행진은 기본적으로 네 방위를 향했고, 각 방위가 만나는 곳이 우주의 중심으로 간주되었다. 도시는 곧 우주의 구조를 구현한 것이었기 때문에, 행사는 이를 새삼 되새기는 계기가 되었다. 원초적 행동을 반복함으로써 그들은 도시를 유지할 수 있었고, 왕실에서는 그러한 행사를 위해 노력을 기울였다. 체계적으로 이동하고 행사를 치르는 과정을 통해 통치자는 자신의 관할 아래 있는 공동체를 품위 있게 다스릴 수 있었다.

고대 동남아에서는 시대와 장소에 따라 도시 공간 속의 이동 방식도 달라졌다. 브라만교에서는 엘리트 계층에 의한 의례를 중요시했고, 불교에서는 행사로써 수행자와 신도를 연결했다. 승려는 이야기를 통해 평신도에게 종교적 내용을 교육했다. 배우는 서사시 《라마야나》와 《마하바라타》 같은 종교적 이야기를 공연에 올렸다. 성지 순례에는 종종 도시도 포함되었는데, 순행을 통해 종교를 구체화했다. 힌두교의 프라닥시나(pradaksina, 성지 순행)든 불교의 수행이든 모두 순행의 과정이 포함되어 있었다. 9세기 초 자와섬 중부를 다스린 샤일렌드라(Sailendra) 왕조는 보로부두르(Borobudur) 사원 건설을 후원했다. 보로부두르는 세계에서 가장 큰 불교 건축물로, 관련된 도시 구역은 아직 상당 부분이 발굴되지 않은 상태이나 여기서도 이동 방식의 의례가 확인되었다. 방문객이 처음 도착하는 건축물의 입구에서부터 복도와 계단을 따라 올라가게 되는데, 모두 6개 층위로 열반에 이르기 위해 거쳐 가야 할 우주의 세계를 상징한다. 주변으로는 1400개의 부조 그림이 새겨져 있다. 순서에 따라 부처님이 태어나기 전의 700생(자타카 이야기)이 펼쳐진다. 자타카 이야기는 9~14세기 버마(미얀마)의 도시에도 벽화로 남겨져 있는데, 거대 도시 파간(Pagan)의 주민은 신앙심을 표현하기 위해 사원 회랑을 순행하기도 했다.

도시와 시골

세계 여러 지역에서 도시가 등장한 뒤 주변의 시골에도 변화가 찾아왔다. 지역에 따라서는 양쪽의 변화가 동시에 일어나기도 했다. 배후지는 도로, 운하, 강줄기 등을 통해 물리적으로 도시와 연결되어 있었다. 추모와 경배를 위한 시설도 배후지에 있었다. 통치자는 도시의 범위를 벗어난 곳에 (때로는 도시와 같은 축 선상에) 사원을 건설했다. 이런 사원들은 정권의 "수호신" 역할을 했다. 통치자가 건설한 종교적 성소와 수행자를 위한 암자는 도시와 시골의 주민, 서민뿐만 아니라 엘리트 계층까지도 즐겨 찾는 명소가 되었다.

고대 동남아 왕국의 수도는 하늘 세계의 모형이자 지상 세계의 중심축(axes mundi)이었다. 왕의 권력은 도시에서 왕국 전체로 뻗어 나갔다. 종교적 시설의 건설뿐만 아니라 종교 단체와 의례를 후원하는 기부가 모두 왕권을 과시하는 방식이었다. 통치 영역을 매년 순행하는 통치자가 많았다. 권력과 자원은 중심 도시로 흘러들었다. 상품 시장, 세금,

조공 등이 그러한 집중의 통로였다. 사람들은 마치 연극처럼 이를 재현했다(크메르의 경우 돌에 새긴 신들도 그러한 역할을 담당했다). 매년 축제가 열렸고, 사람들은 수도를 방문했다. 우주를 다스리는 군주에게 충성을 맹세하고 궁정을 찬양하는 축제였다. 이로써 수도가 사회의 중심임을 다시 한 번 확인했다. 이러한 이동의 이유 중에는 종교적 동기도 적지 않았다. 종교적으로 정해진 의례에 참석하는 것이 곧 신행(信行)의 일환이었다.

마야의 도시에도 비슷한 기능이 있었다. 도시는 왕국의 중심이면서 지상 세계의 중심(axes mundi)이었다. 왕의 권위는 야생을 길들이는 능력이 있었고, 도시는 그러한 왕권을 대표하는 공간이었다. 도시에서 통치자는 신격을 불러 모으는 의례를 거행했다. 이러한 의례는 도시의 배후지 들판에서 일하는 사람들에게도 도움이 되는 일이었다. 태양과 비의 신에게 희생 제물을 바치는 의례는 풍성한 수확을 위해 필수 불가결한 일이었다. 시간이 지나면서 도시는 주변 배후지 인구의 생계에 필수적인 장소가 되기도 했다. 고전기 마야 왕국들의 수도에는 대규모 저수지가 있었는데, 그 물이 특히 건기에는 음용할 수 있는 유일한 지표수였다. 도시 중심지에 사는 엘리트 계층은 식량을 배후지에 의존했다. 그러나 그들은 배후지 사람들의 생존에 필수적인 물을 물리적으로뿐만 아니라 정신적으로도 통제했다.

이집트 도시의 배후지는 훨씬 더 먼 거리까지 뻗어 있었다. 강을 이용한 교통이 상대적으로 더 용이했기 때문이다. 도시와 배후지 사이에는 공감대가 형성되어 있었다. 이 점에 있어서는 도시국가도 마찬가지였지만, 그 의미는 달랐다. 도시는 주변 지역 전체를 대표하는 곳이었으며, 그 외에도 지역별로 중심지가 있었지만 구체적 지명이 없었다(정착지의 유형을 구별하는 어휘는 별도로 발달하지 않았다). 이런 사고방식이 확장되다 보니 주요 도시 혹은 왕의 거처가 나라 전체와 동일시되는 관념이 생겨났다. 오늘날 "이집트"라고 하는 단어는 "프타(Ptah) 신의 생명력이 살아 있는 곳"이라는 뜻의 이집트어 "ḥwtk'-ptḥ"에서 유래했는데, 이 말은 원래 도시 멤피스(Memphis) 안에서 성스러운 구역을 지칭하는 단어였다. 한편 오늘날 아랍어로는 이집트의 수도 "카이로(Cairo)"와 국가명 "이집트(Egypt)"를 모두 미스르(Miṣr)라 하는데, 옛날에 셈어파(Semitic)에 속하는 언어에서는 이집트를 미스르라 했다. 그런데 무슬림 정복자들이 세운 새로운 도시에 이 명칭이 그대로 사용되는 바람에 도시와 국가가 같은 이름으로 불리게 되었다(한편 카이로는 파티마 왕조의 왕성을 가리키는 공식 명칭이었다).

이처럼 이집트의 가장 거대한 도시와 관련하여 나머지는 모두 배후지였다. 왕의 순행은 왕궁을 중심으로 여정이 정해졌는데, 관행에 따르면 멤피스 지역에 왕의 거처가 있었다. 외국에서 오는 방문객은 이집트를 도시이자 나라로 인식했다. 이집트의 권력을 과시하는 행사에 이들이 초청되었다. 왕의 권력은 왕궁의 장식뿐만 아니라 도시의 이미지 자체를 통해서도 드러나는 것이었다. 도시에 모인 외국의 사절은 다른 나라의 사신과 함께 복종의 태도를 취하도록 연출되었다. 이와 같이 국가 전체는 권력을 과시하는 무대였고, 지방에서 중심 도시로 올라가는 행위는 복종을 의미했다. 한편 왕의 순행은, 시기에 따라 빈도수는 달랐지만, 영토에 대한 왕의 주권을 과시하고 모든 영토에 대하여 왕이 관심을 두고 있음을 의미했다.

메소아메리카와 동남아는 열대 지역이었기 때문에 도시 밖으로 나가면 여러 가지 차원에서 위험에 노출되었다. 가까운 숲에만 가더라도 매복에 걸려 포로로 잡힐 위험이 있었다. 익숙지 않은 야생의 장소에서 상처를 입거나 위험한 동물에게 공격을 당할 수도 있었다. 그러나 도시를 벗어나면 엘리트 계층의 압제와 감시에서 벗어나 자유를 느끼는 사람들도 있었을 것이다. 앞에서 열거한 모든 사례에서 도시의 통제는 여러 차원에서 위험한 외부와 대비되었다. 반면 이집트의 경우는 시골과 도시를 막론하고 인간의 행위에 의해 심도 있는 변화를 겪었는데, 그럼에도 불구하고 여전히 도시의 문제로부터 도망친 사람들을 위한 은신처가 남아 있었다.

행사 : 규모, 참여자, 차별

대중적 행렬이 향하는 곳의 끝에는 대개 제한 구역이 있었다. 왕궁 안에서 거행되는 행사는 극소수의 인원만 참여할 수 있었고, 참관할 수 있는 사람도 많지 않았다. 대규모 행사라 해도 도시 주민이나 초청된 손님만 참여할 수 있었으며, 시골 사람들은 그 소식을 풍문으로만 전해 들을 뿐이었다.

대부분의 의례에 배제와 접근 제한이 기본적으로 포함되었지만, 주요 행사가 도시에서 거행된 이유는 수많은 종류의 전문가가 도시에 몰려 있었기 때문이며, 또한 무대 규모나 참석자 수를 고려할 때 대규모 인프라 구조가 필요했기 때문이다. 도시와 통치자의 권력을 과시하는 것, 그것이 바로 이러한 행사의 존재 이유였다.

행사의 규모는 우리가 살펴본 세 문명에서 뚜렷하게 달랐다. 기원전 제3천년기 중엽에 작성된 것으로 추정되는 이집트의 텍스트에는 최고위급 인물의 장례 행렬에 필요한 업무가 소개되어 있다. 수백 혹은 수천 명의 사람들이 행사에 관여했는데, 이는 당시의 거대한 기념비적 건축물에 걸맞은 행사 규모였다. 기원전 200년경의 자료인 어느 미망인의 일대기에는 "멤피스의 모든 사람"이 그녀의 장례식에 참석했다고 기록되어 있다. 그러나 의례 가운데 핵심 행사는 거의 알려진 바가 없다. 행사의 일부에 참석한 사람들은 굉장히 많지만 핵심 행사에 참여한 사람들은 극히 드물었기 때문이다. 이와 같은 뚜렷한 대비는 그 자체로 권력을 과시하는 것이었다. 공들여 준비한 행사일수록 이런 대비가 더욱 뚜렷했으며, 테베에서 열린 오페트(Opet) 축제가 대표적 사례였다. 룩소르 신전 내부에 행사 그림이 그려져 있는데, 그곳에는 왕과 제사 관련 인원만 들어갈 수 있었다.

동남아 사람들이 거행한 의례는 개인적 차원의 의례, 사원을 기반으로 하는 의례, 대중 의례가 나뉘어 있었다. 대중 의례에는 많은 인원이 참석했던 것으로 추정된다. 9~14세기경의 도시에서 대중 의례를 거행한 장소나 건물 들은 많은 인원을 염두에 두고 설계된 것이었다. 고전기 마야의 왕국과 도시 들은 규모가 이보다 훨씬 더 작았고, 장소 또한 대규모 행사에 걸맞지 않았다. 마야 의례에서 행사 참여 인원과 관람객이 얼마나 되었는지 구체적으로 확인하기는 어렵다. 그러나 대개는 수백 명 정도의 규모를 넘지 않았을 것이다. 혹은 마야 문명에서 가장 규모가 큰 왕국이라 해야 1000~2000명 정도였을 것이다. 이는 대충 계산해도 전체 인구의 1~2퍼센트에 불과한 인원이었다. 마야의 의례에서 사회적 차원은 매우 복잡했다. 의례의 제사장으로 지명된, 혹은 스스로를 지명한 사람이 역할을 나누어주고 동시에 배제될 사람들을 지정했을 것이다. 행사에 참여하는 많은 사람들 가운데 행사 무대의 전면에 오를 수 있는 사람, 즉 대중적 주목을 받는 사람은 극소수였다. 마야의 행사는 관객에게 불친절하기로 악명이 높았다. 행사 참여를 수락한 사람들은 사회 질서에 순종하는 사람들이었다. 전사는 포로를 이끌고 통치자의 앞에 나아갔다. 이외에도 통치자의 시중을 드는 사람들, 시시콜콜한 명령을 전달하는 사람들도 그곳에 올랐다. 사람들이 앉는 위치는 계급을 나타내는 것이었다. 통치자에게 가까이 가는 사람들은, 그 발밑에서 웅크린 채 떨고 있는 포로가 아닌 한 가장 높은 신분의 사람들이었다. 배정받은 역할이 무엇이든, 행사의 영향력은 왕으로부터 각 층위의 참여자들을 통해 밖으로 뻗어 나갔다.

유사성과 차이

초기 도시의 등장과 구조에서 핵심은 행사였다. 이는 우리가 검토한 세 문명의 경우 공통적인 현상이었다. 우리 책의 다른 장에서도 아마 같은 내용을 확인할 수 있을 것이다. 흔히 도시와 국가가 등장한 핵심 요인은 조직의 분화와 물질문화의 발달이라고 한다. 물론 그것이 일정 부분 도시와 국가 형성의 전제 조건이었을 수 있으나, 최초의 동기는 아니었다. 의례 공간과 기념비적 건축물을 바탕으로 새로운 차원의 복합 구조가 만들어졌고, 그것이 도시를 통해 표현하고자 했던 상징적 의미의 핵심이었다. 이런 요소들은 대개 통치자나 통치 행위 못지않게, 혹은 그 이상으로 신격과 죽은 사람들에게 초점을 맞추었다(이는 도시뿐만 아니라 대부분의 사회에서 나타났던 요소들이다). 통치자는 행사로써 자신의 권력을 과시했다. 스스로를 초자연적 세계와 연결시키거나, 아니면 초자연적 세계를 섬기는 기념비적 건축물을 후원하는 방식이었다. 사원이나 무덤이 통치자의 궁궐보다 더 크고 인상적인 경우는 흔히 발견된다. 위계질서로 보아 왕은 그 아래였기 때문이다. 기념비적 건축물은 생활 용도로 사용할 수 없는 곳이고, 반란이나 폭동이 일어나게 되면 도시는 통치자에게 위험한 곳이었다.

폭력의 측면에서도 유사성과 차이는 매우 놀라운 결과를 보여주었다. 복합 사회(complex societies)의 경우 공격의 목표를 널리 알릴 필요가 있었다. 공표의 수단이 일회적 전투나 군사 원정, 혹은 이데올로기와 의례일 수도 있었고, 이들 가운데 몇 가지가 혼합된 경우도 있었다. 침략 행위는 다만 전쟁에 국한된 것이 아니라 상시적 권력의 과시와 결부되어 있었다. 흔히 소름 끼치는 의례 행사가 펼쳐지곤 했는데, 이를 통해 우주적 질서가 유지되고 신과 죽은 자의 세계에서 그를 흡족하게 여긴다고 믿었다. 그러한 행사는 권력을 가장 웅변적으로 과시하는 것이었다. 세부 사항은 다를 수 있고, 동남아의 경우 연구가 부족하지만, 인신공양을 포함하여 비슷한 관습이 우리가 검토한 세 지역에서 다 같이 나타났던 것은 사실이다. 그러한 행사는 어느 특정 도시가 아니라 우주의 영역과 관련이 있다고는 하지만, 어쨌든 행사가 개최되는 장소는 도시였고, 특히 사원이나 기념비적 무덤 복합 건축물, 그리고 성벽을 건설하거나 건설된 성벽에 신성을 불어넣는 행사였다.

이집트의 경우 왕의 무덤에서 가족 구성원이나 그에 준하는 관련자를 희생하는 의례가 있었다. 제1왕조(c. 3000~2800 BCE)에서 몇몇 사례가 알려져 있지만 그 이후로는 없었다. 이후 시기에는 희생 의례가 주로 국경 지역에서 거행되었다. 그곳에서 적의 침략을 막기 위해 마법 같은 의례가 시행되곤 했는데, 그중에 희생 의례도 포함되어 있었다. 통치자는 전투에서 죽인 적의 시신을 전시했다. 희생자의 오른손을 승리의 트로피로 가지고 수도로 돌아와서 의례를 거행한 뒤 묻기도 했다. 비교할 만한 관습이 고전기 마야의 도시들에서 확인되었는데, 일부 왕의 무덤에서 젊은 사람의 희생이 있었던 것으로 추정되며, 기원후 800년경 보남파크의 무덤에서는 포로와 훼손된 시신의 일부가 최고로 많이 발견되었다. 이와 같은 의례 행사를 통해 왕의 권력을 과시한 흔적이 중국의 안양(安陽)에서도 발견되었다. 기원전 13~11세기 왕의 무덤이었다. 안양은 알려진 바로 청동기 시대 최대 규모의 도시였다. 그곳에서는 왕의 무덤 안 선반에 이방인 포로의 해골들이 가지런히 놓여 있었고, 그 주변으로 해골 없는 시신들이 대규모로 매장되어 있었다.

결론

도시에서 권력 표현의 핵심은 기념비적 건축물과 그를 둘러싼 공간이었다. 기념비적 건축물 위주로 도시 설계가 이루어졌고, 의례 행사가 건축물에 숨을 불어넣었다. 이러한 의례 행사는 영원한 동시에 일상을 벗어나는 일이었다. 정해진 형식에 따른 종교 문화와 통치자의 생애 주기에 따른 의례 행사는 정기적으로 꾸준히 이어졌고, 드물게 예외적인 경우로 거대한 행사가 벌어지기도 했다. 전자의 범주에 속하는 행사는 대개 제한된 공간에서 소수의 사람들만 참여할 수 있었다. 이런 행사는 사람들의 눈에 띄기보다는 배제를 통해 권력을 과시하는 방식이었다. 여기서는 우주적 질서를 유지하기 위하여 정기적으로 행사를 거행해야 한다고 주장했다. 후자의 범주에 속하는 행사에는 전자에 비해 많은 사람들이 참여했다. 사회 여러 분야의 수많은 참여자가 포함될 수 있었다. 그러나 무조건적으로 누구에게나 참여가 허용되는 경우는 극히 드물었다.

이 모든 특성에도 불구하고 우리가 검토한 세 문명권의 도시들은 어떤 측면에서 브루스 트리거(Bruce Trigger)가 언급한 패턴에 잘 들어맞는 것으로 확인되었다. 그는 생활 경제나 식량 수급 방식보다는 신앙 체계의 특성과 역할의 측면에서 여러 문명 간의 공통점이 발견된다고 주장했다.[1] 초기 문명의 두드러진 혁신이었던 도시는 신앙 체계에서 비롯되었다. 도시는 곧 신앙 체계가 물리적으로 구현된 것이었다. 물론 이 책의 다른 장에서 서술된 것처럼 이외에도 여러 기능이 있었겠지만, 주된 추진력은 물질적이기보다 이념적이고 종교적인 것이었다. 기념비적 건축물에 초점을 맞추어 보면 초기 도시의 유물은 생생한 증거를 남겨두었다. 그들이 우선시한 관념은 의례 행사를 통해 표현되었다. 의례는 신격과 죽은 사람들, 통치자, 엘리트 계층, 외국의 사절, 나아가 폭넓은 민중까지, 행사 참여자의 각 집단별 소통을 촉진하고자 했다.

초기 문명과 문명의 핵심 도시에서 의례 행사가 그토록 중심적인 것이었다면, 행사를 사회의 주요 구성 요소로 간주해야 하지 않을까? 기어츠가 언급한 발리의 경우처럼 식민 지배하에서 억압받는 와중에 화려한 겉치레 말고는 별로 실체가 없는 나라는 상당히 예외적인 경우였다.[2] 여

---

1 Bruce Trigger, *Understanding Early Civilizations: A Comparative Study* (Cambridge: Cambridge University Press, 2003).
2 Clifford Geertz, *Negara: The Theatre State in Nineteenth Century Bali* (Princeton, NJ: Princeton University Press, 1980).

기서 핵심 요소는 권력이다. 행사는 권력의 본질에 해당하는 것이다. 물론 행사 이외의 다른 방식으로도 권력을 지탱할 수 있었다. 그럼에도 불구하고 어떤 행사에 행위자(actor)로 참여한 경험은 막대한 것이다. 오늘날 사람들은 여러 가지 유형의 행사 속에서 살아간다고 말한다. 초기 국가의 통치자들은 행사를 주최하며 행사에 의거해 살아갔다. 행사는 그들의 삶을 제한했고, 통치자와 엘리트 계층 관계의 기본 틀이었고, 행사를 통해 사회 속에 통치자의 이미지가 드러났다. 그리고 행사를 치르고 권력을 실현하는 데 가장 중요한 장소가 바로 도시였다.

PART 2

초기 도시와 정보 기술

CHAPTER 6

도시화와 커뮤니케이션 기술:
메소포타미아의 도시 우루크,
기원전 제4천년기

한스 니센
Hans J. Nissen

고대 근동 지역의 도시화 문제를 이야기할 때 빼놓을 수 없는 이름이 바로 메소포타미아 남부의 도시 유적 우루크(Uruk)다(지도 6-1). 유적의 규모가 다른 지역과는 비교할 수 없을 만큼 크고, 시기 또한 굉장히 다양한 시대에 걸쳐 있다. 고든 차일드(V. G. Childe)의 유명한 "도시 혁명(Urban Revolution)"도 이 유적을 염두에 둔 개념이었다. 고든 차일드가 언급한 그 시기를 고고학계에서는 "후기 우루크 시기(Late Uruk period)"라고 하는데, 기원전 제4천년기 중엽을 전후한 시기다. 그 시대의 끄트머리에 이르러 최초의 문자 체계가 등장했기 때문에, 우루크는 도시의 등장과 문자의 발명을 함께 연구하기에 가장 적합한 사례라 할 수 있겠다.

문자 발명 이전에는 기록이 있을 수 없다. 그래서 문자의 발명 과정이나 문자 이전 도시의 형성 과정은 기록으로 남아 있지 않다. 그럼에도 불구하고 고고학 발굴 자료나 초기 문헌 기록을 근거로 역으로 추정하면 도시와 문자의 발달 과정을 재구성해낼 수 있다.

문헌 기록이 처음 등장한 시기는 기원전 3300년경이며, 그 무렵의 고고학 발굴 자료도 풍부하게 남아 있다. 고대 근동의 다른 시대와 비교하더라도 그처럼 발굴 자료를 풍부하게 남긴 시대는 없었다. 그러므로 문자의 등장은 고고학 자료 전체의 맥락에서 해석되어야 한다. 우루크

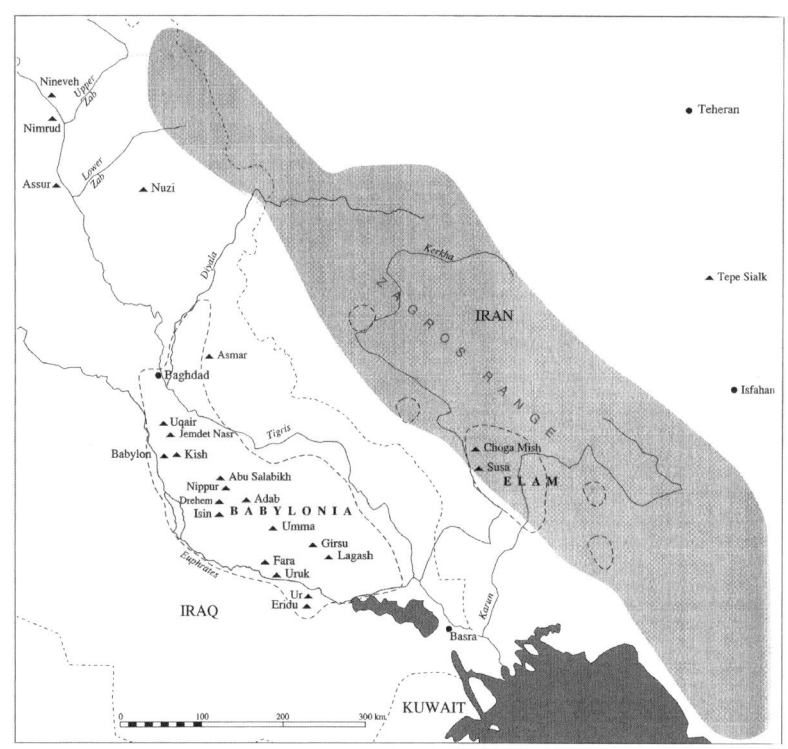

[지도 6-1] 메소포타미아와 우루크
삼각형은 유적지 명칭, 원은 오늘날의 도시명이다.

최초의 점토판이 발견된 곳은 에안나(Eanna)였다. 그곳은 우연히 발견된 대규모 의례 구역이었다. 후기 우루크 시기 이후로는 에안나 구역에 건물이 세워진 적이 거의 없었기에, 고고학자들은 기원전 제4천년기 말엽을 가리키는 발굴층위에 곧바로 도달할 수 있었다. 고고학에서는 그 층위를 "고대 발굴층위-4a(Archaic Level IVa)"라고 하는데, 발굴 대상지가 상당히 넓은 구역이었다. 그곳이 특히 중요한 구역으로 판명된 이유

기원전	시기	우루크 발굴층위	정착지 형태	유물 / 문자
4300		XVIII		
	후기 우바이드			
4000		XV	흩어진 정착지 흔적	진흙 봉인, 진흙 인형
		XIV		
3900	전기 우루크			
		IX		
3800				
		VIII	인구 대량 증가 정착지 형성	
3700			다층적 정착지 시스템	
		VII	도시 중심지 등장	실린더 모양 인장
			원거리 "식민지" 거점 형성 (제1차 유행)	주둥이가 각진 모양 사발 대거 발굴
			이란 남서부 수시아나 지역이 메소포타미아 권역으로 편입	
3600		VI		
3500		V	원거리 식민지 거점 제2차 유행, 이집트와 접촉, 정보 저장과 처리 기술 강화	
	후기 우루크			
3400		IVc	외국과의 관계 재정립, 수시아나와 결속력 약화 우루크의 면적 약 250헥타르	외부 거점에 대규모 유물 방치
3300		IVa		최초의 문자 강화 (제4층위)
		IIIc		
3200				
	젬데트 나스르	IIIb		발달된 문자 체계 확인 (제3층위)

[표 6-1] 연표

는 대규모 건물 유적이 발견되었기 때문이며, 또한 메소포타미아 지역을 통틀어 (뿐만 아니라 세계 어느 지역과 비교하더라도) 가장 오래된 문자 유물이 발굴되었기 때문이다. 그러나 불행히도 발굴층위가 가리키는 시기의 직전 시기에 관한 정보는 거의 알려진 것이 없었다. 다만 유적지의 더 깊은 층위를 통해 그 이전부터 사람들이 거주한 곳이라는 정도가 파악되었다. 정확한 연대를 확정하는 것은 위험하지만, 해당 유적의 초기 발전 과정을 가늠하는 대체적 시간 범위는 [표 6-1]에서 제시된 바와 같다.¹

이 글에서는 먼저 기원전 3300년경을 전후한 시기에 관해 우리가 알고 있는 내용을 간략히 정리하고, 그 이전 시기부터 이어져온 발전 과정을 재검토할 것이다. 논의의 초점은 커뮤니케이션 기술에 맞추어질 것이며, 문자의 탄생 이전부터 있었던 커뮤니케이션 수단을 알아보고자 한다. 이러한 논의를 통해 이 글이 밝히고자 하는 것은, 도시화와 커뮤니케이션 기술의 발달이 상호 의존적으로 연관되어 있었다는 사실이다.

기원전 3300년경의 우루크

발굴층위-4a(Level Ⅳa)는 기원전 3300년경을 가리킨다. 당시 우루크의 면적은 최소한 2.5제곱킬로미터 이상이었고, 인구는 약 5만 명이었다. [지도 6-2]는 당시 거주 구역의 윤곽을 그린 것이다. 아마도 당시

---

1 Henry Wright and Eric Rupley, "Calibrated Radiocarbon Age Determinations of Uruk- Related Assemblages," in Mitchell S. Rothman (ed.), *Uruk Mesopotamia and its Neighbors: Cross-cultural Interactions in the Era of State Formation* (Santa Fe, NM: School of American Research Press, 2001), pp. 85-122.

〔지도 6-2〕 우루크 도시 평면도
윤곽선은 기원전 3300년경의 거주지로 추정되는 지역이다.

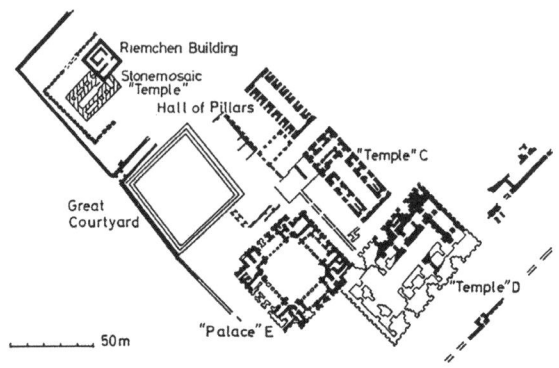

〔그림 6-1〕 우루크 에안나 구역의 건물 유적, 발굴층위 4a(Level Ⅳa, c. 3300 BCE)

우루크는 성벽으로 둘러져 있었을 테고, 후대에 도시가 발달하면서 성벽도 더욱 확장되었다. 유적지는 뚜렷이 구분되는 두 지역으로 나뉘는데, 옛날에도 서로 분리되었던 정착지의 흔적으로 보인다. 두 유적은 유프라테스강을 사이에 두고 서로 마주 보고 있다. 기원전 3300년 이전 언젠가 두 구역을 가르고 있던 강줄기의 흐름이 바뀌어서 도시 밖으로 흐르게 되었다. 이런 변화가 언제 일어났는지를 알 수 있는 자료는 아직 확인된 것이 없다.

우루크의 두 구역은 여러 측면에서 차이가 있다. 서쪽 구역은 "아누(Anu)"라고 하는데, 그 중심부에는 꼭대기에 사원이 있는 11미터 높이의 테라스가 설치되어 있었다. "에안나(Eanna)"라고 하는 동쪽 구역에는 지표면과 같은 평면에 대규모 건물이 여러 채 있었으며, 구역의 중심이라 할 만한 건축물의 흔적은 보이지 않았다(그림 6-1). 동서 양쪽 구역은 지표면의 높이가 서로 달랐는데, 6미터까지 차이가 났다. 고대의 점토판은 모두 동쪽 에안나 구역에서 발견되었고, 서쪽 구역에서는 단 하나도 발견되지 않았다. 이러한 차이(특히 높이 차이가 인상적이다)는 틀림없이 양쪽 구역 주민의 행동 양식과 사고방식이 달랐음을 의미한다. 나아가 우루크 사회 내부에 차별이 존재했을 수도 있다는 증거가 된다.

의례 공간을 벗어나는 발굴은 아직 이루어지지 않았으므로 주거 구역의 구조가 어떠했는지 우리는 전혀 알지 못한다. 유적 비교를 통해 가능한 두 가지 상황 정도는 유추해볼 수 있다. 같은 시기인 하부바 카비라(Habuba Kabira) 유적이나[2] 시기적으로 후대인 초기 왕조 시기(Early Dynastic period) Ⅲ기의 아부 살라비크(Abu Salabikh) 유적은[3] 인구 밀도가 높게 나타났다. 후대에 생산된 문헌 자료를 보면, 우루크의 인구 밀도는 이들보다 높지 않았던 것 같다.《길가메시 서사시(Epic of Gilgamesh)》에 따르면 도시 우루크는 3분의 1이 주택, 3분의 1이 정원, 3분의 1이 개방지로 구성되어 있었고, 이외에 이슈타르(Ishtar) 사원 구역이 있었다고 한다.[4] 정확한 해답은 발굴을 더 진행해보아야 알 수 있을 것이다.

최초의 문자 기록이 등장한 시기는 기원전 3300년경이었다. 발굴된 자료의 대부분은 대규모 경제 체제를 관리하기 위한 행정 기록물이었고, 전부 에안나 구역에서 발견되었다. 후대에는 에안나 구역이 도시 우루크

---

2 Eva Strommenger, *Habuba Kabira, Eine Stadt vor 5000 Jahren* (Mainz: Philipp von Zabern, 1980).
3 Nicholas Postgate, "How Many Sumerians per Hectare? Probing the Anatomy of an Early City," *Cambridge Archaeological Journal* 4 (1994), 47-65.
4 *The Epic of Gilgamesh*, Andrew George (ed. and trans.) (New York: Barnes and Noble, 1999).

의 문화 및 경제 중심지였던 것으로 알려져 있는데, 확인된 바는 아니지만 아마도 문자 기록이 처음 등장한 시기에도 마찬가지였을 것이다.

나중에 다시 논의하겠지만, 이러한 기록들은 우루크의 경제 체제가 대규모로 발달했다는 직접적 증거에 해당한다. 그 아래 세부 구조나 개인적 활동에 관한 문자 기록은 발견되지 않았으나, 그러한 활동도 존재했을 것으로 충분히 유추해볼 수 있다.

가장 오래된 문헌 기록이 발견된 곳은 쓰레기 더미였다. 따라서 문자 기록의 정확한 연대를 알 수가 없고, 쓰레기 더미에 버려지기 전 처음 기록이 작성되었던 맥락 또한 불분명하다. 처음 점토판을 작성한 시점과 버려진 시점 사이에 얼마나 시간이 흘렀는지도 전혀 계산해볼 방법이 없다. 다만 버려진 시점 그 자체에 관해서는 대략적 추론이 가능하다. 쓰레기 층위가 형성된 시기는 발굴층위-3c(Level Ⅲc)로, 이것이 쓰레기 퇴적의 하한연대(terminus ante quem)였다. 그렇다면 모든 가능성을 종합해볼 때 문자 기록이 처음 등장한 시기는 그보다 한 층 더 깊은 층위, 그러니까 한 단계 이전 시기의 층위에 속할 것이다. 그 층위가 바로 발굴층위-4a(Level Ⅳa)다. 문자 기록이 등장한 시기가 후기 우루크 시기였다는 점은 의문의 여지가 없다.

그곳 주민이 어떤 민족이었는지를 알 수 있는 명확한 자료는 없다. 모든 지표로 볼 때, 특히 이후 시기에도 문자 기록이 계속해서 발달한 것으로 미루어 보자면, 아마도 주요 언어는 수메르어였을 것이다.[5] 그러

---

5 Claus Wilcke, "ED LU2 A und die Sprache(n) der archaischen Texte," in W. H. van Soldt (ed.), *Ethnicity in Ancient Mesopotamia* (Leiden: Netherlands Institute for the Near East, 2005), pp. 430-45.

〔그림 6-2〕 우루크 태블릿(Level Ⅳ)과 직업 목록 태블릿 중 가장 시기가 올라가는 유물

나 후대의 텍스트에는 최초의 텍스트와 다른 언어가 혼합된 흔적이 있다. 메소포타미아 지역 도시 이름의 어원을 추적해보면 모두가 수메르어에 뿌리를 둔 것은 아니다. 그래서 수메르 왕국 이전에는 다른 민족이 살았고, 나중에 수메르인이 유입되어 그들을 대체했다는 견해도 있다. 이와 같은 예측에 대해서는 이후에 자세히 논하겠지만, 기원전 제4천년기 전반기에 인구가 급증한 흔적이 있는데, 수메르인의 이주가 중요한 요인이었을 것으로 추정된다.

최초의 텍스트가 등장할 당시의 사회 구조에 관해서도 알려진 바가 그리 많지 않다. 그러나 이른바 "어휘 목록들(lexical lists)"이라는 유물로부터 약간의 도움을 얻을 수는 있다. 나무 이름이나 도시 이름 같은, 어떤 주제에 속하는 단어와 의미를 열거해둔 기록이다. 그중 한 목록(그림 6-2)에는 위계질서가 있는 행정 조직 구성원의 호칭과 직책이 적혀 있다. 목록은 "모임의 대표(NÁM:ESHDA)"로부터 시작한다. 기원전 12세기의 사전에는 이 단어가 "샤루(sharru)"라고 번역되어 있다(샤루는 아카드어로 "왕"을 의미한다). 그 뒤로 다양한 업무를 담당하는 관리의 목록이 열거되는데, 예를 들면 "법", "도시(-행정)", "보리(-공급)", "쟁기" 등이다. 이외에도 "의회의 대표" 등을 비롯하여 다른 호칭도 포함되어 있다. 그 목록의 뒷부분에는 어떤 직업 이름들이 열거되어 있는데, 여기서는 하위 부류가 두세 개로 나뉜다. 아마도 마스터/숙련공/견습생 정도의 구분을 연상케 하는 구성이다. 일부 호칭은 경제 관련 기록에서 다시 등장했는데, 그들은 틀림없이 보리를 대량으로 수입했던 것 같고, 한 사람을 위한 것이라기보다 해당 조직에 소속된 인원 모두에게 나누어주기 위한 목적이었다.

문서에서 말하는 행정이 무엇을 가리키는지는 분명하지 않다. 에안나 구역에 있는 경제 중심 조직을 가리킬 수도 있고, 아니면 도시 전체를 가리킬 수도 있다. 특히 주목할 만한 것은 종교와 관련해서는 단 하나의 호칭도 등장하지 않는다는 사실이다. 대부분의 세부 내용이 불명확하긴 하지만, 이 목록이 위계질서의 원칙에 따라 작성된 것만은 틀림없다. 아마도 도시 전체가 위계질서에 입각하여 구조화되어 있었을 것이다. 이는 고고학적 발굴을 통해 다시 한 번 확인되었다. 예컨대 후기 우루크 시기에 토기를 제작할 때 물레(윤대輪臺)를 많이 이용했고, 대량 생산이 이루어졌다. 이는 노동 분화가 증가했고 임무와 책임의 구분이 있었음을 의미한다. 금속 제련에서도 같은 식의 노동 분화가 있었을 것이다.

"모임의 대표"란 인물은 그림 속에서도 만날 수 있다. 아마도 그는 우루크의 통치자였던 것 같다. 다른 그림도 있지만 특히 인장(印章) 도면에서 옷차림새와 크기가 다른 한 인물을 보게 된다. 상당수의 인장에서 이러한 사례가 확인되는데, 치마를 입고 모자를 쓴 채 창을 짚고 서

[그림 6-3] 실린더 모양 인장의 인면
통치자 앞에서 죄수들이 매를 맞는 장면.

있는 키가 큰 인물이다(그림 6-3). 그의 앞에는 작고 옷을 갖춰 입지 않은 사람들이 쪼그리고 앉아 머리를 조아리고 있고, 옷을 갖춰 입지 않은 또 다른 사람들이 막대기를 들고 그들을 때리고 있다. 머리 모양이나 다른 특징들로 보아, 두들겨 맞는 인물은 외국인임을 금세 알 수 있다. 이 장면을 내부적 억압의 문제로 해석할 수도 있다. 우루크에서 발견된 의례 용기에서 우리는 다시 한 번 왕의 모습을 만날 수 있는데, 왕은 조공품을 손에 든 행렬을 이끌고 있다. 그림의 일부분만 남기고 나머지 부분은 깨져버렸지만, 통치자가 다른 사람들보다 더 크게 묘사되고 옷차림도 더 화려하다는 사실은 확인할 수 있다. 여신 인안나(Inanna, 도시 우루크와 에안나 구역의 수호신)의 사원이 상징적으로 표현되어 있고, 그 앞에 여성 성직자가 큼지막하게 그려져 있다. 통치자는 물리적 힘을 행사하거나, 도시의 여신을 경배하거나, 사자를 사냥하거나, 동물에게 먹이를 주는 모습으로 등장한다. 후대에는 이런 모든 요소가 왕의 특권으로 간주되었다.

그림에서는 신분의 구분이 왕과 나머지 모든 사람, 두 단계로 나뉠 뿐이다. 그러나 실제 신분 구조는 훨씬 더 복잡했을 것이다. 어휘 목록에 등장하는 많은 호칭 외에도 신분 차이를 엿볼 수 있는 다른 증거들도 남아 있다. 후대의 기록인 《길가메시 서사시》에는 두 개의 의회가 등장한다. 하나는 노인들의 의회고, 또 하나는 "전투 경험이 있는 젊은이들"의 의회다. 이들 두 의회는 분명 통치자 앞에서 정치적 균형추 역할을 했다. (메소포타미아 지역에서는 역사 시기 내내 이와 같은 방식의 의회가 존재했었다.) 또한 시편에서도 왕은 언제나 최후의 말을 하는 자였다. 왕은 노인들 의회의 자문을 거절하고 "전쟁 경험이 있는 젊은이들" 의회의 제안을 받아들였다. 점토판 목록에 등장하는 "의회의 대표"라는 직책이 이러한 의회와 관련이 있는 호칭이었을까? 에안나 구역에 이들 의회 모임을 할 수 있는 대규모 홀이 있었을까? 어떤 경우든 대규모로 신분이 나뉘는 도시 엘리트 계층이 존재했으며, 다른 많은 낮은 신분의 사람들이 우루크 도시 안과 주변 시골에 살면서 도시에 연결되어 있었다.

어휘 목록을 제외하고 최초의 기록물들은 대개 경제적 거래와 관련된 내용을 담고 있었다. 점토판이 (뒤에서 간단히 논의하게 될) 기존의 정보 저장 수단보다 내용이 더 분명했던 것은 사실이지만, 처음에는 두 가지 방식이 함께 사용되었다. 즉 거래 관계에서 수량을 재확인해야 할 품목에만 문자가 사용되었고, 그 외에는 기존 정보 저장 수단이 그대로 사용되었다. 당시 문자가 사용되는 경우에는 일종의 배경지식이 서로 공유되어 있었지만 오늘날에는 그 배경지식이 사라져버렸기 때문에, 기록만으로는 그것이 도시의 가게로 가는 상품인지 가게에서 팔려 나간 상품인지 구분되지 않을 때가 많다. 또한 문자는 당시에 사용되던 구어의 언어 구조를 모두 반영한 것이 아니었다. 점토판은 다만 기억을 돕기 위한 수단에 불과했다.

온갖 종류의 상품이 대량으로 기록되어 있다는 사실은 복잡한 경제 제도가 운영되었음을 의미한다. 점토판의 한쪽 면에 상품 목록이 기록되었고, 그 뒷면에도 목록이 또 기록되었다. 이는 그 자체로 기록의 주요 기능이 무엇이었는지를 보여주는 것이다. 즉 어떤 가게를 중심으로 들어오고 나가는 상품을 기록하는 것이 목적이었다. 그러나 상품의 기원지에 대해서는 전혀 기록된 바가 없었다. 그러므로 점토판 기록만 가지고는 그 상품이 어디에서 생산되어 어디로 가서 소비되는지 유통의 사슬을 밝혀낼 수 없다.

기존의 정보 기록 수단을 계속 사용했다는 데서도 당시의 복잡한 경제 구조를 엿볼 수 있는데, 문자 기록과 동시에 점토로 만든 계산용 토큰(token)과 다양한 종류의 인장도 사용되었다. 문자는 복잡한 기록 수단이었으므로 틀림없이 불가피한 경우에만 사용되었을 것이다. 반면 비교적 단순한 경우에는 기존의 방법이 계속 사용되었다.

봉인으로는 먼저 스탬프(stamp) 모양 인장이 사용되었고, 그다음에 실린더(cylinder) 모양 인장이 추가되었다. 실린더형 인장에는 물건 주인에 관한 정보, 그리고 운송 책임자에 관한 정보를 담을 수 있었다. 그리하여 봉인의 문양은 매우 다양해졌고, 거래 관련자들은 충분히 혼동을 피할 수 있었다. 실린더형 인장은 후기 우루크 시기에 도입되었으며, 인물 그림을 비롯해 복잡한 장면을 담을 수 있었다. 갈수록 많은 사람들이 거래에 참여했기 때문에 인장이 전하는 정보를 알아보기 쉽도록 가독성을 높여야 했다. 그러나 실린더형 인장이 등장한 뒤에도 스탬프형 인장은 완전히 대체되지 않고 계속 사용되었다. 스탬프형 인장의 문양은 실린더형 인장보다 덜 복잡했다. 새로 등장한 실린더형 인장에 스탬프형 인장의 문양을 그대로 사용하기도 했다. 그렇게 사용된 단순한 형태의 기하학적 패턴은 종류가 그리 많지 않았다. 이처럼 다양한 종류의 인장이 사용된 이유는 분명 사용 목적이 달랐기 때문이다. 지역에 따른 구분도 있었을 것이다. 이런 정황을 감안하면 그림 문양이 찍힌 유물이 왜 그토록 많이 발견되는지 이해가 된다. 관료들이 반복해서 그림 봉인을 사용했기 때문이다. 그러나 실제 인장 자체가 발견된 사례는 거의 없었다. 기하학적이거나 단순한 봉인은 그 반대였다. 종합해보건대 당시에 다양한 경제 구역 혹은 기관이 존재했고, 그에 따른 다양한 통제 장치가 사용되었음을 알 수 있다.

어휘 목록을 제외하면 대부분의 문자 기록은 경제 영역에서 사용되었으나, 어휘 목록에 등장하는 행정 기관에서 문자 기록을 사용했을 수도 있다. 경제 분야 못지않게 행정 분야도 복잡했을 것이다. 그러나 경제 분야에서처럼 그 정도로 분명하게 기록을 남겨야 할 이유는 없었던 모양이다. 분쟁 조정을 위한 일에도 문자가 사용되었다. 인구 규모를 감안할 때 성벽 안쪽의 주거 지역에 살았던 사람들에게는 분쟁 문제가 상당히 중요한 일이었을 것이다. 어휘 목록에서 등장하는 호칭 가운데 첫 번째 줄에 법과 관련된 호칭이 등장했다는 사실에서도 당시의 상황을 짐작해볼 수 있다.

또 한 가지 대체로 알려지지 않은 부분은 우루크의 대규모 인구에게 식량을 어떻게 공급했는가 하는 문제다. 주요 경제 체제에서 중심적 역할을 하는 시장에 대량의 식량이 축적되어 있었고, 틀림없이 개인적으로 막대한 지불이 이루어졌을 것이다. 그러나 당시 우루크의 인구 규모를 고려할 때 모두가 급여 형태로 식량을 제공받았다는 가설은 받아들이기 어렵다. 앞에서도 언급했듯 대규모 경제 체제 아래 소규모 사회경제적 단위가 있었을 것으로 추정할 수밖에 없다. 사적으로나 집단 단위로 나름대로의 생계 수단을 가지고 있었을 것이다.

물론 도시에서 소비한 식량 자원은 배후지로부터 온 것이었다. 성벽 바로 바깥에 농지가 펼쳐져 있었다. 도시 안에 거주하는 주민이 직접 그곳으로 가서 농사를 지었던 것 같다. 우루크 가까운 곳에는 따로 정착지가 없었다. 그러나 이 정도 토지만으로는 필요한 잉여 생산물을 충당할 수 없었다. 추정컨대 더 멀리 떨어진 배후지가 연결되어 있었을 것이다. 그곳을 통해 도시에서 필요한 공급을 안정적으로 확보했을 것이다. 그러한 원거리 배후지에는 여러 가지 규모의 정착지들이 곳곳에 펼쳐져 있었다. 각각의 정착지들은 대도시 우루크를 중심으로 "중앙 집중식 체제"에 편입되었다.[6] 이론상으로는 배후지에서 도시로 필요한 것을 공급하고 그 대가로 서비스를 제공받았다. 그러나 오늘날 우리로서는 식량 자원의 기원지가 어디인지 모르기 때문에 실제로 공급이 어떻게 이루어졌고, 그 대가로 어떤 서비스가 제공되었는지를 밝힐 만한 근거가 없다. 그러나 추정해보자면, 도시의 수요를 충당하기 위해서라도 배후지에 대한 조직적 통제가 도시보다 느슨하지는 않았을 것이다.

금속재와 보석의 기원지 또한 모호한 채로 남겨져 있다. 수입된 물품이 확실한데, 왜냐하면 충적토에서는 갈대와 진흙 이외에는 다른 원자재가 거의 없었기 때문이다. 우루크 출토 광물질을 분석해본 결과, 보

---

6 Robert McC. Adams and Hans J. Nissen, *The Uruk Countryside* (Chicago: The University of Chicago Press, 1972).

석은 이란의 자그로스산맥 고지대에서 출토된 것이었다. 그러나 금속의 원산지에 대해서는 아무것도 알 수 없었다. 문헌 기록으로부터 우리가 파악한 정보는, 상당히 많은 양의 금속재가 필요했다는 사실뿐이다.

이러한 수입품의 이동 수단과 경로에 관해서는 알려진 바가 없다. 수입 문제는 이른바 "우루크의 팽창(Uruk Expansion)"이라고 일컬어지는 역사적 맥락에서 살펴보아야 한다.[7] 거리를 막론하고 메소포타미아 남부 주변 곳곳에서 수많은 정착지들이 발견되었다. 시리아, 아나톨리아 동남부, 메소포타미아 북부, 이란 등에서 발견된 정착지들은 건축과 유물 면에서 고고학적으로 메소포타미아 남부 지역과 유사한 발굴 결과를 보여주었다. 이러한 정착지들은 비-메소포타미아 문화의 바다에 둘러싸여 있었다. 가장 유력한 가설은, 이와 같은 "우루크인의" 정착지들이 깔때기처럼 주변에서 자원을 빨아들여 메소포타미아 남부로 공급했다는 추정이다. 이러한 가설이 흥미롭기는 하지만 (그만큼 논란의 여지도 있지만) 우리가 논의하고자 하는 발굴층위-4a 시기와는 맞지 않는 주제다. 왜냐하면 나중에 보게 되겠지만, 극히 드문 예외를 제외하면 이러한 정착지들은 최초의 문자 기록이 등장하기 이전에 이미 버려져 폐허가 되었기 때문이다.

외부 전진 기지(기예르모 알가세Guillermo Algaze의 표현에 따르면 "식민지")를 메소포타미아로부터 멀리 떨어진 지역에까지 건설했다는 사실은, 메소포타미아 남부가 당시 근동 지역에서 정치적·경제적으로 슈퍼파워였음을 말해준다. 더욱이 아나톨리아 중부나 이집트 같은 멀리 떨

---

7 Rothman (ed.), *Uruk Mesopotamia and its Neighbors*.

어진 곳에서조차 메소포타미아 문화의 영향이 나타나는 것은 이러한 가설을 더욱 분명하게 뒷받침한다. 이집트의 경우 메소포타미아의 영향이 특히 뚜렷했다. 실린더 모양 인장의 도입이나, 무엇보다 건물 정면에 움푹 팬 우루크 스타일의 건축 양식으로 볼 때 이집트인은 이러한 요소들을 메소포타미아의 맥락에서 이해했거나, 혹은 그럴 것 같지는 않지만, 맥락을 탈락한 채 외양만 모방했을 수도 있다. 그리하여 오랜 논쟁이 이어진 의문이 제기되었다. 메소포타미아의 쐐기문자와 이집트의 그림문자는 거의 비슷한 시기에 등장했는데, 서로 독립적으로 출현했을까, 아니면 어느 한쪽이 다른 한쪽에 영향을 미쳤을까?

나중에 다시 논하겠지만, 메소포타미아 남부 지역에서는 문자가 출현하기 이전에 이미 오래도록 정보를 저장하고 처리하기 위한 다양한 수단이 사용되었다. 이는 또한 사회 계층의 분화 및 고도로 분화된 경제 체제와도 관련이 있었다. 그러나 이집트에서는 그림문자 이전 단계를 찾아볼 수 없다. 그래서 메소포타미아의 문자 체계가 이집트 쪽으로 영향을 미쳤다는 가설이 더욱 신뢰가 가는 것이다. 문자라는 아이디어 자체가 메소포타미아로부터 자극을 받았을 수 있지만, 더불어 다른 문화적 요소들도 함께 건너갔을 수 있지만, 그림문자 그 자체는, 즉 이집트의 글쓰기 방식은 메소포타미아의 쐐기문자와 아무 상관이 없다. 메소포타미아에서 주목해야 할 점은, 후기 우루크 시기 유물 가운데 이집트에서 기원하거나 이집트로부터 영향을 받은 유물이 단 한 점도 발견되지 않았다는 사실이다. 분명 문화적 영향 관계의 방향은 메소포타미아 남부에서 이집트로 향했다.

메소포타미아의 다른 도시들, 예컨대 우르(Ur), 라가시(Lagash), 니푸르(Nippur), 키시(Kish) 등에 관해서는 후기 우루크 시기 말엽에 점령된 적이 있다는 사실 말고 알려진 바가 거의 없다. 그다음 시기(젬데트 나스르Jemdet Nasr 및 초기 왕조 시기, 곧 기원전 제4천년기 말에서 제3천년기 초)에 이들 도시를 비롯한 여러 도시들은 규모가 크고 인구가 많고 고도로 계층화되었으며, 정치적으로 독립해 있었다. 그렇다면 그 이전부터 그러했다고 추정하는 편이 합리적일 것이다. 가장 초기 단계의 문자 기록으로 키시에서 발견된 석판(태블릿)이 있는데, 이는 우루크 바깥 지역에서 발견된 유일한 사례이기도 하다. 그러나 문자의 역사상 그다음 단계에서는 문자의 스타일을 파악할 수 있는 유물들이 풍부하게 남아 있으며, 메소포타미아 중부 및 남부 전역에 걸쳐 거의 같은 스타일을 사용했다. 이는 이들 지역이 정치적 통일까지 이룬 것은 아니지만 문화적으로 매우 긴밀히 연결된 공통 문화 지대였음을 의미한다.

이상의 논의를 요약하자면, 우루크 유적을 통해 명백히 밝혀진 사실이 있다. 즉 우루크 시기라고 명명되는 시기가 끝나갈 무렵, 메소포타미아 남부 지역의 여러 도시들과 더불어 우루크는 정치 및 경제의 중심지였고, 인근 지역 범위를 훨씬 넘어서까지 영향력을 발휘하고 있었다는 사실이다. 다음으로는 이런 일이 왜, 그리고 어떻게 일어났는지를 이야기해보겠다.

문자 등장 이전의 도시 우루크

기원전 3300년 이전의 우루크 관련 정보는 매우 드물다. 후기 우루크의 오래된 부분이든, 전기 우루크(Early Uruk)든, 후기 우바이드(Late Ubaid)든 모두 마찬가지다. 그나마 가장 신뢰할 만한 자료는 우루크의 발굴층위 자체가 깊다는 사실뿐이다. 우루크의 발굴층위는 기원전 제 5천년기까지 내려간다. 그러나 내려갈수록 표층의 면적은 상당히 줄어든다. 발견된 토기 파편만으로는 단지 우루크 유적에서 사람들이 계속 살았다는 정도만 파악될 뿐이다. 확인된 바로는 문자 등장 이전 최소 1000여 년 이상 그곳에서 사람이 거주했다.

발굴 유물로 밝혀진 사실뿐만 아니라 이를 근거로 유추할 수 있는 사실들도 있다. 우바이드 시기(c. 5000~4000 BCE)에는 충적 평야 인구가 매우 희박했다. 소규모 정착지들이 상당한 거리를 두고 분포했으며, 이들을 통괄하는 단일 규칙이나 중심지 같은 것은 존재하지 않았다. 그러나 그들은 "우바이드 문화 네트워크"의 일부분이었다. 당시 근동 지역에서 상당히 넓은 지역에 걸쳐 우바이드 문화 네트워크가 펼쳐져 있었다. 우바이드 문화 네트워크의 공통적 양상은 테라스형 토지에 건설된 사원이었다. 이른바 "중앙 홀이 있는 건물(house with a central hall)"로 불리는 독특한 양식의 건물이었다. 이 건물은 곧 공동체를 위한 어떤 조직이 일상적으로 존재했음을 의미한다. 또한 토기를 제작하는 새로운 방식과 장식을 통해서도 우바이드 문화 네트워크를 확인할 수 있다. 우바이드 문화의 토기가 독특한 것은 그들이 "물레(윤대輪臺)"를 도입했기 때문이다. 이와 함께 특정 양식의 토기들이 대량 생산되었고, 새로운 노동 분화 체계가 출현했다.

중심 건물의 종교적 의미 여부는 알 수 없으나, 분명한 것은 엘리트 계층과 사회적 위계질서의 존재였다. 정보 저장의 수단으로 계산 보조 도구나 봉인을 사용했다는 것은 경제생활이 어느 정도 복잡한 정도에 이르렀음을 의미한다. 큐빗(cubit, 완척腕尺, 가운데 손가락 끝에서 팔꿈치까지의 길이 – 옮긴이) 단위의 사용은 건축에서 표준 도량형을 도입했음을 의미한다. 이외에도 여러 가지 표준이 만들어졌다. 이를 기준으로 서로 비교가 가능했고, 지역 간 거래도 이루어졌다.

고고학적으로 그다음 시대로 넘어가는 이행기가 전기 우루크 시기(Early Uruk period, 기원전 제4천년기 초기)였다. 그러나 이 시기 또한 충분히 확인되지 못했는데, 토기 생산 관련된 내용 말고는 알려진 바가 거의 없다. 토기에서는 그림이 거의 완전히 사라졌고, 기존과 다른 식의 반죽을 사용했으며, 제작하는 데 물레를 이용했다. 우리가 알고 있는 정보는 이것이 전부다.

이러한 유물들은 우바이드 시기와 후기 우루크에 모두 등장하며, 물론 그 중간의 이행기에도 나타난다. 따라서 우리는 테라스형 토지 위의 사원뿐만 아니라 "가운데 홀이 있는 건물"도 존재했을 것으로 추정해볼 수 있다. 우루크 발굴층위-12(Uruk Level XII, 우바이드 시기에서 우루크 시기로 넘어가는 과도기 발굴층)에서도 인장의 인문이 발견되었다. 이는 이 지역에서 문화의 연속성을 보여주는 자료다. 메소포타미아 남부의 평원 지역에 있던 정착지들은 규모에서 그 이전 우바이드 시기와 별로 달라진 것이 없었으나, 그 분포 범위는 이전보다 더 넓어졌다.

그러나 고고학적으로 그다음 시기로 넘어가면 그림이 완전히 달라진다. 바로 후기 우루크 시기 초반이었다. 분명히 이 시기에도 토기 생산의 연속성이 확인되었고, "가운데 홀이 있는 건물"과 테라스형 토지에 조성된 사원뿐만 아니라 계산 보조 도구와 인장도 여전히 사용되고 있었다. 그러나 이외에도 양적·질적 변화가 확연히 드러났는데, 이는 사회의 방향이 완전히 바뀌고 있다는 증거였다.

가장 두드러진 혁신은 경제 분야에서 나타났다. 이미 그 이전부터 토기 그릇의 문양이 사라지거나 생산 과정의 변화가 있었는데, 그 원인은 대량 생산을 목적으로 하는 작업 조직 때문이었을 것으로 추정된다. 이를 뒷받침하는 또 다른 근거가 바로 "빗각테두리 사발(beveled-rim bowls)"이다. 이 사발은 형틀에 맞추어 찍어내는 방식으로 제작되었다. 이는 대량 생산의 초기적 방식이었고, 이러한 방식으로 수백만 개의 토기가 생산되었다. 처음에는 식량 배급 문제 때문에 이런 방식의 토기 제작이 시작되었다는 주장도 있다. 후대에 이런 토기가 그러한 용도로 사용된 사례가 있기 때문이다. 그것이 사실이든 아니든, 이러한 토기에 대한 대중적 수요가 존재했다는 것만은 분명한 사실이며, 그러한 수요를 감당하기 위해 조직적 능력이 개발되었다. 대부분의 사발은 용량이 비슷했다. 이 또한 표준화된 도량형이 존재했음을 의미한다.

성장하는 수요와 계층화된 대규모 조직에 부응하여 나타난 또 한 가지 특징적 유물이 바로 실린더 모양 인장이다. 틀림없이 봉인이 더 분명해져야 할 필요가 있었을 것이다. 봉인 내용에 여러 단계의 책임 소재를 명확히 하고 유통 과정을 표시하는 기능이 포함되어야 했다. 이 모든 내용을 담아내기에 기존의 인장은 너무 작아서 공간의 한계가 있었다.

정착지 패턴의 변화를 통해 사회 및 정치적 조직의 더욱 커다란 변화를 짐작할 수 있었다. 이미 전기 우루크 시기에 메소포타미아 중부 지역의 북부에서 부분적으로 상당수의 정착지들이 늘어났으나, 이는 후기 우루크 시기 남부 지역에서 벌어질 극적인 변화의 전조 증상에 불과했다. 전기 우루크 시기의 유적지 11곳 이외에 우루크의 배후지로 확인된 정착지는 100곳이 넘고, 이들 대부분은 이전 단계의 정착지보다 규모가 컸다. 틀림없이 아주 짧은 시간 동안 시골 지역은 크고 작은 다양한 규모의 정착지들로 뒤덮였다. 각각의 중심지 주변으로 그와 연결된 정착지 체제가 형성되었던 것이다. 이와 같은 3중 시스템의 맨 꼭대기에 위치하는 도시가 바로 우루크였다.

정착지가 늘어나던 무렵 도시의 배후지 조직 구성에도 분명 깊은 변화가 진행되었을 것이다. 기존에는 스스로의 수요를 채울 만큼만 생산하면 충분했던 배후지는 이제 도시의 공급망 속으로 편입되었고, 따라서 배후지의 사람들은 상당량의 잉여 생산물을 생산해야 했다. 그러나 구체적으로 이러한 변화가 언제 어디서 나타났는지 우리는 알지 못한다.

정착지는 수적으로 엄청나게 증가했다. 인구 규모도 마찬가지였는데, 이는 자연적 인구 성장의 범위를 넘어서는 현상이었다. 게다가 이와 같은 변화는 기후 변화와 관련이 있었다. 기원전 제4천년기 초기에 기후가 조금 건조해진 시기가 있었다. 당시 충적 평야에서는 신규로 거주 가능한 토지가 크게 늘어났다. 새로운 토지는 인근 지역에서 많은 사람들을 끌어들였다. 그때 들어온 이주민 가운데 아마도 수메르어 사용자도 있었을 것이다. 그들의 기원지에 관해서는 고고학적으로든 언어학적으로든(수메르어는 고립어다) 전혀 알려진 바가 없다. 우리의 논의에서는 수메르인의 언어민족학적 연관성에 대해 별로 관심이 없다. 그보다는 오히려 메소포타미아 남부 지역에서 정착지와 인구가 급격히 증가한 결과에 관심을 두고 있다.

우루크 심층 발굴층에서 출토된 토기에 줄무늬 문양이 새겨져 있는데, 우리가 변화의 시기를 파악하는 근거는 지금도 여전히 토기 문양에 국한되어 있다. 그럼에도 불구하고 우리가 충분히 유추할 수 있는 사실은, 정착지의 밀도가 전례 없이 급상승했다는 점, 그리고 그에 따라 인구도 급증했다는 점이다. 이러한 변화는 필연적으로 정치 조직과 정보 기술의 급격한 변화를 요구했을 것이다. 실린더 모양 인장과 빗각테두리 사발의 발달은 메소포타미아 남부 지역에 대규모 이주가 진행된 직후에 나타난 현상이었다. 더욱이 상품의 생산과 유통 규모가 커지면서 계산 보조 도구나 기존의 인장보다 더 복잡한 정보를 기록할 수 있는 새로운 기술이 요구되었다. 기존의 수단으로는 오직 한 가지 상품에 대한 기록만 저장할 수 있을 뿐이었기 때문이다. 후기 우루크 시기 중엽(발굴층위-6)의 유물에는 기존의 수단에다 더 많은 정보를 담으려고 시도한 흔적들이 남아 있다.

하나의 사례를 통해 보자면, 계산 보조 도구(토큰)가 사용되었는데, 그것은 상품의 수량을 의미하는 것이었다. 토큰이 진흙으로 만든 공(bulla) 안에 들어 있었는데, 공의 표면은 인장을 찍은 문양으로 뒤덮여 있었다. 같은 시기 혹은 조금 나중 시기의 유물 가운데 점토를 납작하게 눌러 편 것이 있는데, 여기에다 갈대 줄기로 눈금을 표시해두었다. 이 또한 수량을 나타내는 기호로 추정된다. (점토 덩어리의 모양이 나중에 사용될 문자 태블릿을 닮았다.) 당시에는 그 표면에도 전체적으로 인장을 찍은 문양이 뒤덮여 있었을 것이다. 이 두 가지 사례를 통해 수량과 사람을 나타내는 정보(인장)가 함께 저장되었음을 알 수 있다.

신석기 시대(c. 8000 BCE) 이래로 계산 보조 도구(토큰)를 사용하는 일정한 규칙이 있었다. 즉 특정 기하학적 모양이 물건의 수량을 나타내는 식이었다. 이러한 시스템은 두 가지 방향으로 이어졌다. 하나는 일부 토큰을 실제 물품의 모양을 따라 만드는 방식이었다(이를 복합 토큰

complex token이라 한다). 왜 그렇게 했는지 오늘날의 우리로서는 이해하기가 쉽지 않은데, 복합 토큰과 수량을 나타내는 단순 토큰이 같이 발견된 사례가 없기 때문이다. 또 하나는 복합 토큰과 단순 토큰에 무언가를 새기거나 선을 그려 넣는 방식이었다. 그렇게 하면 더 많은 정보를 담을 수 있었다. 비록 우리가 초기 수량 표기 시스템을 "해독"할 수는 없지만, 복합 사회가 발달하면서 새로운 기술 체계가 필요했던 과정은 분명하게 확인이 된다.

새로운 조직 체계가 생겨나면 행정 관리를 위해서 여러 가지 기술들이 필요했다. 이 또한 복잡하기는 마찬가지였다. 예컨대 농지를 조사하거나 수학적 문제를 해결해야 했다. 물론 제도적 틀 안에서 이런 새로운 기술을 배우는 젊은이들이 있었을 것이다. 그런 기관을 "학교"라고 한다면, 그 커리큘럼에는 다른 분야의 기술들도 포함되었을 것이다. 이는 출토된 최초의 문자 기록에 포함되는 "어휘 목록" 같은 유물로 유추해볼 수 있다. 쐐기문자 쓰는 법은 구두로 전승되었을 것이다. 어휘 목록은 쐐기문자 교육이 어떻게 이루어졌는지 보여줄 뿐만 아니라 지적 능력을 통하여 세계를 파악하고자 하는 시도를 보여주는 유물이다.

바로 그 "학교"에서 계산 보조 도구의 부족한 점을 인식했을 것이며, 그래서 새로운 방식을 개발했을 것이다. 또한 그곳에서 문자라는 아이디어가 생겨났을 가능성이 가장 높다. 출발은 숫자를 표현하는 기호였을 것이다. 계산 보조 도구나 점 표시나 토기, 벽면, 신체의 장식 요소들도 마찬가지였다. 이러한 의미에서 문자의 출현은 처음 단계부터 구어(口語)를 나타내는 기호가 아니었다. 다만 기존의 계산 기능을 조금 더 확장할 수 있는 기호였을 뿐이다. 그럼에도 불구하고 문자의 발명은 최고위급의 지적 성취였다.[8] 어휘 목록은 문자가 개발되기 전 사회 조직의 원리를 이해하는 열쇠가 된다. 특히 목록에 적혀 있는 호칭은 당시 위계가 존재했음을 의미하고, 당연히 그 위계는 문자가 발명되기 이전부터 전해 내려왔을 것이다. 후대에는 그와 같은 목록이 학교 교재로 사용되었고, 이미 후기 우루크 시기부터 이와 같은 기능이 전해져 내려왔을 수도 있다. 구전을 통해 이와 같은 목록을 교육하던 사람들은, 나중에 그들이 거의 신성불가침의 지위를 획득한 점으로 보아 실제로 쐐기문자 시스템의 발명 과정에서 중요한 역할을 했던 것 같다. 이러한 목록은 거의 1000년 동안 거의 변함없이 정확히 그대로 전해졌다. 혹 차이가 있더라도 서체의 차이 정도에 불과했다. 이처럼 자료를 만들고 그것을 복제하는 과정에서 문자라는 아이디어와 총체적 문자 시스템이 생겨나게 되었을 텐데, 그 과정은 그리 오랜 시간이 걸리지 않았을 것이다. 왜냐하면 "학교" 비슷한 기관이 존재했기 때문에, 거기서 새로운 문자 시스템의 중요성을 즉시 알아보고 서로 전파했을 것이다.[9]

요약

새로운 노동 분화가 생겨나고, 사회 계층화가 확대되고, 초기 형

---

8 Hans J. Nissen, "Schule vor der Schrift," in Gebhard J. Selz (ed.), *The Empirical Dimension of Ancient Near Eastern Studies* (Vienna: LIT Verlag, 2011), pp. 589–602.
9 문자 체계 발달과 관련하여 다른 방향의 논의도 있다. 다음을 참조. Jean-Jacques Glassner, *The Invention of Cuneiform Writing in Sumer* (Baltimore, MD: Johns Hopkins University Press, 2003); and Denise Schmandt-Besserat, *Before Writing* (Austin: University of Texas Press, 1992).

태의 회계 시스템이 등장한 시기는 전기 우루크 시기(c. 4100?~3800 BCE)였다. 이와 같은 요소들은 오랜 형성 과정을 거쳤다. 이 시기는 메소포타미아 문명의 "원시-도시" 단계라 할 수 있다. 정착지의 규모는 20헥타르를 넘는 경우가 거의 없었다. 이처럼 한정된 경제 및 정치 조직에서는 단순한 계산 보조 도구나 봉인(封印) 정도면 수요를 충분히 감당할 수 있었다.

그 뒤 후기 우루크 시기(3800~3300 BCE)가 시작되면서 전례 없이 인구가 급성장했고, 정착지의 수가 급격히 늘어났다. 당시 도시 우루크의 규모는 최소한 250헥타르 이상으로 성장했다. 우리가 보기에 도시 우루크는 우바이드 시기의 정착지에서부터 출발했다. 유프라테스강 서쪽에 위치한 정착지였다. 그런데 후기 우바이드 시기에 이르러 강 건너편에 다시 정착지가 형성되었다. 우바이드 시기 및 전기 우루크 시기까지는 도시의 규모가 아마도 우바이드 시기 정착지의 평균 크기를 크게 벗어나지 않았던 것 같다. 그렇다면 20헥타르에서 250헥타르로 갑자기 성장했다는 말이 되는데, 틀림없이 약 500년 사이에 일어난 일이었다. 우리가 보기에 그 500년은 후기 우루크에 속하는 시기였다. 아마도 후기 우루크 중에서도 전반부였을 것이다.

규모가 급성장하면서 새로운 조직적 수단이 필요해졌다. 우리가 주목한 것은 그중에서도 주로 경제 분야로, 예컨대 경제 관련 문자 기록, 빗각테두리 사발의 대량 생산, 실린더 모양 인장의 사용 등이었다. 어휘 목록 유물은 새로운 사회생활이 조직화되었다는 증거이기도 하다.

늘어난 인구를 먹여 살리기 위해 농업의 집약화도 불가피했을 것이다. 비옥한 충적 평야와 원활한 물 공급이 이러한 발전을 가능하게 한 배경이었다. 같은 시기 원자재 수요 또한 늘어났을 텐데, 실용 도구나 무기뿐만 아니라 실린더 모양 인장이나 귀중품 등을 만드는 데 필요한 재료였다. 특히 새로운 예술품 제작을 위한 원자재 수요도 있었다(이 문제는 우리 논의에서 검토하지 않은 주제다). 추정컨대 어느 시점에서 전통적인 원자재 조달 방식이 한계에 부딪혔을 것이다. 그래서 곳곳에 전진 기지가 건설되었는데, 예를 들면 시리아 유프라테스강 주변의 샤이크 하산(Shaikh Hassan)이나 상류 하부르(Habur) 지역의 텔 브락(Tell Brak) 같은 곳이었다. 이처럼 멀리 떨어진 곳에서도 빗각테두리 사발이나 실린더 모양 인장 등의 행정적 관리를 의미하는 유물이 발견되었다. 이는 그곳에서도 모국에서와 비슷한 방식으로 통치가 조직화되었음을 의미한다. 이국적 물품의 수요가 지속되면서 외부 전진 기지들의 긴밀한 네트워크가 형성되었을 것이다. 이를 바탕으로 새로운 전진 기지들이 건설되었는데, 예를 들면 하부바 카비라(Habuba Kabira), 제벨 아루다(Jebel Aruda), 니네베(Nineveh), 텔 이-가지르(Tell i-Ghazir) 등이었으며, 더 멀리 산맥을 넘어가서 아나톨리아의 하섹 휘유크(Hassek Höyük), 이란의 고딘 테페(Godin Tepe) 등지에서도 전진 기지가 발견되었다. 내부적으로 수요가 지속되었고, 타지의 물품이 계속해서 메소포타미아 남부로 흘러들어오면서 새로운 정보 저장 시스템이 요구되었다. 우루크에서 발굴된 텍스트 유물 가운데 이국적인 원석과 금속 재료 관련 자료가 많이 등장했다. 대부분의 전진 기지는 메소포타미아 남부에서 문자가 등장하기 직전에 버려지게 되었지만, 메소포타미아 남부로 수입되는 물품은 그 이후로도 줄어들지 않았다.

내부적 동요와 외부적 팽창의 시기를 거친 후, 후기 우루크 시기 후반부에 우루크는 초기 메소포타미아의 도시들과 나란히 거대한 정치 및 경제 권력의 중심지가 되었다. 그 영향력은 인근 지역을 넘어 멀리까지 미쳤다. 그러나 그것이 급격한 변화와 적응의 끝이 아니었다. 후기 우루크 시기가 끝나갈 무렵 우루크의 의례 거행 구역이 재정비된 흔적이 발견되었다. 이후 300년 동안 우루크의 규모는 2배로 성장했다. 그리고 점차 운하 체계를 확립해 나갔는데, 갈수록 심화되는 물 부족 문제를 해결하기 위한 방안이었다. 그러나 이는 우리의 논의와 별도의 이야기다.

도시와 문자의 관계를 다른 도시의 사례들과 비교해보고자 한다면 메소포타미아는 매우 분명한 사례를 보여준다. 도시화는 경제와 사회 및 지성의 집중화로 이어지고, 그것이 문자 등장의 조건이었다. 그러나 보다 효율적인 행정 관리의 도구가 필요할 때 문자가 그 첫 번째 해답은 아니었다. 상당히 오랜 기간 동안 사람들은 기존의 기술을 최소한으로 변형해서 사용할 수 있는 방법을 찾아보았다. 비로소 최종적으로 문자라는 형태의 해답이 도출되었을 때는 도시화의 첫 단계가 거의 끝나갈 무렵이었다.

우루크 도시화 과정은 회계 및 의사소통 기술의 변화와 뗄 수 없는 관계에 놓여 있었다. 그러다가 마지막으로 최초의 문자 체계가 등장하게 된 것이다. 이러한 발전의 가장 근본적인 요인으로 인구 증가와 정착지 네트워크의 긴밀화를 꼽을 수 있겠지만, 어느 하나의 요인이 다른 요인들에 비해 압도적이었다고 말하기는 어렵다. 정치 및 경제 생활의 발달이 의사소통 기술의 발달을 자극한 것도 사실이지만, 동시에 문자라고 하는 새로운 "도구"가 새로운 형태의 정치와 경제를 이끌어낸 요인이 되기도 했다.

더 읽어보기

Algaze, Guillermo, *Ancient Mesopotamia at the Dawn of Civilization: The Evolution of an Urban Landscape*, Chicago: The University of Chicago Press, 2008.

Englund, Robert K., "Texts from the Late Uruk Period," in Pascal Attinger and Markus Wäfler (eds.), *Mesopotamien: Späturuk-Zeit und Frühdynastische Zeit*, Freiburg: Universitätsverlag, 1998, pp. 15-233.

Nissen, Hans J., *Alt-Vorderasien*, Munich: Oldenbourg, 2012.

_____, *The Early History of the Ancient Near East 9000-2000 BC*, Chicago: The University of Chicago Press, 1988.

Nissen, Hans J., Peter Damerow, and Robert K. Englund, *Archaic Bookkeeping: Early Writing and Techniques of Economic Administration in the Ancient Near East*, Chicago: The University of Chicago Press, 1993.

Nissen, Hans J., and Peter Heine, *From Mesopotamia to Iraq: A Concise History*, Chicago: The University of Chicago Press, 2009.

Roaf, Michael, *Cultural Atlas of Mesopotamia and the Ancient Near East*, Oxford: Equinox 1990.

CHAPTER 7

고대 중국의 문자와 도시

왕 하이청
Wang Haicheng, 王海城

중국의 도시는 5000년 이상의 역사를 가지며, 중국 문자 체계가 개발된 이후로만 따져도 3000년이 넘는다. 단절 없이 전승된 문자 지식은 도시화와 나란히 상호 발전의 과정을 거쳐왔다. 도시가 없었다면 문자는 등장하지 않았을지도 모르고, 등장했다 해도 그 자체로 유지될 수는 없었을 것이다. 이번 장에서는 기원전 제2천년기, 즉 초기 청동기 시대에 초점을 맞추고자 한다. 특히 연속되는 문화의 두 단계, 즉 환북(洹北) 시기와 은허(殷墟) 시기를 살펴볼 텐데, 주로 후자에 논의가 집중될 것이다(표 7-1 참조). 이 두 시기 동안 두 개의 거대 도시가 황하(黃河)를 가운데 두고 맞은편에서 연이어 건설되고 또한 폐기되었다. 양쪽 유적지는 모두 오늘날 중국 북부의 도시 안양(安陽)에 위치해 있다(지도 7-1). 이들 두 도시의 사례를 중심으로 초기 중국의 도시화 과정과 그에 수반되었던 문자의 활용 문제를 탐색하고자 한다. 각각의 도시에 대하여 먼저 도시 문제에 관한 고고학의 발굴 성과를 살펴보고, 그다음 도시 행정

훌륭한 프로젝트에 본인을 초청해주신 노먼 요피(Norman Yoffee)에게 감사드린다. 이 글의 초고를 읽고 통찰력 있는 조언을 해주신 Robert Bagley에게 가장 큰 감사의 인사를 드린다. 이 글에 수록된 여러 지도를 새로 그리는 일은 Kyle Steinke의 도움을 받았다. Cao Dazhi와 Yan Shengdong은 감사하게도 직접 그린 자료를 보내주었다. 도판 자료를 구하는 일에는 Shan Yueying, Song Guoding, Tang Jigen, Wu Hsiao-yun이 도움을 주었다. 이 연구는 워싱턴대학교 Royalty Research Fund Grant(project no. 65-3319)의 지원을 받아 진행되었다.

이리두(二里頭)	1900-1500 BCE
이리강(二里岡)	1500-1350 BCE
환북(洹北)	1350-1250 BCE
은허(殷墟)	1250-1050 BCE
서주(西周)	1050-771 BCE

〔표 7-1〕 중국 초기 청동기 연표

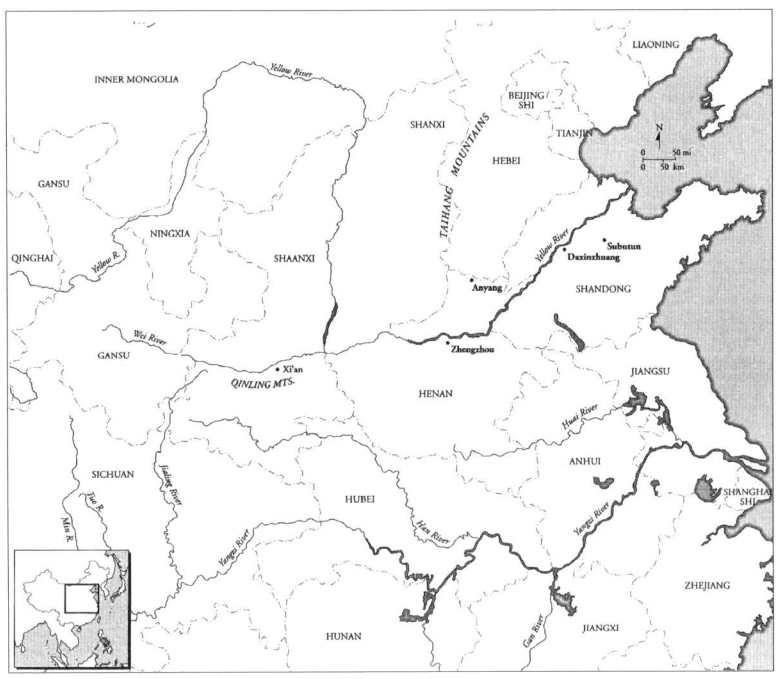

〔지도 7-1〕 초기 청동기 시대의 고고 유적지

에서 문자가 차지했던 역할을 검토하기로 한다.

안양 문자의 선조

도시와 문자의 문제를 논의하기 위해 먼저 기원전 1350년 이전의 두 세기를 간략히 살펴보기로 한다. 기원전 15세기와 14세기 양 세기 동안 안양의 남쪽으로 약 200킬로미터 떨어진, 오늘날의 도시 정주(鄭州) 지역에서 거대 도시가 번성했었다. 당시로서는 가장 큰 도시였는데, 흙을 다져서 쌓은 토성이 두 겹으로 둘러져 있었다. 안쪽 성벽은 아래쪽의 두께가 22미터에 달했고, 둘레는 약 7킬로미터였으며, 성벽 안쪽의 면적은 400헥타르 이상이었다. 동아시아 최초의 문자 유물이 정주 근처 유적에서 발견되었는데, 기원전 14세기의 것으로 추정된다. 토기에 주홍색으로 쓴 그림문자였다(그림 7-1). 그림문자의 수량은 극히 적었지만 문자 체계의 일부임에는 틀림없었다. 안양에서 출토된 이른바 갑골문 유물은 그로부터 한 세기 뒤의 것이었다. 안양 문자는 총체적 면모가 발견된 문자로는 중국 최초의 사례였다. 그러나 그것은 어디까지나 과시용 문자였다. 안양의 문자도 정주의 문자도 모두, 일상생활에서 사용했던 문자의 유물은 살아남지 못했다. 일상적 행정 문서는 분명 나무와 대나무 조각 같은 썩어 없어지는 재료에 썼을 것이다.[1] 후대의 기본적 필사 재료도 그것이었다. 이런 유물은 기원전 5세기 이후의 것들만 전해지고 있다. 그 이전 시기의 문자 유물은 오직 새긴 문자들뿐이고, 다시

---

1 Robert Bagley, "Anyang Writing and the Origin of the Chinese Writing System," in Stephen D. Houston (ed.), *The First Writing: Script Invention as History and Process* (Cambridge: Cambridge University Press, 2004), pp. 216–26.

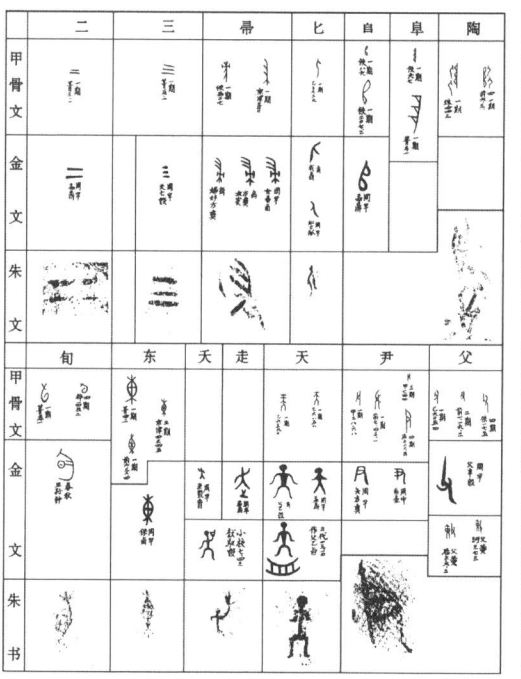

〔그림 7-1〕 소쌍교(小雙橋) 유적 출토 고대 문자 모음, 기원전 14세기경

문자의 내용은 숫자, 호칭, 친족 관계 등으로 추정되며, 오른쪽 아랫부분의 문자는 신격을 의미하는 것으로 보인다. 제4행과 제8행은 소쌍교 문자고, 제2행과 제6행은 갑골문으로 그보다 2~3세기 후의 문자다. 그리고 제3행과 제7행은 금문(청동문)으로 갑골문보다 좀 더 후대의 문자다. 제1행과 제5행에 현대 중국 문자로 옮겨놓았다.

말해 어떤 식으로든 과시를 위한 목적이 있었다. [그림 7-1]에서 보듯이, 일종의 제사 도구를 담아두는 용기에 주홍색으로 그려진 그림은 분명 과시용 문자였다. 정주를 기반으로 하는 정치 조직은 제국 체제를 만들어냈다. 그들은 새로 개척한 영토를 안정적으로 확보하기 위해서 요새를 건설했는데, 멀리 남쪽으로 450킬로미터 떨어진 양자강 중류 지역까지 뻗어 나갔다. 그들은 제국 체제를 유지하기 위해 문자 기록을 활용했을 것이다. 그러나 그들의 제국은 오래가지 못했다. 그들이 건설한 요새는 한 세기 남짓 후 방치되었고, 마침내 그들의 수도도 같은 신세가 되었다.

환북(洹北) 시기

정주에 거주하던 사람들 가운데 일부가 북으로 이주했다. 그들은 엘리트 계층의 지휘 아래 황하를 건넜고 환북에 정착했다. 그 증거는 물질문화, 특히 엘리트 계층의 문화에 잘 남아 있다. 환북 유적은 오늘날의 도시 안양에 속하는데, 아주 최근에야 발견되었기 때문에 조사와 발굴 자료가 상당히 제한적이다. 그러나 새로운 도시를 건설한 사람들이 조직적으로 이주해 왔고, 이전에 도시 거주의 경험이 있는 사람들이었다는 정도는 알 수 있다. 도시의 건설은 현지 조사와 이주로부터 시작할 수밖에 없다. 그다음 단계는 사당을 세워서 조상신을 모시고, 궁궐을 세워서 왕과 왕실을 모시는 것이었다. 동시에 왕궁 주변으로 왕의 신하들이 생활할 주거 구역이 건설되었다. 그 후 어느 시점에 왕궁과 사당을 모두 아우르는 성벽이 건설되었고, 왕실 구역과 신하들의 주거 공간이 분리되었다. 최종적으로 또 하나의 성벽이 건설되었는데, 그 안으로 왕실 구역, 평민의 주택, 일부 매장지 등을 모두 포함하는 사각형 구조였고, 면적이 400헥타르 이상이었다. 규모로 볼 때 정주 지역의 내성(內城)과 비견할 만했다. 환북 유적을 중심으로 약 800제곱킬로미터에 달하는 주변 지역에 정착지들이 산재했는데, 기초 조사를 통해 최소 20곳의 정착지를 발견했다. 이곳도 아마 환북을 다스리던 통치자의 관할 아래 놓여 있었을 것이다. 산동성에 속하는 대신장(大辛莊) 유적은 동쪽으로 400킬로미터 떨어져 있는데(지도 7-1), 이곳은 환북의 식민지로 추정되는 곳으로서 환북 세력이 남쪽보다 동쪽으로 팽창했음을 알 수 있다.

지금까지 발견된 환북 시기의 문자 유물은 단 두 점뿐인데, 둘 다 환북 유적에서 발견되었다. 하나는 옥(玉)으로 세 글자가 새겨져 있으며, 아마도 부적의 용도였던 것 같다. 또 하나는 뼈로 만들어진 유물로, 새겨진 문자는 사람의 이름 혹은 가문의 명칭으로 추정된다(그림 7-2). 점사(占辭)가 새겨진 뼈는 아직 발견된 적 없지만, 향후 발굴 가능성을 배제할 수도 없다. 혹은 뼈에 점사를 기록하는 관행이 환북 이후 단계, 즉 은허(殷墟) 시기부터 시작되었을 수도 있다. 은허 시기는 기원전 1250년경 시작되었다. 은허 시기에 어떤 큰 변화가 있었는데, 그 일환으로 왕의 결정에 따라 점을 보는 관행도 바뀌었던 것이다.

은허(殷墟) 시기

은허의 도시 건설과 그곳에 거주한 사람들
13세기 중엽 환북(洹北)의 사당과 궁궐이 불타버렸다. 원인이 무엇이었든 당시 불에 탄 건물들은 다시 건축되지 못했다. 그 사건이 일어나기 직전에 도시의 성벽 건설이 시작되었는데, 도시에 불이 나면서 작업이 중단되었다. 이후로 환북의 도시는 버려졌고, 환수(洹水) 바로 건너편에 새로운 도시가 건설되었다. 오늘날 소둔(小屯)이라고 하는 곳이다. 그곳에는 환북 시기부터 이미 청동기 제조 공장과 정착지가 자리 잡고 있었다. 기존의 건물들을 모두 부수어 평지를 조성한 다음 새로운 사당과

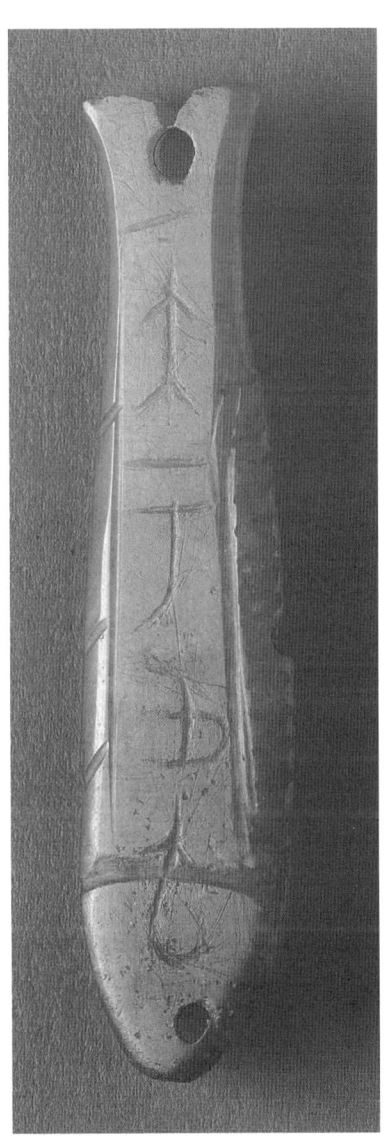
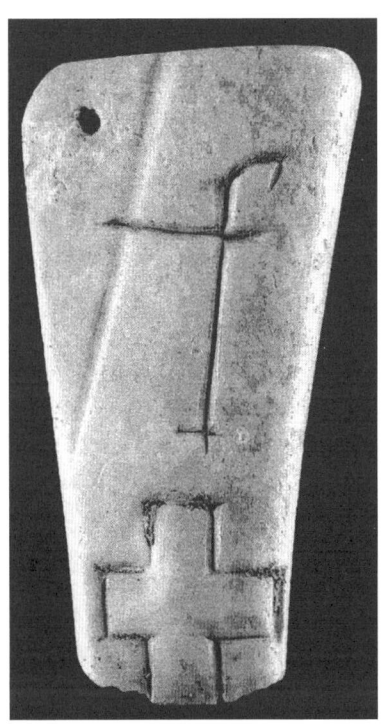

[그림 7-2] 환북 시기의 문자 유물
왼쪽: 옥(玉) 목걸이에 세 글자가 새겨져 있다. 위에서 아래로 읽으면, "위대한 조상들께서 해를 끼치리라"라는 의미다. 안양시 소둔(小屯) 고분 번호 331에서 출토(6.7×1.6cm). 오른쪽: 뼈로 만든 조각에 두 글자가 새겨져 있다. 환북 화원장(花園莊) 유적 출토(5.5-1.8/2.8cm).

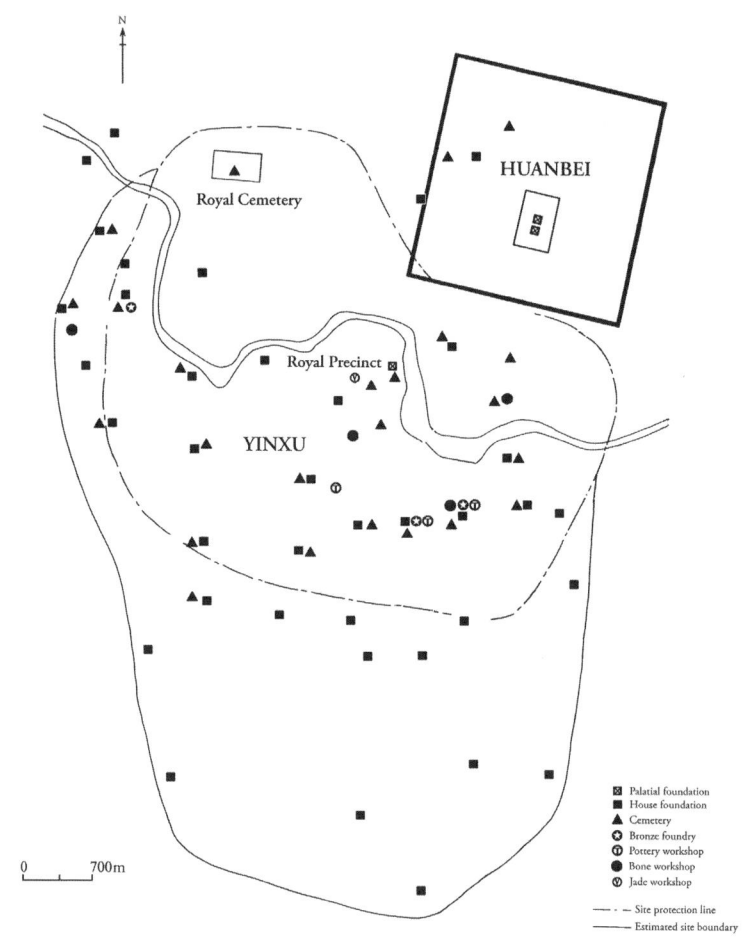

[지도 7-2] 안양의 상나라 유적지들

왕궁을 건설했던 것으로 추정된다.

 왜 굳이 왕궁의 장소를 옮겼는지 우리는 알지 못한다. 그러나 그 일이 당시 통치 엘리트 계층의 의지에 따른 것이었다는 점은 분명하고, 일을 추진한 왕은 아마도 무정(武丁)이었을 것이다. 몇 가지 중요한 변화가 무정의 직접 지시에 의해 이루어졌다. 다음은 그와 관련된 사건을 보다 확실한 순서대로 열거한 목록이다.

(1) 도시 바깥에 왕실 묘역을 건설했다. 그 묘역에서 최초로 조성된 무덤은 아마도 무정 자신의 왕릉이었을 것이다(지도 7-2).

(2) 무정 재위 기간 동안 청동기 양식의 급격한 변화가 뚜렷하게 나타났다. 이러한 변화는 청동기 주조 산업이 엄청나게 확장됨에 따라 부수적으로 일어났던 일이다(그림 7-3).

(3) 점을 본 결과를 점을 본 매개체(소의 어깨뼈나 거북의 껍질 등)에 직접 새겼다(예컨대 그림 7-4).

(4) 청동 의례 용기에 문장(紋章)과 짧은 헌사(獻詞)를 새기기 시작했다(그림 7-3).

(5) 중국에서 가장 오래된 말의 흔적이 확인되었고, 아마도 가장 오래된 전차(戰車) 또한 그때의 것으로 확인되었다. 말과 전차는 북서쪽에서 수입되었으며, 엘리트 계층의 권력과 지위를 상징하는 위신재(威信財)로 사용되었다.

(6) 대리석으로 조각한 작은 조각상들이 양적으로 뚜렷이 증가했다. 이후로는 이와 같은 유물이 거의 나타나지 않았다. 당시에는 거의 전적으로 왕실에서 사용되었던 것 같다.

무정이 새로 건설한 도시는, 점을 본 기록에서 "대읍상(大邑商)"이라고 지칭했다. 그에 따라 우리도 그들을 상(商)나라 사람이라고 하는 것

〔그림 7-3〕 청동 제기 화(盉)
무정 재위 때 제작되었다. 두 개의 크기가 비슷하다. 왼쪽: [지도 7-3]의 오른쪽 아래 구석에 위치한 건물 유지에서 발견되었다. 손잡이 부분에 문자가 주조되어 있는데, "아버지 을"에게 헌정한다는 의미다(祀父乙). 아마도 무정 재위 초기에 무정의 아버지를 위해 만들어진 것으로 보인다. 오른쪽: [지도 7-2]의 왕실 묘역(왼쪽 상단 네모) 고분 번호 1001에서 출토된 세 개 세트 가운데 하나로, 일반적으로 무정 시기의 유물로 인정된다. 무정 재위 말기에 제작된 것으로 추정된다. 화려한 건물 모양의 장식이 더해져, 불과 수십 년 전에 만들어진 왼쪽의 청동기와 같은 종류의 청동기로 보이지 않을 정도다. 세 개의 청동기에는 각각 "왼쪽", "가운데", "오른쪽"을 의미하는 글자가 새겨져 있다. 제례에 사용될 때 배치하는 위치를 표시한 것으로 보인다.

이다. 그러나 오늘날 그곳의 지명은 은허(殷墟)라 하여 환북(洹北)과 구별하고 있다(지도 7-2). 환북과 달리 은허에서는 도시를 에워싸는 토성이 없었고, 분명하게 구획된 경계선도 없었다. 다만 북쪽과 동쪽으로는

[그림 7-4] 글씨가 새겨진 소의 어깨뼈
글씨에 붉은색 안료를 칠했다. 앞면과 뒷면에 점사가 기록되어 있다. 각 점사는 다가오는 한 주(10일 단위)의 길흉을 묻는 내용으로 시작한다(인용문 7번 사례와 같다). 뒤이어 질문에 대한 왕의 예언이 나오고, 그 뒤 실제로 일어난 일이 기록되어 있다. 기록 중에는 왕의 죽음과 왕이 포함된 전차 사고 기록도 있다. 왜 이런 재앙을 과시적 유물로 남겼는지는 미스터리로 남아 있다.

강둑이 있어서 자연적 경계가 될 뿐이었다. 강줄기로 도시 경계를 삼는 것은 성벽을 둘러 도시 경계를 짓던 전통에서 벗어나는 일이었다. 축성은 신석기 시대로까지 거슬러 올라가는 전통이었다. 그와 같은 뚜렷한 변화라면 왕의 결심이 아니고서는 불가능한 일이었다.

오늘날 추정하기로 은허의 면적은 30제곱킬로미터 정도인데, 유적 전체가 당시 실제 거주지였는지는 알 수 없는 일이다. 무려 80년 동안 묘지 구역과 주거 구역을 발굴한 결과 마침내 도시의 면모가 드러났다. 주거지와 묘지는 가문별로 구획이 나뉘어 있었다. 북동쪽 구석에 왕실 구역이 있었고, 그곳을 중심으로 약 두 세기 동안 주거 구역이 점차 확장되었다. 각 가문 구획에 포함된 가구 수는 20~50호 정도였다. 집집마다 전용 마당이 있었고, 경우에 따라서는 몇 가구가 하나의 마당을 공유하기도 했다. 개별 가구의 거주 구획은 규모가 다양했고, 서로 1미터 거리를 두고 다닥다닥 붙어 있기도 했다. 이런 개별 구획들이 모여서 보다 큰 구역을 구성했고, 큰 구역은 가문의 수장이나 가문의 사당에 소속되었다. [그림 7-5]는 전형적인 가문의 주거 구역 구성을 보여주는데, 개별 가구 단위의 구획들을 볼 수 있고 그에 따른 일상생활의 양상을 짐작할 수 있다.

가문의 묘지는 주거지 근처에 있었다. 묘지 분포는 당시의 공간 구성 방식을 반영하고 있다. 묘지 구역은 세 단계로 식별되는데, 핵가족 단위, 대가족 단위, 가문 단위에 대응하는 것으로 추정된다. 각각의 가문은 나름의 명칭을 가지고 있었고 스스로의 조상을 모셨다. 가문의 명칭 혹은 문장(紋章)을 의례 용기에 새겨서 가문에 속한 사람의 무덤에 같이 묻는 경우가 많았다(그림 7-6). 지금까지 1만 5000기 이상의 무덤이 발굴되었다. 그러나 발굴된 주택의 수는 여기에 훨씬 못 미치는데, 주택은 계속해서 재건축이 되었기 때문이다. 그러므로 어느 특정 시기에 몇 개의 가문이 은허에 거주했는지를 밝혀내기는 어렵다. 아무리 많아도 우리에게

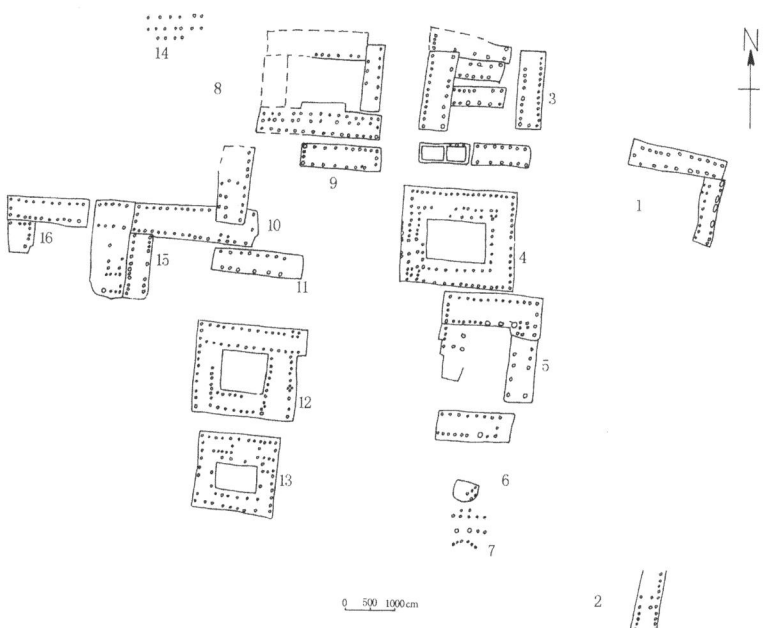

[그림 7-5] 가문의 정착지, 은허 서가교(徐家橋) 북부
집자리(번호 1~16)가 발굴된 지역의 면적은 약 2헥타르에 달한다. 정착지 안쪽 및 주변으로 약 400기의 고분이 발견되었다. 그러나 아직 발굴 보고서가 출간된 사례는 하나도 없다.

알려진 가문의 문장 수보다는 적을 것이다. 문장은 지금까지 약 150개가 알려져 있다. 그럼에도 불구하고 대략적으로 은허의 인구를 추산해 보자면, 150개의 가문이 모두 동시에 거주했다고 가정할 경우, 각 가문별 인원을 (무덤 발굴 결과를 근거로 추산해) 100~200명이라 할 때 은허의 전체 인구는 1만 5000명에서 3만 명 사이로 추정된다. 통상적으로는 은허의 인구 규모를 (7~12만 명으로) 우리 계산보다 훨씬 더 많이 보는데, 심하면 10배까지도 차이가 난다. 어느 쪽이든 점술의 기록을 근거로

[그림 7-6] 은허 발굴 청동기에 새겨진 가문의 문장(紋章, emblem) 혹은 명칭

대부분의 구성 요소는 어떤 단어를 의미하는 문자다. 그러나 일반적인 텍스트(예컨대 그림 7-8)처럼 행에 맞추어 배열되지 않았다. 따라서 각 구성 요소의 의미를 파악하기가 어렵다. 전부는 아니지만 대부분은 가문의 문장이다.

사용하는데, 군사를 3000명 혹은 5000명, 심지어 1만 3000명까지 동원한 기록이 남아 있다.

> [1] 정유일(丁酉, 34번째 날)에 점을 보다. 각(殼)이 예언하길, "이번에 왕이 5000명을 동원하여 토방(土方)을 정벌하면 도움을 받게 될 것이

다." (HJ 6409)[2]

은허에서 도시의 중심 설계 및 계획의 흔적은 그렇게 명확하지 않다. 그러나 발굴된 도로들과 중심축을 따라 조성된 긴 수로들은 애초부터 바퀴가 있는 탈것과 수로의 물 공급을 전제로 계획된 것이었다. 특히 바퀴 자국은 매우 분명히 확인되었다. 수로는 토기 공방이나 청동 제련소 같은 산업의 밀집 지역을 통과했다(지도 7-2). 주요 도로는 왕실 구역의 남쪽으로 수렴되었다.

왕실 구역과 점술 텍스트

왕실 구역의 면적은 약 70헥타르 정도였고, 현재까지 발굴된 건물 유지는 100동이 넘는다(지도 7-3). 일부 건물에는 저장용 구덩이들이 연결되어 있었는데, 점술 기록이 새겨진 갑골은 대부분 여기서 발견되었다. 발견된 텍스트의 최소한 절반 이상은 환북에서 은허로 이주할 무렵, 즉 무정의 재위 기간에 속하는 유물이었다. 점술 텍스트가 갑자기 그렇게 많이 출현하게 된 이유는, 당시의 여러 가지 변화와 함께 점술 기록을 갑골에 바로 기록하도록 하는 조치가 취해졌기 때문이다. 점술 텍스트의 대부분은 왕이 다가올 한 주의 길운과 불행을 신중히 예측하는 내용이었으며, 왕실의 조상들에게 특정 제사를 바치는 것이 적절한지를 묻는 내용도 있었다. 몇 가지 사례를 보자면 다음과 같다.

---

2 HJ는《甲骨文合集》의 표준 약자다(北京: 中华书局, 1978-82. 全13册).

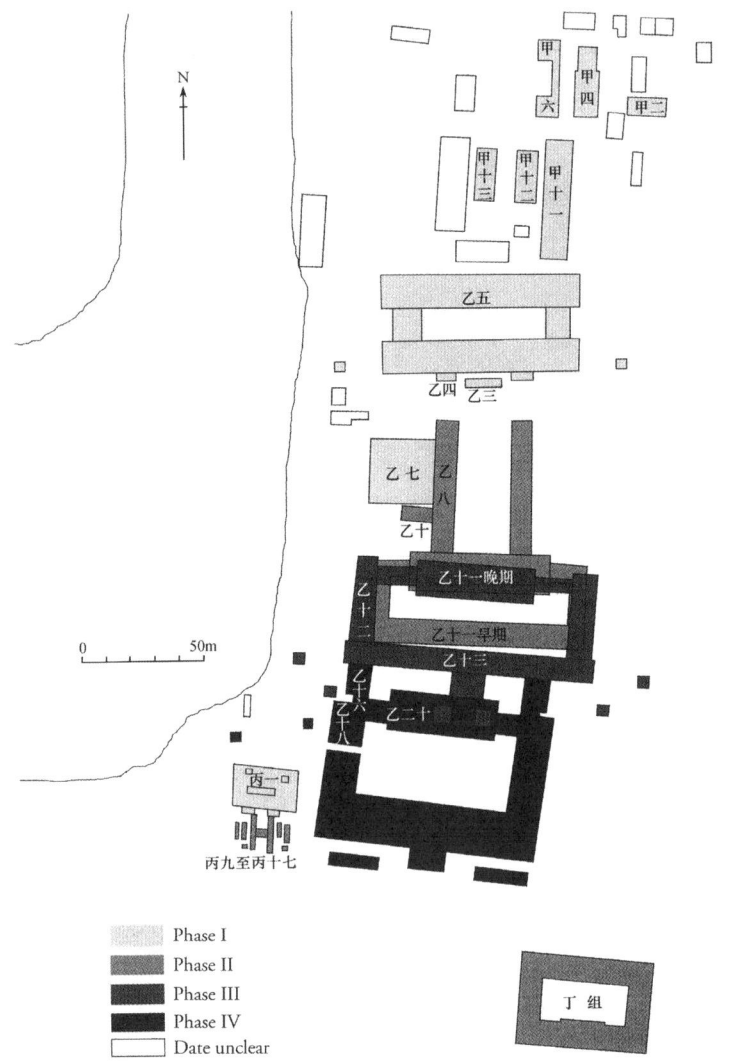

[지도 7-3] 은허의 왕실 구역
네모 표시된 곳은 주요 건물 유지가 발굴된 곳이다. 상나라 시기: 제1단계(청동기 공방이 포함되는 것으로 추정), 은허 시기: 제2~4단계.

[2] 기묘일(己卯, 16번째 날)에 점을 보다. 각(殻)이 예언하길, "호 부인(婦好)의 액막이를 위해 아버지 을(父乙)에게 제사를 지낼 때 양과 돼지를 잡고 우리 속의 양 10마리를 바치라." (HJ 271)

[3] 정축일(丁丑, 14번째 날)에 점을 보다. 행(行)이 예언하길, "왕께서 아버지 정(父丁)에게 협(協) 제사를 드리되, 문제가 없겠습니다." (HJ 23120)

[4] 8월 신해일(辛亥, 48번째 날)에 과연 몽(夢)에서 적의 수급 2656개를 베었다. 구월……. (HJ 7771)

이러한 텍스트들은 제사 도구와 함께 왕실 구역이나 왕실 묘역에서 발견되었다. 이는 상나라 왕의 정통성 기반에 왕실 조상의 비중이 얼마나 지대했는지를 극명히 보여주는 사례였고, 주로 왕실 조상에 대한 제사 관련 내용이 많았다.

고고학적 근거로 보자면, 제사에서 조상신은 조각상이 아니라 이름이 적힌 나무 막대(목간)를 모시는 방식이었다. 갑골문의 제사 관련 기록에 의하면 조상 제사의 형식은 다섯 가지(肜, 翼, 祭, 洒, 協)가 있었고, 엄격하게 정해진 일정에 따랐다. 일정은 상당히 복잡했는데, 왕의 묘호(廟號, 사후의 호칭)에 10간(十干)이 포함되어 있어서, 해당 날짜에 그 왕의 제사를 지냈다(예컨대 상갑上甲이라는 왕의 제사일은 갑술일甲戌日 – 옮긴이).

[5] 갑술일(甲戌, 11번째 날)에 상갑(上甲)을 위하여 익(翼) 제사를 지낸다. 을해일(乙亥, 12번째 날)에 보을(報乙)을 위하여 익(翼) 제사를 지

낸다. 병자일(丙子, 13번째 날)에 보병(報丙)을 위하여 익(翼) 제사를 지낸다. 정축일(丁丑, 14번째 날)에 보정(報丁)을 위하여 익(翼) 제사를 지낸다. 임오일(壬午, 19번째 날)에 시임(示壬)을 위하여 익(翼) 제사를 지낸다. 계미일(癸未, 20번째 날)에 시계(示癸)를 위하여 익(翼) 제사를 지낸다. (HJ 35406) (위 인용문에서 상갑, 보을, 보병, 보정, 시임, 시계는 모두 사망한 왕의 묘호다. – 옮긴이)

이외에도 계속해서 의례 주기가 열거되어 있는데, 점을 치고 제사를 지내야 하는 다양한 사례들이 등장한다.

[6] 상갑(上甲), 대을(大乙), 대정(大丁), 대갑(大甲), 대경(大庚), 대무(大戊), 중정(中丁), 조을(祖乙), 조신(祖辛), 조정(祖丁), 이상 열 분의 조상님께 (비를 구하는) 기도를 올릴 때……. (HJ 32385)

상나라에서는 열흘이 한 주였는데, 주 단위로 제사 일정이 기록되었다.[3] 아마도 매주 제사가 없는 주는 없었을 것이다. 앞에서 언급했던 것처럼 제사의 기본 형식은 다섯 가지였지만, 이외에도 위의 인용문 [2], [4], [6]에서 보듯이 다른 형식의 제사도 있었다. 의례 전문가들은 조상 제사 기록을 보관해야 할 의무가 있었다. 이러한 기록은 기본적으로 의례 행사 계획이기도 했기 때문에 기록 자체에 행정 문서의 기능도

---

3 Chang Yuzhi, *Shangdai zhouji zhidu* (Beijing: Xianzhuang Shuju, 2009), pp. 16-17.

포함되어 있었다.

그러나 이외에 안양 의례 기록의 다른 기능에 대해서는 별로 잘 알려진 것이 없다. 안양 출토 문자나 종교에 관련된 책에서 흔히 서술된 바와 달리, 문자 자체가 영혼과 소통하는 데 기본적 요소는 아니었다. 점을 보는 데 사용된 안양 출토 갑골에는 대부분 아무런 기록이 없었다. 점을 볼 때는 일단 갑골의 어느 한쪽에 구멍을 뚫고 거기에 열을 가해서 다른 쪽에 금이 가도록 하고, 금이 갈라지면 그것이 곧 앞서 제기한 질문에 대한 징조로 해석되었다. 금이 나 있는 갑골의 대부분에는 문자 기록이 포함되어 있지 않다. 갑골에 문자가 기록된 경우는 영적 소통이 끝난 뒤에 그 결과를 기록했던 것이다. 어떤 기록은 매우 아름답게 새겨져 있고, 심지어 붉은색이나 검은색 안료로 칠해진 사례도 있었다(그림 7-4). 이는 당시의 기록이 명백히 과시를 위한 장치였음을 의미하지만, 과연 누구에게 보여주려고 이런 장치를 사용했는지 우리로서는 알 수 없다.

당시 일정한 문인 예언가 집단이 있어서 그들이 대부분의 징조를 해석했을 가능성이 매우 높아 보인다. 그들은 죽간이나 목간에 관련 기록을 남겼을 것이다(목간이나 죽간의 두루마리를 그림으로 표현한 사례가 갑골문과 금문金文에서 발견되었다). 이러한 기록들 혹은 그 요약본들이 정기적으로 왕에게 보내져 신의 의중을 전달했을 것이다. 중요한 문제가 있을 때에는 왕이 직접 점을 보고 결과를 갑골에 기록했다. 다음의 사례를 살펴보자.

> [7] 계사일(癸巳, 30번째 날)에 점을 보다. 각(㱿)이 예언하길, "앞으로 열흘 동안 재앙이 없을 것이다." 왕이 갈라진 문양을 보고 말하길, "재앙

이 있을 것이다. 누군가 나쁜 소식을 가지고 올 것이다." 과연 5일째 되는 날인 정유일(丁酉, 34번째 날)에 서쪽으로부터 나쁜 소식이 전해왔다. ■■가 보고하기를, "토방(土方)이 동쪽 경계를 침범하여 두 개의 읍(邑)을 잃었습니다. 공방(工方) 역시 서쪽 경계의 농지를 침범했습니다." (HJ 6057)

이와 같은 드문 사례를 통해 우리는 정보를 입수하는 별도의 통로가 존재했다는 사실을 엿볼 수 있다. 즉 현실적 문제들을 왕에게 보고하는 사람들이 있었던 것이다. 갑골문을 비롯한 유물들로 보건대, 상나라의 문인은 적의 공격에 대한 일뿐만 아니라 편지라든가 왕의 명령 등 왕이 필요한 모든 문서를 작성할 수 있었다. 인용문 [7]에 등장하는 소식을 가지고 온 사람은 아마도 썩어 없어지는 매개체(나무 혹은 대나무)에 내용을 적어가지고 왔을 것이다.

[8] 하급 관리(小臣) 장(牆)이 왕의 공격을 도왔다. 위(危)나라의 우두머리 무(髳)를 사로잡았다. (또한) … 20명, 포로 4명을 잡았고, 수급 1570개를 얻었다. 매(䜌)나라의 포로 100명, 말 … 전차 2대, 방패 183개, 화살통 50개, 화살… (이 대목 이후로 왕실의 여러 조상신에게 제물로 인간과 동물을 바친 내용이 이어진다. 마지막으로 하급 관리에게 상을 내리는 대목에서 갑골이 부러졌다). (HJ 36481)[4]

---

4 번역은 다음의 해석을 따랐다. Liu Zhao, "Xiaochen Qiang keci xinshi," *Fudan xuebao* 1 (2009), 4-11.

[9] 임자일(壬子, 49번째 날)에 왕이 점을 보고 예언하길, "지(盩) 땅에 사냥을 나가되, 가고 옴에 재앙이 없을 것이다." 왕이 갑골을 보고 말하길, "이어서 길할 것이다." 과연 여우 41마리, 사슴 8마리, 코뿔소 1마리를 잡았다. (HJ 37380)

상나라의 왕은 신과 인간 양쪽 모두로부터 정보를 입수하는 데 많은 시간을 보냈다. 이 둘을 비교해본 뒤에야 최종 결심을 하고 명령을 내렸다. 이 모든 행위에는 문자가 개입되었다. 앞서 언급한 바와 같이 문자로 기록된 일정에 따라 조상들에게 제사를 지냈던 것처럼 현실 세계의 행정 관리도 같은 방식으로 실행되었을 것이다. 점술 기록에도 분명하게 나타나는 바와 같이, 회계 관리는 조상 제사의 영역에서도 그대로 적용되었다.

[10] 내가 (조개껍데기) 1000개를 사 왔다. 정(井) 부인께서 의례용으로 40개를 준비하셨다. (기록 담당자) 정(爭). (HJ 116b)

상나라의 문자 기록을 검토한 결과, 예언 관련 기록은 왕이 조상에게 질문하는 간단한 내용을 기록한 것이었다. 그럼에도 불구하고 그 안에서 많은 회계 관련 내용이 등장한다. 그러므로 그들이 사람과 물건의 사정을 매우 신중히 기록했음을 알 수 있다. 예를 들면 사람 5000명, 희생자 2656명, 방패 183개, 여우 41마리, 조개껍데기 1000개 등이다. 중국 고대의 기록으로 남아 있는 최초의 유물은 영혼과의 소통을 적은 기록이었으나, 조상과의 소통 문제가 중국에서 문자 기록 탄생에 영감을 준

것은 아니었다. 문자 개발의 동기는 틀림없이 행정 관리 영역의 문제였다. 여기서 최우선 관심사는 통제 관리. 통제의 수단은 창고를 건설하고 회계 관리를 하는 것이었다. 상나라의 농업, 제철, 식민지 경영 등의 규모는 상당히 거대했으며, 고고학적으로 발굴된 문자 유물을 통해 그 사정이 여실히 드러나고 있다. 그러한 상나라의 입장에서는 행정 관리에 문자가 엄청난 효용성이 있었다. 우리의 논의에서 인용된 문자 기록의 사례는 행정 관리라는 거대한 빙산의 살아남은 일각일 뿐이다.

농업과 회계 관리

[11] "왕께서 많은 관리(尹)들에게 서쪽에 있는 밭을 개간하라 명하신다면 곡식(禾)을 얻을 것이다." (HJ 33209)

[12] 계해일(癸亥, 60번째 날)에 점을 보다. "왕께서 많은 관리(尹)들에게 ■에 있는 밭에서 일하라 명하셔야 할까요?" 을축일(乙丑, 2번째 날)에 점을 보다. "왕께서 (많은 관리들에게) 경(京)에 있는 밭에 가서 일하라고 명하셔야 할까요? ■에 있는 밭에 가서 일하라고 명하셔야 할까요?" (Kaizuka 1959 – 68, no. 2363)

[13] 보(甫)가 경작한 지(姁) 땅의 수확물을 받으리라. (HJ 900)

[14] … 만약 일꾼들에게 크게 명을 내려 말하기를 "밭에서 함께 일하라"고 한다면 그 수확물을 받으리라. (HJ 1)

이와 같은 텍스트들은 상나라 농업의 일반적 모습을 보여주는데, 특히 왕실에서 관리하는 농업이 잘 드러나 있다. 왕은 관리들에게 농지를 할당해주었다. 관리 중에는 왕실 가문에 속하는 사람도 있었고 그렇지 않은 사람도 있었을 것이다. 할당된 농지에는 고랑을 파거나 흙을 쌓아서 경계를 둘렀다.[5] 이러한 행위는 토지 조사를 전제로 하는데, 갑골문에서도 조사관의 존재가 확인된다. 또한 어느 장소를 정벌하여 "정착지를 건설"하는 경우도 있었으며, 한 번의 원정에서 많으면 서른 개의 정착지를 건설한 때도 있었다. 왕에게 귀속되는 곡물은 미리 결정되어 있었다. 갑골문에서는 "왕의 것", "상나라의 것", "대읍의 것", 혹은 "우리 것" 등으로 표현되어 있다. 일부 농지는 지리적 명칭이 있지만, 동서남북 사방위로만 표현되는 경우도 있다. 위의 인용문 [11]~[13]으로 보자면, 상나라의 왕은 자신의 농지가 어디 있으며 담당 관리가 누구인지 (적어도 대충) 알고 있었다. 왕들은 이런 정보를 어떻게 알게 되었을까? 아마도 왕실에서는 농지와 담당 관리의 목록을 보유하고 있었던 것 같다. 점술 텍스트에는 추수와 관련하여 100여 곳의 지명이 등장한다. 갑골문과 금문에서는 농지를 공적으로 관리하는 업무가 기록되어 있는데, 그에 따르면 농지는 네 가지 유형으로 구분된다. 농지(田)의 특성에 따라 중간 통로와 배수로에 의해 사각형으로 나뉜 것으로 기록되어 있다. 만약 농지가 왕실 직할지라면 인용문 [11]에서 보듯이, 조사하기 용이하도록 그 형태가 구획되어 있었을 것이다. 그러나 상나라의 농장 형태와 관련되는 직접적인 고고학적 발굴 성과는 아직 없다.

규칙에 따라 농지를 세분해두는 편이 국가 차원에서 농민에게 개별 농지를 할당해줄 때 더 편리했을 것이다.[6] 고고학적 증거에 따르면, 노

---

5 Ge Yinghui, "Shi Yinxu jiagu de tutian fengjiang buci," in Song Zhenhao, et al. (eds.), *Jiaguwen yu yinshangshi (Xin yi ji)* (Beijing: Xianzhuang Shuju, 2009), pp. 69-78.

동 집단은 농기구를 통해 국가의 통제를 받도록 되어 있었다. 왕실 구역 안에서 두 차례에 걸쳐 많은 수량의 돌낫이 발굴되었다(발굴자들에 따르면 한 구덩이에 "1000개" 정도, 또 다른 구덩이에 444개가 있었다). 추수를 할 때 분배 계획에 따라 국영 공장에서 돌낫을 한꺼번에 제작했던 것으로 추정된다. 도구를 효과적으로 지급하려면 사용자, 사용자의 인원수, 관리의 단위 등에 관해 정확한 정보가 필요했다. 배급량을 결정할 때도 같은 정보가 필요했다. 왕은 창고 관리를 위해 관원을 파견하는 문제를 두고 점을 쳤다. 그중에는 그리 멀지 않은 곳에 위치한 창고도 있었다. 그곳에 저장된 곡식이 그 지역 노동자들의 식량으로 사용되었을까? 일부 초기 국가들의 경우 곡식 분배가 문자를 통해 관리된 사례가 있는데, 가령 잉카 문명에서 키푸(khipu)라는 기록 매체를 사용했다. 어떤 경우든 기본은 기록 관리였다. 갑골문에는 농업 및 전쟁과 관련하여 인원수를 파악하는 내용이 포함되어 있다. 위에서도 보았듯이 경우에 따라서는 사람이나 물건의 수량이 워낙 정확해서 세밀한 회계 장부를 가지고 있었을 것이라고 추정하게 된다. 그러나 전체적 자료를 통해 보면 과연 단순히 인원수를 세는 일을 넘어 인구 조사 같은 정보가 수집되지는 않았던 것 같고, 전국적으로 인구 총조사를 실시했던 것 같지도 않다. 그럼에도 불구하고 기록된 바에 따르면 회계는 국가 행정의 기본적 업무에 포함되어 있었다. 오늘날 우리가 볼 수 있는 기록들은 갑골에 새겨진 것일 뿐, 당시의 수치를 포함하는 많은 행정 문서들은 목간이나 죽간 같

---

6 도시화(urbanization)와 동시에 진행되는 "시골화(ruralization)"의 개념에 대해서는 케임브리지 세계사 시리즈 05권의 서문 참조.

은 썩어 없어지는 재료에 기록되었기 때문에 지금은 남아 있지 않다.

회계 기록은 종교, 농업, 전쟁, 사냥에 국한되지 않는다. 엘리트 계층의 식생활이나 영적 제사에는 고기가 필수적이었기 때문에 동물 사육도 기록을 남겨야 할 중요한 문제였을 것이다. 고고학적으로 발굴된 뼈와 수많은 갑골문 자료에 따르면 당시의 제사에 말, 소, 양, 개, 돼지가 엄청나게 많이 소비되었다. 산 사람들도 의례와 일상생활에서 그에 못지않을 만큼, 혹은 더 많은 양의 고기를 소비했을 것이다. 원거리 무역이나 전쟁을 통해 수입된 가축도 많았지만 현지에서 사육한 것은 훨씬 더 많았다. 은허에서 (가축우리가 발굴된 적 없으므로) 직접 사육하지는 않았더라도, 환수(洹水) 유역 어딘가 전문적으로 가축을 사육하는 마을들이 있었을 것이다. 메소포타미아 초기 왕조의 기록에는 돼지에게 사료를 공급한 양이나 아시리아의 목동이 양 치는 일을 설명한 자료가 남아 있다.[7] 중국의 행정 관료들도 단단한 진흙에 이와 유사한 기록을 간직했을 수도 있다. 은허의 발굴을 점술 텍스트로만 이해하기에는 우리에게 남겨진 갑골문의 수량이 너무 많다.

도시 산업과 회계 관리

[지도 7-2]는 은허에서 발굴된 공방의 위치를 표시한 것이다. 골각

---

[7] Bahijah Ismail and J. Nicholas Postgate, "A Middle-Assyrian Flock-master's Archive from Tell Ali," *Iraq* 70 (2008), 147–78; and Hans J. Nissen, Peter Damerow, and Robert K. Englund, *Archaic Bookkeeping: Writing and Techniques of Economic Administration in the Ancient Near East*, Paul Larsen (trans.) (Chicago: The University of Chicago Press, 1993), p. 103.

기, 옥기, 토기, 청동기를 전문적으로 제조하는 공방이 발굴되었고, 아직 발견되지 않았지만 틀림없이 전차를 만드는 공방도 어딘가에 있었을 것이다. 현재까지 골각기 공방은 네 곳이 발굴되었다. 그중 한 곳의 쓰레기 더미에서는 소의 뼛조각이 수십만 개나 발견되었는데, 바퀴가 달린 수레로 운반하여 그곳에 가져다 버린 것으로 추정된다. 다른 공방에서 발견된 소의 뼛조각도 무게가 32톤에 달했다. 쓰레기 더미에서 발굴된 조각을 통해 우리는 그들이 골각기 비녀(머리핀)를 만든 과정을 단계별로 재구성할 수 있었다. 그 과정에서 세부적 노동의 분화가 존재했던 것 같다. 은허에서 골각기 작업을 하려면 어딘가 도축장으로부터 막대한 양의 자재를 실어 와야 했다. 적은 수량의 옥이나 갑골을 거래한 영수증도 옥이나 갑골에 새겨진 형태로 발견되었다(예를 들면 [10]). 이런 점들을 종합적으로 고려할 때, 막대한 양의 동물 뼈를 거래하면서 전문적인 기록 담당자를 두지 않았다고 추정하기는 어렵다.

> [15] 정해일(丁亥, 24번째 날)에 점을 보다. 대(大)가 예언하길, "황려(黃呂, 잉곳)를[8] 주조하려면 … 먼저 틀을 만들고, 길일은……." (HJ 29687)

은허에서 발굴된 제철 공방은 세 곳이었다. 그중 가장 큰 곳은 도시의 서쪽에 위치했으며(지도 7-2) 면적이 5헥타르에 달했다. 여기서도 노

---

8 해당 문자 해석은 다음을 참조. Lin Yun (pen name Yan Yun), "Shangdai buci zhong de yezhu shiliao," *Kaogu* 5 (1973), 299.

동의 분화가 이루어졌던 것은 의심의 여지가 없다. 유적에서 구덩이가 하나 발견되었는데, 형틀을 만들기 위한 흙이 들어 있었다. 네 곳의 구덩이는 바닥에 숯을 깔고 점토로 만든 주형(鑄型)을 놓았으며, 추정컨대 그 위에는 매트를 덮었을 것이다. 점토로 만든 주형과 형틀 등을 그늘에서 건조하려면 이와 같은 구덩이들이 필요했다. 반지하 건물 자리도 두 곳 발견되었는데, 그곳에 아직 불에 굽지 않은 세발솥의 주형과 지름 1.5미터 이상의 거대한 원형 솥을 주조하기 위한 형틀을 비롯하여(실제 발굴된 청동기를 보면 주형이나 형틀이 이렇게 거대하다고 해서 놀랄 일은 아니다) 기타 주조 관련 잔해들이 있었다. 유적지의 잔해 중에는 수많은 도가니(爐) 파편도 발견되었고, 용기나 무기 또는 도구 등을 제작하기 위한 주형과 모형(模型)도 함께 있었다. 주형에 문양을 새기거나 다듬는 마무리 작업을 위한 도구들도 많이 발견되었다. 도가니에서 청동을 녹이는 데 사용한 숯과 관로(tuyère)도 있었다.

　제철 관련 잔해들이 발견된 유적 주변으로 반지하 건물터가 있었다. 지금까지 발견된 건물터는 약 90곳에 달한다. 건물에 따라 방의 개수는 한 개부터 다섯 개까지 제각각이었지만, 방 한 개짜리가 많았고(45곳) 방 다섯 개짜리는 한 곳뿐이었다. 건물마다 지붕 면적도 5~25제곱미터로 다양했다. 건물 크기와 방 개수가 다양한 것은 그곳 주민의 사회적 위계질서를 반영한 것일 수도 있었다. 방이 여러 개인 집에는 작은 면적의 응접 공간이 있었고, 방 안에는 흙으로 만든 너비 0.8~1.4미터의 낮은 벤치가 설치되어 있었다. 아마도 침대로 사용한 것 같은데, 한두 사람이 눕기에 적당한 크기였다. 거실과 침실 양쪽 모두 화덕과 벽감이 있었으며 토기, 머리핀, 점술 도구, 그리고 가끔 고기를 먹고 남긴 뼈들이 발견되었다.

　이러한 주택들은 은허 초기에 모두 한꺼번에 건설되었던 것으로 추정된다. 반면 제철 공방의 잔해에서는 초기와 후기 단계의 유물이 모두 발견되었다. 따라서 공방은 은허 시기가 시작된 동시에 운영을 시작한 것으로 볼 수 있다. 그리고 단순한 구조의 주택에서 산 거주자는 제철소 소속으로 국가의 관리를 받는 사람들이었다. 은허에서 일반적으로 가문 단위에 소속된 주택은 주로 지상 구조에 마당을 갖추었다(그림 7-5). 대개는 주택 주변으로 여러 개의 구덩이가 발견되었는데, 물건을 저장하거나 쓰레기를 버리는 용도였다. 그 외에 부속 시설로는 우물과 도로가 있었다. 그러나 공방 유적에서는 주택 주변이 이상하게 깨끗했다. 저장 공간이 없었다는 것은, 추정컨대 작업자들이 국가에서 나오는 배급에 의존해서 생활했음을 의미한다(작업자들이 스스로 요리를 했을 수는 있다. 말하자면 이집트의 사례에서 보듯이, 초기 국가에서 빵이나 기타 건조 식량을 대량 생산하여 배급한 사례가 있다. 그러나 중국인은 곡물을 끓여 먹는 방식을 선호했다). 공방의 작업자들은 고도로 전문화된 기술자들로 귀중한 인력 자원이었다. 그러므로 그들은 관료들의 엄밀한 관리 아래 놓여 있었을 것이다. 공방 운영 감독관은 근무자 명단과 배급 목록을 작성해서 관리했을 것이다.

[16] 정해일(丁亥, 24번째 날)에 점을 보다. 긍(亘)이 묻기를, "여(呂, 잉곳)를 가져오라고 할까요?" 묻기를, "여를 가져오라고 해서는 안 될까요?" 왕이 점을 보고 말씀하시길, "길하다. 가져오라고 해라……." (이후 부분은 망실) (HJ 6567)

엄청난 양의 구리, 주석, 납, 그리고 공방에서 사용하는 연료와 관련해서도 기록을 관리해야 했다. 이들 중에서 적어도 세 가지(구리, 주석, 납)는 원거리에서 조달해 오는 것이었다. 제련 과정에서 나오는 슬래그는 은허 유적에서 발굴된 적이 없다. 그러므로 어디선가 다른 곳에서 원석을 녹이고 제련하여 가져왔을 것으로 확신할 수 있다(논리적으로 생각해보면 연료 조달이 가능한 경우 광산에서 직접 제련을 했을 것이다. 그렇게 하면 철광석을 제외하고 제련된 금속 잉곳만 운반하면 되는 일이었다). 그러나 원석을 채취한 광산이 어디였는지는 아직 정확히 특정되지 않았다. 청동 유물을 가지고 원석의 산지를 추적하는 데는 매우 어려운 난관이 있다. 카네시(Kanesh, 퀼테페Kültepe)에서 발굴된 〈늙은 아시리아인의 편지(Old Assyrian letters)〉 같은 문서가 나타나지 않는 한 상나라의 무역에 관해서 논하기는 상당히 어렵다. 다만 그 규모가 컸으며, 지리적으로 굉장히 먼 지역까지 포함되어 있었다는 정도는 말할 수 있다. 점술 텍스트에는 상나라 왕에게 "조공"을 바쳤다는 기록이 있는데, 이는 국가 간 무역의 근거로 이해해야 할 것이다. 때로는 조공품에 많은 수의 말, 소, 양, 옥, 조개껍데기 등이 포함되기도 했다.

식민지 경영과 문자

[17] 임술일(壬戌, 59번째 날)에 … ■에게 명하여 … 소금을 가져오도록 했다. … 2월. (HJ 7022)

오늘날 산둥성에 해당하는 지역을 조사 및 발굴한 결과, 상나라에서 핵심 생필품 중 하나를 원거리에서 조달한 사실이 밝혀졌다. 오늘날 산

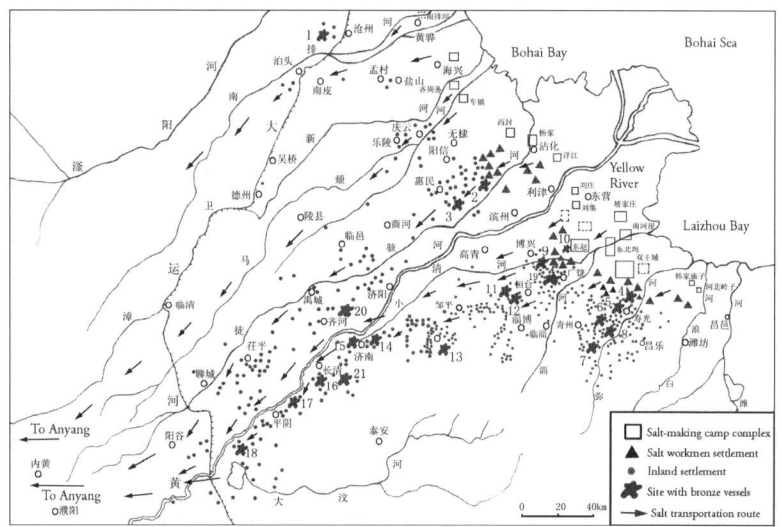

[지도 7-4] 산동성 지역에 있던 상나라의 식민지
안양까지 소금을 운송한 추정 교통로. 청동 의례 용기가 발굴된 지역을 중심으로 연결했다. (1) Niyangtun; (2) Lanjia; (3) Daguo; (4) Gucheng; (5) Sangjiazhuang; (6) Yujia; (7) Laowa; (8) Subutun; (9) Zhaibian; (10) Huaguan; (11) Shijia; (12) Tangshan; (13) Jianxi; (14) Daxinzhuang; (15) Liujia; (16) Xiaotun; (17) Xiaoli; (18) Hongfan; (19) Xihua; (20) Haozhuang; (21) Gushan

동성 북부 해안에서 내륙으로 10~30킬로미터 들어간 지점에서 고고학자들은 200곳이 넘는 상나라 당시의 캠프를 발견했다. 소금물 지하수를 퍼 올리는 곳이었다. 소금물 지하수는 띠처럼 형성된 약 250킬로미터 길이의 수로를 따라 흘렀는데, 그곳은 내륙에서 민물과 짠물이 교차하는 지대였다(지도 7-4). 캠프의 크기는 0.4~0.7헥타르로 다양했으며, 각 거주지마다 다음과 같은 시설을 갖추고 있었다.

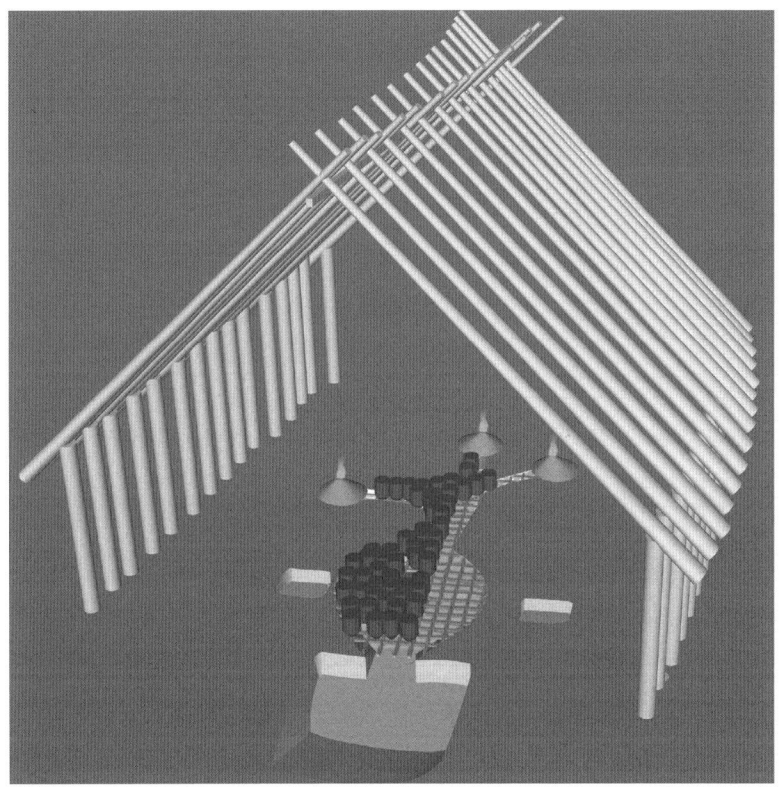

[그림 7-7] 산동성 지역의 소금 제조 오두막 복원 모형도
헬멧 모양의 토기가 격자 형태의 틀 속에 어떻게 놓여 있었는지를 보여준다.

(1) 지하수 소금물 우물

(2) 여과, 침전, 증발이 순차적으로 연결되는 웅덩이

(3) 오두막 안의 폐쇄 구조 가마로, 헬멧처럼 생긴 조잡한 토기에 소금물을 넣고 끓이는 시설

(4) 작업장과 소금물 저장용 웅덩이, 이 또한 오두막 안에 위치(그림 7-7)

한 주기의 작업을 위해 각각의 캠프에는 10명이 필요했고, 이들이 생산하는 소금의 양은 500킬로그램이었다. 이러한 캠프가 수십 개씩 밀집되어 있었다. 밀집 지역의 면적은 작게는 몇 제곱킬로미터에서 크게는 수백 제곱킬로미터에 달했다(지도 7-4에서 작은 사각형).

작업을 쉬는 기간 동안 일꾼들은 민물-짠물이 만나는 선을 기준으로 민물 쪽으로 넘어가 있는 영구 정착지에 거주했다. 그들의 정착지는 3단계의 패턴이 있었고, 각 단계의 사이에는 2~3킬로미터의 간격이 있었다. 1단계 정착지에는 1헥타르 면적에 약 10가구가 거주했는데, 이들이 캠프에서 가장 가까이 살았다. 그곳 주민들은 동물을 기르고 캠프에서 사용할 헬멧 모양의 토기도 만들었으나, 농사는 짓지 않았다. 그들에게 필요한 곡식과, 주택 건설에 필요한 목재는 2단계 정착지에서 공급했다. 2단계 정착지는 캠프에서 더 먼 곳에 위치했다. 2단계 개별 정착지의 면적은 3~6헥타르였으며, 각각 주택, 창고, 쓰레기장, 묘지 구역으로 구성되어 있었다. 때로는 토기나 석기 같은 도구를 만드는 공방도 포함하고 있었다. 낫, 땅을 경운하는 삽, 칼 등의 유물로 보아 그곳 주민의 주요 직업은 농업이었다. 발견된 동물 뼈의 90퍼센트가 사육종인 점으로 보아, 가축 사육 또한 2단계 정착지 사람들의 두 번째로 중요한 생업이었다. 하급 엘리트 계층의 무덤과 부장된 청동기가 몇몇 정착지에서 발견되기도 했다. 내륙으로 더 멀리 들어간 곳에 2~3곳의 정착지가 위치했는데, 3단계 정착지였다. 그중 한 곳에서 가까운 무덤이 발굴되었는데(지도 7-1, 지도 7-4, no. 8) 무덤의 형태나 규모, 부장품 등으로 보아 은허의 왕릉에 비견할 만했다. 그것은 상나라 수도를 벗어난 지역에서 발견된 무덤 중에서 가장 큰 규모였다.

캠프나 정착지 모두 은허 시기 이전에 건설된 것은 거의 없었다. 산동성 북부 지역에서 그들이 갑작스레 등장한 것은 어디선가 다른 지역에서 사람들이 이동해 왔기 때문이었다. 해당 유적지에서 발굴된 유물은 무덤 부장품에서 일상 도구와 엘리트 계층의 물건까지 다양했는데, 모두가 은허의 유물과 닮아 있었다. 그곳에서 발굴된 청동기에 일부 가문의 명칭이 새겨진 것이 있었다. 이는 모두 점술 텍스트와 금문이 은허에서 비롯된 것임을 입증하는 유물이었다. 따라서 은허 지역의 상나라 사람들이 1000킬로미터나 떨어져 있는 그곳에 식민지를 건설하기 전에 적어도 부분적으로는 그곳에서 소금을 조달했던 것으로 추정된다. 매년 그곳에서는 수백 톤의 소금이 생산되어 내륙으로 운반되었다. 그 대신 수천 톤의 곡물과, 아마도 고기와 가축 및 상당량의 목재도 소금 생산 기지로 운송되었을 것이다. 고고학자들의 발굴 덕분에 그곳의 소금 생산 규모와 교통 패턴을 파악할 수 있었다. 발굴 성과는 아주 뚜렷하고 정확했다. 그래서 곧바로 다음과 같은 의문이 제기되었다. 즉 상나라 사람들은 어떻게 이와 같은 식민지 건설을 계획하게 되었을까?

다른 초기 국가들과 비교해볼 때 원거리의 식민지를 효율적으로 관리하는 관건은 물류 유통 수단에 달려 있었다. 잉카의 경우 육로를 이용했는데 유명한 도로 시스템을 건설했고,[9] 우르 제3제국은 수로를 이용했는데 강물을 이용하여 곡물과 역청을 운반했으며,[10] 이집트는 예컨대

---

9 See Urton, Chapter 9, this volume. See also John Hyslop, *The Inka Road System* (New York: Academic Press, 1984).
10 Wolfgang Heimpel, "The Location of Madga," *Journal of Cuneiform Studies* 61 (2009), 25-61; and Tonia Sharlach, *Provincial Taxation and the Ur III State*

누비아를 개척할 때 육로와 수로를 모두 이용했다. 이집트에서는 기본적으로 나일강 수로를 이용했지만, 큰비가 내릴 때는 육로로 우회해야 했다.[11] 은허의 점술 기록에 따르면, 상나라도 그와 비슷하게 국가에서 운영하는 소통 체계가 존재했다.

> [18] 계해일(癸亥, 60번째 날)에 점을 보고 예언하길, "왕이 공격해야 할 날이 오늘인가?" … 저녁에 왕께서 세 번째 요새에서 걸어서 나가셨다. (HJ 33149)

당시에 수많은 거점과 요새가 은허로 이어지는 주요 교통로에 잇달아 건설되어 있었던 것 같다. 은허와 산동 사이의 유적지 분포를 보면, 청동기 유물이 발굴된 경우로 볼 때 육로로 두 개의 도로와 강물을 이용한 수로로 두 개의 도로가 가능성이 있다(지도 7-4). 은허 지역에서 발굴된 점술 텍스트들 중 일부에는 상나라 후기의 왕이 산동 지역으로 1년에 걸쳐 군사적 원정을 나갔던 일들이 기록되어 있는데, 이로 보아 상나라의 식민지 지배는 군사력에 의해 유지되었던 것 같다. 갑골문 [1], [8], [18]에도 적을 원정하는 내용이 등장하고, 반대로 적이 국경을 침범하는 사례(예를 들면 [7])도 있었다. 즉 상나라는 영토의 경계를 항상 순찰 경계하고 있었던 것이다.

그렇다면 은허 지역과 멀리 떨어진 전진 기지가 서로 소통한 수단은

(Leiden: Brill, 2004).
11 Barry Kemp, *Ancient Egypt: Anatomy of a Civilization* (London: Routledge, 2006), pp. 236-40.

무엇이었을까? 당시 은허에서 발달했던 문자 체계는 이미 구어를 받아 적을 수 있을 정도의 능력을 갖추었기에, 행정 문서의 내용이 단지 물품 배급의 원장을 기록하는 수준은 훨씬 넘어서 있었을 것이다. 국경에서 근무하는 관리들이 이집트의 셈나(Semna) 보고서 같은 문서를 중앙으로 보내지는 않았을까?[12] 갑골문 [7]의 내용을 보면, 셈나 보고서에 비견할 만한 어떤 보고서가 도착했던 것 같기도 하다.

데이비드 케이틀리(David Keightley)는 상나라의 행정을 "초기 관료 체제(incipient bureaucracy)" 혹은 "원시-관료 체제(proto-bureaucracy)"라 일컬었다.[13] 필자가 보기에는 "초기"나 "원시-" 같은 표현이 너무 조심스러운 술어 같다. 점술 텍스트가 작성될 무렵 행정 기록의 바탕에 이미 초자연적 영역이 잠재되어 있었고, 산 자와 영혼 사이의 소통 또한 관료 체제의 방식으로 이해되었다. 상나라 시대가 끝나갈 무렵의 유물로, 상나라 귀족이 주조한 장문의 기념사가 새겨진 청동기가 발견되었다(그림 7-8). 당시 귀족들은 왕으로부터 하사받은 상을 기록해둘 이유가 충분히 있었고, 조상들도 그 기록을 읽어주기를 기대했다. 청동기에 기록된 글을 보면, 아무 날에 어떠한 일로 왕께서 귀족에게 상을 내렸고(상의 내용이 상세히 기록되어 있다) 그에 따라 상을 받은 귀족이 청동기를 제작하여 조상에게 바친다고 되어 있다. 메소포타미아나 이집트에서 가장 일

---

12 Ibid., and Paul Smither, "The Semnah Despatches," *Journal of Egyptian Archaeology* 31 (1945), 3-10.
13 David Keightley, "The Shang," in Michael Loewe and Edward L. Shaughnessy (eds.), *The Cambridge History of Ancient China: From the Origins of Civilization to 221 B.C.* (Cambridge: Cambridge University Press, 1999), pp. 286-7.

[그림 7-8] 상나라 말기의 청동기 뚜껑에 새겨진 글씨의 탁본

청동기는 일본 고베 백학미술관(白鶴美術館) 소장품. 청동문은 오른쪽 위에서부터 아래로 읽는다. "을사일(乙巳, 42번째 날)에 자(子)께서 소자(小子) ■에게 명하기를, 나아가 (희생에 바칠) 사람들을 근(菫)으로 옮기라 했다. 자(子)께서 ■에게 조개껍데기(貝) 2꾸러미(二朋)를 상으로 내리셨다. 자(子)께서 말씀하셨다. '조개껍데기는 너의 공을 인정하는 것이다.' 상으로 받은 조개껍데기를 대가로 지불하고 어머니 신(辛)을 위하여 이(彝, 청동 제기의 일종)를 제작했다. 10월의 일이다. 이때 자(子)께서 인방(人方, 산동성 지역의 적국)의 우두머리 매(冒)를 감시하라고 명하셨다." 이 글에 등장하는 자(子)는 분명 고위 사령관이었을 것이다. 그가 복무한 시기는 상나라 왕조의 마지막 2대 왕에 걸쳐 있었다. 상나라의 마지막 왕은 재위 10년과 15년 두 차례(혹은 세 차례)에 걸쳐 산동 지역으로 원정을 떠났고, 당시의 경로와 관련된 많은 갑골문 기록이 남아 있다. 이를 근거로 학자들이 원정 경로를 재구성했는데, 그 결과는 앞에 제시한 [지도 7-4]의 소금 수송로와 거의 일치했다. 또한 청동기에 새겨진 글자의 배치가 행간은 넓은 반면 글자와 글자 사이가 좁은 것은 죽간의 형태를 그대로 본뜨는 과정에서 그렇게 되었다는 주장이 상당히 설득력 있다.

반적인 행정 문서의 사례가 영수증이었다는 사실을 되새길 필요가 있다. 더욱 중요한 것은, 문자 기록을 통해 보고하는 것이 바로 관료 체제 발달의 본질이었다. 메소포타미아와 이집트 행정 문서의 두 가지 핵심은 수량과 책임을 분명히 하는 것이었다. 상나라 청동기에 새겨진 금문에는 날짜, 사건, 참여자가 모두 기록되어 있는데, 이는 메소포타미아나 이집트에서와 같은 핵심 내용을 조상 제사라는 독특한 맥락을 통해 표현한 것으로 볼 수 있다. 문자를 통해 과시하는 새로운 형태의 관료 체제는 주(周)나라에서도 더욱 발전된 형태로 이어졌다. 주나라가 상나라를 정복한 때는 금문이라는 새로운 장르가 등장한 직후였다.

종결부

은허의 도시는 기원전 1050년 주나라의 정복으로 폐허가 되었다. 오늘날의 도시들이 쇠락하거나 무너지는 것은, 제인 제이콥스(Jane Jacobs)에 따르면 경제적 이유 때문이다.[14] 그러나 고대 중국에서 주요 도시의 종말은 대개 경제적 이유보다 정치적 이유 때문이었다. 왕조가 바뀌거나 제국이 탄생하면 도시는 새로운 사이클로 접어들었다. 이전의 도시에서 개발된 어떤 부분들은 새로운 혁신을 거쳐 유지되었다. 무엇보다 문자가 바로 그러한 사례였다. 상나라의 문자 체계와 필사자들은 정복 왕조 주나라에 의해 그대로 채택되었다. 주나라는 중국의 더 넓은 지역에서 나름의 방식으로 도시를 건설했으며, 그 과정에서 문자도 보급되

---

14 Jane Jacobs, *Cities and the Wealth of Nations: Principles of Economic Life* (New York: Vintage Books, 1985), pp. 156–232.

었다. 문자는 정치, 종교, 행정, 군사, 문화 생활은 물론 도시 바깥에서도 사용되었다. 도시와 시골을 막론하고 자신의 정체성을 구축하는 도구는 문자였다. 하지만 쓰임새가 가장 큰 분야는 바로 행정이었다. 공동체의 도덕규범이었던 신앙은 어떻게 보면 한순간에 변할 수도 있다(은허에서 정기적으로 거행되었던 대규모 인신 공양이 갑자기 사라진 사례를 떠올려보라). 그러나 문서 행정은 모든 정치 체제에서 지위 고하를 막론하고 그대로 살아남았다.

더 읽어보기

Archaeology of early Chinese cities

Bagley, Robert, "Shang Archaeology," in Michael Loewe and Edward L. Shaughnessy (eds.), *The Cambridge History of Ancient China: From the Origins of Civilization to 221 B.C.*, Cambridge: Cambridge University Press, 1999, pp. 124–231.

Liu, Li, and Xingcan Chen, *The Archaeology of China*, Cambridge: Cambridge University Press, 2012.

Steinke, Kyle (ed.), *Art and Archaeology of the Erligang Civilization*, Princeton, NJ: Princeton University Press, 2014.

Early cities in comparative perspective

Houston, Stephen D., Hector Escobedo, Mark Child, Charles Golden, and René Muñoz, "The Moral Community: Maya Settlement Transformation at Piedras Negras, Guatemala," in Monica L. Smith (ed.), *The Social Construction of Ancient Cities*, Washington, D.C.: Smithsonian Books, 2003, pp. 212–53.

Kemp, Barry, *The City of Akhenaten and Nefertiti: Amarna and Its People*, London: Thames & Hudson, Ltd., 2012.

Chinese writing

Bagley, Robert, "Anyang Writing and the Origin of the Chinese Writing System," in Stephen D. Houston (ed.), *The First Writing: Script Invention as History and Process*, Cambridge: Cambridge University Press, 2004, pp. 190–249.

Keightley, David, "The Shang," in Michael Loewe and Edward L. Shaughnessy (eds.), *The Cambridge History of Ancient China: From the Origins of Civilization to 221 B.C.*, Cambridge: Cambridge University Press, 1999, pp. 232–91.

Wang, Haicheng, *Writing and the Ancient State: Early China in Comparative Perspective*, Cambridge: Cambridge University Press, 2014.

Writing in comparative perspective

Baines, John, John Bennet, and Stephen Houston (eds.), *The Disappearance of Writing Systems: Perspectives on Literacy and Communication*, London: Equinox Publishing Ltd., 2008.

Houston, Stephen D. (ed.), *The First Writing: Script Invention as History and Process*, Cambridge: Cambridge University Press, 2004.

CHAPTER 8

초기 마야 도시 읽기: 도시화 과정에서 문자의 역할

대니 로
Danny Law

고대 마야의 도시들은 오래전부터, 최소한 18세기 후반부터 서구 학자들의 관심을 끌어왔다(제3장의 지도 3-1 참조). 열대 우림에 둘러싸인 고대 건물의 잔해는 낭만적 취향을 자극했다. 과거 구미의 탐험가들뿐만 아니라 오늘날 많은 고고학자들과 아마추어 연구자들 또한 마야 유적에 깊은 관심을 가지고 있다. 돌을 쌓아 만든 거대 피라미드는 둥그스름하고 우아하게 새겨진 그림문자로 뒤덮인 채 정글의 빽빽한 수풀에 가려져 있었다. 고색창연한 그 모습만으로도 마야 피라미드는 "파라오 시대의 오랜 유물로 보였다."[1] 시기 문제는 이후로 좀 더 신중하게 (말하자면 인상주의적 면을 좀 더 걷어내고) 연구되었다. 오늘날의 과테말라 저지대, 멕시코 남부, 벨리즈, 온두라스 등지에 산재하는 유적을 근거로, 마야 저지대(Maya Lowlands)에서 대규모 인구 밀집 도심지가 등장한 시기는 "후기" 선고전기("Late" Preclassic period)로 확인되었다. 이 시기는 서력으로 기원전의 시대가 끝나갈 무렵이었다. 초기 탐험가들이 발견한 지표면 유적의 대부분은 기원후 제1천년기에 속하는 것들이었다.

---

1 Benjamin Moore Norman, *Rambles in Yucatan Including a Visit to the Remarkable Ruins of Chichen, Kabah, Zayi, Uxmal* (New York: Henry G. Langley, 1843), quoted in Michael D. Coe, *Breaking the Maya Code* (New York: Thames & Hudson, Ltd., 1999), p. 96.

최초의 도시와 관련된 증거들을 발굴했더니, 그와 함께 문자와 관련된 증거들도 적지 않은 양이 발견되었다. 마야 저지대에서는 도시가 등장할 무렵 이미 완숙한 단계의 문자 전통이 존재하고 있었다. 이 또한 후기 선고전기의 유물이었다. 마야의 그림문자(hieroglyph)는 표어 문자(logographic)와 표음 기호(phonetic signs)가 결합된 복잡한 구조로 복잡한 언어를 표현했다. 그 의미는 최근에서야 비로소 신뢰할 수 있을 정도로 해독이 되었다. 그러나 초기의 텍스트들은 여전히 해독되지 못한 상태다. 가장 큰 이유는 남아 있는 초기 텍스트 유물의 양 자체가 많지 않기 때문이다. 마야 문자의 기원은 아마도 오랜 시간의 심연 속에 묻혀버린 것 같다. 기원은 고사하고 초기 문자 유물 또한 극히 드물지만, 기존의 유물을 통해 문자의 사회적 역할, 즉 도시화 과정 및 고대 도시에서의 정부 체제 성립 과정에서 문자가 어떤 기여를 했는지 정도는 추정해볼 수 있다.

우리 연구의 주제는 초기 마야 도시 및 문자와 관련되는 직관적 물음에 답하려는 것이다. 텍스트 유물은 어디서 발견되었으며, 누가 왜 그 문자를 기록했는가? 이와 같은 단순한 물음조차 다소 복잡한 이론적 문제와 결부되어 있다. 사회에서 문자란 무엇인가("언어를 그림 형태로 부호화하는 것"이라는 대답은 적절한가)? 현실에서 문자가 활발하게 사용되려면 사회 구조적으로 무엇이 필요한가? 시간이 지남에 따라 사회에서 문자의 기능(역할)은 어떻게 진화했는가? 이 글의 목적 중 하나는 단순한 사실을 확인하는 것으로, 고대 마야 문자와 관련하여 "누가", "무엇을", "왜"라고 하는 문제를 살펴보려 한다. 그러나 단순한 사실만 확인하려 해도 고대 도시와 문자의 일반적 속성에 관한 만만찮은 질문들을 피해가기 어렵다. 이어지는 글에서는 사회적 맥락에서 텍스트의 본성을 논할 것이며, 마야 저지대 최초의 텍스트를 검토하고, 이들 텍스트와 관련하여 선고전기의 마야 저지대에서 문자의 발달과 인구 밀집 도시의 급격한 성장이 어떤 관계가 있었는지를 검토해보고자 한다.

세계 여러 지역의 사례를 볼 때, 문자의 발달은 고대 도시의 출현과 특별한 관계가 있었다(문자라고 하는 상징체계의 발달도 그랬고, 사회·정치·경제 영역에서 문자 사용의 확산 측면에서도 그랬다). 문자와 도시의 관계 면에서 초기 마야 도시들은 흥미로운 사례를 보여주었다. 겉으로 드러나는 기호 체계의 발달 과정뿐만 아니라, 초기 도시에서 문자가 기록한 주제나 그 대상이 메소포타미아나 세계 다른 지역의 초기 도시들과는 달랐다. 초기 마야 도시에서 문자가 얼마나 중요했는지는 고전기(c. 200~900 CE) 마야 도시를 보면 분명하게 알 수 있다. 마야의 문자는 거대한 건축 구조물에서부터 아주 조그만 조개껍데기나 토기와 옥기 등에 모두 새겨졌다. 고전기 이전(c. 300 BCE~200 CE)의 마야 도시에서는 문자가 일반적으로 그리 흔하게 사용되지 않았고 규모도 크지 않았다. 그러나 그때부터 도시 엘리트 계층의 사회적·종교적 생활에 문자가 포함되었던 것은 분명한 사실이다. 초기 마야 텍스트를 맥락 속에서 고려할 때 먼저 문자(writing)와 아이콘(iconography)이 서로 밀접하게 연결되어 있었다는 점이 대두된다. 형태와 기능 면에서 그러했을 뿐만 아니라 작은 규모의 사적 텍스트나 거대 규모의 공공 건축물에 새겨진 경우도 모두 마찬가지였다. 초기 텍스트 연구자들이 특히 관심을 기울였던 또 한 부분은 바로 공백이었다. 즉 현존하는 텍스트 유물 가운데 누락된 부분에 주목했던 것이다. 남아 있는 텍스트는 편중된 사례일 수밖에 없고, 따라서 초기 마야 도시의 텍스트 이해 또한 그런 편중된 자료에 바탕을 둘 수밖에 없었다.

문자와 문화

초기 마야 도시에서 문자의 특성을 살펴보기 전에 문자와 사회 및 정치 구조의 관계를 먼저 검토해볼 필요가 있다. 문자 체계를 연구하는 학자들은 흔히 문자 체계의 근본적 특성을 강조하는데, 그 특성은 사회의 기본 구조로부터 나온 것이라서 "문자는 언어를 시각적 형태로 코드화한 것"이라고 한다. 혹은 "문자는 지속 가능한 메시지를 만들어내는 매체(medium)"라고도 한다. 문자를 하나의 기술(technology)로 보면 문자는 물론 중요한 기호 체계이며, 위와 같은 학자들의 견해는 나무랄 바 없다. 그러나 현실에서 문자는 기호 이상의 의미를 가진다. 예컨대 읽고 쓰는 법을 가르치는 기관이 있을 것이며, 형태와 의미의 표준, 그리고 사회 속에서의 기능을 제정 및 강화하는 조직도 있을 수 있다. 이러한 기관과 조직을 통해 문자라는 존재는 정당화되고 또한 지속되는 것이다. 사회적 규범과 정치적 구조는 문자를 통해 표현된 말을 통제한다. 심지어 문자를 통해 "앞으로 말할 수 있는 것"도 규제한다. 따라서 이상적으로는 문자로 표현할 수 있는 관념의 수가 무한하지만, 현실에서 문자는 상당히 뚜렷한 제한 조건 아래 놓여 있는 것이다.

문자는 그 특성상 의미를 고정시키고 또한 지속시키는 뚜렷한 속성이 있다. 우리의 논의에서 별도로 지적하지 않더라도, 근대 도시와 국가에서는 이와 같은 기능을 하는 사회적 장치들이 문자 이외에도 여러 가지가 존재했다. 근대 국가와 관련하여 매우 영향력 있는 연구를 발표한 제임스 스콧(James Scott)은 이른바 국가 경영(statecraft, 통치술)과 관련된 많은 요소들에 주목했다. 그가 지적한 근대 국가의 특징 중 하나는 통치 대상과 영역을 단순화하고 한계를 설정했다는 점이었다. 논의 과정에서 그는 텍스트의 비유(textual metaphor)를 사용했는데, 국가의 입장에서 단순화란 통치 대상의 "가독성(legible)"을 높이는 일이었다.[2] 식민지 연구자들은 그의 이론에서 "텍스트화(entextualization)" 과정에 특히 주목했다.[3] 식민 통치 당국은 대개 단순히 대상을 기록(묘사)할 뿐이라고 주장했지만, 실제로는 그 과정에 심각한 변조의 영역이 개입되었다. 사전적 정의를 기술하는 과정에서도 새로운 주체들과 새로운 의미들이 생겨났던 것이다. 우리는 물질문화를 검토할 때, 최초의 도시로부터 지금에 이르기까지 도시의 경관에 "새겨진" 함축적 의미를 보지 않을 수 없다. 그사이에 땅과 바위가 옮겨지고 새로운 공간이 만들어졌을 텐데, 부르디외(Bourdieu)의 개념으로 말하자면 새로운 장(field)이 열린 것이다. 여기서는 새로운 백성과 새로운 통치를, 혹은 최소한 새로운 규범을 펼치게 된다.

의미의 장(field)이란 개념은 물리적 공간만을 얘기하는 것이 아니다. 그보다는 오히려 육체적 성질, 사상, 신앙, 말하는 방식 등 사람들의 "아비투스(habitus, 생활 관습)"를 의미한다. 윌리엄 행크스(William Hanks)는

---

2 James C. Scott, *Seeing Like a State: How Certain Schemes to Improve the Human Condition have Failed* (New Haven, CT: Yale University Press, 1998).
3 Richard Bauman and Charles L. Briggs, "Poetics and Performance as Critical Perspectives on Language and Social Life," *Annual Review of Anthropology* 19 (1990), 59-88.

스페인의 유카탄반도 정복 이후 형성된 다양한 유카텍 마야어(Yucatec Maya language)에 의미장 이론을 적용했다.[4] 윌리엄 행크스의 견해에 따르면, 스페인 사람들이 레둑시온(reducción)이라고 부른 제한 구역에서의 관습은 행동, 사고방식, 언어 습관을 포함하는 것으로, 정착지의 범위를 훌쩍 넘어서 뻗어 나갔으며, 궁극적으로는 새로운 형태의 언어를 만들어내게 되었다. 윌리엄 행크스는 이를 마야 레둑시도(Maya Reducido)라고 일컬었다. 이 사례를 통해 제임스 스콧이 언급한 "가독성(legibility)"을 스페인 사람들이 어떤 식으로 추구했는지 명확하게 드러났다. 윌리엄 행크스의 연구에 따르면, 마야 레둑시도는 단지 단순화 과정에 그친 것이 아니라 언어의 형태와 의미가 재배열(재구성)되는 과정이 포함되었다. 윌리엄 행크스는 이를 "적정대응관계(commensuration)"라 했다. 이는 스페인 사람들이 만들어낸 새로운 사회 질서에서 의미를 더욱 원활히 소통하기 위한 변화였다.

어떤 공동체가 어떤 식의 교류를 하든, 기호와 의미의 배열을 제정하고 재정렬하는 능력은 반드시 필요한 요소일 수밖에 없다. 인간의 직접 대면 상호 교류를 연구한 결과, 우리 인간은 상징이든 언어든 혹은 그 무엇이든 즉석에서 변형을 할 수 있는, 다시 말해 적정대응관계(commensuration)를 만들어낼 수 있는 능력이 있었다. 근대 국가에서 시민과 정부는 일정한 의미 협상의 능력을 보여주었다. 정부는 명령 혹은 일정 정도의 가치와 의미 부여(화폐, 행동 규범, 철자법 등)를 통해 고정화

---

4 William Hanks, *Converting Words: Maya in the Age of the Cross* (Berkeley: University of California Press, 2010).

또는 "텍스트화(entextualized)"하지만, 그것은 언제나 유동적이다. 푸코(Foucault)는 이를 "진리 체제(regimes of truth)"라고 했는데, 역사적으로 특정 진리 체제는 매 순간 변해왔다. 그럼에도 진리 체제는 언제나 현실에서 변수를 제거하려 했다. 그래서 사회적 맥락으로부터 동떨어진 형태를 더욱 폭넓게 허용함으로써 개별 행위자를 진리 체제 안으로 포섭하려 했다. 제임스 스콧은 이와 관련하여 언어 외적인 사례를 제시한 바 있는데, 예컨대 도량형의 통일이라든가 생필품의 생산과 교역 체제 등이었다. 이 논의에서 그는 다음에 주목했다. "장인(匠人)이 생산한 상품은 어느 하나의 생산자가 어느 특정 소비자의 수요를 만족시키기 위한 목적을 가지며, 그 상품 하나만의 특수한 가격을 보유한다. 반면 대중적으로 생산된 상품은 어느 특정 생산자가 생산한 것이 아니며, 어느 하나의 소비자 개인을 고려한 것이 결코 아니다."[5]

그렇다면 우리 논의에서 유의미한 주제는 두 가지다. 첫째는 도시화 과정이다. 이는 어느 한 공간에 주민이 몰려드는 것을 넘어서 사회적 관습의 근본 구조가 바뀌는 것을 말한다. 새로운 참여의 장(field)으로 사람들을 이끌어내고, 말하자면 그 새로운 장에서 참여자들이 새롭게 규정되는 동시에 새롭게 만들어지는 것이다. 둘째는 획일화다. 획일화는 도시화 과정의 핵심이다. 권력은 기호(signifier)와 의미(signified) 사이의 공간을 차지하고 있다. 그리고 국가는 다양한 권력 기관(제도)을 통해 바로 그 공간을 파고든다. 권력의 목적은 유통되는 의미를 규정하는 것, 그리고 허용 가능한 담론의 범위를 결정하는 것까지 포함한다. 부르디외

---

5 Scott, *Seeing like a State*, p. 31.

는 이를 정통(orthodoxy)과 사상적 주류(doxa)로 구분했다. 정통과 사상적 주류는 헤게모니의 현 상태를 영속화하는 데 도움을 줄 뿐만 아니라, 도시를 구성하는 이질적 집단들을 적절히 배열하고 그들끼리 상호 교류가 가능하도록 하는 역할도 한다.

국가 체제에서의 문자

최초의 도시와 문자의 발전은 흔히 함께 묶여 거론되지만, 앞에서 설명한 관점에서 보자면 그 뉘앙스가 미묘하게 달라진다. 문자는 체계적 통제를 필요로 하고, 국가는 그러한 통제를 제공할 수 있다. 그러나 동시에 텍스트의 영속성 또한 국가에 이익을 제공할 수 있다. "텍스트는 맥락으로부터 벗어나 존재할 수 있기 때문에 사람들이 공유할 수 있는 지속적 이미지를 만들어낼 수 있다. 그 이미지는 어떤 현실적 맥락, 즉 읽고 해석하는 과정, 실생활에서의 사용, 역사적 변화로부터 벗어나 존재하는 것이다."[6] 다시 말해서 국가는 문자로부터 이득을 볼 수 있다. 그 이득이란 다만 실용성의 차원에 그치는 것이 아니라 특정 맥락을 초월하는 무언가를 만들 수 있는 능력에서 비롯된다. 문자는 대답을 허용하지 않는 목소리를 표현할 수 있다. 예를 들면 통치자의 명령이나 선언 같은 글이다. 이는 얼굴과 얼굴을 맞대고 이루어지는 의사소통의 형식을 초월하여 국가의 의지를 표현하는 실체가 된다.

그럼에도 불구하고 복합 사회가 문자를 필요로 하는 것보다 문자가

---

6 Webb Keane, "Religious Language," *Annual Review of Anthropology* 26 (1997), 47–71.

복합 사회를 필요로 하는 이유가 더 분명할 것이다. 결국 문자는 통제를 필요로 하며, 그러한 통제를 가장 잘 구현할 수 있는 조건은 도시 같은 복합적 정치 구조다. 글을 쓰고 텍스트를 생산하는 과정이 만들어지려면 사회 관습의 혁명적 변화가 있어야 하고, 정치 구조는 그러한 변화를 강제할 수 있다. 그러나 그보다 더욱 결정적인 조건은 섬세하게 통일된 기호 체계다. 그 기호 체계를 만들어낸 사회에서 사람들이 그 기호 체계를 인식할 수 있어야 한다. 물론 구술 언어도 사용자들의 합리적 신뢰를 필요로 한다. 즉 사람들이 말소리의 의미를 공유할 수 있어야 하는 것이다. 그러나 구술 언어는, 제임스 스콧이 언급한 장인(匠人)의 상품과 같은 속성을 지닌다. 즉 구술 언어의 의미는 눈앞의 맥락에 따라 쉽게 변한다. 구술 언어의 의미는 살아 움직이는 것이며, 상황에 따라 적응하는 것이다. 의미는 상호 작용의 과정에서 출현하고, 또한 그 과정에 따라 변한다. 그러나 글에서는 이런 일이 불가능하다. 폴 리쾨르(Paul Ricoeur)가 지적했듯이, 글은 "저자의 마음속에 깃들어 있던 자신의 항구를 잃어버렸다."[7] 그래서 문자 언어는 논쟁이 불가능하다. 월터 옹(Walter Ong)도 같은 논점을 제기한 바 있다. "마치 신탁이나 예언이 다른 누군가의 말을 전해주는 것처럼, 책에서는 다른 출처(각주)로부터 뽑아 온 말들을 늘어놓는다. 진정으로 '말해진' 내용 혹은 쓰인 내용은 그 출처에 있다. 궁극적 출처에 도달해야만 비로소 그 저자와 논쟁할 수 있을 것이다. 그러나 어떤 책에서도 궁극적 저자는 만날 수가 없다."[8]

---

7 Paul Ricoeur, "The Model of the Text: Meaningful Action Considered as a Text," *New Literary History* 5 (1973), 91–117.

마야 저지대의 도시화와 문자

앞에서 언급한 논점들을 염두에 두고 이제 마야 저지대(Maya Lowlands)에서 등장했던 문자와 도시의 특징을 살펴보기로 한다. 마야 지역에서 문자의 기원과 초기 사용 관련 자료는, 비록 불충분하지만 적어도 두 가지 주제에 대한 근거는 부족하지 않다. 첫째, 도시의 형성에 문자는 어떤 의미였는가? 둘째, 문자의 발달에 도시는 어떤 역할을 했는가? 먼저 마야 문자와 마야 저지대의 도시화를 주제로 하는 현재까지의 연구 성과를 개관한 다음, 초기 문자와 기타 여러 가지 상징이 서로 얽혀 있었던 문제, 그리고 고대 마야 도시에서 질서의 형성과 명령의 전달에 문자가 사용되었던 문제를 살펴보고자 한다.

주지하듯이 마야 문명의 시작은 아직 추측의 안개에 가려져 있다. 그러나 고고학적 발굴 사례가 늘어나고 기술이 발달한 덕분에 문명의 시작과 관련해서 어느 정도까지는 세부적 면모가 드러나고 있다. 기존 마야 저지대 역사의 시기 구분은, 기본적으로 고대 마야 관련 연구가 제대로 발달하지 않았을 때 접근하기 쉬운 유적을 근거로 틀이 잡혔다. 전통적으로 콜럼버스 이전의 마야 역사는 주로 4단계로 구분했다.

- 아르카익기(Archaic period): 기원전 6000년경(최초의 정착 공동체 등장)부터 기원전 2000년까지
- 선고전기(Preclassic period): 기원전 2000년부터 기원후 250년까지

---

8 Walter Ong, *Orality and Literacy* (New York: Metheun, 1982), p. 77.

- 고전기(Classic period): 기원후 250년부터 900년까지
- 후고전기(Postclassic period): 기원후 900년부터 스페인 사람들이 도착한 16세기 초까지

이 중에서 우리 논의의 초점은 선고전기에 있는데, 선고전기는 다시 세부적으로 "초기(Early)"(2000~1000 BCE), "중기(Middle)"(1000~400 BCE), "후기(Late)"(400 BCE~250 CE)로 구분된다. 일부 학자들은 기원후 1~2세기에 해당하는 "말기(Terminal) 선고전기"를 상정하기도 하는데, 선고전기의 주요 유적 몇몇이 이 무렵에 폐허로 버려졌다는 점이 이 시기의 특징이다.

마야 문자

마야 그림문자 텍스트 유물은 약 1만 5000점 정도가 남아 있다. 대부분은 매우 짧은 텍스트이며, 그림문자 10~20여 개가 하나의 텍스트를 구성하고 있다. 물론 100여 자가 넘는 텍스트도 몇몇 사례가 존재한다. 이런 텍스트는 곳곳에서 발견되었다. 구체적으로 열거하자면 무덤 벽면에서부터 토기 표면까지, 머리핀과 계단, 문 위, 벽 마감재, 높이가 몇 미터나 되는 거대한 비석까지 매우 다양했다. 유물에 남아 있는 그림으로 보아 심지어 옷에도 그림문자가 문양으로 사용되었던 것으로 추정되지만, 실제 사용했던 옷감은 남아 있지 않다. 나무껍질에 글씨를 쓴 문서 네 점이 남아 있는데, 각각의 보존 상태가 다르기는 하지만 모두 스페인 정복기의 유물이다. 그 이전 시기의 문서는 모두 시간과 열대 기후의 습기에 굴복하여 사라지고 말았다. 다만 고전기 무덤에서 문

서의 흔적이 발견되었는데, 그 내용을 알아볼 수 없었다. 이외에도 고전기 토기에 글씨를 쓰거나 문서를 읽는 장면을 그린 그림이 몇 점 남아 있다. 따라서 고전기에 문자가 사용되었다는 사실 자체에 대해서는 의문의 여지가 없다. 현재 남아 있는 텍스트 유물은 대체로 후기 고전기에 크게 몰려 있다. 수천 점의 그림문자 텍스트 가운데 초기 고전기 유물은 300~400점에 불과하고, 선고전기 유물은 10여 점에 그친다. 그 이유는 여러 가지겠지만 그중 한 가지 분명한 점은, 텍스트 유물이 주로 몇 미터 지하에 묻혀 있는 가운데 후기 고전기 텍스트는 그나마 지표면에서 가까운 얕은 곳에 묻혀 있었기 때문이다. 또한 고대에 의도적으로 텍스트를 파괴한 몇몇 사례가 보고된 바 있는데, 초기 고전기가 끝나갈 무렵 마야에서도 의도적으로 텍스트를 파괴했던 것으로 보인다.

이런 점을 감안하더라도 초기 텍스트 유물이 그토록 부족한 이유는 텍스트를 기록하는 재질 및 텍스트 사용 맥락의 변화 때문이었던 것 같다. 고전기, 특히 후기 고전기에 갑자기 텍스트의 양이 급증했다. 대중적 과시를 위해, 즉 대규모로 많은 사람들이 보기 좋은 높은 위치에 텍스트가 놓였다. 이는 문자 사용이 대중적 차원으로 확장되었음을 의미하는데, 선고전기에는 이런 현상이 없었다. 이를 두고 고전기의 문자 전성기보다 선고전기 사회에서 문자의 중요성이 덜했기 때문이라고 보기는 어렵다. 고전기 문자의 대중적 특성이 점차 강화된 것은 선고전기로부터 고전기로 이행되는 과정에서 문자의 통제 과정이 강화되었기 때문이다. 고대 마야 문자의 역사를 통틀어 문자의 통제와 일관성이 매우 높았지만, 시기별로 방향성은 서로 달랐다. 선고전기에 문자 지식은 매우 제한적이었고, 텍스트에 접근하는 것 자체가 엄격히 통제되었다. 그런데

고전기에 이르러 그림문자는 대중적 소비의 도구가 되어 많은 사람들이 문자를 보고 이해할 수 있게 되었다. 다만 그림문자를 완벽히 학습하고 기호와 의미의 관계를 긴밀히 운용할 줄 아는 능력은 예전처럼 극소수 특권층의 전유물로 남아 있었다. 결론적으로 선고전기의 텍스트는 배타적이고 거의 비밀스런 존재였던 반면, 고전기의 텍스트는 대중적 지위로 내려와 일정한 자격을 갖춘 사람들은 모두 접근할 수 있게 되었다.

문자에 접근하는 권한에 차등이 있었다는 사실은 고고학적 발굴 맥락을 통해 명확히 확인되었다. 핵심 증거는 문자의 발굴 위치였다. 고대 마야 역사를 통틀어 문자는 주로, 거의 전적으로 엘리트 계층의 주거 시설, 매장 시설, 의례 시설과 관련되어 있었다. 그러나 후기 고전기에는 엘리트 계층이 아닌 사용자의 토기에 가끔씩 장식 용도로 "가짜 문자"가 새겨져 있었다. 대개는 하나의 기호 혹은 특정 그림문자가 계속해서 반복되는 모양이었다. 이로 보아 후기 고전기에 그림문자에 대한 맹목적 숭배 문화가 존재했던 것 같고, 아마도 이전 시기에는 볼 수 없었던 텍스트의 대중적 과시가 증가하면서 생겨난 관습이었던 것으로 추정된다. 마야 고전기의 비문에는 주인이나 글을 새기는 사람의 이름을 적어두었다. 이름과 함께 귀족 칭호나 별칭이 새겨져 있는 경우가 많았다. 이러한 사실은 그림 유물을 통해서도 재확인된다. 그림에서 문자 그 자체는 엘리트의 전유물이며, 왕실에서도 매우 귀한 대접을 받는 것으로 묘사되어 있다. 다만 일반적으로 왕(쿠훌 아하우 k'uhul ajaw)이 직접 글을 쓰지는 않았다. 또한 필경사나 장인(匠人) 관련 증거도 일부 발견되었다. 필경사나 장인을 서로 교환하거나 공유하는 관습이 있었는데, 그 자체가 하나의 조공이었거나 도시 간의 연대를 강화하는 일이었다.

마야 지역의 도시화 현상

마야 저지대에서의 도시 출현 양상과 관련한 우리의 이해는 최근 10여 년 사이에 심각한 수정을 하지 않을 수 없었다. 주로는 수준 높은 발굴이 증가한 덕분이고, 그 결과 새로운 사실들이 밝혀졌기 때문이다. 기존에는 마야에서 최초로 문명이 시작된 시기를 고전기로 알고 있었다. 도시 관련 학술 이론도 기존 학계의 일반적 감각을 반영한 것이었다. 당시 주류 학설은 사회 진화론을 따랐기 때문에 마야의 역사를 분명하고 단선적인 역사로 간주했다. 그에 따르면 마야 저지대에서 문명이 서서히 진보했는데, 선고전기에는 농업 기반 정주 생활이 거의 없다가 기원후 1세기에 접어들어 갑자기 급속도로 사회가 진보했다고 한다. 이는 외부의 영향, 아마도 올멕인(Olmecs)의 영향으로 추정되었다. 그들에 의해 고전기에 고도로 발달한 마야 문명이 꽃피었고, 이후 기원후 900년경에 이르러 마야 저지대의 문명이 무너지고 암흑의 후고전기로 접어들었다는 것이다.

이와 같은 단선적 역사 서술에서는 선고전기에서 고전기로, 그리고 고전기에서 후고전기로 넘어가는 이행기를 갑작스런 사건으로 보았는데, 그것이 의문을 불러일으켰다. 최근 50년 사이 새로운 발견들이 이어져 선고전기에 대한 우리의 이해는 꾸준히 변화해왔다. 그 결과 지금은 복합 사회를 기준으로 본다면 고전기와 선고전기의 구분이 갈수록 무의미하게 여겨지고 있다. 선고전기 말엽에 사회적으로 고양되었던 증거가 풍부하게 남아 있고, 특히 당시에 폐허로 버려져 더 이상 사용되지 않았던 유적지 발굴 결과, 사실상 고전기 문명으로 간주된 물질문화의 모든 양상이 기원후 250년보다 훨씬 이전부터 발달했다는 사실이 밝혀졌다.

게다가 리처드 핸슨(Richard Hansen)의 지휘하에 과테말라의 미라도르 평원(Mirador Basin)에서 몇몇 거대 유적지 발굴이 진행되었는데, 여기서 확인된 바로는 선고전기 유적지들이 고전기의 중심 도시에 못지않거나, 심지어 (추정 인구나 건축물, 어느 것을 기준으로 보든) 규모가 더 큰 경우도 있었다.

현재 이용 가능한 자료를 근거로 보자면, 마야 문명의 시작은 중기 선고전기에 닿아 있다. 당시 몇 세기 사이에 대규모 도시 중심지들이 등장했다. 중기 선고전기의 토기는 마야 저지대 전역에서 굉장히 비슷한 유형이었다. 당시 등장한 마몸(Mamom) 문화(600~300 BCE)와 후대의 치카넬(Chicanel) 문화(300 BCE~200 CE)에서 가로줄무늬토기가 유행했다. 마몸 문화의 토기가 등장할 무렵 거대한 기념비적 건축물이 건설되었다. 경기장(ballcourt)과 피라미드, 맞은편에 높이 설치된 플랫폼으로 구성된 복합 건축물이었다. 하나 혹은 세 개의 건축물이 특정 날짜에 태양이 솟아오를 때 일직선을 이루도록 배열되어 있었다.[9] 이러한 구조를

---

9 Anthony Aveni, Ann S. Dowd, and Benjamin Vining, "Maya Calendar Reform? Evidence from Orientations of Specialized Architectural Assemblages," *Latin American Antiquity* 14 (2003), 159-78. 이 연구에서 마야 저지대의 여러 E-그룹 유적들을 조사한 결과, 각각의 유적지가 특정 날짜의 일출 위치 방향으로 줄지어 있다는 사실을 확인했다. 그 날짜를 특정해본 결과 태양의 경로가 천정(天頂)을 지나는 날과 관련이 있었다. 특히 마야 저지대 E-그룹 유적들은 태양이 천정을 지나는 날로부터 20일 간격이 있었다. 20일 간격이란 마야에서는 특별한 의미가 있었다. 마야의 달력(촐킨)에서 한 달(Winik)이 20일이었기 때문이다. 또 다른 마야의 달력 하아브(haab, 1년은 365일)와 장기력(long count, 1년은 평균 584일)에서도 20일은 중요한 단위였다. 이러한 사정을 종합해볼 때 20일이라는 시간은 고전기뿐만 아니라 선고전기 중엽에도 중요한 의미가 있었다. 마야 저지대의 농사 주기에서도 태양이 천정을 지나는 날이 중요한 의미가 있었다. 태양이 처음 천정을 지나는 날을 전후로 우기가 시작된다. 두 번째로 천정을 지나는 날은 8월 초경이다. 대략 이 시점과 "카니쿨라(canicula)"라고

고고학자들은 E-그룹(E-Group)이라 일컫는다. E-그룹 건물들은 중요한 의례 공간이었으며, 이는 그곳에서 흔히 발견되는 유물로 확인할 수 있다. 고전기에 건립된 건축물 관련 비석 또한 특정 태양 궤적과 일직선상에 놓였는데, 이는 농사의 주기에 중요한 지표였다. 농사 주기는 고전기 마야에서 의례 및 우주론의 중심 주제였다.

앞에서 언급한 여러 지표들, 즉 지역 공동체와 공통된 종교적 이데올로기가 등장할 무렵, 몇몇 지역에서 인구가 극적인 증가세를 보인 증거가 나타났다. 그 규모는 고전기의 주요 도시 전성기와 비슷하거나, 혹은 더 큰 경우도 있었다.[10] 그 시기는 바로 후기 선고전기였으며, 최초로 국왕의 존재를 확인해주는 자료가 그 무렵의 것이었다. 산 바르톨로(San Bartolo)에 있는 아름다운 무덤 벽화에 왕이 등장하는데, 왕이 대좌에 앉아 쿠훌 아하우(k'uhul ajaw), 즉 "성스러운 군주"를 의미하는 치장물을 헌납받는 장면이었다.[11] 최근 선고전기 엘리트 계층의 무덤들이 산 바르톨로와 홀물(Holmul) 지역에서 발견되었는데, 이를 통해 후기 선고전기 사회가 매우 계층화된 사회였음을 재확인할 수 있었다.

대규모 E-그룹 광장의 건축물은 의례와 우주론적으로 굉장히 풍부

하는 짧은 건기가 겹친다. 그 뒤에 다시 우기가 이어진다. 이때 옥수수를 다시 심는다. 그러므로 태양이 천정을 지나는 날을 기준으로 삼으면, 옥수수를 1년에 두 번 재배하는 입장에서는 파종일을 결정하기가 편리했을 것이다.

10 Richard Hansen, "Continuity and Disjunction: The Pre-Classic Antecedents of Classic Maya Architecture," in Stephen D. Houston (ed.), *Function and Meaning in Classic Maya Architecture* (Washington, D.C.: Dumbarton Oaks Research Library and Collection, 1998), pp. 49-122.
11 Karl Taube William A. Saturno, David Stuart, and Heather Hurst, *The Murals of San Bartolo, El Peten, Guatemala* (Barnardsville, NC: Boundary End Archaeology Research Center, 2010), Part 2.

한 의미를 지녔다. 새로운 토기의 형태도 등장했는데, 이를 비롯하여 왕의 통치와 관련된 자료들이 모이면서, 왕의 통치가 단지 새로운 의례나 신앙의 문제가 아니었음을 알 수 있었다. 프란시스코 에스트라다-벨리(Francisco Estrada-Belli)의 연구에서는 시발(Cival) 유적에 있는 중기 선고전기 시기의 E-그룹을 언급하면서, 이와 같은 주요 건축물의 건립이 "대규모의 공동체가 형성되는 결정적 계기였다"고 주장했다. "지역 기반 정치 조직은 일단 성립되고 나면 의례 행위를 통해 끊임없이 다시 조직되어야 했다."[12] 16세기 스페인 사람들이 들어와서 중앙 광장과 기독교 교회를 중심으로 마야 사회를 철저히 재조직화했던 것처럼, E-그룹 및 관련 건물들의 건축은 새로운 토기 양식과 기술 전파의 중심이었다. 그림에 등장하는 왕의 모습은 당시 사회와 환경의 극적인 변화 일부를 나타내는 단서에 불과할 것이다. 도시의 혁명적 성격에 관하여 노먼 요피(Norman Yoffee)는 다음과 같이 지적했다. "도시는 정태적인 시골의 기반이 단순히 성장하여 생겨난 것이 아니었다. … 국가와 문명이 등장하면서 사회 생활은 완전히 뒤바뀌었다." 또한 노먼 요피의 주장인데, "새로운 도시 환경은 기존의 마을 환경 가운데에서 대폭발을 일으킨 하나의 초신성(超新星) 같았다."[13] 땅을 평평하게 고르는 것과 광장, 플랫폼, 피라미드를 포함하는 E-그룹 건축, 그리고 왕의 통치를 상징하는 이미지 창출은 단순한 기계적·기술적 변화의 차원을 훨씬 넘어서는 것이었

---

12 Francisco Estrada Belli, *The First Maya Civilization: Ritual and Power before the Classic Period* (New York: Routledge, 2011), p. 77.
13 Norman Yoffee, *Myths of the Archaic State* (Cambridge: Cambridge University Press, 2005), pp. 61-2.

다. 매우 현실적인 방식으로 이러한 광장과 이를 명령한 통치자들은 새로운 공동체를 만들어냈고, 새로운 공간을 조성했으며, 사람들이 함께하는 새로운 방식을 창출했다. 이는 곧 새로운 공동체의 장(場)으로서, 여기서의 생활 방식은 그 이전과는 철저하게 다른 성질의 것이었다.

문자의 발달

왕의 통치와 왕궁 건설 등 혁명적 변화의 맥락에서 우리가 빼놓을 수 없는 하나의 중요한 혁신이 바로 문자였다. 다행히도 앞에서 언급한 산 바르톨로의 벽화에서 등장한 왕의 존재는, 마야 저지대에서 발견된 가장 초기의 그림문자 중 하나로 더욱 확실히 입증되었다(그림 8-1). 대부분의 텍스트는 의미가 불분명하지만(약 500년 뒤의 그림문자들은 해독이 가능하지만, 가장 초기의 텍스트에 도전한 학자들은 대부분 실패했다), 분명히 알 수 있는 딱 한 글자가 있었다. 그림문자가 새겨진 기둥의 가장 아래에 적힌 글자로, "왕" 아하우(ajaw)를 나타내는 표어문자(logograph, 로고)였다. 고전기 텍스트에서 풍부하게 확인된 패턴을 여기서도 그대로 적용할 수 있다면, 아하우를 나타내는 글자 바로 위에 있는 기호는 왕좌에 오르는 개인의 이름과 호칭일 것이다. 이는 그림의 모호한 구석을 제거하고 매우 구체적으로 대상을 특정하기 때문에 역사적 근거 자료라고 할 수 있다.

통치자를 지칭하기 위해 문자를 동원하는 방식은 라스 핀투라스 벽화(Las Pinturas Sub-Ⅰ)가 그려질 당시에는 이미 새로운 현상이 아니었다. 라스 핀투라스 피라미드에서 이전 단계의 벽체는 거의 사라지고 파편만 남아 있는데(벽화 번호로는 라스 핀투라스 Sub-Ⅴ), 시기는 기원전

[그림 8-1] 산 바르톨로의 핀투라스 무덤 벽화 1번(Pinturas sub-Ⅰ)에 등장하는 왕의 모습, 서측 벽면 세부

400~200년으로 확인되었다. 윌리엄 사투르노(William Saturno) 발굴팀이 2005년 라스 핀투라스 피라미드를 발굴하는 과정에서 드러난 것이었다. 텍스트는 그림문자 10개로 구성되어 있었는데, 그중 하나가 명백히 그 이전의 아하우 기호와 같았다(그림 8-2, 7번).

이 텍스트 유물은 왕의 통치가 후기 선고전기가 시작될 무렵 등장했을 것이라는 추정을 뒷받침하는 근거가 된다. 또한 마야 저지대 문자의 발굴 사례로서 연대가 확실한 유물 가운데 가장 오래된 것이 바로 이 텍스트였다. 이 텍스트의 발견으로 기존의 메소아메리카 문자 발전에 관한 이론을 재고할 수밖에 없게 되었다. 왜냐하면 산 바르톨로 텍스트는 과테말라 고지대(Highland Guatemala, El Portón Monument 1: c. 400

〔그림 8-2〕 마야 저지대 최초의 문자 기록, 산 바르톨로의 핀투라스 무덤 벽화 5번 (Pinturas sub-Ⅴ)

BCE), 오악사카(Oaxaca, Monte Alban Stelae 12 and 13: 500~300 BCE), 멕시코만 해안(Gulf coast, Olmec site of La Venta: 500~400 BCE, 발굴층서의

맥락으로 보면 시기가 다소 늦어질 수도 있다)에서 발굴된 텍스트 유물과 거의 같은 시기였기 때문이다.

완전히 체계적으로 발달한 문자가 기원전 300년경에 이처럼 다양한 지역에서 발견되었다는 사실로 보아, 분명 최초의 문자는 우리가 알고 있는 초기 텍스트보다 몇 세기 전에 이미 등장했을 것이다. 2006년에 과학 저널 《사이언스(Science)》에 수록된 로드리게스 마르티네스(Rodríguez Martínez) 발굴팀의 보고에 따르면, 조그만 녹옥(綠玉, nephrite) 블록이 발견되었는데, 62개의 추상적 상징 기호가 얕게 새겨져 있고 느슨하나마 가로 행을 맞추어 배열되어 있었다고 한다.[14] 이 블록은 멕시코 베라크루스의 산 로렌소(San Lorenzo)에 위치한 올멕 유적 근처에서 발견되었으며, 함께 출토된 토기나 다른 유물의 양식을 고려할 때 기원전 900년 이전의 것으로 추정되었다. 블록에 새겨진 기호의 형태와 새기는 방식은 기원전 300년경의 텍스트들보다 훨씬 조악했다. 만약 이 유물이 진품이라면, 문자 발달의 매우 초기 단계를 보여주는 유물로 간주할 수 있을 것이다. 그러나 그 텍스트(Cascajal text)는 마야 문자와의 어떤 분명한 연관성을 찾기 어려웠고, 그 이외의 다른 어떤 문자와도 닮은 면이 없었다. 이 유물을 마야 문자 전통의 선조로 보아야 한다면, 일반적으로 문자라는 관념의 원천으로는 볼 수 있겠지만, 어떤 문자 체계의 메커니즘과 연결 짓기는 어려울 것이다.

그러므로 메소아메리카 최초의 텍스트가 등장한 것은 중기 선고전

---

14 Rodríguez Martínez, Ma. del Carmen, Ponciano Ortíz Ceballos, Michael D. Coe, Richard A. Diehl, Stephen D. Houston, Karl A. Taube, and Alfredo Delgado Calderón, "Oldest Writing in the New World," *Science* 313 (2006), 1610-14

기 올멕 문화의 중심지에서 발견된 고문자 단 한 글자뿐이었고, 후기 선고전기에 이르러 완전히 발달한 문자 체계가 갑자기 등장했는데, 마야 저지대(San Bartolo), 오악사카(Monte Alban), 올멕 중심지(La Venta), 과테말라 고지대(El Portón) 등지에서 문자가 등장한 시기가 대체로 비슷했다. 아마도 라 벤타(La Venta)를 제외하면 거의 모든 지역에서 발견된 문자가 "원형"은 아니었던 것 같고, 각각의 경우가 모두 상당히 세련된 정도로 발달한 단계의 문자들이었다. 마야의 사례에서 산 바르톨로 텍스트는 내용이 충분히 길어서 실제 언어의 문법과 구문을 반영할 정도였다. 그러나 문자가 모두 해독될 때까지는 아직 두고 보아야 할 과제다.

성상(聖像)과 상징적 기호: 문자와 아이콘의 관계

실제 사례를 통해 볼 때 마야 그림문자는 그림과 불가분의 관계에 놓여 있었다. 대부분 기호의 기원이 아이콘이었고, 그 아이콘은 후대에 글을 쓰는 사람의 마음속에서 결코 사라지지 않았다. 오히려 분명한 아이콘의 형태가 없는 기호에는 화려한 장식을 덧붙이는 경우가 많았다. 그래서 마치 그 기호가 실제 대상을 따라 그린 그림처럼 보이도록 노력하거나, 혹은 인간의 형상을 덧붙여 생기를 불어넣기도 했다. 문자와 아이콘의 경계는 서로가 넘나들 수 있을 정도로 허술했다. 아이콘은 문자 속에 통합되어 하나의 그림으로 완성되는 경우도 많았다. 예컨대 통치자나 그 조상들을 그린 그림의 머리 장식 부분에서 그런 장면을 볼 수 있었다. 초기 고전기의 아름다운 사례가 티칼(Tikal)에 있는 31번 비석(Stela 31)에서 확인된다(그림 8-3). 여기에 통치자의 모습을 그린 그림이 있는데, 그의 이름은 시야 찬 카위일(Siyaj Chan K'awiil), 즉 "카위일은 하

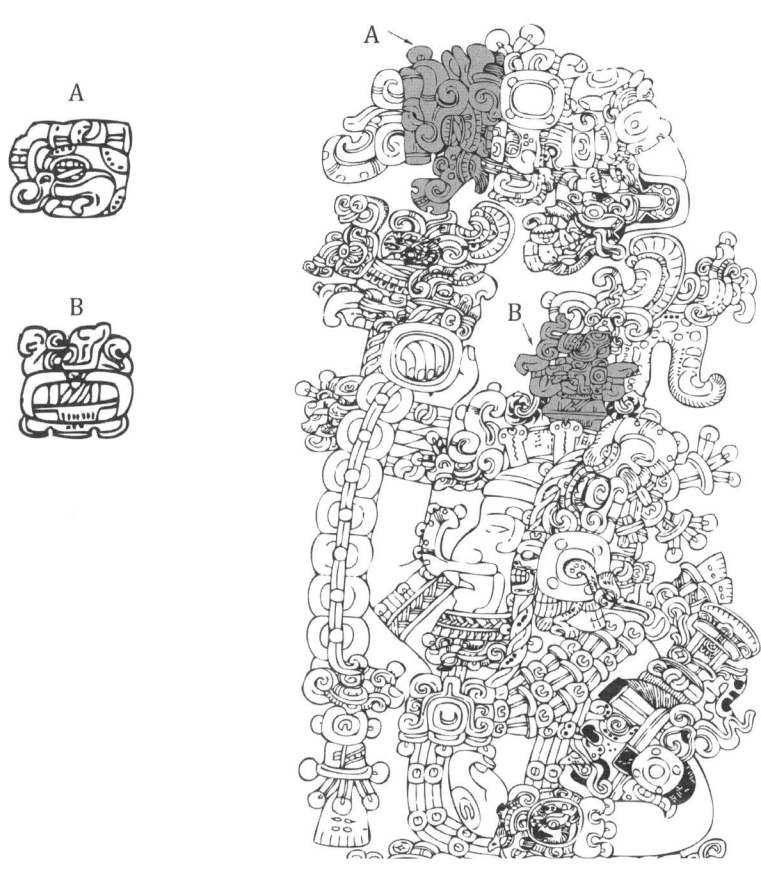

〔그림 8-3〕 티칼의 31번 비석에 아이콘으로 새겨진 이름

늘에서 태어났다"였다. 그림과 함께 텍스트도 적혀 있지만 머리 장식에 아이콘적 요소가 가미되어 있다. 어린 카와일(통치자와 결부되는 중요한 신격)이 그림문자 찬(chan), 즉 "하늘"로부터 나오는 장면이다(그림 8-3, B). 그 위로 사망한 그의 아버지 약스 누운 아이인(Yax Nuun Ayiin), 즉

"녹색(?) 악어"가 그려져 있다. "누운(nuun)"이란 단어의 의미는 아직 논쟁 중에 있지만, 매듭으로 묶은 옷감 모양이 그 단어의 그림문자인데, 그 문자가 그림의 머리 장식에 쓰였다. 또한 그의 이름을 구성하는 다른 단어들, 즉 약스(yax, 녹색)를 나타내는 추상적 기호와 악어의 구불구불한 입이 그려져 있다(그림 8-3, B).[15]

마야 아이콘의 그림문자적 성격은 코판(Copan)에서 발견된 유물에서도 확인된다. 코판에 있는 초기 고전기의 사원은 코판 왕국을 창업한 키니치 약스 쿠크 모(K'inich Yax K'uk' Mo'), 즉 "군주 녹색 케찰 앵무새"에게 헌정된 사원이다(그림 8-4). 이 사원의 기둥 장식으로 특징적인 것이 두 마리의 새가 목을 감고 있는 장면인데, 한 마리는 케찰(quetzal)이고 또 한 마리는 앵무새(macaw)다. 새 부리에서 태양신 킨(K'in)의 머리가 막 나오는 모습이 보이는데, 이는 왕실의 호칭인 키니치를 표현하는 로고(logograph)로 흔히 사용되는 것이다. 새 대가리 위에 반달 모양 깃털처럼 달려 있는 것이 약스(yax), 즉 "녹색"을 의미하는 추상적 기호다. 이렇게 해서 기둥 장식에 통치자의 이름 "키니치 약스 쿠크 모"를 의미하는 모든 요소가 결합되었는데, 이는 그림문자라기보다 아이콘에 가깝다.

데이비드 스튜어트(David Stuart)의 주장에 따르면, 이와 같은 그림과 문자의 혼합은 거대한 건축물에 부착된 얼굴상(mask)에서도 볼 수 있다.

---

15 마야 예술에서 머리 장식과 기타 장식 요소의 상형문자적 특성에 관한 연구는 다음을 참조. Stephen D. Houston, David Stuart, and Karl Taube, *The Memory of Bones: Body, Being and Experience among the Classic Maya* (Austin: University of Texas Press, 2006).

[그림 8-4] 코판 소재 건물의 회반죽 띠 장식에 포함된 통치자의 이름

선고전기 건축 구조물 가운데 많은 사례가 있다고 한다. 이러한 얼굴상은 대체로 신격을 표현했지만, 경우에 따라 실제 통치권을 가진 왕을 표현하기도 했는데, 왕의 얼굴에 이름의 "철자"를 (즉 이름의 의미를 나타내는 아이콘을 – 옮긴이) 말하자면 일종의 장식 효과로 덧붙여놓은 것이었다. 이러한 얼굴상에 부가된 텍스트(아이콘)가 그림문자와 어떤 연관성이 있는지 "입증"되지는 않았지만, 선고전기에 얼굴상과 아이콘을 건축물에 부착하는 관습이 널리 퍼져 있었고, 엄격히 도식화된 방식의 아이

콘이 사용되었던 것만은 분명한 사실이다. 문자와 도식적 아이콘은 호환 가능성이 있는 것이었다. 왜냐하면 아주 발달된 아이콘의 도식들이 메소아메리카의 여러 지역에서 공통적으로 연결되어 있었기 때문이다. 지극히 현실적으로 추론을 해보자면, 아이콘에 정통한 전문적 엘리트 "문필가"가 필요했을 것이며, 그들은 또한 마야 문자의 구성 요소인 로고와 음절 기호에도 정통했을 것이다.

상징 기호와 아이콘을 이해하는 엘리트 계층의 존재는 마몸 문화 이전인 기원전 1000년경의 토기에서도 분명하게 나타났다. 이는 마야 지역에서 문자가 등장한 시기보다 훨씬 이전이었고, 후기 선고전기에 대규모 중심지가 등장한 시기보다 더 이전이었다. 그 시기의 마야 저지대 토기는 형태와 스타일 면에서 매우 다양했는데, 식물의 암술을 잘라낸 것 같은 기호가 장식되어 있는 경우가 많았다. 그 기호는 자연의 대상을 본뜬 것이었지만, 나중에 마야 그림문자와도 분명한 연관성이 있었고, 토기를 비롯하여 메소아메리카의 다른 지역에서 발견된 상징 기호와도 관련이 있었다. 그것 자체가 그림문자는 아니었지만, 그 의미는 보편적으로 통용될 수 있는 것이었다. 이런 기호는 엘리트 계층의 힘과 권위의 상징이었다. 프란시스코 에스트라다-벨리의 주장에 따르면, 기호의 의미에 관한 지식과 기호가 새겨진 토기를 모두 소유하는 것이 기원전 1000년경 정주 농경 마을에서는 차별적 지위를 의미했을 수 있다. 그렇다면 저지대 사회에서 처음으로 위계질서가 등장했던 지표이며, 국가 체제를 향한 첫걸음이었음을 의미한다.

메소아메리카 전역에 걸쳐 발굴된 중기 선고전기의 토기에서 상징 기호가 발견되었지만, 그렇다고 해서 당시의 마야 사회에서 널리 공유되었던 이와 같은 상징 기호로부터 문자가 출현했음을 입증하기란, 불가능하지는 않더라도 결코 쉽지 않을 것이다. 그럼에도 불구하고 난해한 상징 기호를 이해하는 지식이 존재했고, 도식화된 아이콘이 방대한 양으로 존재했으며, 문화적 및 역사적 계기를 만나 문자가 만들어졌고, 그것이 전반적 수준과 의미의 소통에 영향을 미쳤다는 정도는 추론할 수 있다. 오늘날 널리 인정되고 있는바 문자의 발달이란 어느 순간 갑자기 일어날 수도 있고, 심지어 어느 한 개인이 문자 체계를 만들 수도 있다. 그러나 이런 일이 가능하려면 일정한 맥락이 전제되어야 한다. 즉 우주론적 가치와 의례적 의미를 함축하는 상징 기호들이 오랜 전통으로 자리 잡아왔기 때문이다. 만약 누군가 문자를 발명했다면, 그는 이러한 전통에 영향을 받아 문자의 형태를 고안하고 기호의 의미를 이해했을 것이다. 그리고 그가 속한 사회에서도 그와 같은 전통에 입각하여 그의 발명을 받아들일 수 있었을 것이다. 마야 문자의 형태뿐만 아니라 사회적 맥락에 있어서도 만약 그러한 전통적 선조가 있었다면, 그것은 아마도 세속적 자료에서 희미하나마 전통의 흔적을 확인할 수 있을 텐데, 주로는 행정 체계나 회계 부문에서 그러한 맥락이 존재했을 것이다.

초기의 텍스트

산 바르톨로 벽화에 남아 있는 텍스트와 간접적으로 문자와 연결되는 건물의 정면 장식을 제외하면, 선고전기 텍스트 유물은 놀라울 정도로 드물다. 후기 선고전기의 뚜렷한 문화적 발달에도 불구하고 엘 미라도르(El Mirador) 유적에는 파편적 텍스트만 비석에 남아 있을 뿐이다(El Mirador Stela 2). 이는 조그맣게 새겨진 비석의 제목 같은 텍스트인데, 소용돌이 문양과 함께 어우러져 있다. 소용돌이 문양은 후기 선고전기의 유물로 마야의 주요 신격인 새를 나타내는데, 선고전기 마야에서 흔히 등장했던 주제다. 양식을 근거로 보자면 이 비석은 후기 선고전기의 유물에 해당하지만, 사실 정확한 연대는 불분명하다. 애초에 유물이 발굴된 맥락이 알려져 있지 않기 때문이다. 게다가 텍스트를 매우 얕게 새겨뒀기 때문에 마지막 부분 세 글자 이외에는 모두 지워져버렸고, 남아 있는 글자조차 형태를 명확히 알아볼 수 없는 상태다.

이외에도 마야 저지대에서 후기 선고전기 텍스트 유물 몇몇이 발견되었는데, 모두가 소지 가능한 조그만 유물에 새겨져 있고 고고학적 맥락을 판단할 만한 동반 출토 유물은 보고된 바가 없었기에, 유물의 양식을 근거로 후기 선고전기로 판단할 수밖에 없다. 이러한 유물 가운데 예를 들자면 조그만 재규어 인형(그롤리에Grolier 인형이라고도 한다), 녹옥(綠玉, nephrite)으로 만든 도끼머리, 조개껍데기 모양의 귀 부착 장식에 텍스트가 새겨져 있었다. 이들 유물은 벨리즈의 켄달(Kendal) 지역에 위치한 초기 고전기 무덤에서 발견되었다. 그리고 (중기 선고전기) 올멕 유적에서 발견된 목걸이형 옥(玉) 가슴 장식에 텍스트가 새겨져 있는데, 이는 후기 선고전기의 유물이었다. 이 유물의 반대편에는 마야 통치자의 얼굴이 조각되어 있었다(그림 8-5). 선고전기 스타일의 텍스트는 모두 소지할 수 있는 유물에 새겨진 것으로, 모두가 엘리트 계층의 유물이라는 공통점이 있었다. 아마도 애초에 무덤에서 도굴된 것으로 추정되는데, 개인의 상속 재산으로 전해 내려오는 것도 있었다. 그러나 실제 사용된 시기는 알려진 소장자가 소장하기 훨씬 전이었을 것이다. 옥 가슴 장식은 예를 들면 고대의 유물인데, 당시에 새겨진 텍스트가 있었다. 켄

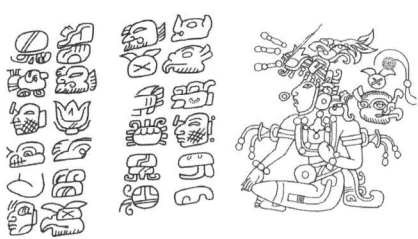

[그림 8-5] 옥 장신구에 새겨진 그림과 텍스트
미국 덤바턴 오크스 박물관 소장.

달에서 발견된 도끼머리는 오래도록 사용한 흔적이 남아 있었다.

이와 같은 소지 가능한 유물들 이외에 산 바르톨로의 초기 벽화 텍스트도 규모나 주제 면에서 공통점이 있었다. 최초의 텍스트들은 이후 기념비적 건축물에 새겨진 문자들에 비하면 크기가 상당히 제한적이었다. 그러나 건축물의 정면 장식은 이와 달랐다. 같은 시대에 속하는 선고 전기 유적에서 발견된 건축물의 정면 장식은 상징성이 풍부하며 분명한 대중 지향을 내포했다. 선고전기 텍스트는 모두 크기가 작았고, 대중적 접근보다 내밀한 성격을 지녔다.[16] 소지 가능한 유물에 새겨지는 텍스트는 물론 유물 자체가 작기 때문에 텍스트의 크기도 작을 수밖에 없었다. 그러나 무덤 벽화에 쓰인 텍스트조차 너비가 2센티미터에 불과했고 시각적으로도 아이콘(iconography)에 압도되어 있었다. 또한 소지 가능한 물품에 텍스트가 새겨진 것으로 보아, 애초 그 텍스트는 과시를 위한 목

---

16 See Stephen D. Houston, "Writing in Early Mesoamerica," in Stephen D. Houston (ed.), *The First Writing: Script Invention as History and Process* (Cambridge: Cambridge University Press, 2004), pp. 274-312.

적이 아니었던 것 같다. 현재 미국 워싱턴의 덤바턴 오크스(Dumbarton Oaks) 박물관에 소장되어 있는 옥 가슴 장식(그림 8-5)에는 텍스트가 새겨져 있고 그림도 조각되어 있는데, 그것을 누군가에게 보여주기 위해 착용한 것은 맞지만 텍스트는 뒷면에 새겨져 있어 실제로 가슴 장식을 걸쳤을 때는 숨겨진 상태가 되었다. 켄달에서 발견된 귀 부착 장식과 재규어 인형에도 텍스트는 뒷면에 새겨져 있었다. 따라서 당시의 텍스트는 일차적 주목의 대상이 아니었다. 데이비드 스튜어트(David Stuart)의 견해에 따르면, 내밀한 수준으로 텍스트를 새겼다는 점이 이들 텍스트의 초기 성격을 이해할 수 있는 열쇠다. 최초의 텍스트들은 대중적 과시 혹은 "선전"과는 전혀 상관이 없었고, 사적이며 성스럽고 강력한 내적 의미를 가지고 있었다.

그러나 이러한 견해를 가진다고 해서 이들 텍스트가 정부 혹은 복합 사회와 관련이 없다는 주장을 하려는 것은 아니었다. 다 그런 것은 아니지만 이들 텍스트에서 대체로 공통적인 요소가 바로 왕의 통치와 관련되어 있었다. 이들 텍스트가 거의 해독 불가능한 상황이지만, 분명하게 알아볼 수 있는 단 한 글자가 있으니, 바로 왕 혹은 통치자를 의미하는 아하우(ajaw)다. 아하우는 산 바르톨로의 무덤 벽화 1번(Pinturas Sub-Ⅰ)에서 두 번 언급되었고, 세 번째로는 기원전 300년경으로 추정되는 무덤 벽화 5번(Pinturas Sub-Ⅴ)에서 발견되었다. 같은 기호가 덤바턴 오크스 소장 옥 가슴 장식과 켄달의 귀 부착 장식에도 등장했다. 아마 켄달의 도끼머리 유물에도 다른 형태로 같은 의미가 새겨져 있었을 것이다. 이러한 사실들로 미루어 보건대, 선고전기 텍스트와 관련하여 왕이라는 주제는 문자와 복합 사회 등장의 관계가 어떤 식으로든 강화되는 현상을 반영하는 것이다. 대중적으로 전시하는 것까지는 아니었지만, 당시 사회의 어느 특정 단위의 사람들과 문자가 결부되어 있었던 것이다. 이러한 주제는 고전기에 새겨진 문자에서도 그대로 이어졌다. 즉 통치자의 생애와 의례 행위가 고전기 텍스트의 중심 주제였다.

공백

공통적으로 드러나는 점보다 더욱 충격적인 것은 오히려 드러나지 않는 무엇인가이다. 최초 단계의 텍스트들뿐만 아니라 전체 마야 그림문자 유물 가운데 등장하지 않는 내용이 있다. 아마도 가장 분명하게 결핍된 요소는, 메소포타미아 지역의 텍스트에서 널리 보급되었을 뿐만 아니라 문자의 진화 이론상으로도 가장 중요한 내용이라 할 수 있는 것인데, 바로 행정 문서다. 회계 관련 내용이나, 생산 혹은 조공품을 관리한 내용이나, 멀리 다른 지역에 나가 있는 전진 기지와 통신한 내용이나, 교육적 자료나, 기타 당시 급성장하던 국가와 관련하여 중요할 만한 내용은 마야 텍스트에 전혀 등장하지 않는다.

추정해볼 수 있는 이유로, 유물 가운데 결핍된 내용이 실제로 없었다기보다는 보존 문제로 소실되었을 가능성이 있다. 앞에서도 언급한 바와 같이 고대 마야에서, 최소한 고전기 마야에서, 나무껍질로 만든 책에다 글을 적고 메모했다는 사실은 충분한 근거를 가지고 말할 수 있다. 그렇게 만든 책들은 시간이 지나면 썩어 없어지게 마련이다. "물류"와 관련된 내용으로 추정할 수 있는 유일한 사례가 후고전기 고문서 가운데 있는데, 그것이 유일하게 살아남은 나무껍질로 만든 책이다. 그 내용은 일종의 의례를 위한 일정으로, 의례 전문가가 실용적 목적으로 사용했을 법한 책이다. 의미 있는 날짜나 별자리의 위치, 그에 따른 우주론적 의미를 적어두었다. 물류 혹은 행정 목적으로 사용된 텍스트의 또 다른 유물로, 주로 궁중 생활 장면을 담고 있는 고전기 다채색 도기가 있다. 그림 중 몇 장면에 조공품 꾸러미를 받는 왕의 모습이 그려져 있는데, 물품은 겹겹이 접은 천, 카카오 콩, 곡식으로 추정되는 것, 강낭콩, 그리고 다른 식재료들이었다. 그러한 장면들(K5453, K2924) 가운데 수량 표시가 붙은 물품이 등장하는 경우가 있다. 예를 들면 어떤 도자기(K5453)에 그려진 그림 중 권좌에 앉아 있는 왕 앞에 무릎을 꿇은 사람의 모습이 있다.[17] 그의 옆에는 포개어 접은 천이 높이 쌓여 있고, 케찰의 긴 깃털 몇 개가 꽂혀 있다. 권좌 아래에는 자루가 하나 놓여 있는데, 자루에 그림문자가 적혀 있다. 발음대로 읽으면 옥스 픽(ox pik), 의미는 "세 픽(pik)"이다. 픽(pik)이란 단위는 8000을 의미한다. 그러니까 자루에 든 물건의 개수는 8000의 세 배, 즉 2만 4000개다. 조공품은 아마도 카카오 콩으로 추정된다. 비슷한 물표(物標)가 또 있는데, 여기에는 다섯 픽 카카우(5 pik kakaw)라고 적혀 있으니까 카카오 콩 4만 개다. 이 장면은 보남파크에 있는 후기 고전기의 유명한 벽화에 그려져 있다.[18]

지금까지 확인된 자료로 보면 마야 문자 자료에서 무언가 분명한 결핍이 존재하는데, 그렇다면 도시 행정에서 문자가 어떻게 발전하게 되

---

17 마야 유적 발굴 도기에는 유물 번호 앞에 K를 붙인다(마야 연구자들은 이를 커 넘버Kerr number라 한다). 이런 독특한 방식은 저스틴 커(Justin Kerr)가 구축한 방대한 마야 도기 데이터베이스 이미지에서 유래했다. 커 넘버가 붙은 유물 이미지는 다음 웹사이트에서 볼 수 있다. www.mayavase.com.
18 Stephen D. Houston, "A King Worth a Hill of Beans," *Archaeology* 50 (1997), 40.

었을까? 마야 문자에 관한 우리의 상식은 어느 정도 동어 반복의 성격을 내포한다. 즉 마야에서도 다른 초기 문명의 문자 자료에서 확인하는 바와 같은 식의 행정 처리를 위해서 문자가 사용되었을 것이다. 문자를 이용했을 때 도시 행정은 더욱 원활히 작동하기 때문이다. 실제로 사용된 초기 마야 문자의 대표적 사례가 아직 발견되지 않았기 때문에, 기본적으로 국가 형성기에 회계나 물류의 발달로부터 문자 기록이 비롯되었을 것이라는, 추정에 불과하지만 우리의 상식에 반하는 주장을 하기도 어렵다.[19] 그러나 중기 선고전기부터 우주론적·의례적 의미의 상징이 사용된 것으로 보아, 마야 저지대에서 문자를 추동한 원동력이 회계 관리였다는 주장은 설득력이 그만큼 떨어지는 것도 사실이다.

메소아메리카 전체적으로 매우 도식화된 아이콘이 공유되었고, 그 맥락에서 문자의 등장(추상적 혹은 반추상적 그림 기호의 결합, 특정 언어에 대응하는 언어적 형태)은 아마도 그리 큰 도약이 아니었을 것이다. 필요한 것은 기호(signifier)와 의미(signified)의 연관을 더욱 단단하게 만들어줄 제도적 뒷받침이었다. 결국 사회에서 텍스트가 읽힐 수 있게끔 하려면 시민과 백성을 기록하고 국가의 입장에서 "가독성"을 높여야 한다. 만약 새로 출현하는 거대 도시-국가의 복합적 행정 체제가 마야 문자의 발달 배경이 아니었다고 한다면, 그럼 왜 마야 문자가 대규모 도시 중심지, 거대한 기념비적 건축물, 왕조 체제와 굳이 같은 시기에 출현했을까? 앞에서도 언급했듯 한 가지 가능성이 있다면, 문자란 모두가 국가

---

19 Nicholas Postgate, Tao Wang, and Toby Wilkinson, "The Evidence for Early Ceremonial Writing: Utilitarian or Ceremonial?", *Antiquity* 69 (1995), 459-80.

조직에서 사용되었던 것이므로 국가가 문자를 필요로 했다기보다는 문자가 국가를 필요로 했다. 다른 말로 하자면 강력한 사회·정치적 구조에 의한 새로운 통제 방식, "가독성"을 높이기 위한 프로그램이 가능했던 이유는, 국가 차원에서 일종의 구조적 표준을 제공했고, 그것이 문자 체계가 가능하도록 하는 밑바탕이었던 셈이다. 고전기 마야 통치자 입장에서는 문자의 축적을 통한 이득이 있었다. 문자는 곧 도전할 수 없는 안정성과, 여러 맥락을 관통하는 연속성을 제공해주었다. 문자가 전반적으로 이런 차원에 도달한 시기는 고전기였을 것이다. 선고전기에도 나름의 통제 방식이 존재했고, 문자의 출현도 그에 따라 가능했을 것이다. 그러나 당시의 통제 방식은 사회 구조적 통제가 아니라 문자 기술에 접근하는 자체를 통제하는 것이었다. 문자는 강력하면서도 사적인 기술이었고, 권력의 통제 방식은 이러한 기술에 접근하는 자체를 직접적으로 통제하는 것이었다.

더 읽어보기

Barth, Fredrik, "The Guru and the Conjurer: Transactions in Knowledge and the Shaping of Culture in Southeast Asia and Melanesia," *Man* 25 (1990), 640–53.

Bourdieu, Pierre, *The Field of Cultural Production*, New York: Columbia University Press, 1993.

Caso, Alfonso, *Calendario y escritura de las antiguas culturas de Monte Alban*, Mexico, D.F.: Talleres de la Nación, 1947.

Chafe, Wallace, and Deborah Tannen, "The Relation Between Written and Spoken Language," *Annual Review of Anthropology* 16 (1987), 383–407.

Chase, Arlen F., and Diane Z. Chase, "External Impetus, Internal Synthesis, and Standardization: E-Group Assemblages and the Cristallization of Classic Maya Society in the Southern Lowlands," in Nikolai Grube (ed.), *The Emergence of Lowland Maya Civilization: The Transition from the Preclassic to the Early Classic: A Conference at Hildesheim, November 1992*, Markt Schwaben: Verlag Anton Sarwein, 1995, pp. 87–102.

Cheetham, David, "Cunil: A Pre-Mamom Horizon in the Southern Maya Lowlands," in Terry G. Powis (ed.), *New Perspectives on Formative Mesoamerican Cultures*, Oxford: British Archaeological Reports, 2005, pp. 27–38.

Coe, William, *The Maya Scribe and His World*, New York: The Grolier Club, 1973.

Cooper, Jerrold, "Writing," in Eric Barnouw (ed.), *International Encyclopedia of Communications*, New York: Oxford University Press, 1989, Vol. iv, pp. 321–31.

Drucker, Philip, Robert F. Heizer, and Robert J. Squier, *Excavations at La Venta, 1955*, Washington, D.C.: Smithsonian Institution, 1959.

Errington, Joseph, "Colonial Linguistics," *Annual Review of Anthropology* 30 (2001), 19–39.

_____, *Linguistics in a Colonial World: A Story of Language, Meaning, and Power*, Malden, MA: Blackwell Publishing, 2008.

Estrada Belli, Francisco, *Investigaciones arqueologicas en la region de Holmul, Peten, Guatemala. Informe preliminar de la temporada 2008*, Boston: Boston University, 2009, accessed November 21, 2013, www.bu.edu/holmul/reports/informe_08_layout.pdf.

Estrada Belli, Francisco, Nikolai Grube, Marc Wolf, Kristen Gardella, and Claudio Lozano Guerra-Librero, "Preclassic Maya Monuments and Temples at Cival, Peten, Guatemala," *Antiquity* (2003), accessed November 21, 2013, http://antiquity.ac.uk/projgall/belli296/.

Freidel, David, and F. Kent Reilly III, "The Flesh of God, Cosmology, Food, and the Origins of Political Power in Southeastern Mesoamerica," in John E. Staller and Michael D. Carrasco (eds.), *Pre-Columbian Foodways: Interdisciplinary Approaches to Food, Culture, and Markets in Mesoamerica*, New York: Springer, 2010, pp. 635-80.

Hansen, Richard D., *An Early Maya Text from El Mirador, Guatemala*, Washington, D.C.: Research Reports on Ancient Maya Writing, 1991.

_____, "The First Cities – The Beginnings of Urbanization and State Formation in the Maya Lowlands," in Nikolai Grube (ed.), *Maya: Divine Kings of the Rainforest*, Cologne: Koenneman, 2001, pp. 51-64.

Houston, Stephen D., "Writing in Early Mesoamerica," in Stephen D. Houston (ed.), *The First Writing: Script Invention as History and Process*, Cambridge: Cambridge University Press, 2004, pp. 274-312.

Houston, Stephen D., and Héctor Escobedo, "Descifrando la política Maya: Perspectivas arqueológicas y epigráficas sobre el concepto de los estados segmentarios," in Juan Pedro Laporte andHéctor L. Escobedo (eds.), *X Simposio de Investigaciones Arqueológicas en Guatemala*, Guatemala City: Ministerio de Cultura y Deportes, 1997, pp. 463-81.

Houston, Stephen D., and David Stuart, "The Ancient Maya Self: Personhood and Portraiture in the Classic Period," *RES: Anthropology and Aesthetics* 33 (1998), 73-101.

Justeson, John, "The Origin of Writing Systems: Preclassic Mesoamerica," *World Archaeology* 17 (1986), 437-58.

Law, Danny, "A Grammatical Description of the Early Classic Maya Hieroglyphic Inscriptions," unpublished MA thesis, Brigham Young University, 2006.

Marcus, Joyce, *Mesoamerican Writing Systems: Propaganda, Myth, and History in Four Ancient Civilizations*, Princeton, NJ: Princeton University Press, 1992.

_____, "The Origins of Mesoamerican Writing," *Annual Review of Anthropology* 5 (1976), 35-67.

Pellecer Alecio, Mónica, "El Grupo Jabali: un complejo arquitectonico de patron triadico en San Bartolo, Peten," in B. Arroyo, J. P. Laporte, and H. E. Mejia (eds.), *XIX Simposio de Investigaciones Arqueológicas en Guatemala*, 2005, Guatemala: Ministerio de Cultura y Deportes, Asociacion Tikal, Fundacion Reinhart, 2006, pp. 937-48.

Restall, Matthew, "Heirs to the Hieroglyphs: Indigenous Writing in Colonial Mesoamerica," *Americas* 54 (1997), 239-67.

Rodríguez Martínez, Ma. del Carmen, Ponciano Ortíz Ceballos, Michael D. Coe, Richard A. Diehl, Stephen D. Houston, Karl A. Taube, and Alfredo Delgado Calderón, "Did the Olmec Know How to Write?", *Science* 9 (2007), 1365-6.

Schele, Linda, and Mary Miller, *The Blood of Kings*, Fort Worth, TX: Kimbell Art Museum, 1986.

Sharer, Robert James, and David W. Sedat, *Archaeological Investigations in the Northern Maya Highlands*, Philadelphia: University of Pennsylvania Press, 1987, pp. 49-73.

Stuart, David S., "Proper Names and the Origins of Literacy," Working Paper, Peabody Museum, Harvard University, 2001.

Taube, Karl, "The Rainmakers: The Olmec and their Contribution to Mesoamerican Belief and Ritual," in Michael D. Coe (ed.), *The Olmec World: Ritual and Rulership*, Princeton, NJ: The Art Museum, Princeton University, 1995, pp. 83-103.

Urban, Greg, *A Discourse-Centered Approach to Culture: Native South American Myths and Rituals*, Austin: University of Texas Press, 1991.

───, *Metaphysical Community: The Interplay of the Senses and the Intellect*, Austin: University of Texas Press, 1996.

Willey, Gordon R., T. Patrick Culbert, and Richard E. W. Adams, "Maya Lowland Ceramics: A Report from the 1965 Guatemala City Conference," *American Antiquity* 32 (1967), 289-315.

CHAPTER 9

키푸로 보는 타완틴수유 (잉카 제국)의 행정 체계

게리 어튼
Gary Urton

각 지방의 중심지마다 회계를 담당하는 이른바 "키포스-카마요스(quipos-camayos)"(키푸 관리자/전령이라는 뜻)가 있었다. 그들은 키푸(quipu, 결승문자)로 기록을 관리했고, 지역 사람들이 조공으로 바친 물품의 통계를 보유하고 있었다. 조공 품목은 금, 은, 천, 가축에서부터 털이나 기타 사소한 물품에 이르기까지 다양했다. 또한 키푸를 이용해서 1년 혹은 10년이나 20년 동안 지급된 물품의 내용도 기록했다. 기록 관리는 워낙 철저해서 샌들 한 켤레도 누락되는 법이 없었다.[1]

윗글은 시에자 데 레온(Cieza de León)의 기록이다. 그의 증언에 따르면, 잉카 사람들은 자원의 수집과 관리 및 분배를 통제하는 매우 효율적인 체계를 가지고 있었다. 그리고 그 체계는 그들의 제국 전역에 걸쳐 있었다. 그들의 제국은 안데스산맥을 따라 약 5000킬로미터에 달했다.

지난 2004년 여름 2주간 뮌헨의 민족학박물관을 방문했을 때 친절하게 맞이하여 도움을 주신 Helmut Schindler에게 감사드린다. 또한 Carrie Brezine에게 심심한 감사의 뜻을 표하고자 한다. 그는 키푸 UR28의 분석 방법과 최초 구조 분석을 설명해주셨다. 당시 그는 키푸 데이터베이스 프로젝트를 담당하고 있었다. 다만 기본적인 구조를 넘어 이 글에서 제시된 상세한 키푸 분석 및 해석은 저자의 연구 성과다.

1 Cieza de León, *El Señorío de los Incas*, Cieza de Leon (trans.) (Lima: Instituto de Estudios Peruanos, 1967), p. 36.

오늘날로 따지면 에콰도르와 콜롬비아의 국경에서부터 남쪽으로 칠레 중부에까지 이르렀다(지도 9-1). 시에자 데 레온의 증언에서 흥미로운 점은, 그가 잉카 행정의 수준을 상당히 신뢰했다는 사실이다. 잉카의 행정은 키푸(khipu, 혹은 quipu)를 바탕으로 했다. 키푸는 줄에 매듭을 묶어 정보를 기록하는 도구였다. 키푸의 기록 능력에 관해서는 최근에 이르러서야 상당히 많은 사실들이 밝혀졌다.[2] 그러나 아직 해명하지 못한 문제들도 많이 남아 있다. 시에자 데 레온을 비롯한 스페인 주석가들도 언급했듯이, 다채색의 줄로 어떻게 그토록 다양한 범주의 정보를 그 내용만큼이나 다양하고 복합적인 형태로 기록할 수 있었는지, 아직은 전모를 밝혀내지 못했다. 문제는 스페인 사람들의 증언을 검증하는 것뿐만이 아니다. 실제로 잉카의 기록 관리가 얼마나 효율적이고 효과적이었는지를 확인할 수 있어야 한다. 잉카 제국 회계 시스템의 특성을 파악하고 비판적으로 검토하고자 한다면, 이는 매우 기본적인 도전에 속한다. 그러나 본격적인 논의에 앞서 현재 우리가 가진 능력의 한계와 관련하여 몇 가지 기본적 상황을 알아보기로 하겠다.

스페인의 잉카 정복이 시작된 1532년 이후, 잉카 제국의 행정 체계는 깡그리 무너졌다. 여러 제도와 관습이 결합된 효율적 회계 시스템은 물론, 잉카 제국의 토착 요소나 특징이라면 그 무엇이든 예외가 없었

---

2 Marcia Ascher and Robert Ascher, *Mathematics of the Incas: Code of the Quipus* (New York: Dover, 1997); William J. Conklin, "A Khipu Information String Theory," in Jeffery Quilter and Gary Urton (eds.), *Narrative Threads: Accounting and Recounting in Andean Khipu* (Austin: University of Texas Press, 2002), pp. 53-86; and Gary Urton, *Signs of the Inka Khipu: Binary Coding in the Andean Knotted-String Records* (Austin: University of Texas Press, 2003).

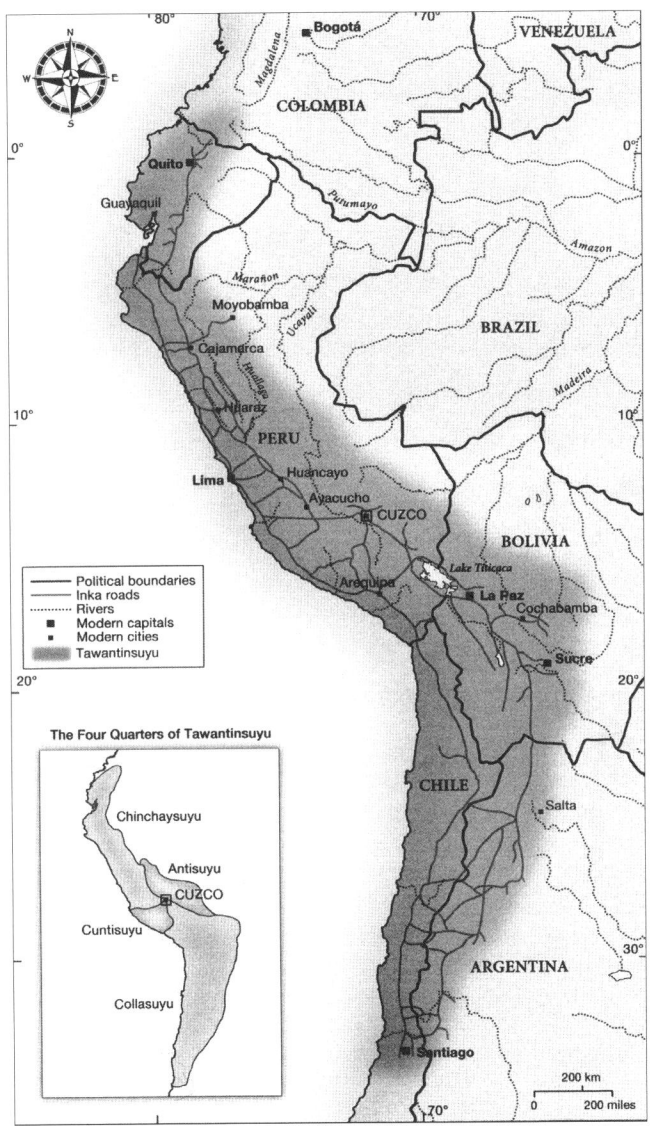

[지도 9-1] 타완틴수유의 대략적 영역 및 네 개 수유의 위치(작은 지도)

다. 이와 같이 불안정한 시기, 혹은 나탕 바슈텔(Nathan Wachtel)의 개념을 빌리자면 "재구조화(de-structuration)"의 시기가 수십 년 동안 이어졌다. 수십 년이 지난 뒤 비로소 잉카 제국의 행정 체계에 대한 종합적 설명 자료가 스페인의 연대기와 행정 문서에 최초로 기록되기 시작했다.[3] 이렇게 해서 잉카 행정 체계의 요소 중 일부가 식민지 초기 혹은 중기의 기록에 남겨졌지만, 그럼에도 불구하고 행정 체계의 핵심적 측면이나 기록 양상 등은 수십 년의 간극 사이에 사라지거나 혼란스러워졌다. 게다가 정치적 고려에 의해 애초 잉카의 행정 정보가 다소간 편향되거나 잘못 기록되었을지도 모른다는 의문이 제기되기도 했다.[4] 내가 보기에는 잉카 행정 체계에 관한 잉카 제국 관료들 스스로의 의견이 전혀 남아 있지 않다는 점도 문제가 아닐 수 없다. 우리 손에 남아 있는 자료는 스페인 관찰자들의 기록과 키푸 유물 그 자체뿐이다.

 이것이 우리 앞에 놓여 있는 대체적 상황이다. 문제가 이렇다면, 그래서 어떻게 할 것인가? 우선 우리는 이 주제와 관련하여 뛰어난 2차 자료를 상당수 보유하고 있다.[5] 이들 자료는 우리에게 잉카 행정의 기본 속

---

3 Nathan Wachtel, *The Vision of the Vanquished: The Spanish Conquest of Peru through Indian Eyes*, Ben Reynolds and Sian Reynolds (trans.) (Hassocks, Sussex: The Harvester Press Limited, 1977).
4 Gary Urton, *The History of a Myth: Pacariqtambo and the Origin of the Inkas* (Austin: University of Texas Press, 1990).
5 Catherine J. Julien, "How Inca Decimal Administration Worked," *Ethnohistory* 35 (1988), 257–79; John V. Murra, "Las etno-categorías de un khipu estatal," in John V. Murra, *Formaciones económicas y politicas en el mundo andino* (Lima: Instituto de Estudios Peruanos, 1975), pp. 243–54; Martti Pärsinnen, *Tawantinsuyu: The Inca State and its Political Organization* (Helsinki: Suomen Historiallinen Seura, 1992); and John Rowe, "Inca Policies and Institutions Relating to the Cultural Unification of the Empire," in George C. Collier, Renato I. Rosaldo, and John D.

성에 관해 깊이 있는 정보를 제공한다. 오늘날 연구의 출발점으로 이들 자료에서 근거를 찾아보겠지만, 우리의 논의는 되도록 빨리 원래의 시스템 자체에 대한 주제로 넘어가려 한다. 나는 거의 20년 동안 남아 있는 키푸 유물을 면밀히 연구해왔다.[6] 그래서 키푸 유물에 관해서만큼은 가장 전문적이라고 자부한다. 이 글에서 나는 키푸 유물로부터 자료를 추출하여, 키푸가 어떻게 구성되고 유지되고 만들어졌는지를 보여주고자 한다. 그 작업을 맡은 사람들이 키푸-카마유크(khipu-kamayuq, 매듭을 만드는 자/조직하는 자), 즉 잉카의 기록관들이었다.[7] 잉카 행정의 관행에 대해서도 같은 방식으로 설명해보려 한다. 말하자면 나는 잉카 행정의 바탕을 어느 정도까지는 "토착 증거(indigenous testimony)", 즉 잉카의 관행에서 현지인에 의해 생성된 자료에 근거해서 보여주고자 한다.

객관적 틀 안에서 이 글을 통해 의도하는 바를 논증하기 위하여 먼저 잉카 행정의 기본적 제도와 관행을 개관하는 것으로 논의를 시작해보겠다. 즉 잉카 행정 체계의 중심 원칙과 양상을 살펴볼 텐데, 이는 키푸 유물 검토의 바탕이 될 것이다. 키푸 유물 검토는 국가, 지방, 지역의 세 단계로 나뉜다. 각 단계마다 키푸 유물의 그림이 제시될 것이다. 우리 논

Wirth (eds.), *The Inca and Aztec States: 1400-1800: Anthropology and History* (New York: Academic Press, 1982), pp. 93-118.

6 Gary Urton, "A New Twist in an Old Yarn: Variation in Knot Directionality in the Inka Khipus," *Baessler-Archiv Neue Folge* 42 (1996), 271-305; Gary Urton, *Signs of the Inka Khipu*; and Gary Urton and Carrie J. Brezine, "Khipu Typologies," in Elizabeth Hill Boone and Gary Urton (eds.), *Their Way of Writing: Scripts, Signs and Pictographies in Pre-Columbian America* (Washington, D.C.: Dumbarton Oaks Research Library, 2010), pp. 319-52.

7 키푸의 구조와 관련하여 더 상세한 설명과 도표 및 유물 사진은 하버드대학교의 키푸 데이터베이스 프로젝트 홈페이지 참조. http://khipukamayuq.fas.harvard.edu/.

의에서 주로 이용할 자료의 출처는 키푸 데이터베이스(Khipu Database)다. 이는 검색 기능이 있는 디지털 데이터베이스로, 나의 연구를 통해 구축되었다. 구축 과정에 국립과학재단(National Science Foundation, 미국)의 지원을 받으며, 2002년부터 하버드대학교의 캐리 브레진(Carrie J. Brezine)과 파블로 코노넨코(Pavlo Kononenko)의 컴퓨팅 도움을 받았다.

잉카 행정 체계 개관

식민지 초기 자료들에 따르면, 잉카 제국 사람들은 스스로의 제국을 타완틴수유(Tawantin-suyu)라 했다. 말뜻 그대로 해석하면 "네 부분이 긴밀히 함께 묶였다"라는 의미다. 여기서 말하는 네 부분이란 친차이수유(Chinchay-suyu), 안티수유(Anti-suyu), 콜라수유(Colla-suyu), 쿤티수유(Cunti-suyu)이다(어미 -suyu는 "부분"이라는 뜻인데, "4분의 1"이라는 의미로 사용되기도 한다). 네 부분으로 이루어진 조직의 중심이 잉카의 수도 쿠스코(Cuzco)였다. 쿠스코는 오늘날 페루의 남동부 고산 지대에 위치한다. 타완틴수유의 행정은 한마디로 위에서 아래로 내려가는 구조였다. 말하자면 쿠스코에 있는 행정 기관의 관리들로부터 절차를 시작해서 지방 행정 중심지까지 아래로 (그리고 중심에서 먼 곳으로) 내려갔다가 마침내 지역 마을에까지 다다르는 방식이었다. 이 글의 목적은 모든 것을 완벽히 설명하는 것이 아니라 대체적이고 합리적인 선에서 개관을 제시하는 것이다. 이를 통해 키푸 행정 기록을 보다 자세히 들여다볼 수 있는 계기가 되기를 바란다.

수도 쿠스코에 있는 국가/제국의 조직 체계

수도로서 쿠스코는 잉카 제국 최고의 권력과 권위의 중심지였다. 잉카의 왕, 즉 사파 잉카(Sapa Inka, 유일한 잉카라는 의미)가 주재하는 궁궐과 그의 코야(Coya), 즉 왕비도 모두 쿠스코에 있었다(제국 후기에는 누이가 왕비가 되기도 했다). 쿠스코 내부 행정 담당자는 (10~12대까지 이어진) 잉카 제국 왕들의 직계 혹은 방계 후손들이었다. 잉카 제국의 왕이 통치한 기간은 그리 길지 않아서 모두 합쳐도 125~150년에 불과했다. 짧은 시기에 제국이 형성된 점을 감안하면, 제국의 상당 부문이 유동적이었다는 사실이 그리 놀랍지 않다. 다만 수도의 행정 체계는 상당히 잘 구축되어 있었던 반면, 지방에서는 지역별로 편차가 컸다.

쿠스코 내부 및 제국 행정 체계의 맨 꼭대기에 잉카(Inka, 왕)가 있었다. 잉카 제국 출신의 연대기 저술가 과만 포마 데 아얄라(Guaman Poma de Ayala)는 행정 관료의 구체적 인원수를 기록했는데, 관리들은 왕의 일상적인 일과 관심사를 돌보았다.[8] 최측근에서는 비서(인캅 시민 키포콕 Yncap cimin quipococ, "잉카의 말씀을 담당하는 자")와 회계 및 보물 관리 책임자(타완틴 수요 루나 키폭 인캅 Tawantin Suyo runa quipoc Yncap, "타완틴수유 백성과 물건의 통계를 담당하는 자")가 잉카(왕)의 시중을 들었다. 뿐만 아니라 네 명의 위대한 귀족, 즉 아푸(Apu) 또한 잉카를 보좌했다. 네 명의 아푸는 타완틴수유를 구성하는 네 개의 수유(suyu)를 책임지는 위치에 있었다. 아푸들은 과만 포마가 언급한 콘세호 레알(Consejo Real),

---

8 Guaman Poma de Ayala, *El Primer Nueva Corónica y Buen Gobierno*, John V. Murra and Rolena Adorno (eds.), 3 vols. (Mexico City: Siglo Veintiuno, 1980), pp. 1583-615.

즉 "왕실 자문회의"의 구성원이었다. 이 회의체를 보좌하는 행정 관리들이 있었는데, 그들을 타완틴 수요 카팍 인카카납 시민 키포콕(Tawantin Suyo capac Yncacanap cimin quipococ, "잉카와 귀족들의 말씀을 담당하는 자")이라 했다. 이상이 잉카 제국의 수도에서 "시민 통치"를 담당한 관료들의 핵심 구조였다. 그러나 우리가 간과해서는 안 될 점이 있는데, 한편으로 시민을 관리하는 업무가 있었다면 또 한편으로 종교적 업무가 있었다. 시민 관리 업무와 종교적 업무는 잉카 제국의 운영에서 불가분의 관계에 놓여 있었다. 따라서 빌락 우무(Villac Umu), 즉 사제의 우두머리와 그의 수하에 있었던 사제들의 위계질서도 행정의 한 축으로서 우리의 논의에 포함시켜야 할 것이다.

관련하여 우리가 주목해야 할 조직은 이른바 세케(ceque) 시스템으로, 도시 안에서 행정 업무, 사회 조직, 종교 의례의 기본 틀이었다. 쿠스코에는 41개의 세케가 포함되어 있었다. 세케란 성스러운 장소를 연결하는 (보이지 않는) 선이었다. 성스러운 장소를 와카(huaca)라고 했는데, 와카는 도시 안에도 있었고 도시에서 가까운 외부에도 있었다. 고대에 처음 수도를 건설할 때 기반이 된 사건이 일어났던 신화적 장소들이 모두 와카가 되었다. 와카에서는 매년 정해진 날에 희생 의례를 바쳤다. 쿠스코와 세케 시스템은 둘로 나뉘어 있었다(쿠스코는 하난Hanan 쿠스코와 후린Hurin 쿠스코로 나뉜다. 하난은 위, 후린은 아래라는 의미). 각각의 쿠스코는 다시 두 개로 나뉘어, 결국 네 부분으로 구성되는 타완틴수유가 되었다. 각각의 부분(수유)마다 세케가 존재했다. 그리고 세케에는 세 단계의 위계질서가 있었다. 하나의 수유 안에서 이 세 단계는 여러 차례 반복되었다. 세 단계의 명칭은 각각 콜라나

(collana), 파얀(payan), 카야오(cayao)였다. 세케 시스템의 중심, 즉 코리칸차(Coricancha, 이른바 "태양의 사원")를 구심점으로 이들 세 단계가 반복되었다. 쿠스코의 각 수유마다 방향이 서로 달랐다. 후린 쿠스코에서는 반시계 방향으로 세케의 단계가 반복된 반면, 하난 쿠스코에서는 단계의 반복이 시계 방향으로 전개되었다(그림 9-1). 이 점에 대해서는 뒤에서 다시 논의하기로 한다.

41개의 세케를 따라 약 328~350개의 와카가 있었고, 각각의 와카에서 희생 의례가 거행되었다. 그리고 37개에 달하는 의례 지정 일자가 있었다(마야의 의례력은 18개월+이름 없는 1개월로 구성되어 있다. 매달 2회+이름 없는 달 1회씩 의례가 지정되면 모두 36+1개 날짜가 지정된다. - 옮긴이). 각각의 와카와 의례 일자를 조합하면, 수도 및 제국 전역에서 거행될 의례용 달력이 만들어진다. 이와 같은 의례/일정 시스템이 정치적이었던 이유는, 그래서 그것이 국가 행정 연구의 대상에 포함되는 이유는, 각각의 세케 시스템을 따라 위치하는 각각의 와카에서 희생 의례 담당 주체로 왕실 친족(panaca) 혹은 왕실 친족은 아니지만 의례를 담당할 공동체(ayllu)가 따로 지정되어 있었기 때문이다. 각 공동체의 담당 범위는 도시 안팎을 막론하고 특정 구역으로 정해져 있었다. 뿐만 아니라 연간 일정 중에서 특정 범위를 지정하여 일정별로도 나뉘었다. 의례를 담당하는 주체는 10개의 파나카(panaca) 혹은 10개의 아이유(ayllu) 중 어느 하나로 지정되었고, 그에 따라 시민의 소속도 나뉘었다.[9] 수도 쿠스코의 세케 시

9 R. Tom Zuidema, "Bureaucracy and Systematic Knowledge in Andean Civilization," in Collier, Rosaldo, and Wirth (eds.), *The Inca and Aztec States*, pp. 419-58.

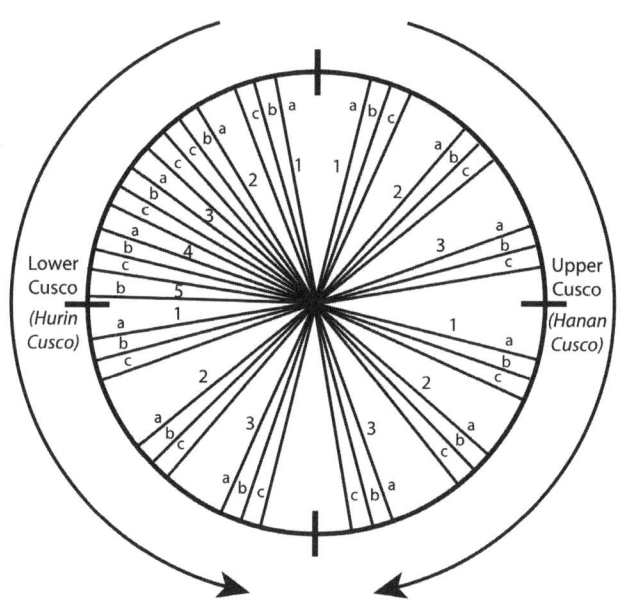

[그림 9-1] 쿠스코의 세케 시스템 도식
쿠스코를 상위와 하위로 나누고, 각각의 절반에서 세케의 순서(위계)와 방향을 도표화했다.

스템에서 보유해야 할 정보는 키푸(khipu)를 통해 저장되었다고 한다.

쿠스코의 키푸

우리의 의도는 "세케 키푸(ceque khipu)"라고 하는 특별한 유물을 규명하려는 것이 아니다. 다만 키푸의 사례를 통해 줄 매듭의 구조와 조직을 살펴보고, 앞에서 언급한 담당 분야와 위계질서가 줄 매듭에 어떻게 저장되어 있는지를 살펴보고자 할 따름이다.[10] [그림 9-1]에서 보는 바와 같이 쿠스코의 세케 시스템은 네 부분으로 나뉘어 있었다. 그중 두 부분은 하난(Hanan) 쿠스코, 다른 두 부분은 후린(Hurin) 쿠스코 소속이었다. 후린 쿠스코에 속하는 쿤티수유(Cuntisuyu, 14개의 세케로 구성)를 제외하고 다른 수유들은 일반적으로 (3×3=) 9개의 세케로 구성되어 있다. 앞에서 위계질서의 세 단계인 콜라나(collana)-파얀(payan)-카야오(cayao)를 설명했는데, 이들 세 범주가 하난 쿠스코에서는 시계 방향으로, 후린 쿠스코에서는 반시계 방향으로 전개되었다. 이제 한 쌍의 키푸를 살펴볼 텐데, 현재 리마(Lima)에 위치한 페루 중앙준비은행(Banco Central de la Reserva del Perú)에 소장되어 있는 유물이다. 이 한 쌍의 키푸는 세케 시스템의 구조 및 조직과 놀라울 정도로 비슷한 형태를 띠고 있다.

우리가 살펴보고자 하는 두 개의 키푸 샘플은 다섯 개의 키푸로 구성된 하나의 그룹에 속해 있다. 그룹이 하나로 묶여 있기 때문에 이를 "연결 세트(linked set)"로 지칭하겠다(그림 9-2).[11] 그림에서 보듯이 두 개의 샘플에는 각각 UR053B와 UR053C라는 라벨이 붙어 있다. 연결 세트에 포함된 다섯 개의 키푸는 모두 줄 색깔의 패턴에 공통점이 있는데, 세 가지 색깔의 줄로 구성되어 있다는 점이다. 흰색-밝은 적갈색-밝은 갈색(W-RL-AB)으로 구성된 경우도 있고, 흰색-중간 적갈색-밝은 갈색(W-RB-AB)으로 구성된 경우도 있다. 밝은 적갈색(RL)과 중간 적갈

---

10 Nathan Wachtel, *The Vision of the Vanquished*; and Pärsinnen, *Tawantinsuyu*; and R. Tom Zuidema, *The Ceque System of Cuzco: The Social Organization of the Capital of the Inca* (Leiden: Brill, 1964).

11 Gary Urton, "Khipu Archives: Duplicate Accounts and Identity Labels in the Inka Knotted-String Records," *Latin American Antiquity* 16 (2005), 147-67.

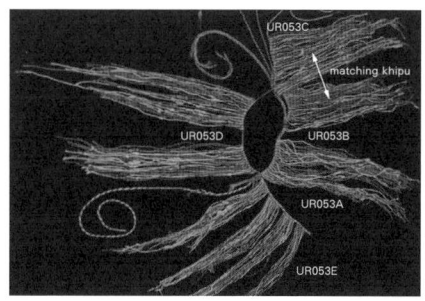

〔그림 9-2〕 키푸 UR53
쌍을 이루는 UR53B와 UR53C가 묶여 있는 형태를 보여준다.

색(RB)은 호환이 가능하다(샘플 53B와 샘플 53C에는 각각 RB와 RL이 사용되었지만, 나타내는 값은 같은 것으로 추정된다). [표 9-1]은 샘플 53B와 샘플 53C의 줄 매듭이 나타내는 데이터를 표로 산출한 것이다. (키푸는 중심줄main cord, 매달린줄pendant cord, 보조줄subsidiary cord로 구성된다. ‒옮긴이) 샘플 53C는 매달린줄이 세 개씩 짝을 이루고 있는데, 줄의 색깔은 W-RL 혹은 RB-AB가 반복된다(표에서는 왼쪽 첫 번째 칸이 매달린줄의 순번이다). 매달린줄의 배열은 1-2-3이 한 묶음, 4-5-6이 한 묶음… 식으로 이어진다. 그러나 샘플 53B에는 매달린줄이 두 개씩 묶음을 이루고 있고, 줄 색깔은 W-RL 혹은 RB-AB로 반복된다. 그리고 두 번째 매달린줄에 보조줄이 부착되어 있다(즉 1-2-2s1이 한 묶음, 3-4-4s1이 한 묶음…). 요약하자면 두 개의 샘플에서 공통점은 줄 색깔이 반복된다는 것이었다. 그러나 두 샘플은 근본적 차이가 있었다. 즉 하나의 묶음을 이루는 매달린줄과 배열 순서가 완전히 달랐다. 53C는 "매달린줄-매달린줄-매달린줄"이 한 묶음이지만, 53B는 "매달린줄-매달린줄-보조줄"

이 한 묶음이었다. 내가 보기에 이들 두 샘플에서 각각 세 개의 줄이 한 묶음으로 구성된 것은 콜라나-파얀-카야오 조직의 세 요소와 일치한다. 즉 이 샘플은 앞에서 설명했던 세케 시스템의 조직적 구성을 반영하고 있는 것이다.

그다음으로 [표 9-1]의 두 샘플 배열에서도 보듯이, 샘플 53C의 매달린줄 11번(#11)과 샘플 53B의 매달린줄 1번(#1)을 보면, 각각의 줄에 기록된 수치가 서로 일치하거나 혹은 (대개는) 서로가 거의 비슷함을 알 수 있다. 그러나 만약 여기 두 개의 키푸가 사실은 같은 (혹은 비슷한) 데이터를 기록하는 수단이었다면, 이들은 서로 다른 구조를 통해 같은 정보를 저장하는 방식을 선택했다고 볼 수밖에 없다. 왜냐하면 앞에서도 언급했듯 이 두 개의 키푸 샘플은 구조적 측면과 세 가지 색상의 줄이 반복되는 순서에서 근본적 차이가 있기 때문이다. 나중에 다시 보게 되겠지만, 또 다른 측면에서 볼 때에도 이 두 개의 샘플은 서로 거의 정확하게 대응 관계를 이루고 있다. 어쩌면 이를 정반대 구조라고 해야 할지도 모르겠는데, 간단히 말해서 하난 쿠스코와 후린 쿠스코가 (시계 방향과 반시계 방향으로) 완전히 정반대 구조를 가지고 있기 때문이다.

[표 9-1]의 왼쪽 두 번째 칸은 매달린줄의 매듭 방식을 나타낸다. 중심줄에 매달린줄을 묶을 때 매듭 방식은 두 가지가 있는데, 그에 따라서 매듭의 방향이 "V"(verso, 뒤 방향)가 되거나 "R"(recto, 앞 방향)이 된다(여기서 더 이상의 세부 사항까지 거론할 필요는 없을 것 같다). 내가 주목하고자 하는 것은 샘플 53C에서 두 번째 매달린줄에 다시 보조줄을 매다는 구성 방식이다. 즉 줄 세 개 한 세트 구성에서 세 번째 줄은 반드시 보조줄이다. 그래서 세 번째 줄이 없는 경우에는 "U"(unrecorded, 없음)로 표

KHIPU UR053C

Cord Number	Attch	Knots	Color	Value
1	V	1EE(24.0/Z)	AB	2
2	V	4S(7.5/S) 1EE(22.0/Z)	W	41
3	V	1S(7.0/S)	RB	10
4	V	6L(21.5/S)	AB	6
5	V	7S(8.0/S) 3L(21.5/S)	W	73
6	V	4L(21.5/S)	RB	4
7	V	5L(21.5/S)	AB	5
8	V	5S(8.0/S) 3L(22.5/S)	W	53
9	V	1S(9.0/S) 4L(21.5/S)	RL	14
10	V	2L(20.5/S)	AB	2
11	V	5S(7.0/S) 3L(21.5/S)	W	53
12	V	1S(7.0/S) 3L(20.5/S)	RL	13
13	V	3L(20.5/S)	AB	3
14	V	5S(8.0/Z) 3L(21.0/Z)	W	53
15	V	1S(7.5/Z) 5L(19.0/Z)	RB	15
16	V	5L(5.0/Z)	AB	5
17	V	6S(7.5/Z) 3L(21.0/Z)	W	63
18	V	1S(8.0/Z) 6L(21.0/Z)	RB	16
19	V	1S(8.0/Z) 6L(21.0/Z)	AB	16
20	V	6S(8.0/Z) 3L(21.0/Z)	W	63
21	V	1S(8.0/Z) 7L(21.0/Z)	RL	17

KHIPU UR053B

Cord Number	Attch	Knots	Color	Value
1	R	5S(1.5/S) 3L(14.0/S)	W	53
2	R	1S(6.0/S) 3L(16.0/S)	RL	13
2s1	U	3L(15.0/S)	AB	3
3	R	5S(4.5/S) 3L(15.0/S)	W	53
4	R	1S(7.0/S) 5L(16.0/S)	RL	15
4s1	U	5L(14.5/S)	AB	5
5	R	6S(6.0/S) 3L(15.5/S)	W	63
6	R	1S(6.5/S) 6L(15.0/S)	RL	16
6s1	U	1S(5.5/S) 6L(14.5/S)	AB	16
7	R	6S(5.0/S) 3L(15.0/S)	W	63
8	R	1S(6.0/S) 7L(15.0/S)	RL	17

[표 9-1] 쌍을 이루는 키푸

KHIPU UR053C

Cord Number	Attch	Knots	Color Value			
22	V	1S(7.5/Z) 7L(20.5/Z)	AB	17	8s1	U	1S(5.0/S) 9L(14.0/S)	AB	19
23	V	7S(8.0/Z) 4L(20.5/Z)	W	74	9	R	7S(6.0/S) 4L(14.5/S)	W	74
24	V	1S(8.5/Z) 6L(20.0/Z)	RL	16	10	R	1S(6.5/S) 6L(14.5/S)	RL	16
25	V	8L(20.5/Z)	AB	8	10s1	U	8L(14.0/S)	AB	8
26	V	5S(8.0/Z) 3L(20.5/Z)	W	53	11	R	3S(6.0/S) 3L(13.0/S)	W	33
27	V	1S(8.0/Z) 3L(19.5/Z)	RB	13	12	R	1S(6.0/S) 3L(14.0/S)	RL	13
28	V	5L(21.0/Z)	AB	5	12s1	U	5L(13.0/S)	AB	5
29	V	5S(8.0/Z) 3L(20.0/Z)	W	53	13	R	5S(6.0/S) 3L(14.5/S)	W	53
30	V	1S(8.5/Z) 2L(20.5/Z)	RL	12	14	R	1S(6.5/S) 2L(15.5/S)	RL	12
31	V	1S(8.0/Z) 6L(19.5/Z)	AB	16	14s1	U	1S(5.5/S) 6L(14.0/S)	AB	16
32	V	5S(8.0/Z) 8L(20.0/Z)	W	58	15	R	5S(6.5/S) 8L(15.0/S)	W	58
33	V	1S(8.5/Z) 5L(20.5/Z)	RL	15	16	R	1S(7.5/S) 6L(14.0/S)	RL	16
34	V	1S(8.0/Z) 6L(19.5/Z)	AB	16	16s1	U	1S(7.0/S) 6L(14.0/S)	AB	16
35	V	5S(7.5/Z) 2L(19.5/Z)	W	52	17	R	5S(5.0/S) 2L(13.5/S)	W	52
36	V	1S(7.5/Z) 1E(21.0/Z)	RL	11	18	R	1S(6.0/S) 1E(13.0/S)	RL	11
37	V	1S(7.0/Z) 4L(20.5/Z)	AB	14	18s1	U	1S(5.0/S) 4L(13.0/S)	AB	14
38	V	3S(7.5/Z) 2L(21.5/Z)	W	32	19	R	3S(5.0/S) 2L(12.5/S)	W	32
39	V	1S(7.5/Z)	RL	10	20	R	1S(5.0/S)	RL	10
40	V	1S(7.5/Z) 4L(20.5/Z)	AB	14	20s1	U	1S(4.5/S) 7L(10.5/S)	AB	17
41	V	2S(6.0/S) 1S(19.0/S)	W	22	21	R	2S(4.5/S) 2L(11.0/S)	W	22
42	V	2S(6.0/S) 1S(19.0/S)	RB	26	22	R	2S(4.5/S) 7L(11.5/S)	RL	27
43	V	1S(16.0/S)	AB	5	22s1	U	6L(10.5/S)	AB	6

KHIPU UR053C							
Cord Number	Attch	Knots		Color Value			
44	V	1S(6.0/S) 1S(17.0/S)	W	19	23	R	1S(4.0/S) 9L(11.0/S)	W	19
45	V	2S(5.0/S) 1S(17.5/S)	RB	25	24	R	2S(5.5/S)	RL	20
46	V	1S(17.0/S)	AB	9	24s1	U	9L(9.5/S)	AB	9
47	V	1S(5.0/S) 1S(18.5/S)	W	16	25	R	1S(5.5/S) 2L(11.5/S)	W	12
48	V	2S(5.5/S) 1S(19.5/S)	RL	26	26	R	1S(5.5/S) 5L(12.0/S)	RL	15
49	V	1S(6.5/S) 1E(17.5/Z)	AB	11	26s1	R	1S(5.0/S) 7L(12.0/S)	AB	17
50	V	2S(5.0/S) 1E(14.5/Z)	W	21	27	U	1S(4.5/S) 7L(12.5/S)	W	17
51	V	2S(5.0/S) 7L(14.0/S)	RB	27	28	R	2S(4.5/S) 9L(11.5/S)	RL	29
52	V	1S(4.0/S) 1E(14.0/Z)	AB	11	28s1	U	1S(4.0/S) 3L(12.0/S)	AB	13
53	V	1S(5.0/S) 8L(16.0/S)	W	18	29	R	S(5.0/S) 8L(12.5/S)	W	18
54	V	2S(4.5/S) TURNS?L(15.0/U)	RB	20	30	R	2S(5.5/S) 6L(11.0/S)	RL	26
55	V	1S(4.5/S)	B	10	30s1	U	1S(4.5/S)	AB	10
56	V	2S(4.5/S) 2L(14.0/S)	W	22	31	R	2S(5.0/S) 2L(10.0/S)	W	22
57	V	8L(11.0/S)	RB	8	32	R	8L(11.5/S)		8
58	V	9L(12.0/S)	AB	9	32s1	U	9L(11.0/S)	AB	9
59	V	2S(6.0/S) 1E(14.0/Z)	W	21	33	R	2S(4.5/S) 4L(11.0/S)	W	24
60	V	1S(5.0/S) 6L(12.5/S)	RB	16	34	R	2S(4.5/S) 6L(12.0/S)	RB	26
61	V	5S(10.5/S)	AB	50	34s1	U	1S(4.5/S) 1E(10.5/S)	AB	11
					35	R	2S(5.0/S) 3L(11.0/S)	W	23
					36	R	1S(5.0/S) 9L(11.0/S)	RL	19
				1408	36s1	U	6L(11.0/S) 3L(14.0/S)	AB	9
									1203

시했다. 한편 매달린줄의 매듭 방식 V와 R은 사실 동전의 양면과 같다. 즉 매달린줄의 매듭 유형이 V일 경우, 앞쪽에서 보면 뒤 방향(V)으로 보이지만 반대쪽에서는 앞 방향(R)으로 보일 것이다(반대의 경우도 마찬가지다). 이것이 의미하는 바는, 간단히 말해서 이 두 가지 샘플이 "한 쌍"의 기록이라는 사실이다. 줄에 기록된 수치는, 샘플 53C를 뒤 방향(V)에서 보고 샘플 53B를 앞 방향(R)에서 보면 서로가 일치하게 된다. 그러나 두 개의 샘플을 같은 방향에서 본다면(즉 둘 다 V, 아니면 둘 다 R에서 본다면) 매듭의 방향이 서로 달라지기 때문에, 줄에 기록된 수치 값은 일관되거나 일치하지 않을 것이다. 구체적 사례는 [표 9-1]에서 보는 바와 같다. 줄의 색깔이나 기록된 수치의 측면에서 이들 두 샘플이 "한 쌍"이 되는 것은 각각의 키푸를 서로 반대 방향에서 볼 때만 가능하다.

    여기서 나의 논점은 두 샘플의 구조가 세케 시스템과 같다는 점이다. 이상에서 설명했듯이, 두 샘플에서 줄의 부착 방향이 반대로 되어 있는 것은 마치 쿠스코의 세케 시스템이 절반씩 나뉘어 대응되는 것과 같다. 세케 시스템에서 위계질서의 세 범주(콜라나-파얀-카야오)가 한 세트로 구성되는데, 세 범주는 한편에서 시계 방향으로 전개되고 다른 한편에서 반시계 방향으로 전개되었다. 이미 세케 시스템이 키푸를 통해 기록되었다는 증언이 알려져 있다.[12] 이와 관련해서 오래도록, 구역과 범주가 복잡하게 나뉜 조직 체계를 어떻게 기록할 수 있었을까 하는 의문이

---

12 Brian S. Bauer, "The Original Ceque Manuscript," in Gary Urton (ed.), "Structure, Knowledge, and Representation in the Andes: Studies Presented to Reiner Tom Zuidema on the Occasion of his 70th Birthday," Special Edition of the *Journal of the Steward Anthropological Society* 23 (1997), 277-98.

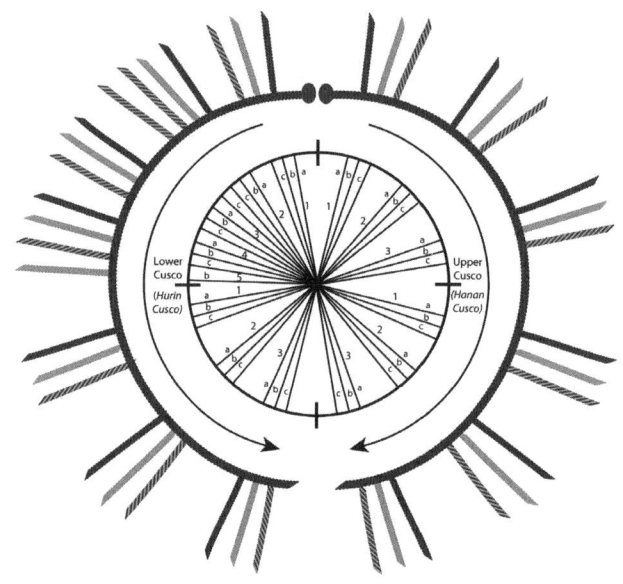

[그림 9-3] 쿠스코의 세케 시스템과 짝을 이루는 키푸 유물 UR53B와 UR53C를 가상으로 비교한 도식

제기되었다. 이에 대하여 나로서는, 실제로 세케 시스템을 기록한 키푸가 하나가 아니었다고 주장하는 것이다. 그보다는 오히려 한 쌍으로 기록했을 가능성이 매우 높다. 한쪽에는 하난 쿠스코의 세케 시스템을, 다른 한쪽에는 후린 쿠스코의 세케 시스템을 기록했던 것이다(그림 9-3). [그림 9-2]에서 보듯이, 샘플 53B와 샘플 53C는 서로 짝을 이루는 한 쌍으로서, 각각 정보를 나누어서 기록하도록 되어 있었다. 쌍을 이루는 두 개의 키푸는 각각 세 가지 범주로 구성되었다. 한쪽에서는 세 범주가 시계 방향으로 반복해서 전개되고, 다른 한쪽에서는 반시계 방향으로

전개되었다. 이와 같은 한 쌍의 키푸가 수도의 세케 시스템에서 정치적 위상과 의례적 관계를 기록하고 관리하는 데 사용된 행정의 도구였다.

지방 조직

쿠스코를 중심으로 바깥으로 나가면, 즉 행정 체계상 아래로 내려가면 약 80개의 지방 행정 구역을 담당하는 관리들을 만나게 된다. 이들 행정 구역이 합쳐져 제국이 되는 것이다. 각 지방을 담당하는 관리는 토크리콕(Tocricoc, "감시하는 자"), 그들을 보조하는 인력은 키푸카마유크(khipukamayuq)라 했다. 공식적으로 기록되는 정보, 특히 통계 자료가 각 지방마다 저장되어 있었다. 내용은 인구 조사나 조공 물품 같은 것들이었다. 지방 차원에서 우리가 주목하는 주제는, 위계에 따른 조직 구성 방식과 국가 차원의 노동력 관리 문제다. 노동력 동원을 위해 10명 단위로 노역(corvée labor, 무급 노동)이 부과되었는데, 국가에서 지정하는 공사에 동원되는 것이 곧 일반 백성에게 부과되는 세금이었다. 도로 건설과 유지 보수, 창고나 교량 건설 등의 공사가 있었고, 이외에도 국가와 신에게 소속된 토지를 관리하는 등의 여러 업무가 있었다.[13]

제국 내 대부분의 지역에서 노역은 10명 단위로 부과되었다. 조직의 원칙은 쌍을 이루는 구조와 5개 단위의 구분이었다(그림 9-4). 지방에서 노동자 10명 단위로 5개 단위가 합쳐지면 춘카(chunca)가 되므로 춘카의 인원은 50명이었다. 춘카는 규모가 같은 또 하나의 춘카와 짝을 이루도

---

13 John V. Murra, *The Economic Organization of the Inca State* (Greenwich, CT: JAI Press, 1980).

록 되어 있어서, 두 개의 춘카가 합쳐지면 인원 100명의 파차카(pachaca)가 되었다. [그림 9-4]에서 보듯이 쌍을 이루는 원칙과 5개 단위가 합쳐지는 원칙을 충족하면 위계질서상 한 단계가 올라갔다. 이렇게 해서 반복적으로 조직이 커지면서 결국에는 어마어마한 규모로 확장되었는데, 최종적으로는 1만 명 규모의 우누(hunu)라고 하는 단위가 형성되었다. 각각의 단계마다 조직의 수장을 쿠라카(curaca)라 했으며, 이들이 노동자들의 업무를 관장했다. 각 조직에는 키푸를 관리할 사람(키푸카마유크)이 지정되어 데이터를 관리했다. 그들에 의해 국가에서 부과한 임무에 참여한 인원과 참여한 작업 내용이 저장되었다.[14]

지방 차원의 데이터 기록

10명 단위로 구성되는 조직 체계에서 정보가 아래위로 어떻게 전달되는지를 파악하려면, 지방의 가장 말단에서 행정이 실제로 어떻게 운영되었는지를 살펴보아야 한다. 문제의 핵심은 [그림 9-4]와 같다. 10명 단위의 조직 체계에 따라 연쇄적으로 아래 단계의 관리들에게 명령이 전달된다. 그러한 지시(예를 들면 수확물을 우아누코 팜파Huánuco Pampa에 있는 창고로 옮겨라)가 키푸를 통해서 전달되었다는 것은 명백하다. 이러한 정보는 그 특성상 분배가 가능한 것이었다. 즉 100명을 노역에 동원하라는 명령이 내려오면 50명씩 두 그룹으로 나누어서 명령을 전달해도 된다. 그러면 다시 가장 아래층까지 명령이 내려가는데, 지방 공동체 안에서 10명 단위의 노동자 다섯 그룹에게 명령이 나뉘어 전

---

14 Pärsinnen, *Tawantinsuyu*.

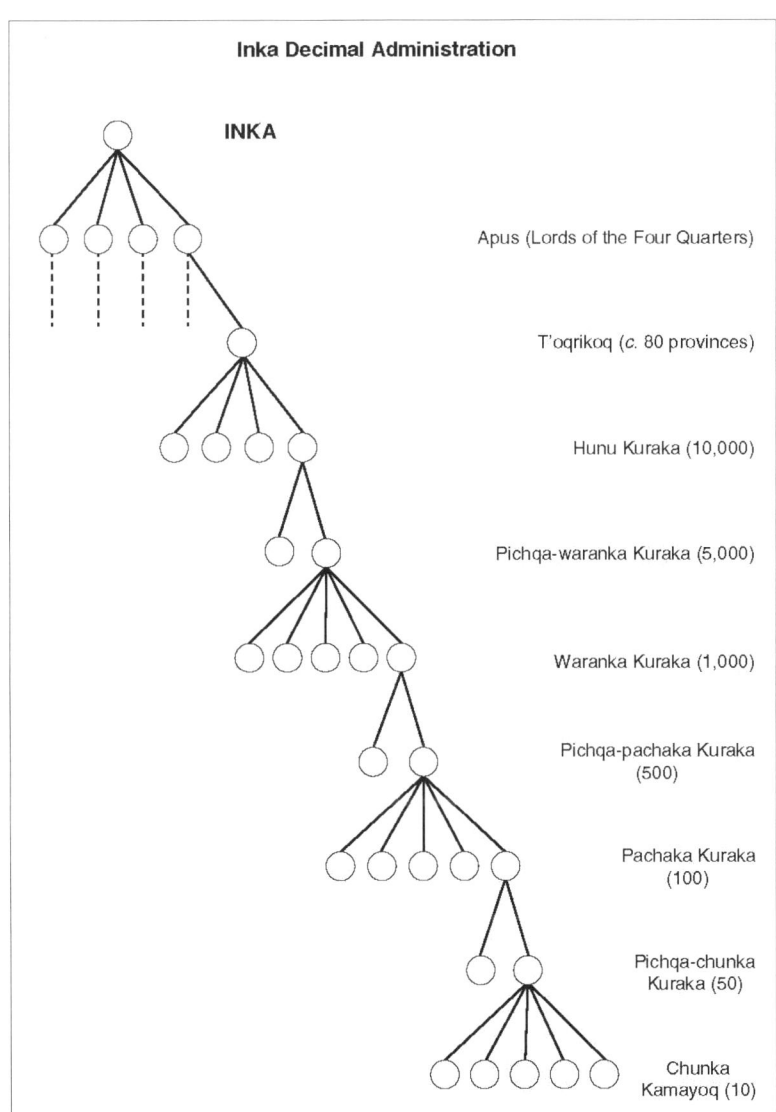

[그림 9-4] 잉카 제국의 행정 체계 도식
잉카 제국 내 네 개의 수유(suyu) 가운데 하나의 수유를 가정한다.

달된다. 이제 그 반대 방향으로, 지방 공동체에서 10명 단위의 그룹들이 참여한 임무를 기록하고, 관료 조직을 통해 그 데이터가 상부로 보고된다. 정보 보고의 경우, 각 단계에서 취급하는 정보는 바로 그 아래 단계에서 기록한 정보를 취합한 것이었다. 이와 같은 데이터의 축적이 최종적으로는 쿠스코에 있는 국가 회계 책임자의 손에까지 전달된다. 그곳이 바로 국가 차원의 회계 관리 업무가 수행되는 곳이었다.

아주 최근에 이르러서야 키푸 한 쌍의 정체가 확인되었다. 키푸는 위계질서에 따라 동시에 종합/분할의 관계를 포함하고 있었다. 앞에서 설명했듯 그것이 잉카 제국 지방 행정 관리의 특징이었다. 나와 나의 동료 캐리 브레진(Carrie Brezine)은 일곱 개의 키푸가 한 세트로 구성된 유물을 검토한 적이 있다. 리막강 유역(Rimac Valley)에 위치한 푸루추코(Puruchuco) 유적에서 발굴된 유물이었다. 우리는 그 유물에 "회계관리체계(accounting hierarchy)"라는 이름을 붙였다. 회계관리체계의 구성은 앞에서 대강을 설명한 체계(즉 위로 종합하고 아래로 분할하는 방식)와 놀라울 정도로 일치했다. 푸루추코 출토 회계관리체계(그림 9-5)에는 또한 "견제와 균형(checks and balances)"의 요소도 포함되어 있었다. 이를 통해 잉카 회계는 국가 기록으로서 오류를 제거하고 신뢰성을 확보할 수 있었다. 이와 같은 키푸의 배열이 작동하는 방식을 다 설명하자면 너무 상세해서 한정된 지면에 모두 담을 수가 없다.[15] 기본적으로 회계관리체계

---

15 See discussion in Gary Urton and Carrie J. Brezine, "Information Control in the Palace of Puruchuco: An Accounting Hierarchy in a Khipu Archive from Coastal Peru," in Richard Burger, Craig Morris, and Ramiro Matos (eds.), *Variations in the Expression of Inka Power* (Washington, D.C.: Dumbarton Oaks, 2007), pp. 357-84.

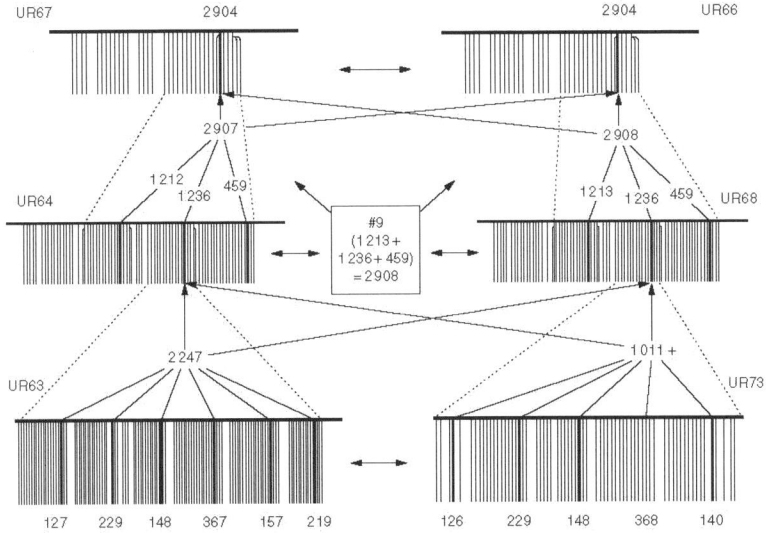

[그림 9-5] 푸루추코 키푸에 기록된 회계 배열 도식화

의 두 가지 원칙이 있었다.

(a) 같은 단계의 키푸는 "서로 비슷한 키푸"다(즉 [표 9-1]에서 보는 바와 같다).
(b) 하위 단계에서 여러 색깔의 줄로 기록한 수치를 상위 단계에서 종합할 때는 비슷한 색깔의 줄에 기록된 수치끼리 합산하여 또한 비슷한 색깔의 줄에 기록했다.

푸루추코 회계관리체계에서도 이런 식으로 "상위 단계"에서 합계가 기록되었다(혹은 동시에 "하위 단계"로 내려가면서 분할되었다고 볼 수도 있다). 이를 통하여 우리는 지역 행정 책임자(señorío)의 회계 자료 생산 사례를 분명하게 확인할 수 있었고, 또한 지역 책임자와 그가 보고를 올린 지역 중심지 사이에 키푸를 매개로 하는 의사소통 체계가 존재했다는 사실도 확인했다(우리가 분석한 사례는 리막강 하류에 있는 잉카 행정 단위에서 생산된 것으로 추정된다).

지역별 행정 조직

지역별 정착지의 공공 행정에서 가장 중요한 조직은 쿠라카(curaca)였다. 쿠라카는 정착지 내부 관리뿐 아니라 외부 공동체 간의 관계 업무까지 담당했고, 지역 군주의 지휘 아래 있었다. 지역별로 특정 계보의 우두머리가 모여 쿠라카를 구성했다. 대개는 쿠라카 아래 여러 아이유(ayllu, 혈연, 토지 소유, 의례 등을 매개로 하는 집단)가 소속되어 있었다. 지역별 행정 기관에서 가장 높은 직책은, 스페인 문헌에 카시케 프린시팔(cacique principal)이라고 기록되어 있는 자리였다(그 지역에서 가장 힘 있는 가문의 수장이 이 자리를 맡았다). 그를 측근에서 보좌하는 직책으로 카시케(cacique) 혹은 세군다(segunda)가 있었다. 여기서 우리는 이원적 조직 구성의 원리를 다시 한 번 생각해볼 필요가 있다. 즉 사회적 맥락에서 절반씩 나누는 형태의 조직 원리였는데, 잉카 제국 시절 안데스 지역의 공동체는 어디서나 이와 같은 조직 원리를 따랐다(이미 제국의 수도 쿠스코에서 그 사례를 확인한 바 있다). 지역에서도 둘로 나뉜 조직이 있었고, 대개는 그 반쪽이 서로 연결되어 쌍을 이루었으며, 흔히 하난(hanan, 위, 둘 중 우선권을 차지)과 후린(hurin, 아래, 종속 집단)으로 일컬어졌다.

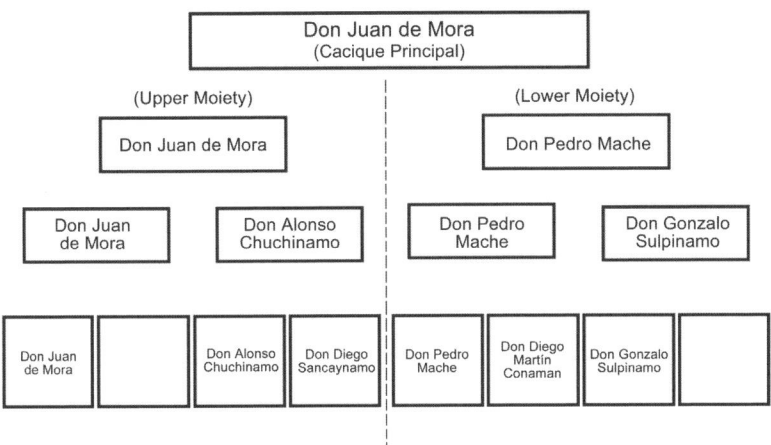

〔그림 9-6〕 치카마강 유역의 이중적 권력 체계

대부분의 지역 사회정치 조직에서 반쪽 사회에는 여러 개의 아이유가 포함되었고, 반쪽 사회마다 각각의 쿠라카가 있었다. 카시케 프린시팔은 흔히 하난사야(Hanansaya)에 소속된 아이유 중에서 가장 세력이 큰 아이유 출신이었다. 한편 후린사야에 소속된 아이유들을 대표하는 자는 세군다였다. 이와 같은 피라미드형 위계질서 조직이 그 지역의 쿠라카 관료 조직이었고, 그 조직의 구성은 일반적으로 [그림 9-6]과 같았다. 이 조직도는 스페인의 신대륙 진출 이후 페루 북부 해안의 치카마강 유역(Chicama Valley) 민속 조사 보고서에 등장한 사례였다.

행정과 기록 관리를 논의하려면 키푸카마유크(khipukamayuq)에 주목할 필요가 있다. 그 직책은 반쪽 사회 관리들의 우두머리를 보좌하는 일이었다. 즉 두 사람이 짝이 되어 지역의 기록을 관리했는데, 한 사람은 하난사야 아이유(Hanansaya ayllus), 또 한 사람은 후린사야 아이유

(Hurinsaya ayllus)에서 일했다. 초기 스페인 행정 문서를 보면 반씩 나뉘어 쌍을 이룬 기록 관리들의 효과를 알 수 있다. 그들은 자신이 소속된 반쪽 사회를 구성하는 아이유들의 기록만 관리하는 것이 아니라 반대편 반쪽 사회의 정보 복사본도 보유했다(그래서 각 반쪽 사회의 키푸 관리자들은 특히 인구 같은 자료에 대해 양쪽 모두의 정보를 보유했기 때문에 결국 공동체 전체의 기록을 가지고 있었다). 결과적으로 이런 방식의 기록 관리를 "견제와 균형의 시스템"이라고 다른 글에서 지적한 바 있었는데,[16] 어느 지역 사회를 막론하고 관리하는 기록에 대해서는 최소한 두 벌의 사본이 존재했던 것이다. 이와 관련해서 우리는 현재 확고한 사례를 확보하고 있는데, 바로 키푸 유물이다. 하나의 사례는 앞에서 설명했듯 해안 지역인 푸루추코(Puruchuco)에서 발견된 유물이며, 또 하나의 사례는 페루 북중부 고산 지대에 있는 차차포야스(Chachapoyas)에서 발굴된 유물이다.[17] 이와 같은 조직의 근거는 루파카족(Lupaqa) 방문 조사 기록에서도 등장한다. 이들은 식민지 시대 초기에 티티카카(Titicaca) 호수의 남서부 연안에 살았던 부족이다. 루린사야(Lurinsaya, =Hurinsaya)의 카시케(cacique)였던 돈 마르틴 쿠시(don Martin Cusi)의 증언이 다음과 같이 기록되어 있다.

보고에 따르면 그의 집에 키푸가 있었다고도 하는데, 혹시 그가 키푸 중에

---

16 Gary Urton, and Carrie J. Brezine, "Khipu Accounting in Ancient Peru," *Science* 309 (2005), 1065-7.
17 Gary Urton, *The Khipus of Laguna de los Cóndores/Los Khipus de la Laguna de los Condóres* (Lima: Forma e Imágen, 2008).

서 이 지역의 인디언이 잉카 시절에 조공을 바쳤던 키푸를 발견했던지, 그때는 인디언이 그렇게 많았다고 하는데, 그는 그 키푸를 찾았다고 말했다. 그리고 매듭이 몇 개 묶여 있는, 털실로 만든 어떤 줄을 내보이면서 이것이 바로 그 키푸이며, 잉카 시절에 이 지역의 인디언이 바쳤던 조공의 기록이라고 말했다.

그 키푸는 돈 마르틴 쿠시(don Martin Cusi)와 로페 마르틴 니나라(Lope Martin Ninara)가 말한 것이었다. 로페 마르틴 니나라는 그 지역의 루린사야(Lurinsaya)의 절반(parcialidad)에서 키포카마요(quipocamayo)의 우두머리였으며, 그들이 관리하는 공동체 사업(negocios)의 회계 책임자로서 회계와 사업 내용을 기록하는 사람이었다. 그의 회계는 돈 마르틴 카리(don Martin Cari)가 만든 회계와 일일이 맞추어보면서 만든 것이었다. 돈 마르틴 카리는 절반의 아난사야(Anansaya)에서 카시케 프린시팔(cacique principal)이었다.

그의 키푸를 통해 그가 말한 것, 그것은 모든 부문에서 일치했고, 반쪽 사회의 각 키푸에 기록된 모든 푸에블로 인디언의 인원수도 일치했다. 다만 한 부분만이 예외였는데, 포마타(Pomata)에 있던 푸에블로족 카나스 인디언(Canas Indians)에 관해서 돈 마르틴 카리의 키푸에서는 20명이었고, 돈 마르틴 쿠시와 그의 키포카마요가 만든 키푸에서는 22명이었다. 회계상 다른 모든 부분은 양쪽 카시케(cacique)가 일치했다.[18]

---

18 Garci Diez de San Miguel, *Visita hecha a la Provincia de Chucuito*, Palaeography and Bibliography by Waldemar Espinoza Soriano (Lima: Ediciones de la Casa de la Cultura del Peru, 1964), p. 74.

이와 같은 설명을 통해 우리는 기록 관리자들의 위계질서를 알 수 있을 뿐만 아니라, 지역의 회계 관리에 있어서 반쪽 사회에 속한 기록 관리자들 간 견제와 균형의 중요성도 짐작할 수 있다.

지역에서 발견된 키푸: 수치, 등급, 가치

이제 우리가 검토할 문제는 키푸의 회계 방식에 관한 것이다. 키푸를 어떤 식으로 조직해야 타완틴수유 소속 지역 공동체의 생생한 정보(인구 조사, 조세 품목 등)를 기록할 수 있을까? 지역은 곧 이른바 가장 "밑바닥층"의 정보가 수집되는 지점이므로, 그곳의 키푸 기록자는 온갖 정치적 관계 및 기타 혼란스러운 요인들을 맞닥뜨려야 했을 것이다. 지역 단위에서의 행정 정보 수집과 종합, 그리고 결승문자의 기록을 알아보기 위해 우리는 실제 유물을 검토해보기로 한다. 독일 뮌헨의 민속박물관에 소장되어 있는 키푸는 매우 중요하면서도 상당히 복잡한 유물이다. 이후 우리의 논의에서는 이 유물을 키푸 UR28로 표기하기로 한다(그림 9-7). 키푸 UR28은 서로 연결된 여섯 개의 키푸 가운데 하나로, 앞에서도 언급했듯 나는 이런 식으로 연결된 키푸를 "연결 세트(linked set)"라고 부른다. 문제의 세트 유물은 나스카(Nazca)에서 가까운, 페루 남부 해안의 아타르코(Atarco)라는 곳에서 "도굴꾼"들이 발견했다고 한다. 지금부터 설명하려고 하는 키푸 UR28의 물리적 특성과 구조는 이와 연결된 다른 다섯 개의 키푸 가운데 하나 혹은 그 이상의 사례에서도 비슷하게 나타나고 있다. 다만 지면 관계상 여기서 모든 키푸를 논하기는 어렵고 그중 하나인 UR28만 분석하기로 한다.[19]

키푸 UR28은 74개의 매달린줄(pendant cord)로 구성되었으며, 줄

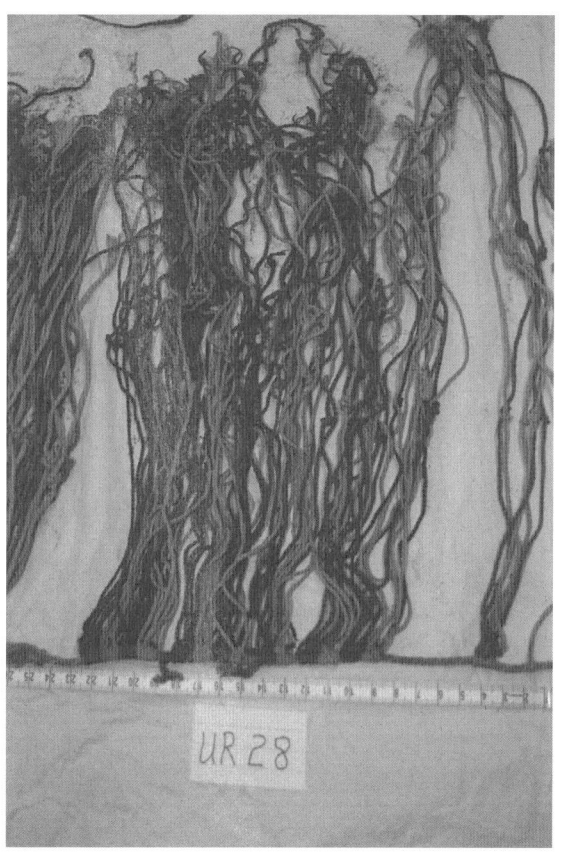

〔그림 9-7〕 키푸 UR28

의 재질은 우연사(右撚絲, S-ply) 면사(綿絲)였다. 74개의 매달린줄 가운

19 키푸 유물 UR28 및 이와 연결되는 다른 샘플(UR23, 24, 27, 28, 29, 57)의 전체 수치 분석
은 하버드대학교 키푸 데이터베이스 프로젝트 홈페이지에서 확인할 수 있다.

데 다시 보조줄(subsidiary cord)이 하나씩 달린 경우도 수십 개였다. 키푸 UR28에 사용된 줄의 색깔은 주로 옅은 갈색(AB)과 중간 갈색(MB) 두 가지다. 일반적으로 이 키푸는 세 부위로 구성된다. 각 부위에 따라 줄을 분류하면 다음과 같다.

(1) 매달린줄 1번
(2) 매달린줄 2~4번
(3) 매달린줄 5~74번

독자들께서는 [그림 9-8]을 보면서 다음의 논의를 좇아가시는 편이 좋을 것이다.

[그림 9-8]은 세 그룹으로 분류되어 있는데, 상단에 기호 (A), (B), (C)로 표시되어 있다. 각 그룹에서 맨 왼쪽 숫자는 매달린줄의 번호를 나타낸다. 번호는 1부터 74까지다(줄 번호 다음에 s1 기호가 붙은 것, 예컨대 2s1, 3s1 등이 A그룹과 B그룹을 합해서 14개 있는데, 이는 보조줄을 의미한다). 매달린줄 번호 옆 칸은 줄의 색깔을 나타내는데, AB(옅은 갈색) 아니면 MB(중간 갈색) 두 가지다(s1의 색깔이 KB로 표기된 경우가 있는데, 이는 "어두운 갈색"이다). 색깔 표시 옆 칸은 수치 값을 나타내는데, 각각의 매달린줄에서 확인되는 매듭의 수다. 그리고 마지막으로 각 그룹의 맨 오른쪽 칸은(A와 C그룹에만 있고 B그룹에는 없다) 좌측 칸 수치 값의 합계를 의미한다.

키푸 UR28에서 확인되는 수치와 줄 색깔을 검토했을 때 그 배열상 특징은, 각 그룹에서 왼쪽에서 오른쪽으로, 아래에서 위로 올라가면서

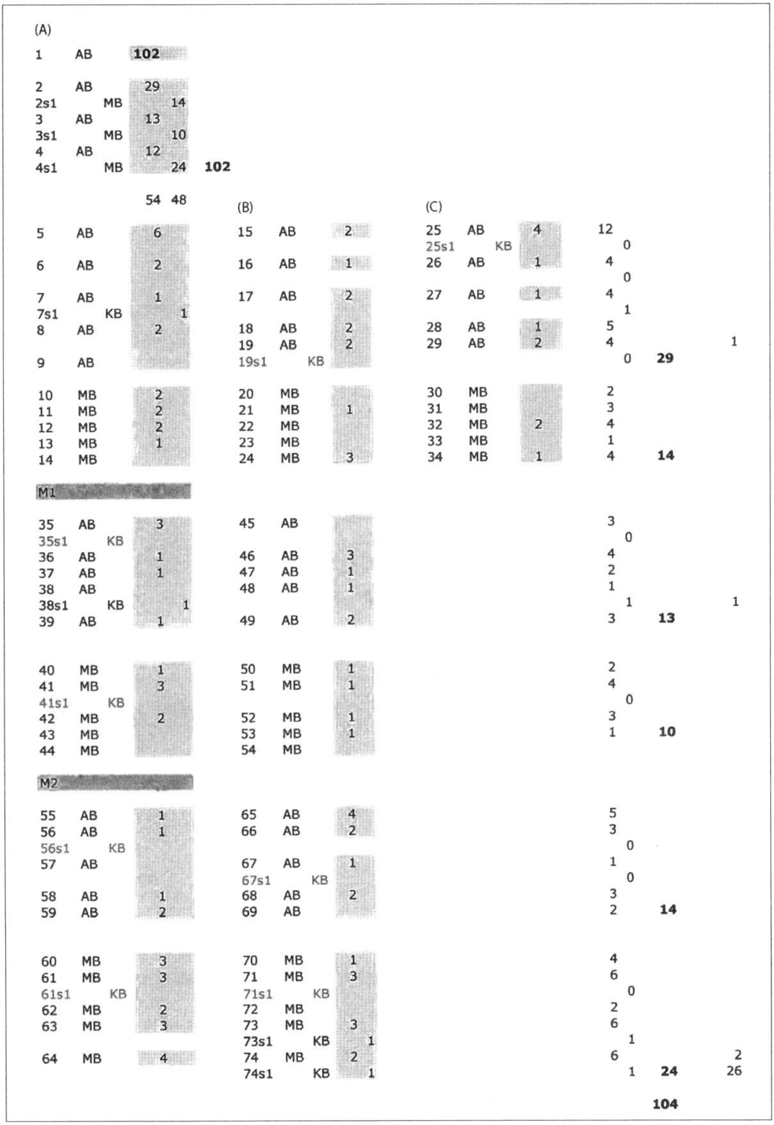

[그림 9-8] 키푸 UR28에 기록된 밧줄의 배열과 색깔 및 수치 값

합계가 되며, 동시에 반대로 오른쪽에서 왼쪽으로, 위에서 아래로 내려가면서 세부 내용이 된다. 매달린줄 1번은 옅은 갈색(AB) 줄이며, 102라는 수치 값이 기록되어 있다. 이는 매달린줄 2~4번과 그에 딸린 보조줄의 수치 값을 합산한 값이다. 매달린줄 2~4번과 보조줄에 기록된 수치는 각각 29/14, 13/10, 12/24(=102)이다. 여기서 매달린줄의 색깔은 모두 옅은 갈색(AB)인 데 비해 보조줄의 색깔은 모두 중간 갈색(MB)이다. 그다음으로 이어지는 매달린줄 5~74번은 5개씩 한 세트를 이루며, 배열이 복잡하게 구성되어 있다. 여러 세트 중에는 "홀수" 5줄 세트가 있는데, 세트를 구성하는 5개의 줄 가운데 첫 번째 줄의 번호가 끝자리 수 5로 끝난다(즉 5번, 15번, 25번; 35번, 45번; 55번, 65번). "홀수" 세트는 줄 색깔이 모두 옅은 갈색(AB)이다. 다음으로 "짝수" 5줄 세트가 있는데, 이 경우 세트를 구성하는 5개의 줄 가운데 첫 번째 줄의 번호가 끝자리 수 0으로 끝난다(즉 10번, 20번, 30번; 40번, 50번; 60번, 70번). "짝수" 세트의 줄 색깔은 모두 중간 갈색(MB)이다.

이상과 같이 "홀수" 세트와 "짝수" 세트를 나누고 각 세트들의 합계를 내보면, 단 한 건(아래에서 다시 논의한다)을 제외하고 그 합계가 매달린줄 2~4번 및 그 보조줄의 수치와 같다. "홀수" 세트(AB)의 합계는 매달린줄(2번, 3번)과 같고, "짝수" 세트(MB)의 합계는 보조줄(즉 2s1번, 3s1번, 4s1번)과 같다.

홀수 세트(5~9번/15~19번/25~29번)의 합=29=매달린줄 2번
짝수 세트(10~14번/ 20~24번/30~34번)의 합=14=매달린줄 2번의 보조줄

홀수 세트(35~39번/ 45~49번)의 합=13=매달린줄 3번

짝수 세트(40~44번/50~54번)의 합=10=매달린줄 3번의 보조줄

홀수 세트(55~59번/65~69번)의 합=14≠매달린줄 4번

짝수 세트(60~64번/70~74번)의 합=24=매달린줄 4번의 보조줄

그런데 매달린줄 4번은 수치가 12고, "홀수" 세트 중에서 두 세트(55~59/65~69)의 합은 14다. 이는 명백한 오류로, "홀수" 세트 중에 오류가 있는 것이 틀림없다. 매달린줄 4번과 일치하려면 "홀수" 세트의 합 또한 12가 되어야 한다. 이는 원본 오류 가설이 되겠는데, 이 가설을 받아들인다면 102라는 수치에 주목할 필요가 있다. 매달린줄 1번에 기록된 수치가 102였고, 매달린줄 2~4번의 합계 또한 102였다. 이 수치는 매달린줄 5~74번의 "홀수" 세트(AB)와 "짝수" 세트(MB)에서도 그대로 반복되어야 한다.

요약하자면 키푸 UR28은 주로 두 가지 색깔(AB/ MB)의 줄이 복합적으로 배열되어 있는데, 5줄 세트 2종류("홀수"/"짝수")로 조직화되어 있고, 세트 수치의 합계(102)가 매달린줄 2~4번과 그 보조줄에 기록되었을 뿐만 아니라 총합계가 다시 매달린줄 1번에 기록되었다. 그렇다면 이제는 이와 같은 키푸 회계 기록이 어디에 어떤 의미로 사용되었는지 추측해볼 차례다.

문제의 키푸를 처음 보았을 때 나로서는 충격적이었던 것이 5줄 세트의 수치 값이었다. 이 수치 값은 1~6이었는데, 나열된 수치 가운데 낮은 수에 강조점이 있었다. 즉 나의 다른 글에서 발표한 것처럼[20] 이 수치 값은 인구 조사 유형의 수치 값과 규모 면에서 놀라울 정도로 비슷했다.

결론적으로 여기에 기록된 것은 가구의 전체 구성원이 아니라 가구별로 노역에 동원 가능한 인원수였다. 키푸 UR28은 여러 아이유(ayllu), 즉 친족 비슷한 사회 집단들의 노역 인원수를 기록해둔 것으로 보인다. 특히 매달린줄 2~4번과 그에 딸린 보조줄을 합쳐서 여섯 가지 수치(29/14, 13/10, 12/24)에 주목하게 되는데, 이는 당시 나스카 지역에 있었던, 아이유와 비슷한 여섯 개의 사회적 집단에서 제공해야 할 노역 인원수를 기록한 것으로 해석된다. 전체 합계 수치인 102 또한 인구 조사 유형의 수치로 이해할 수 있다. 수많은 식민지 시기 스페인의 기록에서[21] 증언하는 바에 따르면, 잉카 제국의 인구 조사에서 주로 사용하던 조직 단위가 파차카(pachaca, 100)였고, 그것은 곧 100명의 노역(corvée) 노동자로 구성된 집단이었다고 한다.

이상의 해석에 따라 다음과 같은 문제들이 제기된다. 이러한 수치의 의미, 즉 사회정치적 조직에서의 이 수치는 무슨 의미이며, (만약에 이것이 파차카 단위라면) 파차카 단위는 어떻게 두 부분으로 나뉘는가? 키푸 기록에서도 두 부류로 나누는 방식의 구분이 있는데, 먼저 줄 색깔에 따라 명확히 구분되며(즉 AB와 MB), 홀수 세트와 짝수 세트로 나뉘기도 한다. 나는 이 구분이 파차카를 둘로 나누어 수치로 표현한 것이라고 주장한다. 앞에서도 언급했듯 잉카 제국에서는 모든 그룹을 둘로 나누는 방식이 워낙 널리 퍼져 있었다. 대개의 경우 나뉜 두 부분은 위아래가

---

20 Gary Urton, "Censos registrados de cordeles con 'Amarres': padrones problacionales pre-Hispánicos y colonials tempranos en los Khipus Inka," *Revista Andina* 42 (2006), 153-96.
21 Pärsinnen, *Tawantinsuyu*, pp. 381-9.

있었는데, 하나는 하난사야(Hanansaya, 윗부분)라 하고, 또 하나는 후린사야(Hurinsaya, 아랫부분)라 했다. 키푸 UR28에서 두 부분의 구분은 세 가지 방식으로 표현되어 있다.

(a) 색깔에 따른 구분(AB/MB)
(b) 매달린줄과 보조줄의 구분(2~4번의 경우)
(c) 홀수 세트와 짝수 세트의 구분(5~74번의 경우)

요컨대 [그림 9-8]에서 보듯이, 나스카 근처 아타르코 지역에서 6개의 아이유(ayllu) 조직을 모아 다시 둘로 나누었고, 그 통계를 기록한 것이 바로 키푸 UR28이었다.

이상과 같은 해석을 하고 보면 줄의 색깔이 자못 흥미롭다. 총합계를 기록한 매달린줄 1번의 색깔이 왜 중간 갈색(MB)이 아니라 옅은 갈색(AB)일까? 이는 "총합계"의 원칙으로 설명이 된다.[22] 두 개로 나눈 부분을 하나로 합쳐 전체를 대표할 때는 둘 중 높은 부분이 전체를 대표하게 된다. 그러므로 옅은 갈색(AB)과 중간 갈색(MB)이 하나로 합쳐졌을 때, 둘 중 우위에 있는 부분이 전체를 대표하게 된다. 그렇다면 이 경우는 옅은 갈색(AB)이 우위(하난사야)였다.

키푸 UR28에서 매달린줄의 수치 값, 줄 색깔, 홀수/짝수 세트의 구분 등으로 볼 때, 이 키푸는 6개의 아이유 집단이 모여 다시 두 부분으

---

22 Terence Turner, "Social Complexity and Recursive Hierarchy in Indigenous South American Societies," in Urton (ed.), "Structure, Knowledge, and Representation in the Andes," pp. 37-60.

로 나눈(그림 9-8 참조) 조직과 그들의 지위를 나타낸 것으로 추정된다. 결론적으로 이 키푸는 정보의 조직화 사례로서, 사회적 범주 혹은 백성의 부류를 수치화하는 방식으로 지역 행정 단위에서 주민을 등록한 자료였다.

요약 및 결론

이번 장의 논의를 시작할 때 시에자 데 레온의 연대기를 인용했는데, 그는 잉카 제국 키푸 시스템의 기록 관리가 특히 효율적이고 정확하다는 의견을 피력한 바 있었다. 우리는 연구를 시작하면서 세계 곳곳에 산재한 키푸 샘플을 통해 과연 시에자가 언급한 잉카 기록 관리의 정확성과 효율성을 재확인할 수 있을지 검토해보고자 했다. 이 연구를 통해 복잡한 구조의 잉카 회계 관리 행정이 드러났다고 생각한다. 우리는 수도에서 이루어진 국가 차원의 회계 관리(세케 키푸), 지방 차원의 회계 관리(푸루추코에서 발견된 회계관리체계), 그리고 그 아래 소속된 지역 차원의 회계 관리(나스카 근처 아타르코에서 발견된 키푸)를 살펴보았다.

우리의 논의에서 검토된 여러 사례를 통해 키푸를 기본으로 하는 행정 관리의 몇 가지 측면이 드러났다. 첫째, 키푸 기록은 줄이라는 재료의 특성상 구현할 수 있는 구조적 및 시각적 방법을 모두 동원했다(예를 들면 줄과 매듭의 구조, 보조줄, 줄의 색깔, 간격과 색깔을 이용한 줄의 묶음 세트 등). 둘째, 어느 샘플도 다른 샘플에 사용되지 않은 독특한 기법을 사용하지 않았고, 특수한 형태는 전혀 없었다. 이는 줄을 조작하는 방식이 매우 엄격히 지정되어 있었음을 의미한다. 이 점에 있어서는 행정/기록 체계상 아래부터 위에 이르기까지 차이가 없었다. 셋째, 구조 및 조직화의 속성상 키푸는 정보를 기록하기에 최적화된 수단이었다. 키푸에 기록되는 정보는 사회 구조적 기반으로부터 나오는 것으로, 잉카 사회 조직의 특성은 이중적 조직과 위계질서의 구분이었다. 간단히 말해서 키푸는 잉카 제국의 행정 정보를 기호화하는 데 최적화된 매체였다.

이후 연구에 기대할 바를 말하자면, 고대 남아메리카에서 키푸를 기반으로 하는 삼중 중첩 기록 체계가 유지될 수 있었던 그들만의 관습, 기술, 지식의 체계를 직접적으로 조명하는 연구가 이루어질 수 있기를 바라 마지않는다.

더 읽어보기

Bauer, Brian S., *Ancient Cuzco: Heartland of the Inca*, Austin: University of Texas Press, 2004.

Brundage, Burr Cartwright, *Lords of Cuzco: A History and Description of the Inca People in Their Final Days*, Norman: University of Oklahoma Press, 1967.

Covey, R. Alan, *How the Incas Built Their Heartland: State Formation and the Innovation of Imperial Strategies in the Sacred Valley, Peru*, Ann Arbor: University of Michigan Press, 2006.

_____, "Inka Administration of the Far South Coast of Peru," *Latin American Antiquity* 11 (2000), 119-38.

D'Altroy, Terence N., *The Incas*, Malden, MA: Blackwell Publishers, 2002.

_____, *Provincial Power in the Inka Empire*, Washington, D.C.: Smithsonian Institution Press, 1992.

Julien, Catherine J., "Inca Decimal Administration in the Lake Titicaca Region," in George C. Collier, Renato I. Rosaldo, and John D. Wirth (eds.), *The Inca and Aztec States, 1400-1800: Anthropology and History*, New York: Academic Press, 1982, pp. 119-51.

Malpass, Michael A., *Provincial Inca: Archaeological and Ethnohistorical Assessment of the Impact of the Inca State*, Iowa City: University of Iowa Press, 1993.

McEwan, Gordon, *The Incas: New Perspectives*, New York: W.W. Norton & Company, 2006.

Morris, Craig, and Adriana von Hagen, *The Incas*, London: Thames & Hudson, Ltd., 2011.

Silverblatt, Irene, "Imperial Dilemmas, the Politics of Kinship, and Inca Reconstructions of History," *Comparative Studies in Society and History* 30 (1988), 83-102.

Von Hagen, Adriana, and Craig Morris, *The Cities of the Ancient Andes*, New York: Thames & Hudson, Ltd., 1998.

CHAPTER 10

초기 도시의 문자와 기록 관리

대니 로 Danny Law
왕 하이청 Wang Haicheng
한스 니센 Hans J. Nissen
게리 어튼 Gary Urton

인간의 기억을 보조하는 기술, 의사소통을 도와주는 기술은 문자 외에도 여러 가지가 있었다. 고대 세계의 수많은 사례를 볼 때, 이러한 기술은 도시의 성장과 밀접한 관계가 있었다. 고대 도시는 규모가 컸으며, 사회적으로 계층이 나뉜 사람들의 집합체였다. 모인 사람들은 나름의 역사, 우선시하는 가치, 민족적 배경이 서로 달랐고 심지어 경쟁 관계에 놓이기도 했다. 그럼에도 불구하고 이들 모두는 정치적으로 복잡한 위계질서 체제의 일부로 편입되었다. 그러한 사회적 맥락에서 전문 기술자들이 성장하고 다양화되었으며, 도시의 사람들은 예전처럼 스스로의 노동으로 문제를 해결하는 대신 전문 기술자에게 의존하는 정도가 점차 커져갔다. 전문 분야가 다양화될수록 상호 의존적 협력 관계도 심화되었다. 그 과정에서 공통적이고 일관된 도량형, 관습, 의미 등이 만들어지고 또한 유지되었다. 이 모두는 원활한 도시 운영에 필요한 기본 요소들이었다.

고대 도시를 운영하려면 모든 사람을 대표할 수 있는 체제가 필수적이었다. 그래야만 이질적 집단들을 서로 연결하고 조정할 수 있었다. 이러한 수요를 충족하기 위해 대개의 도시는 전문 행정 관료 체제를 동원했다. 도시에는 갈수록 사람들이 모여들었고, 점차 질서도 강화되었다. 그러다가 어느 시점에 이르러서는, 사람들이 워낙 가까이에서 상호 의

존적으로 생활했기 때문에, 소요되는 물량과 행정 관리를 인간의 기억력만으로는 감당할 수 없는 한계 상황에 이르렀다. 그래서 전문화된 기록 관리(record-keeping) 수요가 생겨나게 되었다. 문제는 도시를 구성하는 인력과 필요한 물자의 흐름을 추적하고 조정하는 일이었다. 도시의 등장과 함께 위계질서와 통제 체제는 더욱 확고하고 정교해졌다. 그 과정에서 사람들을 구분하고 감시할 제도적 장치가 필요했다. 이전의 마을 단계에 비해 도시에서는 인구의 규모와 밀도가 증가했고, 전문화도 심화되었다. 논란의 여지는 있지만, 이를 도시 성립의 전제 조건으로 보는 입장도 있다. 다시 말해서 도시에 필요한 신기술의 개발 능력을 갖춘 잠재적 발명가들이 이미 도시 안에서 출현할 준비가 되어 있었다고 보는 것이다. 어느 한 도시에서 새롭게 필요한 일이 생겼다면 다른 도시에서도 비슷한 수요가 생겨나게 마련이었다. 따라서 도시 간 연결은 신기술의 확산을 더욱 촉진했다.

    주요 도시에서 새로운 수요가 성장했고, 그 맥락에서 문자의 발명은 변수가 아닌 상수였다. 문자의 기원은 신구 대륙을 막론하고 극히 드문 몇몇 지역에 한정되어 있었고, 또한 독립적이었다. 그러나 문자의 기원지는 모두 발달한 도시였다는 공통점이 있었다. 어디서든 일단 문자가 발명된 뒤에는 같은 시대 및 후대의 다른 도시로 신속히 전파되었다. 그러나 모든 주요 도시에 문자가 있었던 것은 아니며, 문자의 진화가 명확한 과정을 거쳤던 것도 아니다. 고대 세계 곳곳에서 문자의 출현과 사용 방식은 굉장히 다양했다. 이번 장에서는 앞 장에서 설명했던 다양한 사례를 비교해보고자 한다. 분명한 것은 문자와 기타 여러 형태의 기록 관리가 도시의 성장과 밀접한 관계 속에서 발달했다는 사실이다. 중국, 메소포타미아, 안데스, 메소아메리카의 사례가 보여주듯이, 도시화 과정에서 맞닥뜨린 도전과 가능성에 대응한 방식은 연구 대상 지역마다 모두 달랐다. 이처럼 서로 다른 수많은 맥락이 존재했지만, 이를 관통하는 유사성에 주목할 때, 잘 드러나 보이지 않던 도시 혁명의 사회적 변화 가운데 일부가 보다 뚜렷이 모습을 드러내게 될 것이다. 뿐만 아니라 문자의 사회적 속성과 기타 기록의 체계 및 기록 관리의 체계도 보다 분명하게 들여다볼 수 있을 것이다.

커뮤니케이션 기술의 유형들

앞에서 살펴보았듯, 초기 도시에서 등장한 기록 기술이나 의사소통 기술의 사례는 도시별로 매우 다양했다. 고대 도시들을 서로 비교하기 전에 먼저 연구 대상을 명확히 해둘 필요가 있겠다. 문자와 기록 관리는 일반적으로 인간의 두 가지 이해력에 바탕을 두고 있다. 즉 물질의 형태와 그 형태의 상징적 의미를 이해하는 능력(형태 이해력), 그리고 그것의 사용 목적을 이해하는 능력(목적 이해력)이다. 문자 혹은 물리적 형태가 있는 어떤 물질을 매체(medium)로 이용하는 모든 종류의 기록 방식은, 따라서 정보의 저장(형태의 이해)과 소통(사용 목적의 이해)이라는 두 가지 중요한 특성을 내포한다. 특히 고대 세계에서 이와 관련된 기술을 서로 비교하고자 할 때는 항상 이 두 가지 특성을 염두에 두어야 한다. 사회적으로 이 두 가지가 필요해졌을 때 문자만이 유일한 해결책은 아니었다. 인간은 선천적으로 정보를 저장(기억)하는 능력을 가지고 태어난다. 그 능력이 적다고 할 수 없겠지만 그렇다고 무한한 것은 아니다. 또한 인간은 저장된 정보를 다른 사람들과 소통하기 위한 수단, 즉 언어를 습득할 수 있는 능력도 타고난다. 초기의 의사소통 기술은 인간의 기억과 구술 언어로 구성되었다. 그러나 물리적 형태를 갖춘 기록은 인간의 기억과 달리 개인에 내재된 것이 아니라 외부에 존재하는 것이었다. 그러므로 여러 사람이 동시에 외부의 기록을 보는 것도 가능했고, 외부 기록을 조사하고 검증하는 것도 가능한 일이었다. 구술 언어와 달리 문자 기록은 지속 가능한 속성을 가지고 있었다. 또한 문자 기록은 그것이 생산된 직접적 현장을 벗어나서 이동할 수도 있었으며, 기록에 사용되는 매체(medium)에 따라 달랐지만, 휘발성의 구술 언어에 비하자면 훨씬 더 오래도록 지속되었다.

그러나 문자를 비롯하여 지속성을 가진 외부의 의사소통 수단들이 개인의 기억 혹은 구술 언어와 따로 떨어져 존재하는 것은 아니었다. 문자 기술은 문화권별로 다양했다. 마야의 그림문자, 잉카의 키푸, 후기 우루크의 쐐기문자, 그 이전 메소포타미아 지역의 인장(印章) 등이 있었다. 그러나 모두가 구술 언어의 시각적 표현이었다는 점에서 결국은 서로 다를 바가 없었다. 기록의 기술은 기억에 의존하며, 발신자와 수신자의 공통된 이해를 전제로 한다. 실제로 의미 전달이 되려면 적절한 형태에 따라 기록되어야 하고, 수신자도 그 형태를 적절히 해석할 줄 알아야 한다. 민속 조사를 통해 보거나 상식적으로 생각해보더라도, 결혼반지, 박제 동물, 가족사진 등 물건의 생애 주기와 인간의 생애 주기는 밀접하게 연관되어 있다. 각각의 물체는 누군가의 기억에 도움이 되며, 기억이 물건을 통해 구체적으로 표현된다. 그렇다면 물건이 다른 무언가를 표현하는 것이므로, 그 물건은 곧 기호(sign)가 될 수 있다. 그러나 많은 경우 이와 같은 "기억 보조 장치"는 보편성보다 특수성을 가지므로, 그 물건의 탄생과 연루된 사람에게만 의미가 있다. 다시 말해서 그 물건은 그 사람만의 특수한 경험과 관련되어 있을 뿐이다. 그러한 물건 혹은 기호는 어느 개인이 무언가를 떠올리는 데 도움이 될지언정 다른 사람들이 그 의미를 이해하기는 어렵다. 그것이 특수한 기호라 할지라도, 그것을 마주하는 누군가가 그것을 만든 사람이 부여했던 애초의 의미를 떠올릴 수는 없다. 기호가 의사소통의 도구가 되려면, 즉 기존에 다른 해석자에게 알려지지 않은 정보를 표현하는 도구가 되려면, 그 기호를 누가 사용하든 다른 누군가가 알아볼 수 있는, 공통적이고 사회적으로 유통되는 가치 혹은 의미를 수단으로 해야 한다. 다른 말로 하자면 정보를 기록하는 매체의 형태가 특정 집단의 사람들에게 통용되는 규약을 벗어나지 않아야 한다는 것이다.

그러나 그러한 조건을 갖추었다 하더라도 단 하나의 기호만으로는 사용 범위가 제한적일 수밖에 없다. 사회적으로 유통되는 기호가 많아질수록 의사소통 과정에서 유연성이 더 커지고 특정 맥락의 제한은 그만큼 줄어들 것이다. 기호들의 상호 연결이 맥락을 만들어내기 때문이다. 사용 규칙, 의미, 사회적 기능을 공유하는 기호들이 모이면 커뮤니케이션 시스템이 구축된다. 이런 시스템은 무엇보다 역사, 물류, 행정, 의례의 메시지를 담는 데 사용되었다. 시스템 안에서, 누군가 규칙에 따라 저장해둔 정보를 나중에 다른 누군가가 꺼낼 수 있는 것이다. 정보 해석자는 그 메시지의 내용이 아니라 메시지가 저장된 시스템을 미리 숙지하고 있어야 한다. 구술 언어는 이와 같은 시스템의 가장 보편적인 사례이며, 우리가 여기서 논의하는 고대의 모든 기록 관리나 커뮤니케이션 기술도 이와 같은 사례에 속한다. 다만 구술 언어와의 관계는 각각의 사례마다 상당히 다를 것이다. 쐐기문자(제6장)나 키푸(제9장) 같은 초기의 정보 기록 시스템은 관행화된 지표(mark) 혹은 (키푸처럼) 우리가 "마커(marker)"라고 부를 수 있는 것을 사용했다. 그러나 이것이 특정 언어에 기반을 둔 것은 아니었다. 중국 상나라의 갑골문(제7장)과 마야의 그림문자(제8장)는 구술 언어를 정확히 전사(轉寫)할 수 있었다. 구술 언어를 나타내는 문자 시스템은 구술 언어에 포함된 그 무엇도 표현할 수 있었다. 그러나 이러한 유용성에는 대가가 뒤따랐다. 이 시스템에서는 메시지가 길어지는 경우가 많았다. 또한 해당 구술 언어 사용자가 아닌 경우 그 문자 시스템을 사용할 수 없었다. 다른 방식으로 정보를 저장하는 사례에서는 의미론적 범위(semantic range)를 한정함으로써 특정 범주의 정보를 매우 효율적으로 전달했다. 예컨대 키푸 시스템에서 줄의 색깔이나 매듭의 유형 표현이 그러한 경우였다. 키푸 시스템에서는 "의미 문자 체계(semasiographic)" 방식으로 의미 전달이 가능했다. 키푸 한 줄의 의미를 언어로 전달하려면, 한 문단까지는 아니더라도 여러 문장이 필요했을 것이다. 우루크의 인장에서 보듯이 여러 개의 상징이 모여 어느 개인 한 사람의 이름을 표현하는 경우라면 해석의 부담이 훨씬 줄어들 것이다. 우루크 인장의 개별 사례보다도 인장의 시스템 자체가 이미 많은 정보를 전제하고 있기 때문이다. 수치나 수량을 표현하는 체계도 마찬가지다. 메소포타미아와 마야 지역 모두 이와 같은 사례가 존재했다. 마야 지역처럼 한 사회에 다양한 의사소통 시스템이 존재하는 경우가 종종 있었는데, 이는 각각의 시스템이 사회 속에서 나름의 기능에 적합했기 때문이다.

 커뮤니케이션 기술을 단순하게 마주 비교하기는 쉽지 않다. 세계의 각 지역에서 각각의 기술이 출현한 고대 도시의 맥락이 달랐기 때문이다. 비교가 어려운 첫 번째 이유는, 남아 있는 자료상의 공백이 워낙 뚜렷하기 때문이다. 특히 중국과 메소아메리카가 그러한 사례에 속한다. 이들 지역에서 고대 문자 시스템은, 남아 있는 자료들만으로 판단하건대, 복잡다단한 구술 언어를 기록하고자 하는 목적에 크게 다가가 있었다. 앞서 마야 문자를 설명한 장에서 저자는 마야 문자의 선조, 혹은 적어도 최초의 문자가 등장한 결정적 맥락을 제시했다. 그것은 바로 풍부하면서도 고도로 상투화된 아이콘(iconography, 도상)의 전통이었다. 그 아이콘은 애초에 우주론적 의미를 중점적으로 표현하기 위해 고안된 것이었다.

안데스 지역의 경우 1000여 년 동안 폭넓은 범위에서 다양한 기술이 사용되었는데, 기본은 줄을 꼬아서 매듭을 만들어 다양한 형태를 부여하는 방식이었다. 그러므로 고대 안데스 지역 사람들은 자연스럽게 줄을 매체로 해서 표현 가능한 여러 가지 방식에 주의를 기울였다(예를 들면 줄의 매듭 방식, 두께, 색깔, 매듭과 부속 줄을 매는 등의 변화를 꾀했다). 잉카의 키푸는 분명 구술 언어와는 연결되지 않았다. 따라서 모종의 섬세한 지표를 통해 해석될 수밖에 없는데, 예를 들면 조공품이나 노역 관리 등의 내용이었다. 이상의 사례를 통해 우리가 말할 수 있는 것은, 기록 관리 장치들을 고안할 때 어떤 사회든 기존에 사용하고 있거나 익숙한 기술을 먼저 참조했다는 사실이다. 나중에는 기존 매체를 개혁하는 경우도 있었지만, 기존 매체가 필요한 기호의 수준에 비추어 충분한 유연성과 변화를 표현할 수 없을 때에야 비로소 새로운 매체가 선택되었다.

새로운 기록 매체 개발의 좋은 사례로 중화 제국 초기에 개발된 종이를 들 수 있다. 종이는 청동기 시대 이후 주로 사용되어온 목간이나 죽간을 점차 대체했다. 메소포타미아 지역의 점토와 안데스 지역의 줄처럼, 목간이나 죽간에 사용된 나무 혹은 대나무는 저렴하고 구하기 쉬운 재료로서 기록 매체 이외에도 다양한 용도로 사용되었다(건축 재료, 목공품, 바구니 등). 이런 자재는 초기 도시가 등장하기 전 이미 수천 년 동안 사용되어왔는데, 신석기 초·중엽에 이런 재료를 사용해 만들어진 유물들이 물속에 잠긴 채로 오늘날까지 전해지기도 했다. 신석기 시대 붓의 사용을 확인할 수 있는 유물도 있는데, 우아한 그림이 그려진 토기가 바로 그것이다. 붓으로 그린 선은 청동기 장식에도 사용되었으며, 이로 보아 신석기 시대 이후 청동기 시대까지도 섬세하게 붓을 다루는 기술이 끊이지 않고 이어졌던 것 같다. 그러므로 목간과 죽간이 필사 재료로 선택되었다는 사실 자체는 전혀 놀라운 일이 아니며, 그 표면에 붓으로 글자를 쓰기 위한 바탕으로 사용되었을 뿐만 아니라 그 자체로도 계산을 위한 도구로 사용되었다. 비교하자면 메소포타미아 지역에서 점토로 만든 토큰, 안데스 지역에서 목화 또는 낙타과 동물의 털이 계산 보조 도구로 사용된 것과 같았다. 현재 남아 있는 가장 오래된 죽간 유물은 기원전 5세기의 것에 불과하지만, 안양(安陽) 지역에서는 기원전 12세기 이래로 사용되었을 것이 확실시된다. 갑골문 가운데 책 모양(죽간을 실로 연결하여 만든 두루마리)의 문자가 존재하기 때문이다. 그리고 일부 금문(청동문)에서 채택한 세로쓰기 형태는, 글줄의 간격으로 보아 죽간 문서를 모델로 한 것이 분명하다. 어떤 학자의 주장에 따르면,[1] 갑골문에서 나타나는 수사(數詞)는 계산 보조 도구인 대나무 막대를 평면에 흩어놓은 모양이라고 한다. 그렇다면 그것은 진흙 토큰에 새겨진 쐐기문자 수사의 기원과 비교할 만한 사례다.[2]

한편 메소포타미아 지역의 기록 재료들은, 현재 남아 있는 유물로 보건대 계산을 보조하는 진흙 토큰에서부터 물건의 주인을 나타내는 인장까지 다양했다. 인장에는 간단한 쐐기문자 텍스트가 새겨져 있었는데, 분명 구술 언어에 기초한 문자였다. 계산 보조 토큰과 봉인(封印)은 물품의 간단한 수량이나 물건의 주인을 나타내는 의미를 지닐 뿐이었다. 이후 후기 우루크 시기(Uruk Level VI)에 이르러서야 비로소 같은 텍스트에 수량과 주인에 관한 정보를 모두 담고 있는 유물이 등장하기 시작했다. 이와 같은 최초의 텍스트들이 어떤 언어를 기반으로 했는지는 확인이 되지 않는다. 그러나 언어학적 기반을 가진 텍스트였던 것만은 분명하며, 실제 구술 언어를 그대로 옮겨 적은 것은 아니고 세부 사항들을 축약한 형태로 다만 기억을 되살리는 데 도움이 되는 보조 장치에 불과했다.

이와 같은 커뮤니케이션 기술의 각 유형은 나름대로 강점과 약점을 가지고 있었는데, 결론적으로 이들 기술이 초기 도시에서 작동한 기능 면에서 차이가 있었다. 이후 이어지는 글에서는 이들의 다양한 기능 차이를 비교해보고, 이러한 기능들이 수백 수천 년의 시간이 흐르는 동안 어떻게 변해왔는지를 검토해보겠다.

---

1 Ge Yinghui, "Shu Ben Miao Hu shuzheng," *Gudai wenming* 1 (2002), 284 – 9.
2 Denise Schmandt-Besserat, *Before Writing: From Counting to Cuneiform* (Austin: University of Texas Press, 1992), Vol. i, p. 193.

기능

초기 도시에서 정보 기술은 경제적 행정 관리부터 의례 행사와 기념식에 이르기까지 매우 폭넓은 영역을 아울러 작동했다. 이처럼 다양한 분야를 모두 설명하려면 필연적으로 발전 과정을 언급할 수밖에 없는데, 말하자면 처음에 무슨 목적으로 이러한 기술이 개발되었다든가 나중에는 어떤 목적에 이런 기술이 사용되었다든가 하는 문제다. 실제로 우리가 검토한 사례 중에는 유일하게 직접적 자료가 남아 있는 메소포타미아 지역에서 정보 기술의 발달 과정을 구체적으로 추적할 수 있다. 중국과 메소아메리카 혹은 안데스 등지에서 처음에 문자 또는 정보 기술이 발명된 목적을 이론적으로 규명하려면 기록 자료가 남아 있는 사례(메소포타미아), 혹은 남아 있는 기록 유물에 나타나는 분명한 기능적 측면으로부터 추론을 해보아야 할 것이다. 우리의 논의에서는 세 가지 두드러진 기능에 주목하고자 한다. 경제적 행정 관리, 회계, 의례가 그것이다. 그리고 직접적 사례 연구를 통해 세계적으로 문자의 발달과 세 가지 기능이 어떤 연관이 있었는지도 추적해보고자 한다.

경제적 행정 관리

문자 및 정보 기술 개발의 이유는, 지금까지 연구된바 대규모 공동체의 경제적 행정 관리 때문이었다는 가설이 지배적이다. 우루크가 도시 규모로 성장했을 때 처음에는 단지 봉인에 개인을 나타내는 표시를 했을 따름이다. 물건을 포장할 때 사용하는 진흙 봉인이었다. 그 밖에 숫자를 나타내는 진흙 토큰을 사용하기도 했다. 봉인이나 진흙 토큰으로 기록할 수 있는 내용은 물건의 소유자, 수량, 유형 등이었다. 그러나 대규모 수량을 취급할 때는 이 정도의 한정된, 게다가 비효율적인 수단만으로는 역부족이었다. 날로 증대하는 경제적 행정 관리를 감당할 수 없었다. 그래서 저장할 정보의 유형을 확대하려는 시도를 거듭하게 되었다. 우루크의 회계 기술과 행정 기술에서 취급하는 수량이 증가했다는 사실은 고고학적으로도 확인되었다. 예컨대 진흙 토큰을 안에 넣고 외피를 씌운 진흙 공, 숫자 기호를 적은 점토판을 봉인한 사례 등이 발견되었다. 그러나 문자 시스템이 등장하기까지는 이후로도 상당한 시간이 필요했다. 쐐기문자는 기존 도구에 비해 더 경제적인 수단이었고, 필요한 만큼 많은 양의 정보를 저장할 수 있었다. 그러나 쐐기문자는 어디까지나 기존 기술의 연장선상에 놓여 있었으므로, 처음부터 구술 언어를 기록할 목적으로 발명되었다고 보기는 어렵다. 쐐기문자가 구술 언어를 일정 정도까지 기록할 수 있었다 하더라도, 애초에는 기록할 정보 유형의 범위를 확장하려는 요구가 일차적이었고, 구술 언어의 기록은 부차적 기능이었을 뿐이다.

문자의 발전 과정과 관련해서 비교적 분명한 증거들이 우루크에서 발견되었기 때문에, 그리고 그것이 행정과 회계 관련 기능으로 사용되었다는 사실이 명백했기 때문에, 처음부터 학자들은 경제적 행정 관리, 즉 도시 내에서 물품과 용역의 흐름을 관리하고 감시하는 일을 기록 관리 기술이 발달하게 된 애초의 동기로 추정했다. 그럼에도 불구하고 주목해야 할 점은, 메소포타미아 지역 이외에는 기록 관리 기술의 발달 과정을 구체적으로 파악할 수 있는 직접 증거가 거의 남아 있지 않다는 사실이다. 우루크에서 초기 쐐기문자는, 잉카의 키푸와 마찬가지로 처음에는 무엇보다도 계산과 경제적 행정 관리를 위한 도구로 등장했다. 물품과 노동력은 모두 관리 대상이었다. 당시 거래에 참여한 물품과 인력의 흐름을 기록한 유물이 지금까지 남아 있다. 문자는 처음에는 오직 물품과 인원수를 기록하기 위해서만 사용되었다. 즉 어떤 거래를 재확인할 때 꼭 필요한 도구였다. 해당 기록에서는 물품의 출발지가 전혀 언급되지 않았는데, 아마도 당시에는 그것이 굳이 기록할 필요가 없을 정도로 모두가 공유하는 내용이었던 것 같다. 당시 기록 자료에는 중앙 창고에 물건이 들어오고 나가는 것을 기록하고 관리하는 내용이 포함되어 있었다.

우루크에서 중요한 행정 관리 업무 가운데 일부는 문서로 기록이 남아 있다. 예를 들면 토지 조사라든가 종자의 수량 및 토지당 분배량, 노동자의 식량으로 사용된 양 등이다. 동물 사육도 기록 관리가 필요한 주요 분야 가운데 하나였다. 점토판(태블릿)을 보면 분명한 수량을 알 수 있고, 물품과 인력이 어디에 사용되었는지도 알 수 있다. 이러한 지식은 의사 결정권자가 해당 자원을 적절히 분배하는 데 도움이 되었을 것이다. 다시 말해 태블릿은 예산 배정 업무에 사용되었다. 태블릿의 내용으로 보아, 도시 내에서 재분배 기능이 중요한 역할을 했던 것으로 분명하게 확인이 된다(도시 거주자의 식량 보급은 언제나 현실적으로 관심을 갖는 일상이었다). 또한 말할 필요도 없이 재분배 행위에는 일정 정도의 계획이 포함될 수밖에 없었다. 우루크에서 기념비적 건축물을 건설하고 엘리트 계층이 사용할 물품을 생산하려면 도시 자원의 예산 계획 없이는 불가능했을 것이다.

우루크(에안나 근처)와 쿠스코 양쪽 모두 중앙 기관이 있어서 도시와 배후지 사이에 오가는 경제적 거래 관계를 관리했던 것으로 추정된다.

여러 관리와 노동 조직을 상대로 대규모 구역을 할당했고, 농지에서 일하게 하거나 운하 및 도로 건설 같은 공공사업에 참여하도록 했다. 쿠스코에서 만들어진 키푸에도 비슷한 예산 관련 기능이 있었다. 잉카(왕)와 왕실 관료들이 그들 나름의 고속도로 시스템을 깔아두고 이를 통해 물품과 노역이 유통되도록 했다. 잉카의 도로 시스템은 그 자체로도 중앙 집중 계획 관리의 모범 사례에 속한다. 지방 관리(토크리콕Tocricoc)는 그 아래 작은 지역별로 종합된 수치의 통계를 모두 모아서, 자신이 관할하는 지방의 종합 통계 수치를 파악했다. 국가 예산 계획에 필요한 정보는 고도의 추상화 및 철저한 단순화의 과정을 거쳐서, 범주는 다양하더라도 그 내용은 주로 수치로만 채워져야 했다.

중국과 마야 저지대에서는 회계나 경제적 행정 관리에 사용된 직접 증거가 사실상 전혀 남아 있지 않았다. 마야 후기 고전기 시대(600~900 CE)의 다채색 토기에 그려진 궁중 장면이나 벽화에서, 물품 꾸러미 옆에 (예를 들면 카카오 콩 8000 같은) 수량 및 유형을 나타내는 문자가 등장할 뿐이다. 이로 보아 고전기 마야의 경우도 문자 기록이 경제적 행정 관리 분야에서 어느 정도 사용되었던 것만은 분명한데, 그 이전 시기에도 존재했다는 직접 증거는 아직 발견되지 않았다. 직접 증거를 확보하지 못한 상태에서는 다만 추론을 통해 가설을 세울 수밖에 없다. 초기 도시에서 정보 기술의 수요가 있었을 테니 기록을 생산하는 데 정보 기술이 사용되기는 했을 것이다. 그러므로 초기 중국과 마야 저지대에서 문자가 경제적 행정 관리 목적으로 사용되었다고 충분히 추론할 수 있다.

회계

 쿠스코를 비롯한 잉카의 여러 도시와 행정 중심지에서 사용된 키푸의 중요한 기능 중 하나는, 상부에서 내려온 행정 임무를 집행하고 기록으로 남기는 행정 관리의 의무 이행을 증명하는 것이었다. 남아 있는 실제 키푸 유물과 식민지 초기의 기록을 종합해볼 때, 키푸 시스템은 일종의 견제와 균형을 위한 수단이기도 했다. 잉카 문명에서는 어떤 조직이든 둘로 나누는 관습이 있었다. 반쪽 조직의 키푸 관리자는 자신이 속한 조직과 관련된 사실을 키푸에 기록했을 뿐만 아니라, 상대편 키푸의 복사본을 가지고 있었다. 이는 양쪽 조직에서 서로가 마찬가지였다. 만약 양쪽에서 원본과 복사본이 서로 일치하지 않으면 무언가 잘못된 것이었다. 이는 집단 감시 전략인 동시에 행정 관료 개인의 실수나 부정행위를 차단할 수 있는 장치였다.

 행정은 통제의 물리적 표현이었다. 행정을 하려면 수량화가 가능해야 했고, 분명한 회계 방침이 있어야 했으며, 조직 체계에 따라 발생하는 행정 관리의 임무는 기록으로 남겨져야 했다. 우루크에서 사용된 초기 쐐기문자 태블릿과 잉카에서 사용된 키푸에서는 대체로 어떤 물품 혹은 노역과 관련해서 정확한 수치 목록을 기록하고자 했다. 임무 수행과 관련된 물품 및 노동력 통계를 신뢰할 수 있는지 여부는 중앙 관리 기관의 입장에서 초미의 관심사였다. 그렇다면 과연 누구의 신뢰성이 문제였을까? 행정 기관일까, 관리 개인일까, 아니면 민간인일까? 근동 지역에서 오래도록 관습화된 방식은 개인의 신뢰성을 기록하는 것으로, 문양이 새겨진 인장을 진흙에 찍어서 거래 관계 당사자 개인의 정체를 알 수 있도록 했다. 초기 쐐기문자 태블릿 중 일부가 봉인을 대신하기도 했지만, 어디까지나 예외적 경우였을 것이다. 관리의 이름이 확인되는 경우도 있었는데, 이 또한 매우 특이한 사례에 불과하다. 그러나 원시적 단계의 쐐기문자 텍스트가 쓰인 기간이 200~300년 정도 지속된 사실을 고려하면, 그리고 그것이 일상적 회계 기록에 사용된 사실을 감안하면, 남아 있는 유물의 수가 6000점에 육박하긴 해도 전체적으로 볼 때는 극히 일부에 불과하다고 하겠다. 어떤 다른 주제와 관련된 내용이 통째로 유실되어 우리에게 전해지지 못했을 가능성도 충분히 있다.

회계와 관련해서 중국 상나라에서도 비슷한 측면이 엿보인다. 의례용 청동기 안쪽에 새겨진 글에 관련 내용이 담겨 있다. 그 글은 살아 있는 자손들보다 조상의 영혼들을 위해 헌정된 것이었다. 특히 그 청동기에 술이나 음식이 가득 채워져 있을 때 조상들에게 그 내용이 전해질 가능성이 컸다. 대개는 왕실의 관료가 어떤 공적에 따라 상을 받고 이를 기념하여 그의 조상 누구누구를 위해 청동기를 제조한다는 내용이었다.

> 계사일(癸巳)에 왕께서 소신(小臣) 읍(邑)에게 조개껍데기 열 꾸러미를 내리셨다. 이를 대가로 지불하고 어머니 계(癸)를 위한 준이(尊彝, 청동 제기의 일종)를 제작했다. 왕의 재위 6년 4월 융일(肜日)의 일이다.[3]

내용만으로 보면 하나의 보고서다. 여기에는 수치와 이름이 나열되어 있는데, 이는 우루크에서 발견된 행정 문서 속 목록이나 쿠스코에서

---

3 이 사례를 포함하여 상당히 긴 내용의 금문(金文)을 포함하는 상나라 청동기 유물들이 다음 자료에 수록되어 있다. Robert Bagley, *Shang Ritual Bronzes in the Arthur M. Sackler Collections* (Cambridge, MA: Harvard University Press, 1987), pp. 525-31.

발견된 키푸의 수치 정보를 떠올리게 한다. 그러나 위 보고서의 내용상 줄거리를 보면, 그 장소에서 사용된 물건의 수량과 범주를 단순히 도표를 작성하듯이 기록한 것으로 보기 어렵다. 만약 조상 제사에서 구술을 한다면 아마도 이와 같은 내용의 보고를 올릴 수 있을 것이다. 그러나 구술 보고는 일회적이며 결국 사라지고 만다. 언어와 결부된 완전한 문장만이 시공간을 넘어서는 커뮤니케이션이 가능하도록 하는 방법이었다.

아랫사람이 윗사람에게 올리는 보고서와 짝을 이루는 것이 위에서 아래로 내리는 명령서였다. 갑골문에는 (예컨대 밭을 갈거나 수확을 하라는 등의) 명령 같은 내용이 완전한 문장으로 기록된 사례가 있다. "왕께서 어떠어떠한 일을 하라고 명하셨다." 왕은 분명 구두로 명령이 분명하게 전달될 수 있을지 우려했을 것이다. 하지만 왕보다 관리들의 우려가 더 컸을 것이다. 관리들은 아마도 문서로 된 명령서를 더 선호했을 것이다. 그것이 미래에 자신의 보호막이 되어줄 수 있었기 때문이다. 간단히 말해서 문서로 된 명령서와 보고서는 합쳐서 회계의 또 다른 측면을 나타낸다. 원시 및 초기 쐐기문자나 키푸의 기록과 마찬가지로 안양에서 발견된 갑골문 텍스트는 일종의 문서로 분류될 수 있다. 신뢰하기 어려운 구술 전달보다는 문자를 통해서 의사소통을 했기 때문이다. 행정 문서가 목간이나 죽간 같은 썩어 없어지는 유기물에 기록된 것이 거의 틀림없지만, 그 실물을 발견할 수는 없을 것이다. 과시를 위한 기록이 시작된 이후에야 비로소 남겨진 유물들이 고고학적으로 우리 시대에 발견될 따름이다.

의례 행위

키푸나 초기 쐐기문자는 주로 물질의 수량을 직접적으로 나타내는 내용이었으나, 중국이나 메소아메리카의 텍스트에서는 이런 내용이 잘 보이지 않았다. 안양에서 발견된 점술 텍스트 중 일부에는 과시적 내용과 행정적 내용이 모두 담겨 있었다. 또한 마야 그림문자 텍스트는 주제가 의례 행위와 관련된 경우가 많았는데, 다른 관점에서 보면 이런 내용도 회계 장부의 일종이라 할 수 있다. 의례의 의무를 이행했다는 사실의 기록이라면, 그 자체로 의례 행사의 결산 장부 성격이 있기 때문이다.[4] 존 베인스(John Baines)가 지적했듯, 과시적 내용과 행정적 내용은 서로가 배척하는 관계가 아니었다.[5] 텍스트를 과시하는 방식 자체는 참여자 혹은 메시지의 수신자와 관련이 있었다. 많은 사회에서 행정 관료들은 사람뿐만 아니라 신에게도 보고해야 할 의무가 있었다. 이 경우 필요한 내용이 글로 기록되었고, 의례 행위가 물질적 수량을 기록하는 행정의 내용과 불가분의 관계에 있었다.

선고전기 마야 문자와 마찬가지로 갑골에 새겨진 중국 문자도 과시를 위한 것이었다. 그러나 그 크기가 작아서 가까이 다가가야만 볼 수 있는 정도였다. 그러므로 그 자료를 실제로 볼 사람의 인원수는 그리 많지 않았다. 아마도 왕실과 점술가 주변의 내부 엘리트 계층에 국한되었

---

4 David Stuart and Danny Law, "Testimony, Oration and Dynastic Memory in the Monuments of Copan," paper presented at the 15th Annual European Maya Conference, Madrid, Spain, 2010.
5 John Baines, "The Earliest Egyptian Writing: Development, Context, Purpose," in Stephen D. Houston (ed.), *The First Writing: Script Invention as History and Process* (Cambridge: Cambridge University Press, 2004), p. 151.

을 것이다. 공개적이지는 않았지만 이들 텍스트가 행위의 결과를 보고하는 내용이라는 점에는 변함이 없다. 누군가 가까이서 이를 검토하고 통제했을 텐데, 이 경우 사람과 신격이 모두 관여되었다. 갑골문은 예언의 행위 과정 자체에 포함되지는 않았다. 그래서 의례 행위자가 왕실의 조상들과 대화를 할 때 문자가 필수 요소는 아니었다. 그럼에도 불구하고 갑골 유물이 대부분 왕실 구역이나 왕실의 조상 사당 근처에 매장된 사실로부터 유추해보면, 조상들이 점술 텍스트의 잠재적 독자 중 일부로 간주되었음에 틀림없다. 갑골은 먼저 지상에 한동안 보관되었다가 나중에는 커다란 구덩이를 파고 묻었는데, 이는 왕실의 사당 주변으로 동물과 사람을 순장했던 풍습을 떠올리게 한다. 안양에서는 왕조의 통치와 관련해서 신격의 의지를 묻는 일이 왕의 의무 중 하나였다. 갑골문은 신성한 질문과 그 결과가 기록된 신성한 매체(medium)였기 때문에, 갑골문을 과시하는 일은 때로 왕이 의무를 다하고 있음을 증명하는 것이었다. 이러한 관점에서 볼 때는 행정적 내용, 즉 수량화된 내용은 특히 조상이 볼 것을 염두에 두고 기록하는 것이었다.

    10여 건의 선고전기 마야 텍스트를 포함해서 메소아메리카의 초기 문자는 대부분 길이나 선형 배열, 아이콘의 맥락 등으로 볼 때 줄거리가 있는 내용을 실제 언어의 구문과 문법으로 표현했던 것 같다. 일부 선고전기 텍스트에는 로고, 음절, 날짜 등이 뒤섞여 있었다(일부는 달력과 같은 주기로 기록되었는데, 이 또한 월과 일을 나타내는 숫자 및 로고로 구성되어 있었다). 이러한 텍스트들이 쓰인 곳은 다양했다. 벽면, 비석, 운반 가능한 귀금속 등이 사용되었다. 비석과 운반 가능한 귀금속은 애초에 어디서 작성되었는지 맥락을 잃어버렸고, 다만 벽면 기록이 주로 사원 건물이나 피라미드에 포함되어 있었다. 이런 건축물은 마야의 의례 및 우주론을 나타내는 형태를 갖춘, 더 큰 규모의 의례용 복합 건물에 부속되어 있었다. 복합 건물은 왕의 통치하에 있는 윤리적 공동체로서 도시의 탄생을 의미하는 것으로 해석되는데, 왕의 의무는 우주론적 구조와 작용을 영속화하는 것이었다.[6] 벽면에 남아 있는 초기 기록들이 아직 해독되지 않았지만 적어도 왕을 의미하는 어휘 "아하우(ajaw)"는 알아볼 수 있었다. 이와 함께 고대의 왕을 나타내는 그림이 함께 별견되었다. 이는 문자가 성스러운 공간 구성의 일부 요소였을 뿐만 아니라 그 내용과 목적이 마야 왕실 및 우주론과 밀접하게 연관되어 있었음을 의미한다.

　이러한 텍스트의 맥락은 사적이고 비밀스러우며 엘리트 계층을 위한 것이 분명했다. 이때는 아직 대중적 과시가 주된 목적이 아니었던 것 같다. 이런 점에서 선고전기의 텍스트는 이후 고전기의 텍스트와 성격이 완전히 달랐다. 선고전기 마야의 텍스트는 크기가 작았는데, 기념비적 무덤 건축물의 벽면에 기록된 문자조차 다를 바가 없었다. 이는 누군가 소규모 집단의 특권층이 가까이에서 신중하게 텍스트를 들여다보는 상황을 전제로 한 것이었다. 선고전기 텍스트에 과시적 성격이 없었던 반면, 텍스트와 함께 배치된 그림에는 매우 거대한 장면이 그려져 있었다. 이로 보아 당시 문자의 역할은 그림에 딸린 설명 정도였던 것 같다. 이러한 기능은 이후 고전기에도 그대로 지속되었다. 고전기에는 텍스트의 크기가 상당히 커져서 그림과 거의 맞먹게 되었다. 고전기 유물에 새

6　David Stuart, "Ideology and Classic Maya Kingship," in Vernon L. Scarborough (ed.), *A Catalyst for Ideas: Anthropological Archaeology and the Legacy of Douglas Schwartz* (Santa Fe, NM: School of American Research Press, 2005), p. 269.

겨진 텍스트의 내용은 신이나 사람의 이름이었다. 이에 비추어 보면 선고전기의 그림문자 역시 신이나 사람의 이름이었을 수 있다. 운반할 수 있는 물체에 기록된 선고전기의 일부 초기 텍스트는 기본적으로 명사의 목록이었던 것 같은데, 그렇다면 우루크에서 발견된 목록과 비슷하다고 볼 수도 있겠다. 그러나 기록된 명사 자체의 성격이 달랐다. 초기 쐐기문자에서 기록된 명사는 주로 물건의 명칭이었고, 사람 이름으로 확인된 사례는 극소수에 불과했다. 선고전기 마야의 텍스트는 사정이 정반대였다. 크기가 작고 운반할 수 있는 물체에 쓰인 명사의 기본적 의미는 신격의 이름이었다. 아마도 물건의 소유 관계를 확인하기 위해서였거나, 혹은 신의 가호를 기원했거나, 혹은 그 이름을 읽으면 마술적 힘이 생긴다고 믿었을 수도 있다. 작은 물건에 새겨진 실제 사람의 이름들은 그 물건의 소유자 혹은 제작자를 나타내는 이름표 같은 구실을 했던 것 같다.[7]

잠정적으로 선고전기 마야 문자에 기록된 내용이 신격 혹은 권력자의 이름이고, 문자의 기능은 그림을 보조하여 이름을 붙인 것으로 이해할 수 있지만, 이러한 해석은 당시 엘리트 계층의 사상적 경향과 맞지 않는 측면이 있다. 당시의 엘리트 계층은 우주론과 상징성에 강하게 집착했다. 그리고 그림과 기록된 이름을 맹목적으로 숭배하는 경향이 있었다. 인간을 둘러싼 주변 세계에 대응하는 방식도 그랬고, 이를 반영하여 주변 환경을 만들어가는 방식도 마찬가지였다. 이름을 붙이는 행위 자체가 그러한 충동의 표현이었다. 이름 자체는 지적 혹은 심리적으로 중요했다. 이집트학자 배리 켐프(Barry Kemp)는 이러한 충동을 적절하

---

7 Stuart, "Ideology and Classic Maya Kingship," p. 304.

게 요약한 바 있다.

> 고대의 상식에서 이름은 대상과 친숙해지는 통로였으며, 누군가의 마음속에 그 대상의 자리를 만들어주는 것이었고, 따라서 대상이 통제 가능한 무언가로 환원되는 것, 누군가의 정신세계로 들어가는 것을 의미했다.[8]

그림으로 기록을 남기는 방식은 인류 역사상 매우 이른 시기에 시공간을 초월하여 정보를 저장하고 나중에 그 정보를 회수하기 위한 장치였다. 그러나 당시에 이러한 시스템을 촉발한 동기가 단지 기억의 한계, 시공간의 한계를 초월하고자 하는 욕망에 국한된 것은 아니었다. 이와 같은 기록의 체계를 고안하고 사용함으로써 사람들은 바깥세상을 포착하고자 했다. 우루크에서 발견된 어휘 목록, 중국의 안양과 마야 저지대(또한 이집트)에서 발견된 왕의 목록, 쿠스코에서 발견된 인구 조사 자료 등도 모두 우주적 세계의 특정 요소를 포착하려는 시도의 일환이었다. 다만 마야의 경우 이들과 핵심적 차이가 있었다. 이들은 인간을 둘러싸고 있는 직접적 환경, 물질과 인적 자원을 포함한 세속적 측면을 포착하려 했지만, 마야의 경우는 주로 영적 측면, 인간 세상과 우주적 힘을 연결하는 데 관심을 두었다. 예컨대 우루크의 목록과 마야의 사례는 극단적 대비를 보여준다. 우루크의 목록에는 위계질서에 입각한 직업의 명칭이 있었지만 신의 이름은 전혀 등장하지 않았다. 이는 마야의 경우와

---

8 Barry Kemp, *Ancient Egypt: Anatomy of a Civilization* (London: Routledge, 2006), p. 71.

정반대되는 상황이었다.

　메소포타미아와 메소아메리카 문자의 또 다른 차이점이 있다. 우루크의 경우 문자가 신격이나 왕의 얼굴 그림을 설명하는 이름으로 사용된 적은 없었다(물론 우루크 이후 시대에는 사례가 있었다). 반면 마야에서는 어떤 물건의 가치를 드높이기 위하여 그 표면에 문자를 사용했다. 마야 문자의 모양과 예술적 수준에 문자가 기록된 귀중품 고유의 가치와 종교적 맥락까지 더해지면, 그 대상물은 매우 가치 있고 강력한 물건이 되었다. 이런 점에서 상나라의 청동기나 안양에서 출토된 옥기도 비슷한 사례였다. 그러나 문자가 추가됨으로써 물건의 가치가 상승한다면 당시에는 당연히 문자 그 자체로도 가치를 인정받았을 것이다. 특히 아름다운 서체의 가치가 있었을 것이다. 이와 같은 사회적 인정의 메커니즘에서 글자를 쓸 줄 아는 사람들의 공동체가 만들어졌다. 그들은 가치 있는 물건을 다루는 만큼 귀한 대접을 받았다. 그림을 통해 메시지를 전달하는 관행이 있는 모든 도시에는 분명 이와 같은 공동체가 존재했을 것이다. 그들의 그림은 공통된 의미를 기반으로 해야 했기 때문이다. 구체적으로 말하자면 특별한 기관이 설치되어 커뮤니케이션 수단을 영구적으로 유지하고, 만들고, 검증하는 사회적 기본 구조를 뒷받침했을 것이다. 이를 뒷받침하는 구조는, 말하자면 학교나 그 비슷한 제도적 장치가 될 텐데, 이제 이 문제에 관해서 논의를 이어가보도록 하겠다.

사회 구조적 기반

　기록 관리 시스템이 활발히 유지되고 원활히 작동하려면 훈련이 필수적이다. 메소포타미아 지역에서 문자 이전의 시스템, 예를 들면 인장이나 진흙 토큰 혹은 양자의 조합 같은 경우 이미 상당히 복잡한 단계로 발달한 상태여서, 이를 전달하려면 방법을 가르쳐야 할 정도였다. 이와 함께 다른 기술들, 예컨대 땅 면적을 측정한다거나 수학적 계산을 하는 방법도 교육이 되었을 것이다. 메소포타미아, 이집트, 중국, 메소아메리카 등 문자 문화에서는 모두 문자를 사용해온 오랜 역사가 축적되어 있었다(메소아메리카를 제외하면 모두 3000년 이상의 전통이 있었다). 따라서 글 쓰는 기술을 가르치기 위한 효과적 방법론이 틀림없이 존재했을 것이다. 메소아메리카와 안데스 지역의 문명에서는 어린 학생들에게 정보를 저장하고 전달하는 방법을 가르치는 학교 제도가 구축되어 있었다. 글을 쓰는 인력을 양성하려면 관련되는 핵심 요인들이 전제되어야 했다. 교육 장소(물리적 의미에서의 학교), 커리큘럼(지식 전달의 내용과 절차), 제도적 혹은 개인적 후원, 교사와 학생을 위한 교재, 학교를 운영할 조직, 졸업한 학생들의 일자리 등이었다. 이와 같은 중요한 제도 및 관습의 세부 사항과 관련해서 대개는 남아 있는 기록 자료가 전무하지만, 추론을 할 수 있을 정도의 근거는 남아 있다.

우루크에서의 문자 교육과 관련해서 특별한 관심을 불러일으키는 자료가 이른바 어휘 목록이다. 이는 단어와 구의 목록을 기록해둔 것인데, 목록이 주제별로 묶여 있다. 어떤 명석한 집단에서 그들의 세계를 목록에 담아내려고 시도했고, 그것이 문자를 발명할 당시 문자 체계를 만들어가는 길잡이 역할을 했다. 이들 목록은 적어도 1000년 이상 대량으로 신중히 복제되었고, 초기 문자 체계가 만들어질 당시부터 존재했던 것으로 상당히 높게 평가되었다. 현재 남아 있는 고대의 쐐기문자 태블릿 가운데 약 10퍼센트가 바로 이와 같은 목록이고, 나머지 90퍼센트는 행정 문서다. 편지나 법률 문서나 문학 작품 같은 것은 존재하지 않는다. 이와 같은 비율로 미루어 보건대, 메소포타미아 지역에서 최초로 문자 기록이 발달했을 때 간단한 단어 목록은 교육상 필수적이었을 테고, 여기에 더하여 행정 관리 체계에 대한 교육도 이루어졌을 것이다. 그러나 구술 언어와 연결되는 다른 내용의 글들은 교육 내용에 포함되지 않았다.[9]

또 한 가지 중요한 지점이 있다. 즉 초기 학교의 커리큘럼에는 필사자가 알아야 할 다양한 기술이 포함되어 있었다. 예를 들면 태블릿 만들기, 다양한 형태의 태블릿마다 적절한 판면 구성하기, 기록 관리의 과정과 절차, 수학, 역사, 신화, 그리고 경우에 따라서는 의례에 관한 교육도 필요했다. 우루크의 초기 텍스트에서는 행정 문서 태블릿에 적힌 내용들 간의 관계와 내용의 분류가 체계를 전혀 갖추지 못한 상태여서, 하위 분류와 간격이 어지럽게 구성되어 있었다. 고대 태블릿의 내용 중 상당 부분은 숫자로 채워져 있었다. 이때는 후대 메소포타미아 지역의 수학적 관습과는 달랐다. 후대에는 대상을 막론하고 주로 60진법을 사용했다. 고대에는 몇 가지 숫자 체계가 동시에 사용되었는데, 대상에 따라 사용되는 체계가 달랐다. 10진법과 60진법의 혼용 체계, 곡물 용량 체계, 면적 계산 체계 등이 있었고, 아직 내용이 파악되지 않았지만 무언가 다른 체계도 있었다. 시간 측정을 위하여 파생된 체계도 있었다.[10] 특정 숫

9　Robert Englund, "Texts from the Late Uruk Period," in Joseph Bauer, Robert Englund, and Manfred Krebernik (eds.), *Mesopotamien: Späturuk-Zeit und Frühdynastische Zeit* (Freiburg: Universitäts-Verlag, 1998), p. 90.
10　Englund, "Texts from the Late Uruk Period," p. 111.

자 체계를 선택하는 것은 대체로 (토지 조사 부서, 세금 징수 부서 등의) 담당 관료 조직과 일치했다. 필사자 한 사람은 자신이 소속된 부서에서 사용하는 특수한 체계 하나만 배웠을 가능성이 높다. 숫자 체계는 문법적 체계가 아니었고 언어 구조와는 상관이 없이 정보를 기록하는 장치였다. 이는 문법적이며 구문론적인 요소가 등장한 시점보다 수 세기 앞서서 발달한 체계였다.[11] 언어와의 연관성은 초기 쐐기문자를 개발하게 된 동기는 아니었다. 장부를 기록하는 데에는 완전한 문장 구조가 굳이 필요치 않았다.

중국의 안양에서 발견된 몇몇 갑골문에는 "교육"을 의미하는 글자(學)가 포함되어 있었다. 이 글자는 나중에 고전 중국어에서 기본적으로 세 가지 의미를 가지게 되었다. (1) 학교, (2) 가르치다, (3) 배우다. "학교(學)"를 세우자는 제안이 담긴 갑골문 유물도 발견되었다. 아마도 상나라 왕궁에 건설하자는 의미였을 것이다. 왕궁 안 학교 이외에 왕궁 밖에 위치하는 학교도 있었던 것 같다. 다음의 갑골문을 보기로 하자.

병자일에 점을 치다. 많은 아이들이 학교에 가도 될까요? 돌아오는 길에 비를 만나지 않을까요?(丙子卜 貞 多子其徙學 版不遘大雨)

---

11 문자가 아닌 다른 방식으로 정보를 기록한 태블릿 연구는 다음을 참조. Margaret Green, "The Construction and Implementation of the Cuneiform Writing System," *Visible Language* 15 (1981), 345–72, esp. pp. 349–56. See also Margaret Green, "Early Cuneiform," in Wayne M. Senner (ed.), *The Origins of Writing* (Lincoln: University of Nebraska Press, 1989), pp. 52–4.

그다음 날에도 비슷한 내용의 점을 쳤다. 또 다른 갑골문 유물에는 다른 지방의 귀족들과 그 자녀들이 상나라의 수도로 와서 "교육과 훈육"을 받아야 한다는 내용이 등장한다. 그렇다면 이 아이들은 정치적 볼모였을까? 그럼에도 불구하고 이들은 궁궐 안에 있는 학교에서 교육을 받았다. 잉카 제국에서도 비슷한 사례가 있었다(아래 참조).

갑골문만으로는 학교에서 무엇을 가르쳤는지 불분명하다. 의례에 사용되는 춤과 음악을 배웠다는 언급이 있기는 하지만, 반드시 학교에서 배운 것인지는 불분명하다. 안양에서 발굴된 자료 중에서도 학교의 교육 내용에 관한 분명한 증거는 없었다. 다만 갑골문의 서체 자체가 그 증거가 될 수 있을 것이다. 깨진 토기 파편에 붓과 먹으로 쓰인 글씨가 발견되었는데, 지금으로서는 이것이 글씨 연습을 했던 극히 드문 직접 증거들 중 하나다. 초보자가 썼다고 보기에는 상당히 능숙한 글씨였다. 메소포타미아의 학생들도 단순한 모양의 쐐기 형태를 연습하느라 상당히 많은 시간을 보냈다. 이런 점으로 미루어 보자면 중국에서도 초심자는 단지 획을 긋는 연습부터 했을 테고, 그다음에 단순한 글자를 연습하며 획순을 분명하게 익히고자 했을 것이다. 불행히도 학생들이 단순히 획순을 연습한 직접 증거는 상나라 유적에서 발견된 것이 없다.

역사민속학 자료를 참조하면 잉카 제국의 교육과 훈련에 대해 좀 더 자세한 내용을 얻을 수 있다. 잉카의 통치자들은 남녀 귀족들의 교육에 깊은 관심을 보였다. 지위가 낮은 여인들에게는 나라에서 천 짜기, 요리하기, 술 담그기 같은 과업이 주어졌다. 한편 지위가 높은 여인들에게는 이외에도 종교적 내용을 교육했다. 지방의 주요 귀족들은 아들이나 가까운 친척들의 나이가 14~15세가 되면 수도 쿠스코에 있는 궁궐로 보내야 했다. 이들과 함께 잉카 중앙의 귀족 자제들도 야차와시(yachawasi)에 출석해야 했다. 야차와시는 학식이 높은 귀족(amautakuna)이 운영하는 특수 학교였다. 궁궐 내 학교의 학생들 중에는 지방 주요 귀족들의 장남도 포함되어 있었다. 이들은 아버지를 대신하여 볼모로 잡혀 와 있는 셈이었는데, 동시에 다음 세대의 귀족을 훈련하는 과정이기도 했다.

후대의 작가 마르틴 데 무루아(Martín de Murúa)가[12] 남긴 글에 따르면, 궁궐 내 학교의 교육 기간은 4년이었다. 그의 글에는 또한 대략적인 연간 교육 과정도 기록되어 있다. 그에 따르면 주요 과목(잉카 언어의 궁중어)뿐만 아니라 잉카의 의례와 달력, 키푸 기록 작성법, 잉카의 역사, 법, 국정, 군사 전략, 학생의 사회적 지위에 걸맞은 행동 규범 등을 배웠다고 한다. 무루아의 설명이 유럽인의 시각에서 왜곡되었을 수도 있겠지만, 그가 언급한 과목들은 그 이전의 작가들이 남긴 증언과도 배치되지 않는다. 다만 불분명한 점은 학교에서 어떤 종류의 키푸 기록을 어떤 학생에게 가르쳤는가 하는 문제다. 다른 증언을 참고하자면, 특수한 "키푸 전문가"(키푸카마유크) 집단이 있었던 것 같다. 그들이 키푸 읽는 법을 구체적으로 어떻게 전수했는지는 식민지 시기의 연대기에 언급된 바가 없다. 17세기의 수도사 안토니오 데 라 칼란차(Antonio de la Calancha)가 유일하게 키푸 연구에 도움이 될 만한 일반적 내용을 기록으로 남겼다. 그러나 현재의 우리로서는 "키푸 전문가"가 실제로 키푸를 만들었는

---

12 John Rowe, "Inca Policies and Institutions Relating to the Cultural Unification of the Empire," in George A. Collier, Renato I. Rosaldo, and John D. Wirth (eds.), *The Inca and Aztec States 1400-1800: Anthropology and History* (New York: Academic Press, 1982), p. 95.

지, 아니면 단지 키푸를 읽고 해석만 했는지 확실히 알 수 없다.

관리들이 그것을 통해 특권을 얻었기 때문인지, 혹은 질문을 받았을 때 그와 관련된 회계의 내용을 제대로 말하지 못하면 처벌을 받았기 때문인지는 알 수 없으나, 그들[키푸카마유크]은 지속적으로 기호와 암호와 관련 자료를 연구했고, 그들의 뒤를 이어 관리를 맡을 사람들에게 그것을 가르쳤으며, 이와 같은 업무를 담당하는 관리들이 많았고, 그들 각자가 담당하는 물건의 분야가 정해져 있어서 이야기, 줄거리, 혹은 노래를 그들이 담당하는 매듭에 연결시켜두고 이를 가리켜 "기억의 장소"라 했다.[13]

기록 관리 교육과 관련된 자료는 매우 희박한 반면, 잉카의 통치자가 모든 백성에게 케추아어를 배우도록 지시한 근거는 많이 남아 있다. 케추아어는 말하자면 잉카 문명의 국제어 같은 지위였다. 광대한 제국에 여러 방언이 존재했기 때문에 취해진 조치였다. 문제를 해결하려면 단순하고 일관된 국가 이데올로기에 따라 하나의 방언을 공식화하고 그것을 사용할 필요가 있었다. 이와 같은 법령을 효과적으로 실현하려면, 엘리트 이하 계층을 교육하기 위한 학교를 지역별로 설립했을 것이다. 그러나 우리는 그와 관련된 자세한 사항들, 예컨대 그 지방 학교에 갈 권리와 의무가 누구에게 있었는지 알지 못한다. 궁궐 내 학교에 입학하기 위해 지방 귀족들의 승인을 거쳐야 했던 것은 명백한 사실이다. 지방 귀

---

13 After Gary Urton, *Signs of the Inka Khipu* (Austin: University of Texas Press, 2003), p. 122.

족의 아들들을 교육함으로써 (그리고 볼모로 잡아둠으로써) 왕궁에서는 지역 관리자들의 충성을 안정적으로 확보할 수 있었다. 잉카의 궁궐 학교에 입학한 학생들은 지역 귀족의 아들로서 향후 아버지의 지위를 물려받을 상속자였다. 그들의 형제가 모두 수도까지 올라와서 교육을 받는 것은 아니었다. 잉카의 지방 통제는 통치자의 직접 지명을 받은 총독의 파견으로 더욱 강력한 중앙 집권 체제로 발달했다.

고대 마야 전통에서 문자 교육을 어떻게 했는지는 거의 알려져 있지 않다. 고전 마야어로 "문자의 집"(ts'ibal na:h)이라는 어휘가 있는데, 이는 수메르어의 "태블릿 집"이나 이집트어의 "가르침의 방" 혹은 "삶의 집"과 마찬가지로 문자 교육 학교를 의미했던 것 같다. 코판(Copan)을 비롯한 몇몇 유적에 남아 있는 건축 구조물 가운데 문자의 집이 확인되었는데, 건축물 자체에 문자를 쓰는 사람의 모습이 새겨져 있었다. 그리고 일반적 유물들, 예컨대 문자를 쓰는 데 필요한 잡다한 문방구(잉크병, 모르타르, 염료를 분쇄하는 도구 등)가 다케시 이노마타(Takeshi Inomata) 발굴팀에 의해 아구아테카(Aguateca)의 후기 고전기 유적지에서 발굴되었다.[14] 메소포타미아나 이집트에서 발견된 학습용 목록에 비견할 만한 유물은 극소수에 불과했다. 치첸 이트사(Chichen Itza) 유적의 "문자의 집"에서 발견된 벽돌에 쌍을 이루는 그림문자들이 있었는데, 발음상 모음은 같지만 자음은 다른 문자들의 쌍이었다. 이는 메소포타미아에서 발견된 "투타티(tu-ta-ti) 자음 목록"과 비슷한 성격의 유물이었으며, 스티븐 휴

---

14 Takeshi Inomata and Laura R. Stiver, "Floor Assemblages from Burned Structures at Aguateca, Guatemala: A Study of Classic Maya Households," *Journal of Field Archaeology* 25 (1998), 431–52.

스턴(Stephen Houston)이 주장했듯이 마야의 주요 자음 목록일 수도 있다.[15] 비교적 최근에 발견된 천문 관련 태블릿이 있는데, 과테말라의 술툰(Xultun) 유적 벽면에 사용된 것이었다. 이것은 아마도 교육적 목적을 포함했던 것 같은데, 숙련된 필사자가 달, 금성, 화성의 움직임과 관련하여 복잡한 천문 관련 계산을 할 때 참고했던 자료 같기도 하다. 점토판에 학생들이 연습을 했던 흔적으로 보이는 메소포타미아 발굴 목록과는 달리, 마야의 사례는 고정적으로 돌에 새겨지거나 방 벽면에 그림으로 그려진 것이었다. 그러므로 마야 유물은 아마 항구적이면서도 규범적인 모델이었던 것 같다. 학생들은 이를 보고 나무껍질이나 나뭇잎 등 유기물 재료에다가 글씨를 연습했을 것이다. 또한 이들 유물은 해당 건물의 목적을 과시하는 기능도 했던 것 같다. 유기물 재료에 쓴 글씨들은 시간이 지남에 따라 모두 사라졌을 것이며, 따라서 우리로서는 알 수 있는 방법이 없다. 다만 불행히도 문자의 규범과 이를 전승한 흔적만 남겨지는 바람에 우리의 엉뚱한 상상력만 자극을 받을 따름이다.

초기 도시의 문자 교육은 처음부터 복합적 성격을 가졌던 것 같다. (궁궐, 사원, 행정 기관 등의) 도시 내 기관과 (교사와 같은 가문의 아이들이나 다른 가문의 학생들을 교육하는) 사적인 기구가 상호 보충적 기능을 했다. 메소포타미아와 이집트에서는 사적으로 교육을 하려는 교사가 선택할 수 있는 교재의 범위가 있었던 것으로 추정된다. 이는 교육이 어느 정도 통일성을 갖추었기에 가능했던 일인데, 특히 행정 관리의 내

---

15 Stephen D. Houston, "Into the Minds of Ancients: Advances in Maya Glyph Studies,'" *Journal of World Prehistory* 14 (2000), 150.

용 측면에서 통일성이 강했다. 메소포타미아나 이집트 지역에서, 같은 지역 내 다른 도시에서 문자를 배우더라도 서로 통용될 수 있었던 것은 어떤 식으로든 처음에는 국가 차원에서 교육의 표준을 제시했고, 교사들이 지역을 돌아다니며 그 표준을 확립하는 데 기여했음을 의미한다. 수치를 적고 수학적 계산을 하는 훈련은 반드시 보편성을 가져야 했다. 행정 관리 분야에서 필요로 한 것이 그것이었기 때문이다. 달력 계산은 의례 거행에서 필수적 요소였는데, 이는 교육의 또 한 가지 중요한 주제였다.

결론

이번 장에서 논의한 문자와 기록 관리 기술은, 형태로 보나 기능으로 보나 여러 가지가 있었다. 쐐기문자와 중국 및 마야의 그림문자는 모두 구술 언어와의 직접적 관계 속에서 발달했다. 그러나 잉카의 키푸는 그 관계가 약했고, 아마도 전혀 관계가 없었을 수도 있다. 대신 의사소통의 범위를 더 좁힘으로써 복잡한 조직 체계의 정보를 매우 효율적으로 저장할 수 있었다. 문자 및 기록 관련 기술의 양상은 각자가 출현했던 문화권의 역사를 반영하고 있다. 줄에 매듭을 묶은 키푸는 안데스 지역에서 매우 가치 있게 평가된 직조의 전통 아래 발달했고, 마야의 그림문자는 메소아메리카의 풍부한 우주론적 아이콘 전통 아래서 발달했다. 쐐기문자 태블릿은 그 이전에 진흙 토큰과 봉인(封印, 인니印泥)의 전통에 의해 만들어졌다. 중국의 갑골문은 당시 사용된 죽간의 형태로부터 영향을 받았다.

이러한 기술의 기능적 측면까지, 그리고 어떻게 그 지식이 유지되고 다음 세대에게 전달되었는지까지 비교의 범위를 넓히고자 한다면, 현존 자료의 절대 부족 문제에 직면하게 될 것이다. 우루크와 메소포타미아의 경우 사례가 풍부한 것은 행정 관리와 장부 관리가 문자 발명의 동기였고 또한 주요 기능이었기 때문이다. 메소포타미아에서 확인되는바 문자의 개발 동기와 목적을 근거로 세계의 다른 지역으로까지 확대 해석할 수도 있겠지만, 문제는 직접적 증거가 없는 상황에서 확신하기는 어렵다는 점이다. 게다가 마야 문자의 경우, 초기는 물론 이후로도 지속적인 기능이 의례와 우주론에 있었을 뿐 경제와 행정 관리의 측면은 아니었다.

문자와 기타 기록 관리 기술에 의해 만들어지는 여러 사회적 기능은 일단 논외로 하더라도, 분명한 것은 효율적 도구가 되려면 기술 체계가 확립되어야 하고 또한 엄격히 유지되어야 한다는 것이다. 그런 의미에서 문자 및 기록 관리 기술은 사회적 통제의 매우 직접적인 표현이기도 하다. 다시 말해서 높은 수준의 통일성과 통제에 입각하지 않으면 문자를 비롯한 기록 관리 체계가 성립하기 어렵고, 도시가 아니면 이와 같은 통제 상황을 만들어내기 어렵다. 최초로 문자가 출현했던 사회적 동기를 보자면, 불충분한 자료의 한계 속에서도 제도적 뒷받침을 추정하지 않을 수 없다. 우루크의 문자 유물이나 안데스 지역의 민속 조사 기록으로 볼 때, 문자 전문 인력을 양성하는 학교가 있었던 것은 분명해 보인다. 그러나 중국 및 메소포타미아의 초기 기록에서는 학교나 커리큘럼과 관련된 직접 증거를 찾아볼 수 없다. 시공간의 다양성을 넘어서는 체계의 통일성은 무언가 제도적 기관의 존재를 전제하지 않고는 이해하기 어렵다. 그러나 현재의 우리로서는 다만 그 존재를 추론해보는 수밖에 없다.

도시 행정은 분류 체계의 관리에 크게 좌우된다. 또한 기록 관리는 그러한 분류 체계의 한 사례에 속한다. 이번 장의 목표는 초기 기록 시스템이 무엇을 수행했는지, 그리고 어떻게 시스템을 그 상태로 유지했는지 검토해보는 것이었다. 각각의 시스템은 의사소통의 능력 면에서 기술적으로 상당한 차이가 있었다. 주된 사회적 혹은 제도적 기능도 달랐고, 구술 언어와의 관계도 달랐다. 구술 언어와의 상관관계는 서로 달랐지만, 초기 기록 체계의 분류 및 수치화 역량은 그 사회의 어휘 및 숫자 체계를 전제로 한 것이었다. 현대 국가를 연구하면서 제임스 스콧(James Scott)은 이른바 국가의 "가독성(legibility)"을 강조했다. 즉 국가는 소속 인구와 자원에 관한 분명하고 상세한 정보를 갖추어야 한다는 의미였다. 노먼 요피(Norman Yoffee)가 주목했던 것처럼, 고대의 국가들 또한 도시 형태에 불과했다 할지라도 비슷한 필요를 느꼈다. 문자 체계의 보유 여부와 상관없이 국가의 "가독성"은 단순화와 분류를 통해 얻을 수 있는 것이었다. 게다가 문자와 그림이라는 행위 그 자체는 인간이 "복잡성을 제거하고 흔히 혼란스러운 현실에 이해할 수 있는 질서를 부여하는 행위"였다.[16] 기록이 도시화의 과정에서 비롯된 산물일 수도 있고, 혹은 반대로 도시화를 가능하게 한 도구일 수도 있다. 어쨌든 분명한 사실은, 기록은 도시의 합리적 질서 추구와 궤를 같이했다는 것이다.

---

16 Kemp, *Ancient Egypt*, p. 182.

CHAPTER 11

티와나쿠 도시의 기원:
분산된 중심과 정령이 깃든 경관

존 자누섹
John W. Janusek

도시 연구는 집중과 흐름을 모두 강조하는 경향이 있다. 전통적인 도시 연구는 예컨대 시카고학파의 도시사회학에서처럼, 도시를 응집화 및 집중화 현상 혹은 그 결과물로 간주한다. 한편 최근의 도시 연구는 예컨대 로스앤젤레스학파의 도시사회학에서처럼, 오늘날의 도시를 구성하는 네트워크의 흐름에 초점을 맞춘다. 아부-루고드(Abu-Lughod)는[1] 이슬람의 도시를 "결과물이 아니라 과정(processes, not products)"이라고 했는데, 그는 관계망으로서의 도시 연구의 창시자였다. 도시의 무수한 관계망은 지금도 도시를 바꾸어가고 있으며, 또한 수많은 도시 문제를 만들어내고 있다. 그러나 어느 한 시점을 기준으로 보면 도시는 활동의 결과물이다. 비록 그러한 활동들이 일상적이기는 하지만, 끊임없이 이어지는 활동들이 도시를 바꾸고 도시화의 문제들을 만들어내고 있다. 그러므로 도시 문제뿐만 아니라 도시 그 자체 또한 과정이자 동시에 결과물이라 해야 할 것이다.

모든 도시들과 마찬가지로 티와나쿠(Tiwanaku) 또한 어느 한 시점을 기준으로 하나의 과정이자 또한 결과물이었다. 안데스 남부에서 초기

---

[1] Janet Abu-Lughod, "The Islamic City: Historic Myth, Islamic Essence, and Contemporary Relevance," *International Journal of Middle East Studies* 19 (1987), 155-76.

도시화의 오랜 과정이 있었고, 티와나쿠도 그 맥락에서 생겨났다. 또한 도심지가 생겨난 뒤로는 거꾸로 도시가 안데스 남부 지역에 변화를 가져오기도 했다. 나는 이 글에서 티와나쿠에 나타났던 중심성의 두 가지 측면을 검토해보고자 한다. 첫째, 후기 형성기(Late Formative)에 중심지 및 정착지 간의 네트워크가 발달했다. 초기 도시의 발달 또한 그러한 흐름의 일부로 보아야 할 것이다. 콘코 완카네(Khonkho Wankane)와 티와나쿠는 주민은 별로 없었지만 주기적으로 사람들이 모여서 의례를 거행하는 곳이었다. 순환 주기에 따른 이동과 지역 내 거래가 활발해지면서 네트워크의 중심지가 갈수록 강화되었다. 더욱이 후기 형성기 초엽에는 킴사차타(Kimsachata)산맥의 양쪽 끝에서 콘코 및 티와나쿠가 짝을 이루는 중심지였고, 양쪽에서 생산되는 자원의 양상이 비슷했다. 서로 연결된 공동체들이 중심지에서 주기적 회합을 가졌고, 지리적으로 분리된 여러 지점이 그곳을 중심으로 연결되었다. 이와 같은 중심성의 출현을 나는 도시화의 시작으로 본다.

둘째, 안데스 지역의 도시에 영혼을 불어넣고 신격화하는 축성(祝聖)의 과정이 있었다. 특정한 자연의 현상, 순환 주기, 특징이 축성의 대상이었다. 새롭게 형성되는 중심에서 이러한 요소들은 공간적으로, 물질적으로, 또한 아이콘으로 표현되었다. 이를 통해 중요한 자연 풍경과 천체에 영적 성격을 부여했으며, 인간을 비롯하여 모든 구성 요소를 결합하는 결정적 원칙이 마련되었다. 정치권력은 이 모든 관계의 전략적 중재자로서 확고히 자리를 잡았다. 특히 새롭게 부상하던 중심지에 살던 사람들 가운데, 핵심적 의례 장소 근처에 거주하며 주기적으로 개최되는 정치 의례를 지휘하고 천체의 운행을 관찰함으로써 "시간을 측정"하는 사람들이 있었다. "종교적" 차원에서 볼 때 그 역할은 부수적인 것이었다. 그러나 그들은 결코 부수적인 존재가 아니었다. 공동체 차원에서 의지를 가진 지도자는 그들로 하여금 특정 기운, 자연의 주기, 양상 등을 생명체처럼 간주하도록 권장했고, 그러한 생명체를 도시 안으로 끌어들였다. 이유는 단순했다. 고고도 산지 환경에서 생존에 도전하는 과정에서 그것들이 생산적 생명의 기반이 되리라고 믿었기 때문이다. 비록 의례화의 정도가 심하고 자연환경의 정령을 만들어내긴 했지만, 안데스산맥에서 티와나쿠의 출현 이유는 전적으로 실용적 차원에 있었다.

이번 장에서는 안데스 남부 지역에서 도시화의 기원을 탐색해보고자 한다. 도시를 규정하는 양적 기준(최소한의 크기, 인구, 기념비적 건축물, 궁궐, 고도의 예술품 등의 존재 여부)은 잠시 옆으로 밀쳐두고, 도시화를 그 지역에서 오래도록 지속되는 과정으로 보면서 다양한 관행이 축적되는 과정에 초점을 맞추어보고자 한다. 이러한 관점에서 보자면 도시화는 반복적 관습들로 구성되는데, 그것은 도시보다 앞서 생겨났을 것이며, 그것이 모여서 도시를 만들었을 것이다. 도시 티와나쿠에 관해서 우리가 알고 있는 사실을 요약함으로써 논의를 시작해보기로 하자. 고고학적 시대구분으로 티와나쿠는 안데스 중간 층위(Andean Middle Horizon, 500~1000 CE) 시기에 번성했던 도시 유적이다. 그다음으로는 티와나쿠 도시화의 기원을 살펴볼 텐데, 최근에 조사된 후기 형성기 유적 콘코 완카네를 중심으로, 티와나쿠의 선조이자 티와나쿠를 만들었던 사람들의 원시-도시화 과정에 초점을 맞추어볼 것이다. 그리고 사람들이 이곳 중심지로 몰려들기 시작했던 이유를 살펴볼 텐데, 특히 주기적으로 이루어졌던 사회적 회합, 즉 그들이 단일한 조상의 계보에 접근할 수 있었던 의례 행사가 도시의 건설에 얼마나 중요했는지를 중점적으로 검토할 것이다.

도시 티와나쿠(500~1000 CE)

티와나쿠에서 처음 도시가 출현한 시기는 기원후 500년에서 600년 사이였다. 위치는 안데스 알티플라노(altiplano), 즉 고원 지대였다. 그로부터 약 500년 동안 드넓은 산간 계곡을 따라 확장을 계속해서 티티카카(Titicaca) 호수로부터 남동쪽으로 몇 킬로미터까지 도시가 이어졌다(지도 11-1). 규모가 최대로 확장되었던 시기는 기원후 700~900년이었다. 최전성기 도시 티와나쿠의 면적은 4~6제곱킬로미터, 인구는 1~2만 명 규모였다. 대부분의 다른 도시들처럼 티와나쿠에도 다양한 건물들이 있었다. 정기적 의례 행사, 주거, 생산 등 다양한 사회 활동에 관계된 시설이었다. 도시 안에는 특정 활동에 국한된 전문화 구역도 있었지만, 나머지 대부분의 공간에서는 제한 없이 다양한 활동이 펼쳐졌다.

도시 티와나쿠의 중심에는 두 개의 거대한 광장이 자리 잡고 있었다. 두 광장을 연결하면 북동부에서 남서부로 이어지는 의례 행사의 축선이 형성되었다. 광장에는 복합 건물이 부속되어 있었다. 북동부 광장에는 칼라사사야 복합 건물(Kalasasaya complex)과 아카파나(Akapana) 복합 건물이, 남서부 광장에는 푸마푼쿠(Pumapunku) 복합 건물이 부속되어 있었다. 복합 건물에는 기본적으로 지면보다 높이 솟은 플랫폼(platform)과, 지면보다 아래로 움푹 꺼진 깊은 마당(sunken courtyard)이 포함되어 있었다(그림 11-1).[2] 북동부 광장에는 두 개의 복합 건물이 중첩되어 있었다. 각각의 건물은 건축 시기, 공간 구성, 건물의 방향이 서로 달랐다.

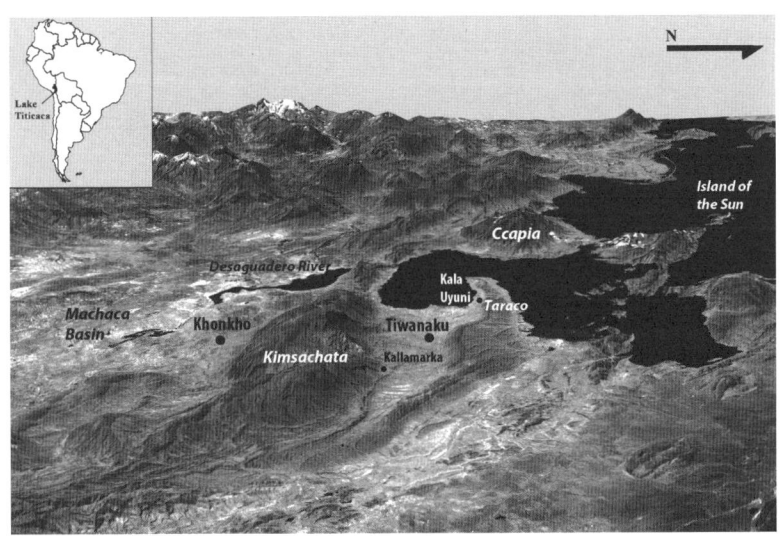

[지도 11-1] 티티카카 호수 남부 평원과 콘코 완카네의 관계 및 지리적 배경

칼라사사야 복합 건물에는 수 세대에 걸쳐 건설된 건축 구조물들이 포함되어 있었다. 깊은 마당 구조의 사원(티와나쿠 최초의 의례용 구조물), 칼라사사야 플랫폼, 푸투니(Putuni) 복합 건물 등이었다(그림 11-2). 여기서도 의례용 건물의 전형적 공간 구성을 확인할 수 있다. 즉 플랫폼과 깊은 마당은 여기서도 기본적 구성 요소였다. 기원후 800년경에 이르러 이곳은 통합된 하나의 건물 복합체로 완성되었다. 건물의 동선은 초기

2 John W. Janusek, *Ancient Tiwanaku* (Cambridge: Cambridge University Press, 2008); Alan L. Kolata, *Tiwanaku: Portrait of an Andean Civilization* (Cambridge: Blackwell Press, 1993); and Alexei Vranich, "The Development of the Ritual Core of Tiwanaku," in Margaret Young-Sanchez (ed.), *Tiwanaku* (Boulder, CO: Denver Art Museum, 2009), pp. 11-34.

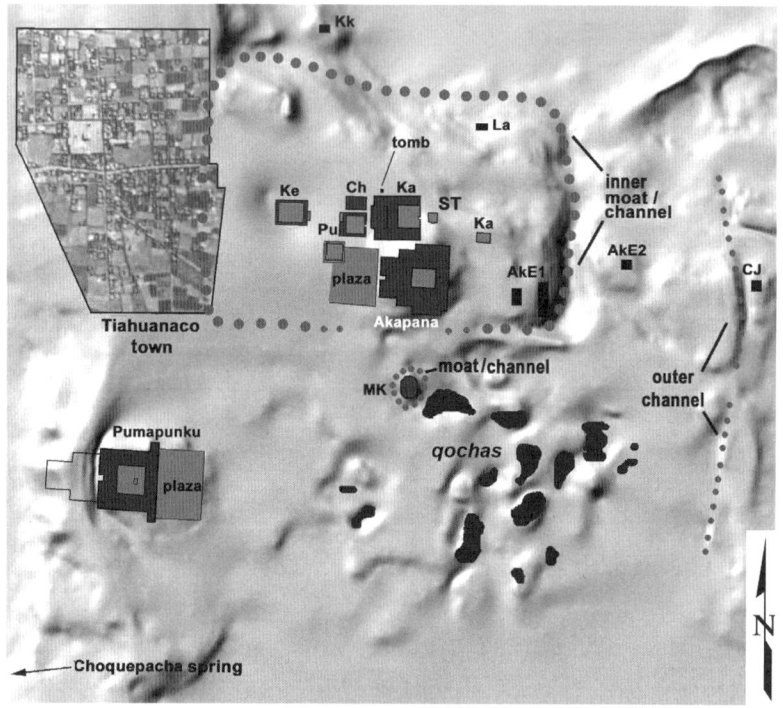

〔그림 11-1〕 티와나쿠 평면도. 주요 건물과 수로 및 코차의 관계
AkE: Akapana East / Ch: Chunchukala / CJ: Ch'iji Jawira / Ka: Kalasasaya / Ke: Kerikala / KK: Kk'arana / La: La Karana / MK: Mollo Kontu / Pu: Putuni / ST: Senken Temple

〔그림 11-2〕 티와나쿠 북동쪽 복합 건물 유적 경관(남쪽을 바라보고 촬영)
맨 앞에 칼라사사야 유적이 놓여 있고, 그 뒤로 아카파나 유적과 몰로 콘투 유적이 놓여 있다. 그 너머 남쪽에는 거대한 코차(농업 생산을 위한 저수지) 시스템이 위치해 있다.

의 깊은 마당 사원에서 시작하여 칼라사사야를 거쳐 푸투니 안마당으로 연결되었다. 각각 서로 다른 역사와 형태와 기능을 가졌던 건축물들이 이제는 서로 밀접하게 연결되어 하나의 통일된 서사 구조로 묶이게 되었던 것이다.

티와나쿠는 기원후 500~600년경 티티카카 호수 분지의 남부에서 중요한 중심 도시로 등장했다. 복합 건물 아카파나(Akapana)와 푸마푼쿠(Pumapunku)는 처음 도시가 등장할 무렵에 건설되었다. 아카파나는 칼라사사야 복합 건물의 남쪽 끄트머리에 위치하고 있다. 과연 역사적 유산의 명성에 걸맞은 거대한 건물이다. 건물은 계단식 산의 형태를 띠고 있는데, 전통적인 플랫폼-깊은 마당 구조를 극대화한 것이었다. 지금은 피라미드 상부의 중심 구역이 완전히 파괴된 상태지만, 한때는 그곳에 깊은 마당이 있었을 것으로 추정된다. 그로부터 남서쪽으로 수백 미터 떨어진 곳에 푸마푼쿠 복합 건물이 위치하고 있다. 이 건물 또한 아카파나와 거의 같은 시기에 건설되었다. 푸마푼쿠에도 플랫폼이 있었는데, 아카파나의 플랫폼보다 조금 낮지만 훨씬 더 넓었다. 또한 거기에도 깊은 마당이 포함되어 있다. 거대한 광장의 서쪽은 아카파나와 또 하나의 부속 건물에 맞닿아 있다.[3] 새로운 플랫폼 구조와 더불어 이들 광장의 규모로 보아, 이곳에서 대규모 사회적 회합이 개최되었던 것으로 추정된다.

의례 공간의 건축물 사이로 이동하는 것은 도시 티와나쿠에서 거행되는 의례에 참여한 사람들에게 특별한 경험을 선사했을 것이다. 즉 건

---

3 Vranich, "Development of the Ritual Core of Tiwanaku."

축물을 통해 의례의 효과도 극대화되었다. 티와나쿠 및 연결된 도시에서 석문(石門)이 발견된 사례가 많다. 석문이란 돌을 쌓아 만든 문이며, 그 돌에 다양한 아이콘이 새겨져 있다. 석문 가운데 가장 유명한 유물이 이른바 "태양의 문(Solar Portal)"이다. 이 문을 통과하면 티와나쿠의 의례용 공간으로 접어든다. 석문에 새겨진 띠 모양의 장식에는 조상신 가운데 중심 신격의 모습이 새겨져 있다. 그는 계단 꼭대기 혹은 산 정상에 설치된 플랫폼 위에 서 있는 모습이다. 그 주변을 둘러 사람과 새의 머리를 한 시종들이 줄지어 늘어서 있다. 티와나쿠에 있는 수많은 석문에도 이와 비슷한 띠 모양의 장식이 새겨져 있다. 석문에 새겨진 아이콘들은 티와나쿠 석조 건축과 아이콘의 핵심이다. 뿐만 아니라 당시 티와나쿠에서 새롭게 대두된 우주론의 중심적 요소였음에 틀림없다.

단일 암체에 새겨진 조각은 티와나쿠 기념비적 건축물의 핵심 요소였다. 석문은 신성한 공간과 연결되어 있었고, 문밖으로 연결된 통로는 작은 규모의 깊은 마당으로 이어졌으며, 마당에는 석상들이 놓여 있었다. 깊은 마당은 신성한 장소로서 의례가 거행되는 장소였다. 그곳에 놓여 있는 석상들은 사람의 형상이며, 공들여 짠 천으로 만든 옷을 입은 모습이다. 옷에는 동물 형태의 신격과 인간 형태의 신격이 그려져 있다. 일부 깊은 마당에는 석상이 하나만 놓여 있지만, 다른 곳, 특히 "깊은 마당 사원(Sunken Temple)"에는 각각 다른 시기에 다른 스타일로 새겨진 여러 석상들이 놓여 있다. 아이콘 분석 결과 그곳의 석상들은 중요한 조상들의 모습을 표현한 것인데, 이는 대규모 공동체의 연대를 집약적으로 나타내는 강력한 우상이었다.

도시 티와나쿠가 출현할 무렵 도시의 안팎으로 생산 시설이 들어섰다. 호숫가 저지대에 지면을 높인 방대한 면적의 농경지가 조성되었고, 곳에 따라 상대적으로 지대가 높고 건조한 환경에는 코차(qocha, 저수지)를 연결하여 물길의 네트워크를 건설했다.[4] 도시 안에서도 복잡한 물길 네트워크가 만들어졌고, 기념비적 건축물의 주변으로 생산 시설이 조성되었다. 몇몇 물길과 도시 주변을 두르는 운하를 건설하여 도시는 고립된 중심지가 되었다.[5] 앨런 콜라타(Alan Kolata)는 이러한 운하가 해자(垓子)의 역할을 해서 도시의 중심지를 성스러운 장소로 만들었다고 주장했다. 운하와 물길 네트워크는 생산성을 높이는 역할도 했다. 몰로 콘투(Mollo Kontu)는 물길 네트워크에 연결된 한 구역인데, 거대한 코차(저수지)들이 네트워크로 연결되어 도시 안에서 농경과 목축에 도움을 주었다. 도시는 생산의 모범이었고 물이 유명했다. 도시 티와나쿠의 성격은 말하자면 도시-시골 혹은 도시-자연 같은 이항 대립이 아니라 서구적 실용주의였다.

도시와 이웃한 시설이 몇 군데 있었는데, 각각은 담장을 두른 몇몇 건물들로 구성되었다. 각각의 시설에는 하나 혹은 그 이상의 주거용 건물이 포함되어 있었다. 이를 고고학적으로 분석한 결과 하나 혹은 그 이상의 주택 공간이었고, 그에 부속되는 활동 공간들도 포함되어 있었다.[6] 이들 시설은 도시 티와나쿠 안팎의 공동체와 긴밀한 연관이 있었고, 특정 생산 활동을 하는 곳이었다. 예컨대 그중 하나의 시설에서는 의례에

---

4 Alan L. Kolata, "The Agricultural Foundations of the Tiwanaku State: A View from the Heartland," *American Antiquity* 51 (1986), 748–62.
5 Kolata, "Agricultural Foundations."
6 John W. Janusek, *Identity and Power in the Ancient Andes: Tiwanaku Cities Through Time* (London: Routledge, 2004).

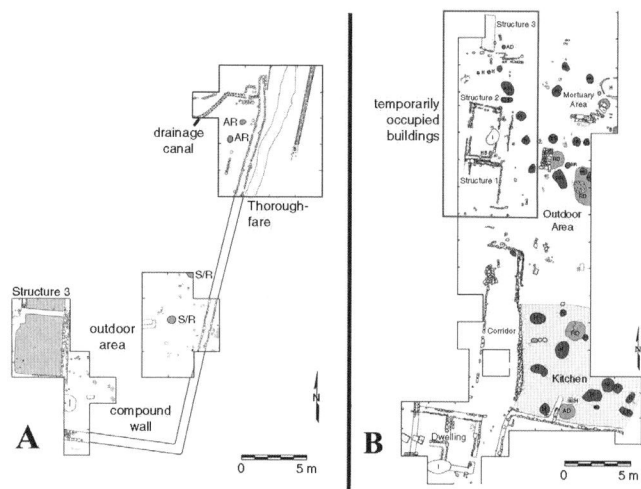

〔그림 11-3〕 티와나쿠의 주거지 발굴 약도
(A) 아카파나 동쪽 1 M. (B) 아카파나 동쪽 1.

사용되는 특정한 양식의 토기를 생산했다.

그럼에도 불구하고 "주거지"였다고 판단할 만한 시설들이 티와타쿠에서는 거의 발견되지 않았다. 앞서 언급한 시설 내 주거지의 경우도 도시 안에서 임시로 거주할 사람들을 위한 건물이었을 뿐이다(그림 11-3).[7] 오늘날에도 그렇지만 명절에 맞추어 방문하는 친인척을 위해 마련해둔 임시 거처와 마찬가지로, 시설에 부속된 주거 시설은 중요한 의례 행사가 있을 때 방문하는 가족이나 친구 혹은 사업 관계자들이 머무는 곳이었던 것 같다. 더구나 어느 시점을 기준으로 보더라도 티와나쿠 도시 주

7 Janusek, *Identity and Power*.

변부에 있는 주거용 건물의 40~50퍼센트는 방치된 상태거나 쓰레기 매립지였다.[8] 스웨덴의 고고학자 스티그 뤼덴(Stig Rydén)이 티와나쿠의 쓰레기를 검토했더니, 주로 "의례용 음식"의 잔해물이 많았다고 한다. 쓰레기 더미 중에는 "재 구덩이"가 많았다. 형태가 일정치 않은, 대개는 거대한 규모의 구덩이들에는 청회색이 뚜렷한 잿더미가 있었고, 깨진 토기, 낙타류 동물의 잔해, 석기 제조 시 발생하는 파편 등이 많았다. 일부 구덩이에서 특정 물품을 생산했던 증거가 나왔지만 대다수는 그렇지 않았다. 어디서나 이런 구덩이를 발견할 수 있다는 점에서 스티그 뤼덴은, 어느 시점을 기준으로 보더라도 티와나쿠에는 의례가 거행된 장소가 많고, 특히 함께 음식을 나누어 먹는 의례가 많았다고 해석했다.

내 생각에는 티와나쿠가 주기적으로 운영되는 "의례용 도시"였던 것 같다. 여러 지역에서 사람들이 중요한 의례 행사를 위해 이곳에 모였고, 이곳은 거대한 공동체의 중심이었다.[9] 광대한 지역에 걸쳐 곳곳에 분포하는 도시 네트워크의 중심이 티와나쿠였고, 그 네트워크가 티티카카 호수 주변 및 그 너머 지역까지 뻗어 있었다. 이외에 티와나쿠 사회 조직의 성격은 어떠했을까?[10] 특히 사회적 공간의 기원은 무엇이었을까? 노먼 요피(Norman Yoffee)가 주장했던 것처럼, 많은 초기 중심지들은 새롭게 등장하는 광범위 지역 공동체의 상징적 공간이었다.[11] 이어

---

8 John W. Janusek, "Residence and Ritual in Tiwanaku," in Linda R. Manzanilla and Claude Chapdelaine (eds.), *Domestic Life in Prehispanic Capitals* (Ann Arbor, MI: Memoirs of the Museum of Anthropology, 2009), pp. 159-80.
9 Janusek, "Residence and Ritual in Tiwanaku."
10 Edward Soja, *Postmetropolis: Critical Studies of Cities and Regions* (Oxford: Blackwell, 2005).

지는 글에서는 티와나쿠의 역사적 근거를 통해 티와나쿠가 사회, 정치, 의례가 통합되는 중심지였음을 확인해 보여주고자 한다. 내가 보기에는 물질적 측면, 공간적 측면, 아이콘적 측면에서 콘코 완카네와 티와나쿠가 합쳐졌고, 그것이 발굴층위로는 티와나카 중간 층위(Middle Horizon Tiwanaka)로 나타났다. 그곳은 의례-정치의 중심이었다.

안데스 중남부 지역의 원시-도시화

최근까지도 티와나쿠를 탄생시킨 시대에 관해서는 우리가 아는 것이 거의 없었다. 최근 10년 동안의 연구는 티와나쿠가 출현하기 바로 직전 세기의 유적에 초점이 맞추어졌다. 그 시기를 우리는 후기 형성기(Late Formative, 200 BCE~500 CE)로 보고 있다. 후기 형성기에 티티카카호 평원에서 의례-정치의 중심지들은 티와나쿠를 포함해서 모두가 뚜렷한 지역적 특성을 보였다. 이러한 패턴에서 강조되었던 것은 주기적인 사회적 회합, 경관을 바꾸는 건설 공사, 공간적 및 물질적 관행의 특정한 변형 등이었다. 이러한 패턴에 의해 특히 안데스 남부 지역의 도시화가 진행되었다.

이 지역 도시의 출현이 후기 형성기가 처음은 아니었다. 그 이전 초기에서 중기 형성기(800~200 BCE)에도 치리파(Chiripa)라고 하는 문화 복합체가 남부 평원 지역을 주도했었다. 당시 호수나 강가를 따라 형성된 정착지들이 곳곳에 펼쳐져 있었다. 기원전 400~200년경 치리파 유

---

11 Norman Yoffee, *Myths of the Archaic State: Evolution of the Earliest Cities, States, and Civilizations* (Cambridge: Cambridge University Press, 2005), p. 16.

적은 그중에서 가장 중요한 중심지였다. 치리파의 주요 사원에는 높이 솟은 플랫폼에 깊은 마당(sunken court) 구조가 포함되어 있었고, 그곳과 고리처럼 연결되는 여러 건물이 건설되었다. 그곳에서 행해진 의례 행위 관련 증거나 그 아래에 있는 무덤 등을 연구한 끝에 크리스틴 해스토프(Christine Hastorf)는 그곳을 여러 공동체의 중심이 되는 사원으로 해석했다. 치리파와 관련이 있는 여러 공동체에서 주기적으로 치리파를 방문해서 의례 혹은 공동 행사를 거행했다.[12] 치리파는 주기적 회합의 장소였던 것이다.

기원전 200년 이후 사회정치적 및 환경적 조건에 변화가 있었다. 후기 형성기 초엽(제I기, 200 BCE~250 CE), 여러 새로운 중심지가 남부 평원 지역에서 출현했는데, 각각에서 서로 다른 유형의 의례가 거행되었다. 예를 들면 타라코반도(Taraco Peninsula)에 있는 칼라 우유니(Kala Uyuni), 티와나쿠강 유역에 있는 카야마르카(Kallamarka)와 티와나쿠, 그리고 데사과데로(Desaguadero)강 상류 평원에 있는 콘코 완카네(Khonkho Wankane) 등이었다(지도 11-1). 몇몇 중심지의 의례용 건물에는 작은 규모의 방들(예컨대 칼라 우유니 유적)을 비롯하여 깊은 마당, 개방된 대규모 광장(예컨대 콘코 완카네 유적, 티와나쿠 유적) 등이 포함되어 있었다.

이어지는 글에서는 콘코 완카네 유적과 티와나쿠 유적에 논의의 초점을 맞추어보도록 하겠다.

---

12 Christine A. Hastorf, "Community with the Ancestors: Ceremonies and Social Memory in the Middle Formative at Chiripa," *Journal of Anthropological Archaeology* 22 (2003), 305-32.

다중 중심 세계 속 콘코 완카네

콘코 완카네는 고지대(해발 3900미터)에 자리 잡고 있는데, 비교적 건조 지대로 티티카카 호수 평원의 남쪽 끄트머리에 해당한다. 그 지역은 안데스 고원에서도 특히 험준한 곳이다. 그래서 집약 농업보다는 라마나 알파카 같은 사육종 낙타과 동물의 목축에 적합한 환경이다. 그곳에 남아 있는 유적으로는 (1) 코차(qocha)가 곳곳에 있어서 낙농업에 사용되었으며, (2) 콘코에서 낙타과 동물의 잔해가 특히 빈번히 발굴되었고, (3) 유적에 남아 있는 석각 도상 중 낙타과 동물 모양이 많은 편이었다.

콘코 완카네는 후기 형성기에 의례-정치의 중심지로 번성했다. 그곳은 마차카 평원(Machaca Plain)에 속하는 일부 구역인데, 킴사차타산맥 바로 아래에 위치하는 평원이다(지도 11-1). 콘코 완카네의 핵심에는 두 곳의 인공 언덕이 있는데, 완카네(Wankane)와 푸투니(Putuni)가 그것이다. 그리고 그 주변을 둘러 몇몇 작은 언덕이 있다. 인공 언덕은 애초 자연적으로 형성된 바위 언덕 위에 인공적으로 플랫폼을 조성하여 만든 것이었다. 이는 거대한 건축 공사의 일환이었고, 전체 공사 중에서 완카네가 가장 중요한 기념비적 플랫폼이었다.

콘코 완카네를 건축하려면 토목 공사가 전제되어야 했고 건축물들 간의 조율도 필요했다. 플랫폼을 건설하기 위해 정교한 토목 공사가 이루어졌는데, 목적은 빗물의 배수가 즉시 이루어지는 동시에 물길의 유입을 막아서 인공 언덕이 침식되지 않도록 하는 것이었다(이를 위하여 바닥층 아래에 진흙 지층을 교차하여 쌓았다). 정교하게 건축된 의례-주거용 건물들이 플랫폼을 떠받치고 있었다. 복합 건축물의 중심에는 드넓은 광장(Main Plaza)이 있어서 많은 인원이 모일 수 있었다. 작은 규모의 깊은 마당 사원이 플랫폼의 남서쪽에 위치하는데, 그곳은 의례를 거행하는 내밀한 공간이었다. 그것과 맞닿아서 의례-주거용 복합 건물이 복합 건물의 동쪽과 남동쪽 경계를 이루고 있다(그림 11-4).

두 개의 핵심 플랫폼 건설을 통해 주변 경관 전체가 인공적인 풍경으로 바뀌었다. 주변으로 진흙을 깊이 파내어서 넓은 습지가 만들어졌고, 근처에 있는 킴사차타 언덕의 두 개의 샘에서 나온 물이 습지로 흘러들었다. 게다가 플랫폼 주변을 에워싸고 있는 습지는 의례 복합 건물에서 수행하는 활동에도 도움이 되었다. 플랫폼 구조물에서 빠져나간 물은 복합 건물의 중앙 광장으로 모인 다음 거대한 지하 운하를 통해 인공 언덕 밖으로 배출되어 습지로 흘러 들어갔다. 습지는 낙타과 동물의 목축에 도움이 되었다. 콘코 완카네에는 생산적 구조와 물이 풍부한 환경이 조성되어 있었으며, 이는 이후 건설된 티와나쿠에서도 마찬가지였다. 인공 언덕의 주변을 에워싼 인공 습지가, 나중에 티와나쿠에서 중심지 주변을 두르는 운하를 건설하는 데 영감을 주었을지도 모른다.

콘코 완카네는 대개 정기적으로 그 지역 사람들이 모이던 곳이었다. 완카네 인공 언덕을 깊이 발굴한 결과 초기의 아주 얇은 주거 지층이 나왔는데, 시기는 기원후 1~100년이었다. 푸투니 유적을 발굴한 결과, 푸투니 전체에 걸쳐 같은 시간대에 사람들이 머물렀고, 짧은 기간 머문 흔적들이 층층이 중첩되어 있었으며, 각각의 퇴적층위는 매우 얇았다. 그와 함께 짧은 기간 사용한 화덕과 탄화된 쓰레기가 있었고, 조리에 사용된 토기 파편과 동물 잔해가 있었다. 그 뒤 두꺼운 플랫폼이 그 위에 건축되었는데, 그 이전에는 그곳이 반복해서 주기적으로 지역 사람들이

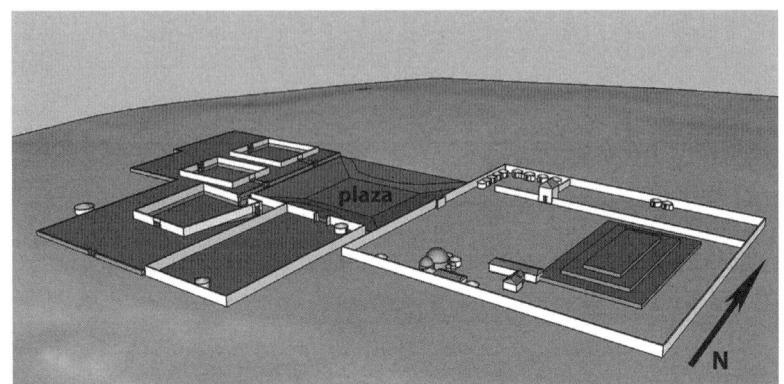

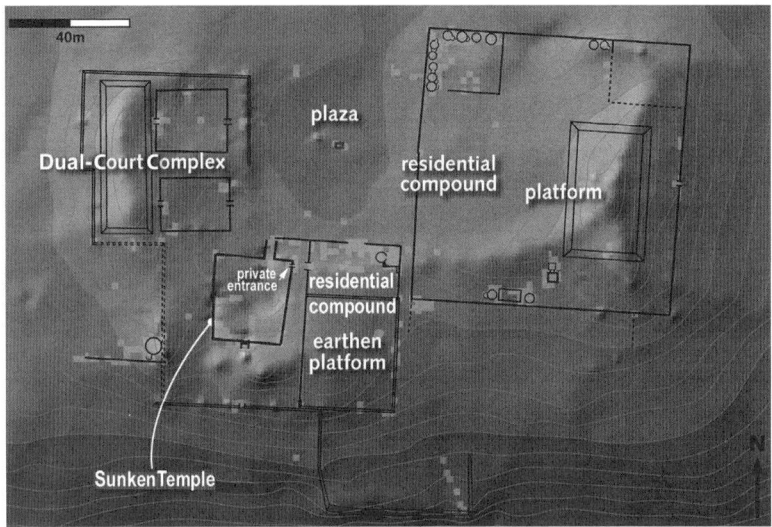

〔그림 11-4〕 콘코 완카네의 중앙 의례용 복합 건물(조감도와 평면도)

모여 회식하는 장소였던 것이다.

습지 바깥에 있는 언덕을 조사한 결과 또한 같은 맥락을 보여주었다. 그곳에서 발굴된 유물들도 후기 형성기의 것이었다. 기존의 관점으로는 여러 주거지의 이중적 네트워크가 존재했을 것으로 추정했다. 정착지별로 여러 공동체 조직이 존재했고, 각각이 초기 계급 사회 혹은 군장 사회의 형태를 띠었을 것으로 보았기 때문이다. 그러나 나중에 습지 외부의 몇몇 언덕을 조사한 결과, 한곳에서 영구적으로 정착한 흔적이 전혀 나타나지 않았다. 주거 관련 흔적들은 층위가 매우 얇았고, 자연현상(비, 바람)과 인간 행위(농목축)를 통해 수축된 결과로 보였다. 다시 말해서 습지 외부의 언덕에 인간이 거주한 흔적은, 습지 안쪽의 플랫폼 아래 완카네와 푸투니에서 발굴된 유적들과 마찬가지로 일시적이고 주기적으로 머문 흔적으로 확인되었다. 완카네와 푸투니의 초기 흔적들처럼 습지 외부 언덕에서도 임시 거주 캠프가 반복적으로 설치되었던 것이다.

이와 같은 발견을 통해 콘코에 관한 우리의 이해도 바뀌게 되었다. 콘코 지역의 정착과 사회정치적 특성에 관한 이해가 달라진다면, 티와나쿠 도시화의 기원에 대한 가설도 달라질 것이다. 이 지역에서는 주기적 이동의 흔적이 뚜렷하게 드러났다. 콘코는 나중에 건설될 티와나쿠에 영향을 미친 것이 사실이지만, 콘코와 관련된 모든 사람 혹은 콘코 건설 프로젝트에 참여한 사람들, 그 중심지에서 거행된 반복적 의례에 참여한 모두가 곧 티와나쿠를 건설한 사람들은 아니었다. 오히려 대부분은 그렇지 않았다. 사람들은 주기적으로 콘코에 왔고, 아마도 계절이나 연중 의례 주기에 따라 이동했을 것이다. 초기에는 중심부 언덕에서 잠시 머물렀고, 나중에는 습지 주변의 언덕에서 머물렀던 것 같다. 콘코는 지역 내 여러 중심지 중 하나였다. 여러 공동체를 아우르는 하나의 중심지가 아니라 동시에 여러 중심지를 포함하고 있는 거대 공동체의 중심지 가운데 하나였을 뿐이다. 즉 콘코는 티티카카 호수 평원의 남부 지역에 존재했던, 서로 연결된 여러 중심지의 네트워크에 위치한 하나의 중심지였다.

후기 형성기에 이동성이 분명히 확인되었다는 사실은 콘코와 연결된 여러 공동체 사이에 어느 정도 지역적 조정이 이루어졌음을 의미한다. 아마도 각각의 중심지에서는 저마다 특정한 시기에 의례가 거행되었을 것이다. 의례는 시간적 주기에 따라 순환 반복되었고, 의례는 곧 공동체의 사회·경제·정치 활동의 중심으로 기능했을 것이다. 티티카카 호수 평원 남부 지역에서는 중심지들 사이에 이동성이 강한 네트워크가 형성되어 있었다. 이러한 네트워크가 이후 세대에 이르러 티와나쿠라고 하는 중심 도시를 형성하게 된 배경이 되었다.

티와나쿠와 콘코 완카네: 후기 형성기의 쌍둥이 도시

킴사차타산맥을 기준으로 콘코 완카네의 건너편에 위치하는 티와나쿠는 후기 형성기의 중요한 중심지였다. 후기 형성기 관련 연구 중에서 티와나쿠 연구는 거의 없었다. 대부분의 초기 정착 흔적들이 고고학적 시기 구분으로 중간 층위(Middle Horizon)에 해당하는 때 땅에 묻히거나 파괴되었기 때문이다. 후기 형성기의 정착지에 대해서는 더더욱 알려진 바가 없다. 다만 티와나쿠가 상당수 소규모 유적지들로 구성되어 있다는 정도만 알려졌을 뿐이다.[13] 티와나쿠가 혹 콘코의 습지 주변 언덕과 마찬가지로 일시적 캠프가 있었던 자리였는지는 알 수 없다. 이는 추후 연구를 통해 밝혀야 할 과제다. 다만 티와나쿠 내부 및 주변을 연구한 결과에 따르면, 후기 형성기의 티와나쿠는 콘코 완카네와 같은 시기에 활발한 의례의 중심지로 기능한 것으로 나타났다.

콘코 완카네와 티와나쿠의 공통점은 분명히 확인되었다. 첫째, 티와나쿠에서 가장 오래된 의례 공간으로 알려진 깊은 마당 사원(Sunken Temple)은 규모, 형태, 방향 면에서 콘코의 그것과 비슷했다. 양쪽 유적에서 모두 깊은 마당의 남쪽 벽에 주 출입구 계단이 있었다. 그래서 남북 방향의 중심축이 만들어졌고, 시선이 남쪽을 향하게 했다. 깊은 마당 구조 사원의 주 출입구는 벽 가운데 부분을 파서 만든 것으로(사원 안에서 그 부분을 통해 밖을 내다볼 수 있었다. – 옮긴이) 콘코의 사원 안에서는 사하마산(Mount Sajama)이 보였고, 티와나쿠에서는 킴사차타산(Mount Kimsachata)이 보였다. 건물의 방향이 같았으므로, 건물 안에서 밤하늘을 관찰한다면 아마도 같은 장면이 보였을 것이다. 각각의 깊은 마당은 비교적 내밀한 공간이었고, 그와 연결되는 거대한 광장에서는 대규모 회합과 행사를 거행할 수 있었다.

둘째, 양식적으로 비슷한 형태의 단일 암석 조각상이 의례의 중심에 놓여 있었다. 이는 후기 형성기의 양쪽 도시에서 모두 마찬가지였다. 이 두 곳의 조각상은 티티카카 호수 평원에 있었던 다른 중심지들과 달랐다. 알려진 바로 이러한 조각상은 콘코에서 네 개, 티와나쿠에서 네 개가

---

13 Juan V. Albarracin-Jordan, *Tiwanaku: Arqueologia Regional y Dinamica Segmentaria* (La Paz: Plural, 2006).

남아 있었다. 밝은 붉은색의 사암(沙岩)을 깎아 만든 것으로, 인간의 형상을 하고 있었다. 인상적인 얼굴(조상 가운데 신화적 인물로 추정)에 팔을 가슴에 올려둔 모양이었다. 대부분은 원래 자리에서 벗어나 발견되었지만, 원래 있던 자리에서 발견된 것도 세 개가 있었다. 그 자리는 깊은 마당 구조와 광장 구조에서 각각 핵심 의례 공간에 위치했다.

가장 인상적인 부분은, 킴사차타산맥 양쪽에 있었던 건축물의 구조가 같았다는 사실이다. 콘코 완카네로 흘러든 물줄기의 원천은 킴사차타산맥이었다. 티와나쿠 또한 여기서 지하수면으로 이어지는 물을 이용해 유지될 수 있었다. 양쪽의 사원 건축과 조상신 조각상에 사용된 붉은색 사암도 킴사차타산맥에서 나온 것이었다.[14] 하나의 산맥이 두 개의 도시에 생명력을 부여하는 원천이었다. 조각상 가운데 산을 의인화하여 표현한 것도 있었다(아래 논의 참조). 무엇보다도 양쪽의 도시 위치가 킴사차타산맥의 양쪽 기슭에서 남북 축선으로 거의 일치했다는 사실이 주목할 만하다.[15] 양쪽의 깊은 마당 사원의 경도가 같았다(68° 40' 21", ± 1"). 그래서 그들 성소(聖所) 내부의 중심축이 지리적 남북 축선과 일치했다.

---

14 John W. Janusek, "The Changing 'Nature' of Tiwanaku Religion and the Rise of an Andean State," *World Archaeology* 38 (2006), 469–92; and Carlos Ponce Sanginés, Arturo Castaños Echazu, W. Avila Salinas, and Fernando Urquidi Barrau, *Procedencia de las areniscas utilizadas en el Templo Precolombino de Pumapunku* (La Paz: Academia Nacional de Ciencias de Bolivia, 1971).
15 Leonardo Benitez, "Mountains, Sunken Courts, and Dark Cloud Constellations: Archaeoastronomy at Khonkho Wankane and Tiwanaku," paper presented at the 72nd Annual meeting of the Society for American Archaeology, Austin, Texas, 2007.

콘코와 티와나쿠는 후기 형성기의 상당 기간 동안 짝을 이루는 중심지였다. 이처럼 짝을 이루는 구조는 티와나쿠 도시 구조와 도시 분포의 핵심 요소 중 하나였다. 그러나 후기 형성기 제II기인 기원후 300~500년에 이르러 짝을 이루는 구조에 변화가 생기기 시작했다.

안데스 중남부 지역의 떠오르는 도시 티와나쿠

티와나쿠에서 도시가 출현한 것은 도시 내부의 공간, 사용된 재료, 도상의 결정적 변화 등을 통해 알 수 있다. 이러한 변화는 지상의 풍경 및 천상(천체)의 주기와 인간의 관계를 새로 규정했다. 이는 의심할 나위 없이 새로운 통치 아래 이루어진 일이었다. 콘코에서는 두 개의 마당을 포함하는 복합 건물이 초기 중앙 광장의 서쪽 편에 새로 건설되었다(그림 11-4). 초기의 깊은 마당 사원은 당시 이미 폐허가 된 상태였으며, 이와 완전히 구별되는 새로운 중심축(시선과 이동의 축)이 동-서 방향으로 만들어졌다. 티와나쿠에서는(그림 11-2) 칼라사사야(Kalasasaya)가 건설되었는데, 초기의 깊은 마당 사원 및 그와 맞닿아 있는 광장의 서쪽 편이었다. 콘코에서 새로 건설된 이중 마당 복합 건물과 마찬가지로 칼라사사야 또한 시선과 이동의 방향이 동-서 방향을 중심축으로 구성되었다. 후기 형성기 제II기가 끝나갈 무렵, 칼라사사야에는 거대 암석으로 포장된 거대한 플랫폼이 건설되었다. 이는 티와나쿠가 가장 중요한 중심지로 부상하게 된 결정적 변화를 가져왔다.

티와나쿠에서 공간의 변화

후기 형성기 제II기의 후반기에 칼라사사야 플랫폼은 더욱 확장되

〔그림 11-5〕 칼라사사야, 서측 발코니 벽의 위치(좌로부터 하지, 춘분·추분, 동지)

었다(그림 11-5). 플랫폼의 확장으로 기존의 벽이 증축되었다. 대부분 사암(沙岩)을 거칠게 다듬은 자재를 썼다. 또한 서쪽에 "발코니 벽"을 설치했는데, 정교하게 다듬어진 안산암(安山岩, andesite)으로 만든 11개의 기둥이 발코니를 떠받치고 있었다. 알려진 바로 이 벽은 천체를 관찰하는 도구로 사용되었다. 중앙의 플랫폼은 동쪽으로 약 58미터 나아가 있다. 저녁때 플랫폼 위에 서서 벽을 바라보면, 당시(고고학적으로 중간 층위에 해당하는 시기) 사람들은 서쪽 지평선으로 넘어가는 석양을 볼 수 있었다. 플랫폼에서 바라보면 1년 중 주요 절기에 해당하는 시기에 태양이 하나의 기둥과 일치하는 방향으로 넘어가도록 구성되어 있었다. 양쪽 끝에 있는 기둥은 각각 동지(冬至)와 하지(夏至)에 대응되었다. 북쪽 기둥은 남반구 동지와 일치했고, 남쪽 기둥은 남반구 하지와 일치했다.[16] 가까이에 유명한 태양의 문(Solar Portal)이 서 있었다. 태양의 문에 새겨진 아이콘들은 칼라사사야 발코니 기둥들이 나타내는 절기와 대응되는 그림들이었다. 태양의 문 가장 아래 단에는 서쪽 지평선으로 태양이 넘어가는 11개의 지점이 표시되어 있는데, 이는 칼라사사야 기둥으로 표시되는 태양의 지점과 같았다. 문은 한때 플랫폼 위에 서 있었던 것 같은데, 그것은 석양을 관측하는 도구인 동시에 아마도 성직자들만 출입할 수 있는 제한 구역을 표시하는 문이었으며, 티와나쿠의 달력을 만드는 전문가들에게 필요한 도구로 사용되었을 것이다.

 기원후 500년 이후, 티와나쿠를 건설한 사람들은 아카파나(Akapana)

---

16 Leonardo Benitez, "Descendants of the Sun: Calendars, Myth, and the Tiwanaku State," in Young-Sanchez (ed.), *Tiwanaku*, pp. 49–82.

와 푸마푼쿠(Pumapunku)를 비롯하여 몇몇 기념비적 건축물들을 건축하기 시작했다. 기존 칼라사사야 복합 건물 가까이에 위치하는[17] 아카파나는 깊은 마당 사원 내부에서 바라보아 남쪽으로, 킴사차타산 봉우리 방향을 가로막고 서 있었다. 시선은 아카파나로 향하도록 설계되어 있었다. 아카파나는 초기의 깊은 마당 사원과 연결되어 있던 광장 위에 건설되었는데, 새로운 광장이 아카파나 서쪽의 중심 계단 앞에 새로 조성되었다. 푸마푼쿠는 티와나쿠의 서쪽 끝부분에 건축되었다. 아마도 방문객이나 외교 사절, 순례자 등이 도시로 처음 들어오는 위치가 그곳이었을 것이다. 아카파나와 푸마푼쿠는 모두 중심 계단이 서쪽으로 나 있었는데, 의례 참여자들은 그 계단을 통해 꼭대기까지 올라갈 수 있었다. 꼭대기에 오르면 일리마니산(Mount Illimani)의 인상적인 풍경이 눈에 들어온다. 동부 안데스 산계(山系)의 중심에 위치하는 빙하로 뒤덮인 봉우리 앞에 깊은 마당 구조의 성스러운 장소가 놓여 있다.

아카파나와 푸마푼쿠에는 계단식 피라미드 구조의 플랫폼이 조성되어 있다. 이는 인공적으로 만들어낸 나름대로 "완벽한" 산의 대체물이었다.[18] 즉 계단식 피라미드 형태는 자연 상태의 산을 비유적으로 표현한 것으로, 피라미드를 오르내리면서 의례를 거행하는 것은 멀리 떨어져 있는 강력한 조상신의 봉우리를 시각적으로 떠올리게 했다. 산에 있

---

17 Kolata, *Tiwanaku*; Linda Manzanilla, *Akapana: una pirámide en el centro del mundo* (Mexico City: Universidad Nacional Autónoma de México, 1992); and Alexei Vranich, "La Piramide de Akapana: reconsiderando el centro monumental de Tiwanaku," *Boletin de Arqueologia PUCP 5* (2001), 295–308.
18 Kolata, *Tiwanaku*.

는 샘에서 흘러 내려오는 활기찬 물줄기처럼 아카파나와 푸마푼쿠에도 (그리고 그 이전에 콘코 완카네에도) 정교하게 만든 배수로가 있었다. 배수로를 통해 우기에 내리는 비가 계단 아래로 흘러 내려왔다. 물의 흐름은 의례 참여자들에게 시각적으로 분명히 보였을 뿐만 아니라 그 소리도 뚜렷이 들렸다.

태양의 문 같은 석문(石門)을 통과한 의례 전문가와 참여자들은 성스러운 공간에 진입했다. 그곳은 점차 강력한 성소(聖所)로 변해갔다. 티와나쿠 시기에 핵심적 변화는 티와나쿠 그 자체에 있었다. 티와나쿠에서는 엄격한 경계가 있는 의례 공간 사이로 좁은 통로들이 나 있었다. 대부분의 통로는 좁은 방들로 연결되었는데,[19] 안으로 깊이 들어갈수록 점차 신비롭고 방향 감각을 상실하며 특이한 기운을 느끼게 설계되었다.

칼라사사야, 아카파나, 푸마푼쿠 플랫폼의 설계는 이와 같은 관문들을 포함하면서 점점 더 커져갔다. 사원들은 그 자체로 "관문"의 기능을 했다. 이를 통해 자연 속에 내재하는 강력한 영적 기운과 관계를 맺을 수 있었다. 사람들은 그 기운을 티와나쿠로 끌어들이고자 했다. 의례를 거행할 때 사원을 거쳐 이동함으로써(즉 계단을 거쳐 사원으로 들어가 장엄한 산봉우리를 바라보고, 단일 암석으로 만든 석문을 통과하며 신성한 경험을 강조하고, 옛날의 깊은 마당 사원을 본떠 만든 내밀한 성소에서 의례를 거

---

19 Jean-Pierre Protzen and Stella Nair, "The Gateways of Tiwanaku: Symbols or Passages?", in Helaine Silverman and William H. Isbell (eds.), *Andean Archaeology II: Art, Landscape, and Society* (New York: Kluwer Academic, 2002), pp. 189-223.

행함으로써) 핵심적 의례 경험이 축적되었다. 이곳의 사원은 드넓은 대지 위에 마치 산맥처럼 펼쳐져 땅과 하늘의 기운을 하나로 모으는 곳이었다.

티와나쿠 건축 재료의 변화: 사암과 안산암

석재를 이용한 기념비적 건축물들은 자연으로부터 그 재료를 가져왔을 뿐만 아니라 자연의 성스러운 기운도 가져오는 것으로 이해되었다. 돌로 광장을 포장하고 계단과 도로를 만들면, 의례용 복합 건물은 영원히 지속되는 하나의 존재가 되었다. 거대한 석재는 근처 산에서 채석한 것이었다. 이는 상징적으로 돌에 담긴 자연이 사원 안으로 순화되어 들어온 것이었다. 사람들이 원한 것은 바로 그 자연의 내재적 생산성이었다. 사원은 단순히 겉모습만 산 모양을 본뜬 것이 아니라 산에서 채취한 석재를 직접 사원 건축에 이용함으로써 사원 자체에 산이 구현되도록 했다. 석재가 사원의 성스러운 성격을 더함으로써 티와나쿠의 건축가들은 솟아나는 땅의 기운을 포착하고자 했다. 그러나 석재를 채취하고, 문양을 새기고, 조각하는 과정에는 기념비적 건축물들마다 상당히 달라지는 변화가 있었다. 가장 주목할 만한 변화는 석재의 변화였다. 즉 퇴적암인 사암(沙岩)에서 화산암인 안산암(安山岩)으로 바뀐 것이다. 티와나쿠 전성기에는 이들 두 종류의 석재가 모두 사용되었다.[20]

후기 형성기에 건설된 콘코 완카네와 티와나쿠의 기념비적 건축물에는 붉은색 사암을 위주로 하고 일부 다른 종류의 암석들도 사용되었

---

20 Janusek, "The Changing 'Nature' of Tiwanaku."

다. 깊은 마당 구조의 초기 사원이 전형적 사례였다. 건축 구조물과 그 내부의 단일 암석 인물상들은 대체로 사암으로 만들어진 것이었다. 붉은색 사암은 킴사차타산맥에서 채취한 것이었다. 콘코와 티와나쿠 사이를 가로지르는 킴사차타산맥은 현장에서 그리 멀지 않은 곳에 위치했다. 산에서 볼 수 있는 기본적 암석이 붉은색이기도 하지만, 동시에 사암의 붉은색은 핏빛을 떠올리게 했다. 라마와 인간에게 생명을 불어넣는 액체와 같은 붉은색이었다. 또한 후기 형성기의 의례용 그릇들은 대체로 붉은색으로 장식되었다. 거듭되는 회식에서 발효 음료와 음식을 담아내는 그릇이 모두 이러한 재질로 되어 있었다.

기원후 500년 이후 티와나쿠에서는 거대한 안산암을 채석하여 기둥, 석문, 석상을 만들었으며 거기에 우아한 조각이 더해졌다. 안산암을 채석하고 다듬는 일은 완전히 새로운 기술을 필요로 했다. 안산암은 티티카카 호수 남부를 가로질러 멀리서 채석해 가져와야 했다. 대개는 티와나쿠 서쪽에 있는 화산인 카피아산(Mount Ccapia) 자락에서 채석했다. 칼라사사야의 서쪽 발코니와 석문도 카피아산에서 채석한 안산암으로 만든 초기 건축물이었다. 이 건축물은 당시 태양의 관찰이 얼마나 중요했는지를 알려주는 결정적 유적이지만, 동시에 티와나쿠의 기념비적 건축물에서 화산암(즉 안산암)이 갈수록 중요해졌음을 보여주는 주요 사례에 해당한다. 칼라사사야에서 동쪽 문을 통해 바라보면 카피아산이 분명하게 시선에 포착되는데, 그곳이 바로 서쪽 발코니를 지탱하는 거대한 기둥들의 원석을 채취한 곳이었다.

안산암의 청회색은 티티카카 호수의 색이었다. 호수에서 가까운 화산에 안산암 채석장이 있었다. "티티-카카"란 회색 털을 가진 그 지역의 야생 산고양이를 의미하는데, 산고양이는 티와나쿠의 술잔 유물에 흔히 등장하는 동물 모티프다. 사암이 그 지역에서 흔히 볼 수 있는 퇴적층의 바닥이라면, 안산암은 비교적 멀리 떨어져 있는 화산암이며 생명의 보조 수단인 티티카카 호수의 물을 떠올리게 하는 색이다. 티와나쿠 시기에 광대한 호숫가의 충적 평야는 인공적인 풍경으로 바뀌었다. 주로는 바닥 지면을 높이는 형태로 농지가 조성되었는데, 호수면의 높이는 농지 조성에 결정적으로 민감한 요소였다. 이런 점을 감안하고 생각해보면, 안산암은 티와나쿠의 새로운 정치적 지평과 생산성을 떠올리게 하는 역할을 했을 것이다.

단일 암석 석재와 단일 암석 조각상

연달아 이어진 좁은 통로를 지나 행사 참여자들이 미로 같은 공간을 빠져나가면 마침내 사원 복합 건물의 중심부에 도착하는데, 콘코와 티와나쿠 모두 그 중심에 석상이 놓여 있었다. 석상은 티와나쿠에서 진행되는 도시화의 내부적 과정을 담고 있는 유물이었다(그림 11-6). 산의 채석장에서 캐 온 돌을 가지고 인간의 형태로 조각한 석상은 티와나쿠에서 볼 수 있는 핵심적 장면 중 하나였다. 후기 형성기 단일 암석 인물상은 신화적 조상이나 살아 있는 대리인을 나타내는 것이었다(그림 11-6 A). 인물상의 팔 동작이 독특했는데, 한 팔이 다른 팔 위에 겹쳐져 가슴에 놓여 있었다. 몸통은 지상의 동물 형상으로 꾸며졌다. 북아메리카 원주민 사회에서 토템상(totem pole)이 그러했듯 인물상도 그 자체로 하나의 "인격"이었다. 인물상은 정해진 신체적 형태, 동작, 아이콘으로 표현되어 집단적으로 조상신들로 인식하게끔 만들어졌다. 그러므로

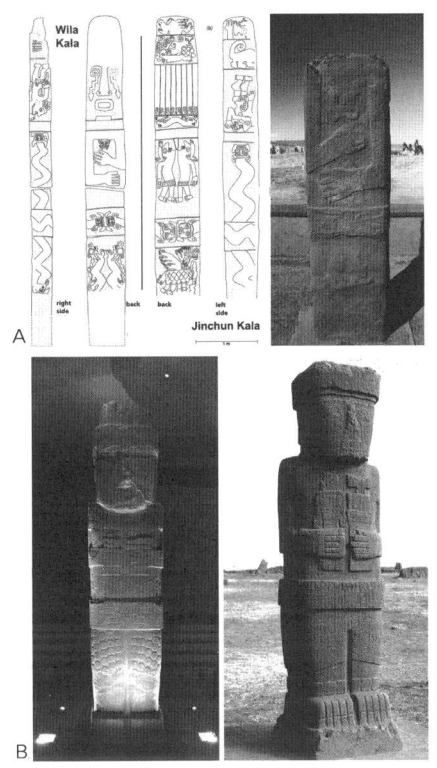

[그림 11-6] 단일 암체 석상
(A) 형성기 후기의 석상 3개. (B) 티와나쿠를 대표하는 석상 2개.

인물상이 단순히 과거의 어떤 인물 혹은 동작을 그대로 표현한 것은 아니었다. 이상화된 인물상과 의례화된 태도는 살아 있는 사람들이 삶 속에서, 그리고 사후에 추구하는 바를 나타낸 것이었다. 게다가 인물상은 조상신격만 나타내는 것도 아니었다. 킴사차타산맥의 채석장에서 캐 온 사암으로 만든 인물상은 콘코와 티와나쿠에서 공통적으로 신봉하던 강력한 자연신이 인간의 형상을 하고 나타난 것이었다.

　인물상은 초기 티와나쿠 시기에 주기적 의례의 중심에 놓여 있었다. 그러나 인물상의 형태, 동작, 아이콘, 전반적 의미 등은 이후 극적 변화의 과정을 거쳤다(그림 11-6 B). 사치 금지령 같은 것이 있었는지는 모르겠지만, 대규모 인물상은 티와나쿠에서만 만들어졌다. 상당수는 화산암의 일종인 안산암으로 만들어졌다. 이런 현상은 티와나쿠에서 카피아 산의 안산암 채석장을 독점했기 때문에 빚어진 일인지도 모른다. 두 팔을 겹치는 모양에 있어서 각각의 인물상은 이제 두 가지 의미를 표현하게 되었다. 한 손에는 의례용 술잔을 들고 있으며, 다른 한 손에는 향정신성 약제를 빨아들이는 태블릿을 들고 있다. 이는 둘 다 사람의 생각을 바꾸어놓는 물질과 관련된 도구였다. 술과 약물은 모두 종교적 경험을 강화하는 물질이었다(하나는 공유를 위한 것이었다면, 다른 하나는 개인적인 것이라는 차이는 있었다). 내가 보기에 이것들은 티와나쿠 사람들이 이상적이라 생각하는 상호 보충적 관계의 의례를 표현한 것 같다.

　티와나쿠 시기의 단일 암석 조각상들은 그 이전의 인물상과 다른 점이 있었다. 즉 예전처럼 단순히 신격화된 조상을 표현하는 것이 아니었다. 무표정한 얼굴은 여전히 신상의 모습이지만, 몸통 장식은 정교한 천을 강조하고 있다. 특히 튜닉과 장식 허리띠, 머리쓰개는 엘리트 계층의 인물을 나타내는 것이었다. 이러한 인물들은 조상신을 표현하는 동시에 엘리트 계층의 신분을 표현한 것, 혹은 조상신격을 나타내기 위해 엘리트의 옷차림을 하고 있는 것이었다. 그리고 아이콘은 고의로 애매모호함을 강조했던 것 같다. 아이콘에 표현된 것이 사회적 신분을 나타내는 지표였다면, 반복적으로 거행되는 의례와 의례의 교훈적 속성 및 토지 생산성에 대한 지속적 강조를 통해 기원후 500년 이후 고착화된 계급적 차별에 정당성을 부여하는 것이었다.

후기 형성기의 석상과 달리 티와나쿠의 석상은 하늘을 나타내는 이미지를 표현했다. 아이콘 중에는 태양 모티프를 포함하는 머리 장식을 쓰고 포식 조류의 형상을 강조하는 새로운 양식이 등장했다. 베넷 석상(Bennett Monolithic, 티와나쿠 발굴 최대 석상 – 옮긴이)의 뒷면에 땋은 머리카락이 사방으로 뻗어 있고, 그 끝에는 새 대가리 모양이 그려져 있다. 후대의 인물상은 계단식 사원 피라미드에 서서 사방으로 빛을 발하는 머리 장식을 하고 있다. 이 인물은 동일한 태양 머리 장식을 하고 있는데, 새 대가리 머리 장식을 하고 하늘로 고개를 쳐들고 있는 시종의 형상과 양식적으로 비슷한 면이 있다.

칼라사사야의 태양의 문은 앞에서 언급했듯이 태양과 절기를 나타내는 것이다. 여기에는 부분적으로 금박이 입혀져 맞은편으로 햇빛을 반사하는 극적 효과를 나타낸다. 이는 태양의 물질적 힘을 포착하여 극대화하는 것이다. 새롭게 떠오르는 도시 중심지로서의 티와나쿠는 태양의 생산력과 반복되는 태양의 절기에 밀접히 연결되어 있었고, 천체의 전반적 양상에 주의를 기울이고 있었다. 태양의 주기를 강조함으로써 새롭게 떠오르는 지도자는 여러 의례의 주기를 조정 및 통합하는 능력을 과시하고, 다양한 사회 및 생산 공동체(어부, 농부, 목부 등)의 생산 리듬을 조율함으로써 이들을 하나로 통합할 수 있었다.[21] 이는 우주적 차원의 긴밀한 통합 전략이었다.

---

21 Janusek, *Ancient Tiwanaku*.

티와나쿠 주거지의 확장과 엘리트 계층의 분화

우주론과 의례 관행의 변화가 티와나쿠 성공의 핵심이었다. 티와나쿠의 극적 성장은 기원후 600년 이후 도시 인구 밀도의 고도화로 나타났다. 후기 형성기의 중심지는 콘코 완카네와 티와나쿠였다. 당시의 도시에는 거대했던 중심지의 건축 규모에 비해 적은 인구가 살았다. 콘코의 경우 이는 분명히 확인되는 사실이다. 그곳의 중앙 광장에서 거주하는 사람들은 의례 공간을 관리·감독하고 의례 행사를 준비하는 데 직접적으로 참여하는 인력들로 국한되었다. 티와나쿠의 경우도 사정은 비슷했던 것 같다. 적어도 후기 형성기 제II기까지는 분명히 그랬다. 양쪽 다 주기적 의례 행사에 이용된 도시였을 뿐이다.

티와나쿠의 도시 인구 성장은 후기 형성기 제II기에 시작되었다. 기념비적 건축물의 공간 및 의례 관행의 변화와 함께 도시 인구의 변화도 동시에 나타났다. 이 무렵부터 복합 건물에서 주거 구역의 경계가 무너지기 시작했고, 사람들의 주거 공간도 원형이 아니라 사각형 구조를 띠게 되었다. 주거 구역과 맞닿아 있는 건물들도 주거용으로 전용되었고, 그중 일부는 도기 그릇 생산 같은 전문화된 활동 공간으로 사용되기도 했다. 이외에도 특히 기념비적 건축물의 핵심 구역에 위치한 공간은, 티와나쿠의 사원이 갈수록 거대하고 복잡해짐에 따라 의례 행사를 지원하는 사람들이 이용하게 되었다. 후기 형성기 제II기부터 티와나쿠에서 기념비적 건축물과 주거 공간의 건축은 모두 고고학적 시기로 중간 층위(Middle Horizon)에 속하며, 티와나쿠 초기에 형성된 기존 중심축의 방향을 그대로 따랐다는 사실은 상당히 의미 있는 현상이다. 이는 지상의 지형지물을 통해 천체의 이동을 관찰하는 공간 구성과 밀접한 관계가 있었다.

    티와나쿠가 고고학적으로 안데스 지역 중간 층위에 해당하는 시기에 중심지로 부상하면서 티와나쿠의 사회정치적 위계질서는 더욱 확고해졌다. 후기 형성기의 중심지 콘코와 티와나쿠의 지위는 핵심 의례 공간이 위치한다는 사실, 그리고 그곳에 조상들의 조각상이 설치되어 있다는 사실에 근거를 두고 있었다. 다시 말해 도시의 지위는 공간과 유물에 의해 좌우되는 것이었다. 티와나쿠가 중심적 지위를 더해갈 때도 도시의 지위는 변함없이 기념비적 건축물과 관련된 공간과 유물에 연결되어 있었다. 엘리트 계층의 활동은 푸투니 부근, 그리고 칼라사사야와 아카파나 플랫폼 꼭대기에서 이루어졌다. 푸투니 근처에 있는 사람들의 매장지에서는 정교한 토기 그릇과 호화롭게 장식된 귀중품이 발견되었다. 해안의 조개껍데기, 방소다석(sodalite), 은, 금 등으로 만든 유물이었다. 칼라사사야 발굴을 통해 공작석(malachite) 및 남동석(azurite)과 함께 금박을 입힌 왕관이 발견되었다. 이와 같이 티와나쿠의 규모가 확장되고 도시로서의 지위가 향상된 것은 기본적으로 기념비적 의례 공간의 장소 및 의례 관행과 관련이 있었다. 그 중심에서 엘리트 계층의 "분화"는 더욱 뚜렷해졌다.

    콘코 완카네는 어떻게 되었을까? 만약 후기 형성기에 콘코와 티와나쿠가 밀접하게 연결되어 있었다면, 기원후 500년경에 이르러 그곳의 기념비적 건축물들이 방치된 사실을 이해하기가 어렵다. 내가 보기에 이들 두 중심지는 항상 경쟁 관계에 놓여 있었고, 최종적으로 승패가 불가피했다. 그러나 콘코에서 폭력과 파괴의 흔적은 전혀 발견되지 않았다. 오히려 양식적으로 최후기의 석상이 콘코의 중앙 광장에 수 세기 동안 서 있었다. 세월에 따라 무너지고 침식되기는 했지만 콘코의 광장 유적은 오늘날에도 그 지역에서 가장 강력한 위세를 느낄 수 있는 곳이다. 생각해볼 여지가 없지 않지만, 내가 보기에 콘코의 주민은 상당수가 티와나쿠로 이주했던 것 같다. 정치적으로 티와나쿠의 통합 전략은 이주 가설과 더 잘 맞아떨어진다. 콘코의 원주민이 티와나쿠로 이주했고, 그들이 자리 잡은 곳에서 푸마푼쿠 캠퍼스(Pumapunku campus)가 조성되었을 가능성도 없지 않다. 실제로 최근의 발굴 결과에 의하면 푸마푼쿠는 후기 형성기 제Ⅱ기부터 사람이 살기 시작했다고 하는데, 콘코가 방치된 것도 이 무렵이었다.

티와나쿠 안에서 아카파나와 푸마푼쿠가 쌍을 이루는 의례 건축물이라는 주장이 있었다(Kolata and Ponce).[22] 콘코와 티와나쿠 사이의 역사적 관계는 이와 같은 가설을 뒷받침해준다. 킴사차타산맥을 사이에 두고 후기 형성기에 강력한 중심을 형성한 초기 두 도시의 관계는, 티와나쿠에서 쌍을 이루는 관계로 재건되었을 가능성이 있다는 것이 나의 가설이다. 이는 새롭게 부상하는 도시 티와나쿠에서 정치적 중심지를 쌍으로 구성하는 전통적 미학이 재탄생했을 수도 있다. 나의 가설이 명확히 해명되려면 아직은 미래의 연구 결과를 기다려봐야 할 것이다.

결론

도시 티와나쿠는 티티카카 호수 남부 평원에서 오래고 복잡한 역사

---

22 Alan L. Kolata and Carlos Ponce Sanginés, *Tiwanaku: The City at the Center*, in *The Ancient Americas: Art from Sacred Landscapes*, R. F. Townsend (ed.) (Chicago: Art Institute of Chicago, 2002), pp. 317-34.

적 과정을 거쳐 등장했다. 티와나쿠는 그러한 과정인 동시에 그 결과물이었다. 티와나쿠의 기원은 후기 형성기(Late Formative) 초엽 중심지들 사이의 상호 교류 네트워크였다. 이후 킴사차타산맥을 사이에 두고 콘코 완카네와 티와나쿠가 쌍을 이루며 도시화의 중심축으로 발전하는 과정이 진행되었다. 콘코와 티와나쿠는 한 쌍을 이루는 도시로, 수 세대에 걸쳐 사회적 회합과 주기적 공동 의례의 중심지였다. 기원후 500년부터는 티와나쿠가 그 지역에서 가장 중요한 중심지로 부상했다. 이 지역에서는 언제나 곳곳에서 도시화가 진행되고 있었다. 그중에서 중심지가 쌍을 이루는 경우도 있었고 그보다 더 많은 경우도 있었지만, 어쨌든 언제나 하나 혹은 여러 곳에 중심이 형성되었다. 중요한 의례 행사가 거행될 때면 사람들이 멀리서 그곳으로 몰려들었기 때문이다. 각각의 경우 중심 건물과 정착지가 건설되었기 때문에, 그곳이 주변 지역과는 다른 중심지가 되었다.

    농목축업 생산 전략 때문에 사람들은 저마다 적절한 고도의 땅을 차지했다. 그 주체가 단순 구조의 인간 집단일 수도 있었고, 나중에는 갈수록 복잡한 사회 조직일 수도 있었다. 어쨌든 생산 전략이란 다시 말해 실용적 관점에서 세계와 관계를 맺는 것을 의미했다. 그 과정에서 땅의 기운과, 반복되는 계절적 천체 주기를 파악하는 지식이 갈수록 중요해졌다. 콘코 완카네와 티와나쿠의 정치적 권위는 동시대의 다른 도시들과 달랐다. 다른 도시들이 파편적으로 자연의 과정에 관심을 기울이는 정도였다면, 콘코와 티와나쿠의 정치권력은 인간과 곡물과 가축의 생존에 핵심이 되는 자연 과정의 일부를 해석하는 데 성공했다. 그것이 가능했던 이유는 의례 관습 덕분이었다. 그들의 의례 행위는 자연환경과 연결되어 있었고, 그래서 그들은 핵심적 자연 현상을 영적 존재로 이해했다. 그들은 인간이 접근할 수 있는, 다시 말해 인간의 제물로 영향을 미칠 수 있는 조상신의 힘을 빌리고자 했다. 자연의 힘과 인간을 연결해주는 사회적·공간적·우주적 네트워크의 중심에 스스로를 위치시키는 데 성공한 집단은 월등한 지위를 획득할 수 있었다. 기원후 500년경부터 이들은 엘리트 계층으로 대두되었으며, 이후로는 티와나쿠의 기념비적 건축물 주변에서 살았다.

안데스 남부 지역의 도시화는 지속적인 건설 프로젝트였다. 이를 통해 고도로 의례화된, 그러면서도 실용성이 깊숙이 자리 잡은 우주론이 계속해서 생산되었다. 나는 이를 정령 신앙 환경론(animistic ecology)이라 부른다. 조상신의 산, 호수와 강, 천체(별자리), 기타 안데스 지역의 자연 및 천체 환경 요소들을 그들은 마치 정령이 깃든 인물처럼 취급했다. 자연의 정령들은 스스로 후손을 자처하는 사람들을 위해 세계 속에서 이상적 활동을 펼쳤다. 티와나쿠의 계단식 사원은 미로 같은 지하의 운하와 함께 살아 있는, 인간이 생명을 부여한 산의 정령이었다. 의례 행위를 통해 사람들은 위대한 조상신의 산에게 간청했고, 그 산에서 채취한 석재로 석상을 조성했다. 고고학자들은 기념비적 건축물과 자연 암석으로 만든 인물상에 대해 자연 현상을 의미하는 상징으로 해석했다. 기념비적 건축물과 석상이 나타내는 것, 즉 압축 모형을 통해 표현하고자 한 것은 자연 현상을 움직이는 작동의 주체로서의 조상신이었다.

안데스 남부 지역에서 도시의 등장은 세계적으로 도시 연구에 시사하는 바가 많다. 이곳에서 도시화의 사회 공간적 특징은, 고고도의 자연환경에서 도시가 곳곳에 흩어져 있고 동시에 정령 신앙과 연결되어 있다는 점이었다. 이는 다른 정치경제적 모델과는 전혀 다른 사례에 속했다. 정치경제적 모델에 따르자면, 과거의 도시와 정치적 집중화는 대체로 확장을 욕망하는 소수의 야망가와 그들이 암묵적으로 추구한 "부(wealth)"의 관점에서 이해되었다. 여기서 말하는 "부"는 모든 종류의 관습과 가치를 하나의 실용적 기능, 즉 이익으로 환원하는 개념이었다. 그러나 안데스 중남부 지역에서 새롭게 부상한 정치권력은 최소한 영토 확장 못지않게 중재(mediation)와 관련이 있었다. 그 이유는 워낙 복잡한 관계 때문이었다. 다양한 공동체들과 기존의 의례-정치적 중심지들 사이의 복잡한 관계가 중재를 필요로 했다. 또한 그들에게는 인간과 주변 세계 정령들의 힘을 중재할 필요가 있었다. 주기적 의례 행사를 통해 정령의 기운은 모든 인간에게 생명력을 불어넣었다.

더 읽어보기

Abercrombie, Thomas A., *Pathways of Memory and Power: Ethnography and History among an Andean People*, Madison: University of Wisconsin Press, 1998.

Albarracín-Jordán, Juan V., Carlos Lemuz Aguirre, and Jose Luis Paz Soria, "Investigaciones en Kallamarka: primer informe de prospeccion," *Textos Antropologicos* 6 (1993), 11-123.

Allen, Catherine, *The Hold Life Has: Coca and Cultural Identity in an Andean Community*, Washington, D.C.: Smithsonian Institution Press, 1986.

Couture, Nicole C., "Ritual, Monumentalism, and Residence at Mollo Kontu, Tiwanaku," in Alan L. Kolata (ed.), *Tiwanaku and Its Hinterland: Archaeology and Paleoecology of an Andean Civilization*, Washington, D.C.: Smithsonian Institution Press, 2003, Vol. ii, pp. 202-25.

Janusek, John Wayne, "El surgimiento del urbanismo en Tiwanaku y del poder politico en el altiplano andino," in Krzysztof Makowski (ed.), *Señores del Imperio del Sol*, Lima: Banco del Credito del Peru, 2010, pp. 39-56.

Janusek, John Wayne, and Victor Plaza Martinez, "Khonkho e Iruhito: tercer informe preliminar del Proyecto Arqueologico Jach'a Machaca," Research report submitted to the Bolivian Viceministerio de Cultura and the Unidad Nacional de Arqueologia, La Paz, Bolivia (2007).

_____, "Khonkho Wankane: Segundo informe preliminar del Proyecto Arqueologico Jach'a Machaca," Research report submitted to the Bolivian Viceministerio de Cultura and la Unidad Nacional de Arqueología, La Paz, Bolivia (2006).

Kolata, Alan L., "Tiwanaku Ceremonial Architecture and Urban Organization," in Alan L. Kolata (ed.), *Tiwanaku and Its Hinterland: Archaeology and Paleoecology of an Andean Civilization*, Washington, D.C.: Smithsonian Institution Press, 2003, Vol. ii, pp. 175-201.

Ohnstad, Arik T., "La escultura de piedra de Khonkho Wankane," in John W. Janusek (ed.), "Khonkho Wankane: Primer Informe Preliminar del Proyecto Arqueológico Jach'a Machaca," Research Report submitted to the Bolivian Viceministerio de Cultura and la Unidad Nacional de Arqueología, La Paz, Bolivia (2005), pp. 52-68.

Ponce Sanginés, Carlos, *Descripción sumaria del templete semisubterraneo de Tiwanaku*, La Paz: Juventud, 1990.

_____, *Tiwanaku: Espacio, Tiempo, Cultura: Ensayo de síntesis arqueológica*, La Paz: Los Amigos del Libro, 1981.

Portugal Ortíz, Max, and Maks Portugal Zamora, "Investigaciones arqueológicas en el valle de Tiwanaku," in Arqueología en Bolivia y Perú, La Paz: Instituto Nacional de Arqueología, 1975, Vol. ii, pp. 243-83.

Portugal Zamora, Maks, "Las ruinas de Jesus de Machaca," *Revista Geográfica Americana* 16 (1941), 291-300.

Posnansky, Arthur, *Tihuanacu: The Cradle of American Man*, New York: J. J. Augustin, 1945, Vols. i and ii.

Protzen, Jean-Pierre, and Stella Nair, "On Reconstructing Tiwanaku Architecture," *Journal of the Society of Architectural Historians* 59 (2000), 358-71.

Rivera Casanovas, Claudia S., "Ch'iji Jawira: A Case of Ceramic Specialization in the Tiwankau Urban Periphery," in Alan L. Kolata (ed.), *Tiwanaku and Its Hinterland: Archaeology and Paleoecology of an Andean Civilization*, Washington, D.C.: Smithsonian Institution Press, 2003, Vol. ii, pp. 296-315.

Smith, Scott Cameron, "Venerable Geographies: Spatial Dynamics, Religion, and Political Economy in the Prehistoric Lake Titicaca Basin, Bolivia" Ph.D. dissertation, University of California, Riverside, 2009.

Vranich, Alexei, "Interpreting the Meaning of Ritual Spaces: The Temple Complex of Pumapunku, Tiwanaku, Bolivia," unpublished Ph.D. dissertation, University of Pennsylvania, 1999.

CHAPTER 12

메소포타미아의 도시와 도시화 과정, 기원전 3500~1600년

제프 엠버링
Geoff Emberling

메소포타미아에는 세계에서 가장 오래된 도시 문화 유적이 있다. 메소포타미아 최초의 도시들은 기원전 3500년경부터 건설되었는데, 각각 인구 5만 명 남짓 규모였다. 그중 대부분의 도시에는 이후 3000여 년까지 사람들이 거주했다. 이처럼 오랜 역사의 도시들이 메소포타미아 문화를 형성했다.

메소포타미아의 이데올로기에 따르면 신이 통치자를 선택했으며, 그 통치자가 왕이 되어 도시를 다스렸고, 경우에 따라서는 일정한 영토를 다스리기도 했다. 기원전 2000년 직전에 작성된 수메르 왕들의 목록에 따르면, "왕은 하늘의 후예"이고, 여러 도시에 번갈아가며 주재했다. 왕들이 도시를 건설했다고 주장했으며, 혹은 그렇지 않더라도 최소한 상징적으로 중요한, 예를 들면 사원, 궁궐, 성벽, 운하 등 도시의 구성 요소를 만들었다고 일컬어졌다.

기록상의 이데올로기로는 신과 왕이 주연(심지어 유일한 등장인물)이었지만, 고고학 발굴이나 기타 기록 자료들로 볼 때 메소포타미아의 도시 공동체들은 다양한 출신, 분파, 토호 집단으로 구성되어 있었다. 다시 말해 고대 메소포타미아의 도시는 왕과 신의 이름으로 건설되었으나 노예, 노동자, 장인, 성직자, 관료, 상인, 부족 지도자, 기타 중간 계급의 정치인이 없었다면 도시가 유지될 수 없었을 것이다.

역사 및 고고학 연구가 방대한 규모로 이루어졌고, 그 결과 메소포타미아의 도시를 이해하는 출발점이 만들어졌다. 건축물을 중심으로 보자면, 메소포타미아의 도시에서 중심은 도시의 수호신을 위한 사원과 통치자를 위한 궁궐이었다. 좁은 골목길들이 도시 근교를 가로질러 뻗어 있었다. 근교에는 주택, 소규모 예배당, 장인의 작업장, 심지어 선술집 등이 밀집해 몰려 있었다. 한편 도시의 성문과 연결되는 거대한 도로도 있었다. 공동체는 거대한 도시의 성벽으로 둘러싸여 있었고, 도시의 성문이나 운하 혹은 강줄기와 연결된 항구에 시장이 있었다. 도시 설계의 일부로 열린 공간도 포함되어 있었다(《길가메시 서사시》에서 묘사하는 우루크의 도시에는 이슈타르Ishtar 신전을 따라 대추야자 숲과 흙벽돌을 만드는 진흙 채취 구덩이가 도시만큼의 공간을 차지하고 있었다). 도로와 운하는 근교와 도시 내 구역을 나누는 구분선이었으며, 도로변에는 큰 공터가 있어서 행진이나 축제 같은 대규모 행사나 의례를 거행할 수 있었다.

우리에게 익히 알려진 메소포타미아 도시의 경관이나 공동체는 여러 다른 도시들과 서로 다른 시대의 장면들이 혼합된 짜깁기일 뿐이다. 메소포타미아의 도시를 하나의 고정된 모델로 이해하면 우리의 이해와 실제 사이에 가로놓인 간극을 메우는 데 도움은 되겠지만, 왕성하고 변화무쌍했던 그들의 삶을 놓칠 수밖에 없다. 도시는 활발한 현실 속에 존재했다. 도시마다 나름대로 정치·경제·사회적 관계가 있었고, 내부의 공동체 및 주변 세계와 결부되어 있었다. 메소포타미아의 도시화를 이해하기 위해서는 이 점을 간과하면 안 될 것이다.

도시

고든 차일드(V. Gordon Childe)에 따르면, 도시란 넓은 의미에서 공동체로 규정할 수 있다. 그 공동체에 속한 가정에서는 소비 품목의 대부분을 스스로 생산하지 않는다는 특징이 있었다. 도시를 최소 인구 규모나 밀도로 특정하기란 쉽지 않다. 도시 중심지의 인구 규모는 지역 환경이나 교통 혹은 토지 생산성에 따라 달랐기 때문이다. 그러나 관습적으로 인구와 생산성의 정도가 어느 단계를 넘어선 다음부터는 급속도로 성장이 이루어지고, 이를 도시로 규정하는 데 모호할 것은 없다.

새로 발달하는 도시에서 일부 사람들은 전문 분야를 형성하게 된다. 농업이나 목축을 전문으로 하는 사람들도 있었고, (아마도 정치적 또는 사회적 지위에 의해) 전체를 조율하거나 통제하는 역할을 전담하는 사람들도 있었다. 또 어떤 사람들은 사용 가능한 (혹은 강제로 조달한) 잉여 생산물을 바탕으로 수공업이나 기계적 지식 및 기술을 발달시키기 시작했다.[1] 경제적 전문화와 사회적 등급의 차별은 동시에 진행되었다. 결정적 발전은 인구 집중과 분야별 전문화(혹은 등급의 차별화)였다. 이는 어떤 특징적 면모라기보다 지속적인 과정이었다. 식량 및 보급품의 공급 때문에 도시는 반드시 배후지를 필요로 했고, 주변의 시골에 변화를 초래했다.

사람들은 도시로 몰려들었다. 때로는 정치권력에 의해, 때로는 군사적 힘에 의해 이동이 강제되었고, 경제적 기회나 신체의 보호를 희망하며 이주하는 경우도 있었다. 이같이 다양한 유입에 따라 기존의 정체성

---

1 Guillermo Algaze, *Ancient Mesopotamia at the Dawn of Civilization: The Evolution of an Urban Landscape* (Chicago: The University of Chicago Press, 2008).

이 해체되는 일(예컨대 친족 관계의 붕괴[2])이 벌어졌을 뿐만 아니라 도시 안에서 새로운 공동체들이 생겨나기도 했다. 고대 도시의 질병과 영양 상태를 보건대 당시 도시민의 기대 수명이 오히려 감소했을 수도 있다. 그런데도 과연 도시의 유지를 위해 계속적으로 이주민의 유입이 필요했는지는 여전히 풀리지 않는 의문으로 남아 있다.

최초의 도시가 부상한 이후 도시 네트워크의 형성과 해체는 활발히 진행되었다.[3] 그로부터 기원전 제2천년기 중엽에 이르러 메소포타미아 지역의 정치 환경이 근본적 변화를 겪기 이전까지는 도시 네트워크 체제가 유지되었다. 도시 체제가 작동하면서 부와 정치권력이 엘리트 계층의 손에 집중되었다. 경제 부문은 갈수록 차등이 심화되었고 효율성이 높아졌다. 사람들이 도시로 들어왔다가 다시 시골로 되돌아가기도 했고, 시골의 통제는 갈수록 강화되었다. 과거의 정체성은 변형되었고 새로운 도시 정체성이 발달했다. 세기를 거듭하는 동안 도시가 만들어낸 풍경 또한 변화를 계속했다. 정치적 관행과 이데올로기가 발달했을 뿐만 아니라 그에 걸맞은 건축물도 새롭게 들어섰다.

메소포타미아, 강과 강 사이의 땅

메소포타미아 지역의 경계는 티그리스강과 유프라테스강이었다. 또

---

2 Louis Wirth, "Urbanism as a Way of Life," *American Journal of Sociology* 44 (1938), 1-24. 메소포타미아 지역의 경우, 도시 안에서 친족 집단이 사라지지는 않았다. 다만 시민은 친족의 범위를 넘어서는 사회적 정체성을 획득했다.
3 Robert McC. Adams, *Heartland of Cities: Surveys of Ancient Settlement and Land Use on the Central Floodplain of the Euphrates* (Chicago: The University of Chicago Press, 1981).

한 북쪽과 동쪽으로 산맥이 있었고, 서쪽으로는 사막이 둘러싸고 있었다(지도 12-1). 지리 및 문화적으로 메소포타미아는 세 개의 지역으로 나뉘었다. 상부 메소포타미아(Upper Mesopotamia, 혹은 al-Jazira)는 아치 모양의 언덕과 평원으로 구성되어 있는데, 터키 남동부와 시리아 북동부에서 이라크 북부까지 이어지는 지역이다. 훗날 아시리아로 알려진 이 지역에서는 별도로 관개 시설을 하지 않더라도 보리와 밀을 재배할 수 있을 만큼 충분히 비가 내렸다. 건조 밭농사 지대에 속하는 이곳에서 신아시리아 제국 시기(Neo-Assyrian period) 대규모 관개 시설이 조성되기 전까지는 도시 규모가 대략 100헥타르 이내였다.[4] 하부 메소포타미아(Lower Mesopotamia)는 이라크 남부의 충적 평야다. 초기에 이곳은 수메르와 아카드라 불렸고, 기원전 2000년 이후로는 역사학 및 고고학에서 바빌로니아라 일컫는 곳이다. 이 지역은 정기적 강우량이 매우 희박하여 관개 시설이 조성 및 유지되지 않는 한 정착이 불가능하다. 맞닿아 있는 이란 남서부의 쿠지스탄 평원(Khuzistan Plain)도 마찬가지였는데, 이곳은 고대 엘람 왕국에 속했던 곳이다. 마지막으로 이라크 남부의 변동이 심한 늪지대가 있다. 이곳은 물고기, 새, 갈대의 중요한 원천일 뿐만 아니라 정치적 망명가들의 고향이기도 했다. 메소포타미아는 전체적으로 천연자원이 부족했으나 비옥한 농토가 있었다. 상부 메소포타미아는 하부 지역에 비해 돌과 숲이 많았다. 지역 전체적으로는 산악 지대를 거친 교역에 의존했으며, 때로는 페르시아만을 통한 왕래도 있었다. 거

---

4 Tony Wilkinson, "The Structure and Dynamics of Dry-Farming States in Upper Mesopotamia," *Current Anthropology* 35 (1994), 483-520.

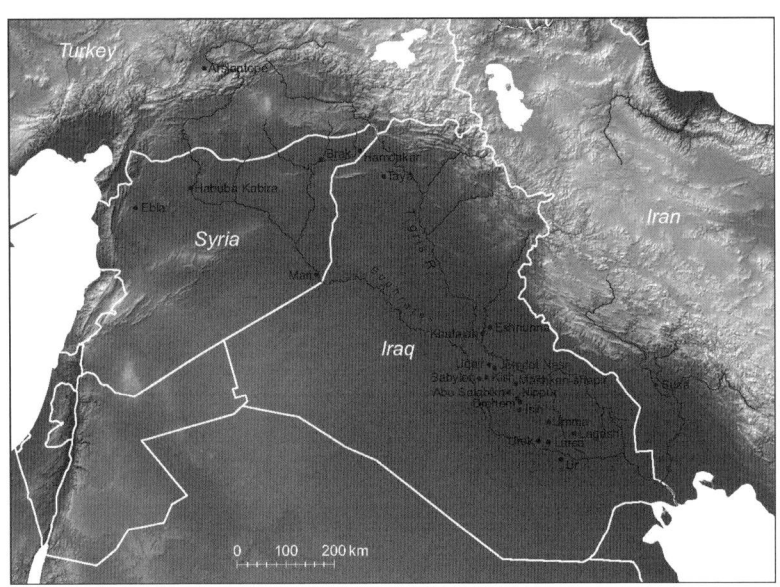

〔지도 12-1〕 중동 지역의 고대 도시들(본문에 등장하는 도시들)

래 품목은 온갖 종류의 석재, 구리, 주석, 대형 건축용 목재 등이었다. 이 외에도 금, 은, 보석 같은 귀중품도 거래가 되었다.

최초의 메소포타미아 도시들은 우루크 시기(4000~3100 BCE)에 형성되었다. 당시 상부 및 하부 메소포타미아 도시들은 문화적 전통이 서로 달랐다. 이 시대 말엽에 이르자 남부의 도시들이 확장하여 메소포타미아 지역과 그 너머까지 진출했다.[5] 당시 확장의 특성과 원인에 관해서는

---

5 Guillermo Algaze, *The Uruk World System* (Chicago: The University of Chicago Press, 1993); and Mitchell Rothman (ed.), *Uruk Mesopotamia and Its Neighbors:*

학계의 공감대가 형성되지 못했지만, 분명한 것은 일부 지역의 정치 조직은 정복을 당한 적 있었고 그 결과로 일부 지역의 인구가 심각하게 줄어들기도 했다는 점이다. 우루크 시기가 끝나갈 무렵 쐐기문자가 개발되었다(제6장 참조). 또한 갈수록 정교해지는 예술 작품들로 보아 전문 예술가 계층이 등장했으며, 새로운 이데올로기가 권위를 가졌던 것 같다.

젬데트 나스르(Jemdet Nasr) 시기(3100~2900 BCE)와 초기 왕조 시기(2900~2350 BCE)에 하부 메소포타미아에는 대체로 (최소한 글로는) 수메르어를 사용하는 사람들이 살았는데, 이들은 도시별로 나뉘어 권력을 다투었고 군사적 대립이 지속되는 가운데 짧은 시기나마 일부 지역에서 패권 세력이 수립되었다. 상부 메소포타미아에는 아카드어를 포함하여 셈어 방언을 사용하는 사람들과 기타 다른 언어를 사용하는 사람들이 함께 살았는데, 우루크의 확장 이후 도시가 심각하게 해체되었다. 그러나 신속하게 도시 재건이 이루어졌고, 기원전 2600년경부터는 하부 메소포타미아 지역으로부터 쐐기문자와 기타 여러 가지 문화적 장치들을 차용하기 시작했다.

메소포타미아 대부분의 지역은 아카드 제국(Akkadian Empire, 2350~2200 BCE)에 의해 정복되었다. 그 뒤 우르 제3제국(Ur III Empire, 2100~2000 BCE)이 하부 메소포타미아를 지배했으며, 행정 체제와 생산력을 강화했고, 동쪽으로 자그로스산맥에 이르기까지 조공을 받았다. 심지어 우르 제3제국 이전에도 아모리어(Amorite, 서셈어군)를 사용

Cross-Cultural Interactions and their Consequences in the Era of State Formation (Santa Fe, NM: School of American Research, 2002).

하는 사람들이 하부 메소포타미아 지역 도시에 정착하기 시작했다. 이후 이신-라르사(Isin – Larsa) 시기(2000~1800 BCE)와 구바빌로니아(Old Babylonian) 시기(1800~1600 BCE)를 거치며 많은 통치자들이 대를 이었는데, 스스로를 아모리족의 후예로 자처했다. 이 시기 동안 이란 남서쪽의 수사(Susa)에서 얌카드(Yamkhad, 중심지는 오늘날 알레포)에 이르기까지 여러 왕들이 정치 및 경제적 패권을 다투었다. 경쟁 관계에 놓인 왕국들 중에는 예컨대 이신(Isin), 라르사(Larsa), 바빌론(Babylon), 에슈눈나(Eshnunna), 마리(Mari) 왕국 등이 있었다. 각각의 왕국은 여러 도시를 포함하고 있었다. 또한 이 시기에 쐐기문자가 최초로 왕궁 밖에서, 사원 관련 업무가 아닌 곳에 사용되었다. 편지나 계약 문서가 작성되었고, 궁정이나 사원을 위해서뿐만 아니라 사적 거래나 개인의 신상을 위해서도 문자 기록이 사용되었다. 이 체제가 무너진 것은 바빌로니아의 카시트(Kassite) 왕조가 성립되었을 때다. 그리고 기원전 1600년 이후 미탄니(Mitanni)와 아시리아 등 대규모 영토국가들이 등장했는데, 이때는 메소포타미아 지역의 정치 환경이 현저한 변화를 맞이한 시기였다.

 메소포타미아 지역 도시의 역사를 이해하기 위한 자료는 크게 세 가지로 나뉜다. 첫째는 도시 유적의 발굴 및 표층 조사 자료다. 기념비적 건축물 유적이 많지만 그 외에도 도시나 마을 유적이 상당수 남아 있다. 예를 들면 후기 우루크의 하부바 카비라(Habuba Kabira), 초기 제3왕조의 아부 살라비크(Abu Salabikh), 제3천년기 말의 텔 타야(Tell Taya, 그림 12-1), 그리고 구바빌로니아의 우르(Ur, 그림 12-2) 등이다. 두 번째 자료는 문헌 기록이다. 10만 점 이상의 쐐기문자 태블릿 유물이 여기에 속한다. 그중 대부분은 매매를 통해 거래된 것들이기 때문에 고고학적 맥

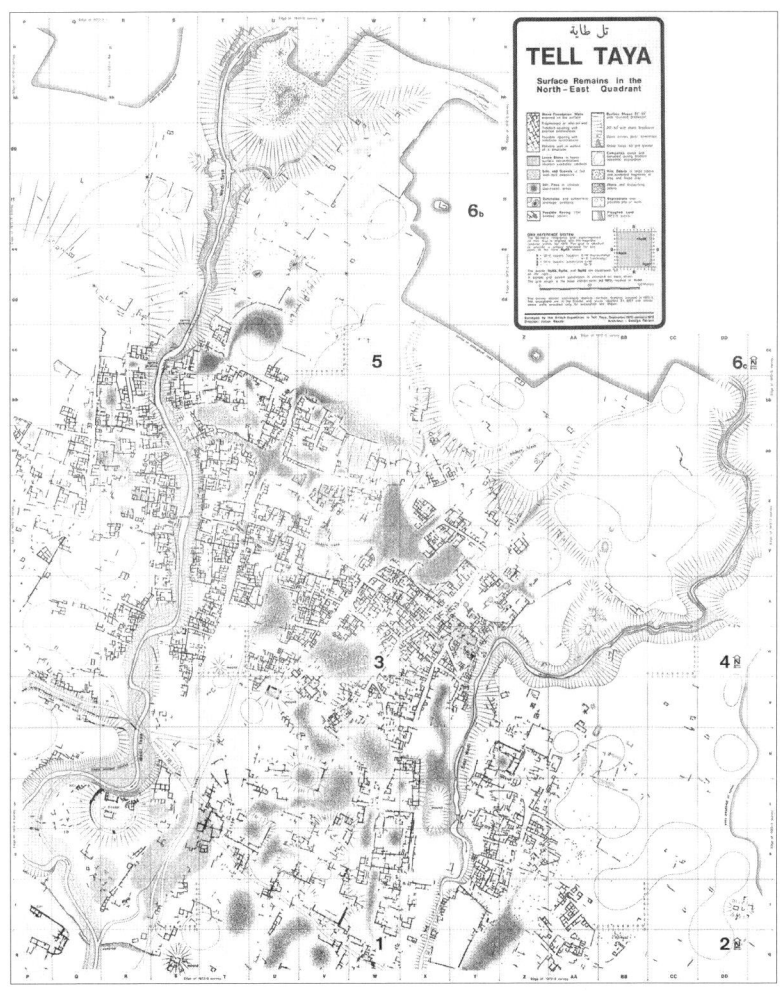

〔그림 12-1〕 텔 타야(Tell Taya) 유적 평면도, 기원전 2300년경
주택과 방사형의 도로 구성이 엿보인다.

〔그림 12-2〕 도시 우르의 구성, 기원전 1800년경

[그림 12-3] 점토판에 그려진 고대 도시 니푸르 평면도, 기원전 1300년경
쐐기문자로 정원, 운하, 유프라테스강, 도시의 성문, 사원, 엔릴(Enlil) 신을 모시는 지구라트 등의 명칭이 적혀 있다. 이 지도는 오늘날의 발굴 성과와 놀라울 정도로 일치한다.

락을 이탈한 경우가 많다. 1990년대와 2000년대 초기 이라크에서 쐐기문자 태블릿이 약탈당한 사례가 급증한 이후로 더 많은 태블릿 유물이 외부에 알려지게 되었다. 세 번째 자료는 로버트 애덤스(Robert McC. Adams) 연구팀에 의한 하부 메소포타미아 발굴 조사 및 최근의 상부 메소포타미아 발굴 조사 결과다. 예컨대 도시 니푸르(Nippur)의 약도를 그린 점토판 같은 유물(그림 12-3)을 대상으로, 유물 자료와 오늘날의 위성 사진을 비교 분석함으로써 애덤스의 발굴 성과보다 더 강력한 결과를 추출해내기도 했다.[6]

---

6 Susan Pollock, *Ancient Mesopotamia: The Eden that Never Was* (Cambridge: Cambridge University Press, 1999); Jennifer Pournelle, "KLM to CORONA: A Bird's-Eye View of Cultural Ecology and Early Mesopotamian Urbanization," in Elizabeth C. Stone (ed.), *Settlement and Society: Essays Dedicated to Robert McCormick Adams* (Chicago: The Oriental Institute of the University of Chicago, 2007), pp. 29-62; and Carrie Hritz, "Tracing Settlement Patterns and Channel Systems in Southern Mesopotamia Using Remote Sensing," *Journal of Field Archaeology* 35 (2010), 184-203.

이상 세 가지 부류의 자료들은 제각기 편향된 측면을 내포하고 있다. 과거 발굴이 기념비적 건축물이 남아 있는 지역에 초점을 맞추었기 때문에, 그리고 대부분 메소포타미아 지역 정착지들이 규모가 크고 복합적인 구조를 가지고 있었기 때문에, 우리가 알고 있는 도시의 평면은 불분명하고 시기별로 편중될 수밖에 없었다. 발굴을 통해 특정 지역 내 도시 구조의 변화를 알 수 있는 경우는 전혀 없었다. 그것을 파악하려면 훨씬 대규모의 발굴이 필요했기 때문이다. 쐐기문자 텍스트는 지식인 엘리트 계층의 시각을 담고 있었다. 초기에는 궁정 및 사원과 관련된 내용이었고, 기원전 2000년경 이후부터는 사적 내용을 담고 있었지만 여전히 엘리트 계층의 시각인 것만은 변함이 없었다. 현재 남아 있는 텍스트의 수량은 방대하지만, 그럼에도 불구하고 비중이 고르지는 않다. 예컨대 기원전 제3천년기 중엽 이후의 주요 궁정 기록들이 발견되었는데, 이는 남부 지역에서 궁정과 사원의 역할에 관한 우리의 이해에 큰 변화를 초래했다. 마지막으로 하부 메소포타미아 지역의 현지 발굴 조사는 퇴적 작용 때문에 상당한 어려움을 겪을 수밖에 없다. 확인할 수는 없지만 아마도 상당수 소규모 유적 혹은 더 이전 시기의 유적이 퇴적층에 묻혔을 것이다. 애덤스가 사용한 방법론은 물론 그 당시에는 모범적이었지만 지금은 더 좋은 방법론들이 많이 개발되었기 때문에 이라크 지역을 새로 발굴하는 것도 가능할 것이다. 상부 메소포타미아 지역의 발굴에는 이런 문제가 별로 없었는데, 유적지가 잘 보이기도 하고 최신 방법론을 이용하여 발굴을 진행했기 때문이다.

정치 지도자들과 메소포타미아 도시의 부상

메소포타미아 지역에서 도시의 기원 연구는 도시 우루크(Uruk) 유적에 초점이 맞추어져 있었다. 이는 해당 유적이 발굴된 1920~1930년대 이후로 줄곧 변함이 없었다. 발굴을 통해 기념비적 건축물이 풍부히 발견되었는데, 기원전 제4천년기 말엽에 건축된 유적들이었다. 거대 도시의 중심에서는 초기 쐐기문자 텍스트도 상당수 발견되었다(제6장 참조).

도시 우루크의 기원과 관련해서 기존에 뚜렷이 대비되는 두 가지 의견이 있었다. 애덤스는 도시의 위치에 주목했다. 우루크는 하부 메소포타미아에서 관개 시설이 포함되는 농지와 목초지 및 습지가 교차되는 생태적 접점 지대에 위치했다. 그래서 애덤스는 서로 다른 환경에서 생산되는 상품 교환을 통제하기 위하여 그 중심지에 도시가 건설되었고, 도시의 엘리트 계층이 그를 통제했다고 주장했다.[7] 다른 의견으로는 휘틀리(Wheatley)의 연구가 있었는데, 그는 사원 주변으로 초기 도시가 건설되었다고 주장했다.[8] 메소포타미아에서 우바이드 시기(Ubaid period) 아직 도시가 형성되지 않았을 때 먼저 사원이 존재했다는 가설을 전제로, 성직자들의 종교적 권위가 경제적 순환을 강화했다고 주장했다. 그에 따라 의례용 복합 건축물 근처에서 인구 밀도가 높아졌으며, 초기 도시의 중심적 기관은 바로 사원이었다. 그의 연구는 부분적으로 도시 라가시(Lagash, c. 2500 BCE) 유적에서 출토된 사원 관련 기록물에 근거를 두고 있었다. 그 자료에 따르면 도시 안 토지와 노동력을 모두 사원에서

---

7 Robert McC. Adams, *The Evolution of Urban Society* (Chicago: Aldine, 1966).
8 Paul Wheatley, *The Pivot of the Four Quarters: A Preliminary Enquiry into the Origins and Character of the Ancient Chinese City* (Chicago: Aldine, 1971).

관리한 것으로 나타났다.

40여 년이 지난 뒤에는 두 가지 가설 모두 수정이 불가피했다. 첫째, 메소포타미아 최초 단계의 도시에서 사원의 역할은 과장되었다는 사실이 확인되었다. 포레스트(Forest)의 주장에 따르면, 우바이드 시기의 이른바 "사원"이 엘리트 계층의 축제와 관련된 내용이었을 가능성이 있었다.[9] 그곳 건물들은 모두가 비교적 자유롭게 개방되어 있었고, 알려진 바로 후대에 메소포타미아 지역에서 등장한 종교적 관습과는 전혀 다른 양상이었다. 특히 성스러운 신상(神像)은 시선으로부터 엄격히 차단되어 있었다. 포레스트의 주장을 근거로 추론을 더해보자면, 우바이드 시기의 건축물은 원로들의 회합 장소였을 가능성도 있다. 초기 메소포타미아 도시들에서는 원로 의회가 중요한 기구가 아니었을까? 게다가 라가시 발굴 자료 연구가 계속되면서 "사원 도시" 개념은 너무 과장되었다는 사실이 속속 밝혀졌다. 사원이 소유한 토지라 할지라도, 사실은 정말 사원인지 의심스럽기도 하지만, 궁극적으로는 라가시 여왕의 감독을 받아야 했다.[10]

게다가 이제는 분명히 밝혀졌지만, 상부 메소포타미아 지역에서도 우루크와 같은 시기에 도시들이 등장했다. 최근 시리아 북부 지역을 조사한 결과에 따르면, 우루크에서 북쪽으로 약 750킬로미터 떨어진 곳에 위치하는 텔 브라크(Tell Brak)는 기원전 3500년 이전에 이미 거대 도시

---

9 Jean-Daniel Forest, *Les premiers temples de Mésopotamie (4e et 3e millénaires)* (Oxford: Archaeopress, 1999).
10 Scott Beld, "The Queen of Lagash: Ritual Economy in a Sumerian State," Ph.D. dissertation, Department of Near Eastern Studies, University of Michigan, 2002.

로 발달했었다. 당시 (약 1~2만 명이 거주한) 텔 브라크의 면적은 130헥타르 이상이었고, 도시가 다양하게 구획되어 있었다. 그중에는 "눈의 사원(Eye Temple)"이라고 알려진, 눈 모양이 독특한 유물이 많이 봉헌된 사원뿐만 아니라 거주 구역도 있었으며, 도시 끝자락에는 토기와 석기를 만드는 작업장도 있었다.[11] 같은 시기 북부의 또 다른 유적지로는 텔 하무카르(Tell Hamoukar)와 아르슬란테페(Arslantepe)가 있는데, 이 또한 복합 구조물의 흔적을 일부 포함하는 도시 체제의 유적으로 확인되었다.[12] 따라서 기존의 설명은 수정이 불가피해졌다. 메소포타미아 지역의 도시가 북부의 건조 농업 지대와 남부의 관개 농업 및 습지 지대에서 모두 등장했기 때문이다.

우루크와 브라크는 모두 우바이드 시기의 소규모 정치 체제에서 발달했다. 처음에는 넓은 의미에서 친족이 사회적 단위로 조직화된 체제였다. 그 집단의 지도자가 새롭게 발달하는 도시에서 지도자 역할을 맡았다. 브라크와 하무카르도 처음에는 작은 구역에서 시작되었고, 우루크도 에안나(Eanna)와 쿨라브(Kullab)라고 하는 정착지로부터 발달하여 도시가 되었다. 브라크에는 아마도 축제를 위한 연회장이었을 것으로 추정되는 독특한 건물이 있었으며 이와 함께 부의 편중 현상이 나타났는

---

11 Joan Oates, Augusta McMahon, Philip Karsgaard, Salam Al Quntar, and Jason A. Ur, "Early Mesopotamian Urbanism: A View from the North," *Antiquity* 81 (2007), 585-600.
12 Clemens Reichel, "Administrative Complexity in Syria during the 4th Millennium B.C. - the Seals and Sealings from Tell Hamoukar," *Akkadica* 123 (2002), 35-56; and Marcella Frangipane (ed.), *Economic Centralisation in Formative States: The Archaeological Reconstruction of the Economic System in 4th Millennium Arslantepe* (Rome: Sapienza Università di Roma, 2010).

데,[13] 이를 종합적으로 검토해볼 때 지도자의 활동이 있었다고 볼 수 있다. 추론하자면 당시 지도자들이 원로 의회의 구성원이었을 것이며, 메소포타미아의 기록과 문헌 자료에서 그들의 다양한 역할이 등장하기 시작한 때가 기원전 제2천년기 초엽부터다. 그러나 이를 객관적으로 입증하기란 쉽지 않은 문제다.[14] 다른 지역에서도 도시 전 단계 사회에서 비슷한 개념이 확인되는데, 최근에는 티와나쿠 연구에서 그러한 사례가 보고된 바 있다(제11장 참조). 이로 보아 폭넓은 관점에서 도시 형성의 어떤 패턴 같은 것이 있었다고 볼 수도 있겠다.

메소포타미아 지역에서 발달했던 도시에 관해 우리가 알고 있는 특성은 모두 최초의 도시가 건설된 이후의 것들이다. 너무 당연한 소리처럼 들릴지 몰라도, 최초 단계의 도시들이 성장한 원인을 설명할 때 후대의 특성을 근거로 삼을 수는 없다는 점을 되새길 필요가 있다. 따라서 우리는 시장의 경제적 매력이나, 성벽이 제공하는 안전이나, 혹은 사원에 모인 사람들 등등의 원인으로 메소포타미아 도시의 등장을 설명할 수 없다. 이 모든 특성이 온전하게 발달했던 시기는 역사적으로 도시 형성기보다 훨씬 후대이기 때문이다. 도시의 성장을 정치적 관점에서 설명하자면, 친족 기반 집단의 지도자들이 연맹이나 의회를 형성하여 분쟁을

---

13 Geoff Emberling and Helen McDonald, "Excavations at Tell Brak 2000: Preliminary Report," *Iraq* 63 (2001), 22.
14 Marc van de Mieroop, "Democracy and the Rule of Law, the Assembly and the First Law Code," in Harriet Crawford (ed.), *The Sumerian World* (London: Routledge, 2013), pp. 277–89; and Norman Yoffee, *Myths of the Archaic State: Evolution of the Earliest Cities, States, and Civilizations* (Cambridge: Cambridge University Press, 2005), pp. 109.

조정했고, 본인의 집단에 소속된 구성원들을 이끌고 동맹이 체결된 곳으로 이주했을 것이다. 정치적 연맹체에서 단일한 지도자가 출현했고, 사람들이 모일수록 그들의 권위는 더욱 높아져갔다. 이를 근거로 농업의 집약화, 대규모 토목 공사, 군사 원정 등을 조직할 수 있었고, 전쟁 포로를 잡아 와서 도시에서 노예로 쓸 수 있었다. 사원은 새로운 정치 현실에 신성(神聖)한 면모를 더하는 기능을 담당하기 위해 생겨났을 것이다.

왕의 통치

메소포타미아 지역의 도시들마다 왕이 있었다. 문헌 기록이 등장할 무렵에는 이미 왕이 존재했고, 시작은 아마도 그보다 훨씬 전이었을 것이다. 초기 수메르어 텍스트에는 왕의 호칭이 여러 가지로 등장하는데, 예를 들면 엔(En), 엔시(Ensi), 루갈(Lugal) 등이었다. 이와 관련해서는 학계의 논란이 지속되고 있다. 호칭의 차이가 단지 이름의 차이뿐인지, 아니면 실제로 내용상 의미의 차이도 있었는지 의견이 분분하지만, 여러 지역과 도시 및 민족 집단에서 저마다 왕을 지칭하는 전통이 서로 달랐을 수도 있고, 군사와 행정 및 종교 등의 역할에 따라 기능적 차이를 반영하는 것이었을 수도 있다.[15]

호칭은 다양했지만 왕이 수행한 역할은 메소포타미아의 역사를 통

---

15 Gebhard Selz, "He Put in Order the Accounts . . .' Remarks on the Early Dynastic Background of the Administrative Reorganizations in the Ur iii State," in Leonid E. Kogan, N. Koslova, S. Loesov, and S. Tishchenko (eds.), *City Administration in the Ancient Near East* (Winona Lake, IN: Eisenbrauns, 2010), Vol. ii, pp. 5-30.

틀어 뚜렷한 일관성이 있었다. 이와 관련하여 확인된 바로는 후기 우루크 시기부터 시작된 전통이 있는데, 왕은 신을 대리하여 통치하는 자였고, 의례를 거행하고 신전을 건축 및 유지함으로써 신의 선한 의지를 유지할 책임이 있었다. 왕은 군사 지도자이면서 능숙한 사냥꾼이었을 뿐만 아니라 스스로가 거처하는 왕궁의 우두머리였다. 또한 왕은 국가의 최고 재판관을 겸했다. 시간이 지남에 따라 왕의 역할에 일부 변화가 있었다. 도시에 인구가 집중되고 그 결과로 동원 가능한 노동력과 재산이 불어나자 이 또한 왕의 통제 아래 놓였고, 규모 있는 군사 및 경제적 행위가 가능해졌다.

메소포타미아 지역의 도시에서 통치자의 권위를 물리적으로 표현하는 중요한 방식 중 하나가 바로 궁전이었다. 수메르어로는 "에갈(e-gal)", 즉 "큰 집"이란 뜻이다. 초기에 궁전으로 추정되는 건물 유적은 확인이 어렵다. 텔 우카이르(Tell Uqair)에서 발견된 우바이드 시기(c. 4500 BCE)의 기념비적 건축물 일부분에 한 변이 10미터가 넘는 큰 방이 여러 개 포함되어 있었는데, 아마도 엘리트 계층의 거처였을 것으로 추정되지만, 부분적으로만 남아 있어서 해석이 쉽지 않다.[16] 우루크 유적에 남아 있는 기념비적 복합 건물의 기능 또한 불분명하다(제6장 참조). 젬데트 나스르(Jemdet Nasr)에서 거대한 건물의 일부가 발견되었는데, 그 안에 태블릿과 인장이 찍힌 점토가 있었다. 유물로 보아 그곳에 문서 작성자 혹은 행정가가 존재했던 것으로 추정된다(c. 3100~2900 BCE). 남아 있

---

16 Seton Lloyd and Fuad Safar, "Tell Uqair," *Journal of Near Eastern Studies* 2 (1943), 131-58.

는 부분만 가지고 직접적 증거라 할 수는 없지만 혹 왕궁으로 추정되기도 한다.[17]

초기 왕조 시기 후기(c. 2600~2350 BCE)가 되어서야 비로소 발굴 자료와 왕실 기록 자료가 하나의 방향을 가리키게 된다. 즉 메소포타미아 지역 대부분에 걸쳐 왕국의 통치와 비슷한 관행이 확인된다. 궁전 건물이 건설되고, 통제 구역이 그 주변을 둘러싸고 있으며, 안으로 들어갈수록 접근이 어렵게 설계되었고, 왕궁 주변에 접객실이 늘어서 있었다. 왕궁은 과거와 다름없이 왕의 거처였으며, 궁궐 안에 여성을 위한 별도의 분리된 공간이 존재했고, 관료와 시종 및 노예를 위한 구역도 따로 설정되어 있었다. 대개는 어느 궁전이라도 요리, 공예 작업장, 창고, 의례 행위를 위한 공간이 포함되어 있었다. 에블라(Ebla, c. 2350 BCE)와 마리(Mari, c. 1800 BCE)의 궁궐 기록(그림 12-4)에는 궁전 안에서의 이러한 활동들과 관련된 정보가 풍부히 남아 있다.[18]

텔 브라크(Tell Brak)는 논란의 여지가 있지만 대체로 아카드 제국(Akkadian Empire) 북부의 행정 중심지로 알려져 있다. 텔 브라크에서 발견된 기념비적 건축물 3개 동이 도시 면적의 약 10퍼센트를 차지하고 있었다. 이 건물은 왕실이 거처하는 궁전은 아니었지만, 왕실의 업무를

---

17 Roger Matthews, *Secrets of the Dark Mound: Jemdet Nasr 1926-1928* (London: British School of Archaeology in Iraq, 2002).
18 Jean-Marie Durand, "L'organisation de l'espace dans le palais de Mari: le témoignage des textes," in Edmond Lévy (ed.), *Le système palatial en Orient, en Grèce et à Rome* (Leiden: E. J. Brill, 1987), pp. 39-110; and Paolo Matthiae, *Ebla, la città del trono: Archeologia e storia* (Turin: Piccola Biblioteca Einaudi, 2010).

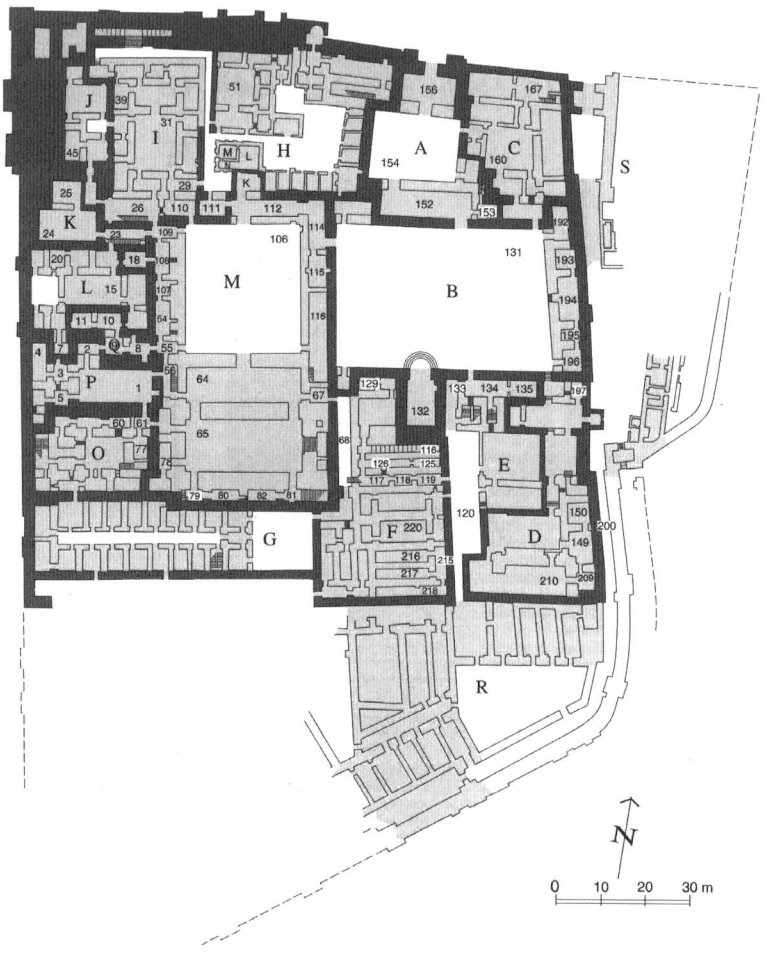

〔그림 12-4〕 마리(Mari)의 왕 짐리-림(Zimri-Lim)의 왕궁, 기원전 1750년경
흰색은 개방된 공간, 회색은 지붕이 덮인 공간, 알파벳은 특정 기능을 담당한 공간으로 확인된 곳이다. 왕좌는 M 구역 65번 방에 있었다.

폭넓게 수행하는 기관이었던 것만은 분명하다. 행정 기관과 창고가 포함되어 있었고, 작은 예배실이 있었다. 이외에도 최소한 하나 이상의 커다란 안마당에 왕좌가 놓여 있었는데, 그곳은 아마도 의례 공간이었을 것이다.[19]

의례와 종교, 사원과 대중 공간

메소포타미아의 사원들은 신이 거주하는 집이었다. 사람들은 의례를 통해 신상(神像)을 신격화했고, 신상에 옷을 입히고 음식을 바쳤다. 주요 사원들은 집회의 장소가 아니었다. 신상은 강력한 힘을 지닌 위험한 존재로 간주되었기 때문이다. 신상이 내려다보는 공간에서는 의례 지식을 갖춘 사람들에 의한 의례 준비 활동만 가능했다. 다만 사원은 의례 활동뿐만 아니라 경제적으로도 중요한 기관이었다. 사원은 농지와 가축을 소유했으며, 원거리 교역을 조직하고 대출 업무도 담당했다.

초기 메소포타미아 지역에서 인구가 집중되자 최초의 사원 건축이 이루어졌다. 이후 사원의 규모는 갈수록 커졌으며, 사원마다 규모에 차등이 생겼고, 위치와 담당하는 역할도 다양해졌다. 사원은 통치 이데올로기를 뒷받침했다. 이를 바탕으로 왕이 선출되고 신이 왕을 뒷받침했다. 동시에 사제와 사원 관리자에게도 부와 권위가 부여되었다. 이들은 왕의 권위에 저항할 수 있는 위치에 있었다.

니센(Nissen, 제6장의 저자)은 우루크에서 발견된 거대 건축물의 해

---

19 David Oates, Joan Oates, and Helen McDonald, *Excavations at Tell Brak* (Cambridge: McDonald Institute for Archaeological Research, 2001), Vol. ii.

석 문제를 제기했다. 건물은 길이가 80미터에 달했고, 세 부분으로 나뉘어 있었다. 포레스트(Forest)의 의견에 따르면, 우루크 유적에서 사원으로 확인되는 건물은 단 두 개뿐이며 서로 전혀 다르게 생겼다고 한다. 이른바 슈타인게보이데(Steingebäude)와 림헨게보이데(Riemchengebäude)가 그것이다. 각각의 건물은 동심원적 평면 구조로 되어 있었고, 외부 방어벽의 높이는 최대 20~30미터에 이르렀다.[20] 우리가 알고 있는 후대의 메소포타미아 지역 사원 및 의례에 비추어 보았을 때, 세 부분으로 나뉘는 건물의 구조보다는 동심원적 평면 구성이 더 일관성 있는 편이다.

메소포타미아 도시의 사원에서 모시는 신격은 저마다 달랐다. 초기 왕조 시기부터 시작해서, 곡면의 담장 안에 거대한 사원이 건축된 경우가 상당수 유적에서 확인되었다. 이와 같은 "타원형 사원"에서 모신 신격의 정체도 알려져 있는데, 대개의 경우 도시의 수호신보다는 여신 인안나(Inanna)를 모셨다(그림 12-5 a). 사원을 둘러싼 타원형 담장 내부의 공간은 길이 100미터를 넘었다. 가장 온전한 모습으로 발굴된 사원의 사례가 바로 카파자(Khafajah) 유적이다.[21] 그곳에서 발굴된 유물 중에는 사원의 경제적 역할을 보여주는 증거들도 있었다. 예컨대 가마(爐), 석공 작업 부산물이 남아 있는 방, 바구니와 역청을 사용하여 고정시킨 낫 등의 농사 도구가 발견되었다. 어떤 사원도 도시 공간 안에서 두드러진 지역에 위치하지 않았다. 특별히 중심에 위치하거나 높은 곳에 위치하는 일은 없었다. 초기 왕조 시기에 도시의 수호신을 모신 것으로 추정되는

---

20 Forest, *Premiers temples*.
21 Pinhas Delougaz, *The Temple Oval at Khafajah* (Chicago: The University of Chicago Press, 1940).

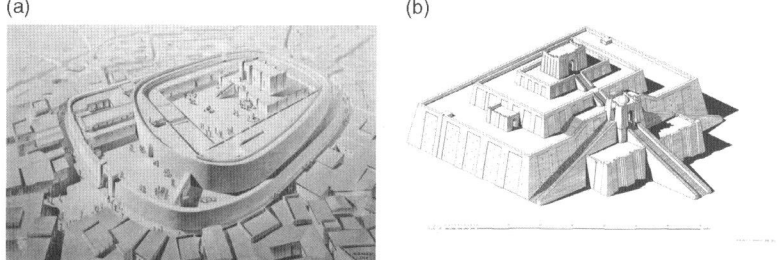

[그림 12-5] 메소포타미아 지역의 사원 복원 모형도
카파자(Khafajah)의 타원형 사원(c. 2400 BCE)과 우르의 지구라트(c. 2100 BCE). 복원 모형도가 대개 그러하듯이 이 그림도 상당 부분 추측에 근거하고 있다.

몇몇 사원들은 후대에 다른 건축물에 비해 주목받지 못했다. 하지만 거대 규모의 사원들이 적어도 비슷한 규모의 다른 사원들과 같은 시기에 공존했던 것은 사실이다. 각 도시마다 유일 수호신을 섬겼다는 주장은, 남아 있는 건축 유적들(뿐만 아니라 신들이 거론된 텍스트 자료들)로 볼 때 과장된 측면이 있는 것 같다.

초기 왕조 시기의 유적에서 기념비적 규모의 사원들과 함께 조그만 규모의 사원 혹은 예배당이 근처에서 발견되었는데, 마리(Mari)와 카파자(Khafajah)에서도 그랬다.[22] 조그만 사원들은 기존의 주거 구역에 건설되었고 평면 구성이 불규칙했으며, 섬기는 신격은 비교적 소소한 신들이었다. 텍스트 기록만으로는 이런 작은 사원에서 어떤 활동들이 펼쳐졌는지 거의 확인할 수 없지만, 공물의 형태로 보아 상당한 규모의 부가

22 Pinhas Delougaz and Seton Lloyd, *Pre-Sargonid Temples in the Diyala Region* (Chicago: University of Chicago Press, 1942).

집중되는 곳이었던 것 같다. 구바빌로니아 시기 우르(Ur)에서는 작은 규모의 사원들 상당수가 주거 지역 근처에 자리하고 있었다.[23]

그러나 메소포타미아에서 가장 주목할 만한 종교 건축물은 아무래도 지구라트(ziggurat)다. 지구라트는 스텝 평원에 건축된 탑 구조의 사원 형식을 의미한다(그림 12-5 b). 플랫폼 위에 건설된 구조로 보아 우루크의 백색신전(White Temple) 같은 선례가 있었고, 초기 왕조 시기의 키시(Kish)에도 지구라트 구조물이 존재했다고 하지만, 문헌 기록으로 지구라트가 처음 확인되는 시기는 우르 제3제국(c. 2100~2000 BCE)으로 역사적으로는 비교적 늦은 시기에 속한다. 하부 메소포타미아 지역의 지구라트에는 계단이 포함되어 있었으며, 계단을 올라가면 플랫폼 꼭대기에 건설된 사원이 나온다. 헤로도토스는 그곳이 신성한 혼인 의례를 거행하는 장소라고 주장했다. 왕이 여신 이슈타르(Ishtar)를 대신하는 여성 사제들을 임신시키는 의례였다.[24] 신격을 나타내는 신상(神像)은 지구라트가 아니라 그 아래에 있는 사원에 모셔져 있었다. 그 사원은 곧 도시의 수호신을 모시는 사원이었다.

지구라트는 도시 경관 가운데 의례의 중심지였다. 지구라트의 물리적 규모 자체가 국가 차원의 대규모 노동력 동원 및 신의 이름을 가장한 국가의 노동력 동원을 입증하는 근거다. 흥미로운 사실은 지구라트 구

---

23 Kathryn Keith, "The Spatial Patterns of Everyday Life in Old Babylonian Neighborhoods," in Monica L. Smith (ed.), *The Social Construction of Ancient Cities* (Washington, D.C.: Smithsonian, 2003), pp. 56–80.
24 Jerrold S. Cooper, "Sacred Marriage and Popular Cult in Early Mesopotamia," in Eido Matsushima (ed.), *Official Cult and Popular Religion in the Ancient Near East* (Heidelberg: Universitätsverlag C. Winter, 1993), pp. 81–96.

조가 처음 건설된 시기가 바로 우르 제3제국 왕들이 정복전에 나서 도시를 넘어서는 정치 조직을 발전시킬 무렵이었다는 점이다. 〈수메르 왕의 목록(Sumerian King List)〉에서도 왕좌의 정체성과 도시를 연결하는 내용이 언급되는데, 이 목록 자체가 지구라트와 비슷한 시기에 작성되었다.

사원 바깥에서 거행되는 대중 의례에 관해서는 메소포타미아 지역의 경우 아직 종합적 연구가 이루어지지 않았으나, 도시 공동체의 결속을 다지는 의례가 분명 거행되었을 것이다. 대중 의례 중 하나로 왕의 장례식을 들 수 있겠다. 우르에서는 초기 왕조 시기 말엽(c. 2500 BCE) 왕의 매장지가 도시 중심에 위치한 것으로 확인되었다. 장례식의 순서 가운데 장례 행렬이 포함되었는데, 무덤방까지 이어지는 긴 경사로와 무덤 안에서 발견된 수레 및 기타 여러 가지 부장품을 통해 장례 행렬을 짐작해볼 수 있다. 메소포타미아에서 순장(殉葬)은 흔한 풍습이 아니었지만, 같은 시기 키시(Kish)와 아부 살라비크(Abu Salabikh)에서도 수레가 부장되어 있었다. 이상의 사실들로 보아, 비록 우리가 왕의 장례에 관해서는 비교적 아는 바가 거의 없지만, 장례 행사에 공공 의례가 포함되었다는 사실은 넉넉히 추론이 가능할 것이다.

또한 배급 목록이나 월(月)의 명칭에서 명확히 드러나는바, 신상을 사원에서 가지고 나와 다른 신의 사원을 방문하는 행사가 있었는데, 때로 배를 이용하기도 했다. 이와 같은 행렬과 대중적 축제는 선의 형태로 이어지는 대중적 공간에 중점을 두었을 것이다. 훨씬 후대의 유물이기는 하지만 〈이슈타르의 문(Ishtar Gate, Processional Way of Babylon)〉에는 유약을 바른 벽돌로 문양이 그려져 있는데, 이는 대중적 행렬의 통로로 중요한 장소였을 것이다.

주거 구역과 공동체

사람들이 도시로 몰려들고 또한 빠져나감에 따라 도시, 주거지, 공동체 등이 해체되었다가 다시 형성되는 일들이 반복되었다. 주거 지역을 특정하고 발굴 조사를 하는 일이 현실적으로 쉽지 않지만, 더욱 조사가 어려운 주제는 시간에 따른 도시 공동체 구조의 변화다.

메소포타미아 지역 도시의 기본 평면 구조에 관해서 가장 많은 정보를 얻을 수 있었던 연구는, 마슈칸-샤피르(Mashkan-shapir)에 있는 이신-라르사(Isin-Larsa) 시기 도시의 표층 연구였다(그림 12-6).[25] 스톤(Stone)은 운하와 성벽의 흔적, 그리고 신분이 높은 사람들의 주거 공간과 수공업품 생산이 도시 내 각 구역에서 골고루 발견되는 점을 근거로, 도시는 대체로 평등한 구획들로 나뉘어 있었고, 궁궐과 주요 사원과 카룸(kārum, 항구)은 별도의 공간으로 분리되어 있었다고 주장했다.[26] 이 시기의 유물로 확인된 편지와 법률 문서를 통해 도시 조직이 일정 구역으로 나뉘어 있었을 것이라는 추정이 재확인되었다. 각각의 구역을 당시에는 바브툼(babtum)이라 했는데, 바브툼마다 재판관을 비롯한 관리들이 따로 있었다.

---

25 Elizabeth C. Stone and Paul Zimansky, *The Anatomy of a Mesopotamian City: Survey and Soundings at Mashkan-shapir* (Winona Lake, IN: Eisenbrauns, 2004).
26 Elizabeth C. Stone, "City-States and Their Centers: The Mesopotamian Example," in Deborah Nichols and Thomas Charlton (eds.), *The Archaeology of City-States: Cross-Cultural Approaches* (Washington, D.C.: Smithsonian, 1997), pp. 15-26.

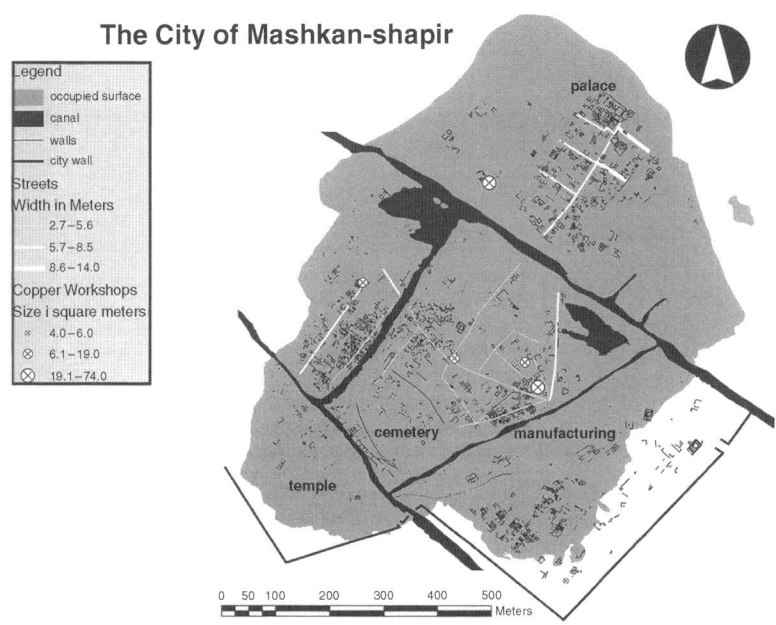

〔그림 12-6〕 마슈칸-샤피르(Mashkan-shapir) 평면도, 표층 발굴 성과와 위성 이미지

 이런 모습이 과연 메소포타미아 도시들의 어느 시대를 대변하는 것일까? 다른 도시에서는 엘리트 계층의 가족들이 한 구역에 모여 사는 등 신분에 따른 구역이 나뉘었을 가능성은 없을까? 폴록(Pollock)의 연구에 따르면, 디얄라(Diyala) 지역의 사원 근처에서 발굴된 주택들은 비교적 지위가 높은 사람들의 거주지였다.[27] 혹 어떤 도시는 직업에 따라 구역이 나뉘었을 가능성을 없을까? 구바빌로니아 시기 우르의 주택에서 발

---

27 Pollock, *Ancient Mesopotamia*.

견된 텍스트 연구에 따르면, 난나(Nanna) 사원 근처 거주민은 사원과 관계된 사람들이었으며, 도시 우루크에서는 기원전 제1천년기 무렵 수공업 조합 중심으로 도시의 구역이 나뉘었다.[28] 근거가 많지는 않지만, 메소포타미아의 역사 시기별로 도시 공동체 조직의 형태는 항상 달라졌을 것이다. 예를 들어 기원전 제2천년기 초엽 마슈칸-샤피르(Mashkan-shapir)에서 아모리인이 점차 증가한 것이 조직 분화의 일부 원인이 되지는 않았을까?

메소포타미아 지역 도시 공동체를 이해할 때 맞닥뜨리는 또 하나의 난관은, 연구의 중점이 궁궐과 사원에서 생산된 텍스트에 맞추어진다는 점이다. 그러다 보니 문서에 등장하지 않는 상당수 사람들에 관해서는 그만큼 이해하기가 어렵다. 당시 텍스트에 임루(imru)라는 집단이 가끔 언급되는데, 대개 "종족"으로 번역하기도 하지만, 어쨌든 시골 지역에 여러 집단이 존재했던 것만은 분명하고, 아마도 도시 안에도 그러한 집단들이 있었을 것이다. 그러나 그들은 궁궐 혹은 사원에서 생산된 문서에 등장하지 않는다. 구바빌로니아 시기 텍스트 자료 생산 범위가 공공 기관의 범위를 훌쩍 넘어섰을 때, 궁궐이나 사원이 아닌 다른 곳에서 근무하는 관리들이 텍스트에 언급되기 시작했다. 예를 들면 라비아눔(rabiānum, 족장), 도시의 원로, 회의 참석자 등이었다.

---

28 Marc van de Mieroop, *The Ancient Mesopotamian City* (Oxford: Clarendon Press, 1997), p. 181.

메소포타미아 지역 도시 경관

메소포타미아의 도시들은 배후 시골 지역에 의존했기 때문에 도시 내 기관이 시골 지역의 건설 공사에 깊숙이 개입했다. 추정컨대 이러한 과정을 거쳐 메소포타미아의 도시와 도시 내 기관들과 도시의 사람들이 주변 시골의 물리적 및 이념적 경관을 만들어갔을 것이다.

정착지

자료 조사를 통해 메소포타미아 지역에서 도시화가 주변 경관을 바꾸어간 과정이 명확히 밝혀졌다. 처음 도시가 형성되면서 때로는 상당히 먼 지역에서도 사람들이 도시로 몰려들었다. 우루크 주변에서는 기원전 제4천년기에,[29] 그리고 상부 메소포타미아 지역에서는 기원전 제3천년기 중엽에[30] 이런 현상이 등장했다. 유목민 인구가 정착한 것이 인구 증가의 부분적 원인이기도 했지만, 같은 시기 자그로스산맥 아래 평원 지역의 정착지들이 쇠락한 점, 일부 북부 지역(브라크Brak와 하무카르Hamoukar)에서 폭력 사태의 흔적이 발견된 점, 원통형 인장에 전투와 죄수 그림이 있는 점, 그리고 (문자 그대로는 "산에서 온 사람"이라는 뜻의) "노예"라는 어휘가 문자 기록에서 최초로 등장한 시기가 이때라는 점에 비추어 당시 증가한 인구 중에는 전쟁 포로도 포함되었을 것으로 추정된다.[31]

---

29 Adams, *Heartland of Cities*, p. 64; and Pollock, *Ancient Mesopotamia*, pp. 71-2.
30 Jason A. Ur, "Cycles of Civilization in Northern Mesopotamia, 4400-2000 BC," *Journal of Archaeological Research* 18 (2010), 387-431.
31 Robert K. Englund, "The Smell of the Cage," *Cuneiform Digital Library Journal*

수메르에서는 기원전 제3천년기 초부터 대규모 정착지에 사는 인구 비중이 증가하기 시작했다. 초기 왕조 시기 말엽(c. 2400 BCE)에 최고 전성기에 이르렀는데, 애덤스(Adams)의 연구에 따르면 당시 약 40헥타르 이상의 면적 안에 거주하는 인구가 전체 인구의 78퍼센트였다고 한다. 아카드 제국 시기(Akkadian period) 인구의 중심은 우루크에서 다시 니푸르(Nippur) 지역으로 이동했으며,[32] 하부 메소포타미아 지역의 인구는 기원전 제4천년기 중엽부터 제3천년기 말엽까지 5배 증가했다.[33] 인구 증가로 노동력 자원 또한 확연히 늘어났다. 이는 잠재적으로 동원 가능한 노동력이 늘면서 동시에 행정 관리 능력이 감당해야 할 과제도 그만큼 더 커졌음을 의미한다.

슈타인켈러(Steinkeller)의 연구는 우르 제3제국 시기(c. 2100~2000 BCE) 움마(Umma) 주변의 시골 인구에 관해서 전혀 다른 관점을 제시했다.[34] 그의 지명(地名) 연구 결과에 따르면, 70~80퍼센트의 인구가 도시 움마의 바깥에 거주했다. 반면 애덤스의 연구에서는 도시 밖 인구의 비중을 25퍼센트로 계산했었다. 이러한 차이가 발생하는 원인은 텍스트 자료 연구와 고고학 자료 연구의 시간 범위가 다르기 때문이고, 부분적으로는 시골 인구를 조사할 때 강의 범람이라는 환경 요인을 누락했기

---

4 (2009).
32 Pollock, *Ancient Mesopotamia*, pp. 73-4.
33 Adams, *Heartland of Cities*, pp. 69 and 142.
34 Piotr Steinkeller, "City and Countryside in Third-Millennium Southern Babylonia," in Stone (ed.), *Settlement and Society*, pp. 185-211; and Robert McC. Adams, "An Interdisciplinary Overview of a Mesopotamian City and its Hinterlands," *Cuneiform Digital Library Journal* 1 (2008).

때문일 수도 있다.

아카드 제국과 우르 제3제국의 정복 과정은 정치권력이 도시 중심을 넘어서서 더 넓은 영토로 확장되었음을 의미한다. 특히 우르 제3제국의 텍스트에는 다양한 비-도시 지역 정착지들이 등장한다. 시골의 농장(예컨대 가르샤나Garshana, 장군이나 공주 소유의 농장으로 움마 근처에 위치), 제국의 세금을 거두는 대규모 중심지(예컨대 푸즈리시-다간 Puzrish-Dagan, 혹은 드레헴Drehem이라고도 한다), 그리고 이보다는 규모가 작지만 곡물 저장 사일로(grain silo)와 타작마당 및 창고 등을 갖추고 농업 생산과 분배를 강화하는 역할을 하는 소규모 정착지, 뿐만 아니라 시골의 사원, 천을 짜는 공방, 가축 사육장 등이었다.[35] 제국의 통제 아래 사람들이 도시 밖으로, 혹은 시골 지역으로 이동하는 현상, 갈수록 전문화된 구역이 늘어나는 현상은 곧 도시의 체제가 주변 시골로 확장되는 과정의 일부였다.

도시 체제는 시골 인구를 도시로 끌어들이기도 했지만, 동시에 직할 통치를 벗어나 살아가던 부족 집단과 정치적 관계를 유지했다. 구바빌로니아 시대의 경우, 이러한 활동의 세부 내용이 구체적으로 알려져 있다. 왕들과 특히 마리(Mari) 지역에 거주한 아모리인(Amorite)의 부족장 사이에 오간 편지가 남아 있기 때문이다. 편지에는 정치적·군사적 교류에 관한 내용이 담겨 있었다.[36]

---

35 See Walther Sallaberger, "Ur III-Zeit," in Walther Sallaberger and Aage Westenholz, *Mesopotamien: Akkade-Zeit und Ur III-Zeit* (Freiburg: Universitätsverlag and Göttingen: Vandenhoeck and Ruprecht, 1999), pp. 119-390.
36 See Dominique Charpin, "Histoire politique du Proche-Orient Amorrite (2002-

농업

메소포타미아 지역에서 도시 안 기관들은 갈수록 도시 주변 지역의 농업 생산에 깊숙이 관여했다.[37] 사원이나 궁정 관리들의 업무에는 운하 건설, 기관 소유 농지의 구획 확정, 농업 생산 노동(경운, 파종, 탈곡) 관리, 보리·밀·대추야자 같은 농업 생산물 회수와 저장 등이 포함되었다. 궁정이나 사원의 관리 아래 노동하는 사람들의 지위는 노예도 있었지만, 식품(맥주, 빵, 기름 등)이나 동물의 털 배급을 조건으로 하는 반(半)고용 형태도 있었다. 당시의 이러한 활동 내용은 텍스트 자료에 가장 잘 남아 있는데, 향후 시골 지역과 주거지 발굴 등 고고학적 연구를 통해 토지 이용과 관련하여 더욱 구체적인 근거 자료를 확보할 수 있을 것이다.

남부 지역 왕들의 활동을 남긴 최초의 왕실 기록이 기원전 2500년경부터 작성되기 시작했다(슈타인켈러의 주장에 따르면 그 이전 시기에 이미 키시 지역의 기록이 있었다고 하지만, 아직 발굴 보고서가 출간되지 않았다). 기록에 언급된 최초의 공사는 운하 건설이었다. 관개 시설로 물을 공급하는 기능 이외에 농업 생산물의 운송 편의를 위하여 운하가 건설되었는데, 주요 운하는 눈에 확연히 드러나는 왕권의 상징으로서, 왕의 시혜라는 이데올로기를 구현했다. 또한 운하는 토지 경계의 기능도

1595)," in Dominique Charpin, Otto Edzard, and Marten Stol, *Mesopotamien. Die altbabylonische Zeit* (Freiburg: Academic Press, 2004), pp. 25–480.

37 Henry T. Wright, *The Administration of Rural Production in an Early Mesopotamian Town* (Ann Arbor: University of Michigan Museum of Anthropology, 1969).

포함했다. 운하를 따라 왕의 권력 범위도 확장되었다. 라가시(Lagash)의 통치자였던 에안나툼(Eannatum)의 비문에는 라가시의 영토 경계를 나타내는 운하에서 적들의 연합을 물리쳤다는 기록이 등장한다. 또한 〈독수리 전승비(Stela of the Vultures)〉에는 신(神) 닌기르수(Ningirsu, 혹은 Ninurta)에게 소속된 농지와 국경의 일부인 운하를 두고 벌어진 움마(Umma)와 라가시의 분쟁이 기록되어 있는데, 여기서도 운하가 국경의 역할을 하고 있다.

기원전 제3천년기를 거치면서 궁정과 사원에 소속된 농가의 생산력은 급격히 증가했다. 그것이 생산력을 극대화하고자 한 각 기관들의 정책에서 비롯된 일인지, 아니면 도시 안팎으로 식량과 일자리를 필요로 하는 사람들이 더 많이 몰려든 데 따른 결과인지는 알 수 없다. 초기 텍스트 가운데 농지의 규모와 생산량 기록이 발견되었다. 그곳은 젬데트 나스르(Jemdet Nasr)라고 하는 도시 유적으로, 궁궐로 추정되는 대형 건축물 유적도 발견되었는데, 그곳의 통치자("엔en")는 농지 300헥타르를 소유하고 있었다.[38] 라가시에 있던 사원 바우(Ba'u)는 이른바 "사원 도시" 논쟁의 초점이기도 하는데, 사원 소유 농지는 거의 4500헥타르(45제곱킬로미터)에 달했다.[39] 우르 제3제국 시기 라가시 통치자는 858제곱킬로미터 면적의 농지를 관리할 책임이 있었다.[40]

---

38 Robert K. Englund, "Texts from the Late Uruk Period," in Pascal Attinger and Markus Wäfler (eds.), *Mesopotamien: Späturuk und frühdynastische Zeit* (Freiburg: Universitätsverlag, 1998), pp. 15-233.
39 Igor M. Diakonoff, "The Rise of the Despotic State in Ancient Mesopotamia," in Igor M. Diakonoff (ed.), *Ancient Mesopotamia: Socio-Economic History* (Moscow: Nauka, 1969), pp. 173-203.

토지 측량과 농지의 면적은 도시에 따라 표준이 달랐다. 기원전 제3천년기 말에 이르러 관리들은 토지 조사에서 토지의 유형과 규모를 범주화했다.[41] 경향적으로 시골 지역에 대한 통제력 강화는 재론의 여지가 없지만, 그럼에도 불구하고 도시의 여러 기관에서 필요로 하는 노동력의 범위를 벗어나 생활했던 인구의 비중을 추정하기란 쉽지 않은 과제다.

목축과 모직 천

도시 인구의 집중은 하부 메소포타미아 지역 최고의 수출 품목에도 결과적으로 발전을 가져왔다. 그것은 바로 모직 천이었다. 극도로 노동 집약적 산업인 모직 생산은 후기 우루크 시기의 텍스트에 언급될 뿐만 아니라 같은 시기 원통형 인장의 그림에서도 등장한다. 그림 속 여인들은 땋은 머리를 한 채 작업에 몰두하고 있는데, 이는 당시로서 가장 흔한 직물 생산 방식이었다.[42] 직물의 용도는 여러 가지였다. 일부는 노동자의 급여로 사용되었고, 일부는 무역 상품으로 거래되었으며, 또한 일부는 엘리트 계층의 옷을 만드는 데 이용되었다.

농지의 확장도 그랬지만, 기원전 제4천년기와 제3천년기에는 제도

---

40 Kazuya Maekawa, "The 'Temples' and the 'Temple Personnel' of Ur III Girsu-Lagash," in Kazuko Watanabe (ed.), *Priests and Officials in the Ancient Near East* (Heidelberg: Universitätsverlag C. Winter, 1999), pp. 61–102.
41 Mario Liverani, "Reconstructing the Rural Landscape of the Ancient Near East," *Journal of the Economic and Social History of the Orient* 39 (1996), 1–41; and Maekawa, "The 'Temples.'"
42 Susan Pollock and Reinhard Bernbeck, "And They Said, Let Us Make Gods in Our Image: Gendered Ideologies in Ancient Mesopotamia," in Alison E. Rautman (ed.), *Reading the Body: Representations and Remains in the Archaeological Record* (Philadelphia: University of Pennsylvania Press, 2000), pp. 150–64.

적 직물 생산이 꾸준히 강화되었다. 일부 초기 텍스트에는 목부와 가축이 언급되어 있다(젬데트 나스르 시기에 가장 많은 동물을 소유한 목부는 1400마리를 길렀다).[43] 가축으로부터 젖을 생산하기도 했는데, 인안나(Inanna) 사원에 공물로 젖을 바쳤다. 라가시에서 발굴된 초기 왕조의 텍스트에는 작업장별 할당량이 기록되어 있는데, 그에 따르면 한 작업장에서 최대 25명의 여성 직공이 작업을 했다.[44] 이와 대비되는 기록으로, 우르 제3제국의 어느 지방에서 발견된 한 텍스트에는 378톤의 모직물이 기록되어 있는데, 이는 양으로 따지면 50만 마리를 길러야 채취할 수 있는 규모였으며 한 공장에서 작업한 직공의 수는 거의 1만 5000명에 달했다(대부분은 여성으로, 사원에서 인력을 할당했다).[45] 왕국의 수도 우르에 있던 "모직 공장"에는 1만 3000명 이상의 노동자가 고용되어 있었고, 최소한 2000톤의 모직물을 생산했다고 한다.[46] 분명히 그곳에서 일하는 모든 노동자가 도시 안에서 거주한 것은 아니며, 시골에서도 이런 방식의 생산이 이루어지고 있었다. 그럼에도 불구하고 당시 도시 우르는 50헥타르 남짓의 공간을 차지하고 있었는데, 한 공장에서 일한 노동자의 수가 1만 3000명이었다면 당시 도시의 인구 밀도는 굉장히 높았다고 볼 수 있다.

---

43 Englund, "Texts from the Late Uruk Period," p. 147, fig. 50.
44 M. Lambert, "Recherches sur la vie ouvrière. Les ateliers de tissage de Lagash au temps de Lugalanda et d'Urukagina," *Archív Orientální* 29 (1961), 422–43.
45 Hartmut Waetzoldt, *Untersuchungen zur neusumerischen Textilindustrie* (Rome: Centro per le Antichità e la Storia dell'Arte del Vicino Oriente, 1972), p. 14.
46 Thorkild Jacobsen, "On the Textile Industry at Ur under Ibbī-Sîn," in Fleming Hvidberg (ed.), *Studia Orientalia Ioanni Pedersen* (Munksgaard: Hauniae, 1953), pp. 172–87.

이 기록만으로는 과연 50만 마리의 양을 어디에서 길렀는지 분명히 알 수 없지만, 양 사육이 주변 환경에 고도의 영향을 미쳤으리라는 점은 충분히 짐작할 수 있다. 우르 제3제국의 혁신은 여러 측면의 중앙 집중화였다. 그들은 세금과 조공을 한군데로 모아서 필요할 때 재분배하는 정책을 썼다. 그중 가장 유명한 재분배 품목은 가축이었고, 그 중심지는 푸즈리시-다간(Puzrish-Dagan)이었다. 그러므로 우르의 모직 공장 기록에서 언급된 양과 양털은 드넓은 제국의 영토에서 모아 온 것이었을 수도 있다. 구바빌로니아 시기 궁정과 사원에서 관리한 목축과 양털 생산 계약의 규모는 우르 제3제국보다 더 적었다.

메소포타미아 도시 지역에서 생산된 직물은 상인들의 교역 품목에 포함되어 있었다. 초기 왕조 시기 사원에서는 무역을 위해 상인들을 조직적으로 파견했다. 기원전 제2천년기 초기, 무역은 점차 늘어났지만 이때도 개별 가문 기업만 참여한 것은 아니었다. 당시 가장 유명한 상인들은 아시리아 상인이었다. 이들은 남부 지역의 도시에서 직물과 함께 주석을 산 뒤 아나톨리아 산악 지대로 가서 구리 및 금과 교환했다. 근대 경제의 관점에서 분명히 드러나는 경제적 지표들(가격 변동이나 이익 추구)은 고대 아시리아 시기의 사기업을 통해 처음 등장했다. 일부 학자들은 그들의 기업 활동과 시장 경제에 해당하는 대부분의 측면이 메소포타미아 지역 최초의 도시들이 등장할 무렵부터 시작되었다고 말한다. 그러나 다른 의견도 있다. 즉 시장 경제는 수백 년 동안 도시가 성장하는 과정에서 생겨난 것이며, 그 시기는 우르 제3제국 말기, 특히 대량 생산 능력과 통제 및 재분배 메커니즘이 생겨난 이후였다는 주장이다.

상부 메소포타미아 도시들의 경제도 목축과 직물 생산에 초점이 맞추어졌을 가능성이 있다. 에블라(Ebla)에서 발견된 초기 왕조 시기의 궁정 기록에 따르면(메소포타미아 지역의 기록이라면 광범위한 의미에서 쐐기문자 텍스트뿐이었다), 왕이 소유한 가축이 60만 마리였다고 한다.[47] 더욱이 상부 메소포타미아 지역에서 크란쥬겔(Kranzhügel)이라고 알려진 도시 형태의 흔적이 발견되었는데, 동심원 구조의 벽으로 둘러싸인 그곳의 광장 공간은 외부 공격으로부터 대규모 가축을 보호하기 위한 구조물과 관련이 있었을 것으로 추정된다.

결론: 도시의 경관

메소포타미아의 도시에 관해서는 기존에 적지 않은 연구가 이루어졌다. 그러나 우리가 보기에 기존 연구에서는 메소포타미아 지역의 모든 도시가 한꺼번에 고정적인 모습으로 발전한 것으로 각인되어 있다. 이 글에서 우리는 고대 도시들이 각자 나름대로의 이유로 활발하고 다양했다는 점, 그리고 도시라는 현상이 메소포타미아 지역 사회 전체적으로 상당한 경제·정치·사회적 변화를 이끌어냈다는 점을 보여주고자 했다. 이러한 방식으로 과정을 이해하고자 했던 중요한 성과가, 시카고대학교의 토니 윌킨슨(Tony Wilkinson)과 맥과이어 깁슨(McGuire Gibson)에 의해 시작된 고대 정착지 모델링 시스템(Modeling Ancient Settlement Systems, MASS)이다.[48] 메소포타미아 지역의 도시에 인구가 집

---

47 Lucio Milano, "Ebla: A Third-Millennium City-State in Ancient Syria," *Civilizations of the Ancient Near East* 2 (1995), 1219-30.
48 T. J. Wilkinson, J. H. Christiansen, Jason A. Ur, M. Widell, and M. Altaweel, "Urbanization within a Dynamic Environment: Modeling Bronze Age

중되면서 도시 안에 위치한 사원이나 궁전 같은 기관들의 영향력이 점차 커져갔다. 사람들이 도시로 모여들자 메소포타미아의 통치자들의 힘도 커졌고, 농업과 직물 생산 및 교환에도 점차 그들의 힘이 크게 작용했으며, 결과적으로 그들이 도시 안에 중심 기관을 설치할 수 있게 되었다. 도시의 상인들도 궁전이나 사원 같은 기관과 계약을 맺었고, 통치자들 사이에 협약을 맺어 상인들을 보호했다. 메소포타미아의 역사는 도시를 빼고 논할 수 없게 되었고, 어떤 면에서는 메소포타미아의 도시를 보는 것이 곧 메소포타미아 문명 그 자체를 이해하는 길이 되었다.

Communities in Upper Mesopotamia," *American Anthropologist* 109 (2007), 52-68.

더 읽어보기

Archi, Alfonso, "The City of Ebla and the Organization of the Rural Territory," in Erik Aerts and Horst Klengel (eds.), *The Town as Regional Economic Centre in the Ancient Near East*, Leuven: Leuven University Press, 1990, pp. 15-19.

Bernbeck, Reinhard, "Class Conflict in Ancient Mesopotamia: Between Knowledge of History and Historicizing Knowledge," *Anthropology of the Middle East* 4 (2009), 33-64.

Childe, V. Gordon, "The Urban Revolution," *Town Planning Review* 21 (1950), 3-17.

Cohen, Mark Nathan, *Health and the Rise of Civilization*, New Haven, CT: Yale University Press, 1989.

Cooper, Jerrold S., *Reconstructing History from Ancient Inscriptions: The Lagash-Umma Border Conflict*, Malibu: Undena, 1983.

Delougaz, Pinhas, Harold D. Hill, and Seton Lloyd, *Private Houses and Graves in the Diyala Region*, Chicago: The University of Chicago Press, 1967.

Durand, Jean-Marie, "L'assemblée en Syrie à l'éoque pré-amorite," in Pelio Fronzaroli (ed.), *Miscellanea Eblaitica*, Firenze: Università di Firenze, Dipartimento di Linguistica, 1989, Vol. ii, pp. 27-44.

Emberling, Geoff, "Political Control in an Early State: The Eye Temple and the Uruk Expansion in Northern Mesopotamia," in Lamia al-Gailani Werr *et al.* (eds.), *Of Pots and Plans: Papers on the Archaeology and History of Mesopotamia and Syria Presented to David Oates in Honour of his 75th Birthday*, London: Nabu, 2002, pp. 82-90.

_____, "Urban Social Transformations and the Problem of the 'First City': New Research from Mesopotamia," in Monica L. Smith (ed.), *The Social Construction of Ancient Cities*, Washington, D.C.: Smithsonian Institution Press, 2003, pp. 254-68.

Forest, Jean-Daniel, "La grande architecture obeidienne, sa forme et sa fonction," in Jean-Louis Huot (ed.), *Préhistoire de la Mésopotamie: La Mésopotamie préhistorique et l'exploration récente du Djebel Hamrin*, Paris: Éditions du Centre National de la Recherche Scientifique, 1987, pp. 385-423.

Gelb, I. J., "On the Alleged Temple and State Economies in AncientMesopotamia," in *Studi in Onore di Edoardo Volterra*, Milan: A. Giuffré, 1969, pp. 137-54.

Kühne, Hartmut, "Šaiḫ Ḥamad, Tall (Dūr-Katlimmu). B. Archäologisch," *Reallexikon der Assyriologie* 11 (2008), 543-51.

Lebeau, Marc, "Les Temples de Tell Beydar et leur environnement immédiat à l'époque Early Jezirah IIIb," in Pascal Butterlin, Marc Lebeau, J. Y. Monchambert, J.L. Montero Fenollós, and B. Muller (eds.), *Les espaces syro-mésopotamiens: dimensions de l'expérience humaine au Proche-Orient ancien*, Turnhout: Brepols, 2006, pp. 101-40.

Liverani, Mario, "Ancient Near Eastern Cities and Modern Ideologies," in Gernot Wilhelm (ed.), *Die orientalische Stadt: Kontinuität, Wandel, Bruch*, Saarbrücken: Saarbrücker Druckerei und Verlag, 1997, pp. 85-107.

Margueron, Jean-Claude, *Recherches sur les palais Mésopotamiens de l'Age du Bronze*, Paris: Guethner, 1982.

Matney, Timothy, and Guillermo Algaze, "Urban Development at Mid-Late Early Bronze Age Titriş Höyük in Southeastern Anatolia," *Bulletin of the American Schools of Oriental Research* 299/300 (1995), 33-52.

McMahon, Augusta, "Mesopotamia," in Peter Clark (ed.), *The Oxford Handbook of Cities in World History*, Oxford: Oxford University Press, pp. 31-48.

Meyer, Jan-Waalke, "Town Planning in 3rd Millennium Tell Chuera," in J. Bretschneider, Jan Driessen, and K. Van Lerberghe (eds.), *Power and Architecture: Monumental Public Architecture in the Bronze Age Near East and Aegean*, Leuven: Peeters, 2007, pp. 129-42.

Postgate, J. N., *The West Mound Surface Clearance*, London: British School of Archaeology in Iraq, 1983.

Ristvet, Lauren, "Legal and Archaeological Territories of the Second Millennium BC in Northern Mesopotamia," *Antiquity* 82 (2008), 585-99.

_____, "The Third Millennium City Wall at Tell Leilan, Syria: Identity, Authority, and Urbanism," in J. Bretschneider, J. Driessen, and K. Van Lerberghe (eds.), *Power and Architecture: Monumental Public Architecture in the Bronze Age Near East and Aegean*, Leuven: Peeters, 2007, pp. 183-211.

Seri, Andrea, *Local Power in Old Babylonian Mesopotamia*, London: Equinox, 2005.

Smith, Adam, *The Political Landscape: Constellations of Authority in Early Complex Polities*, Berkeley: University of California Press, 2003.

Smith, Michael, "The Archaeological Study of Neighborhoods and Districts in Ancient Cities," *Journal of Anthropological Archaeology* 29 (2010), 137-54.

Ur, Jason A., "Bronze Age Cities of the Plains and the Highlands: Southern Mesopotamia," in D. T. Potts (ed.), *A Companion to the Archaeology of the Ancient Near East*, Malden, MA: Wiley-Blackwell, 2012, Vol. i, pp. 533-55.

_____, "Sennacherib's Northern Assyrian Canals: New Insights from Satellite Imagery and Aerial Photography," *Iraq* 67 (2005), 317-45.

Ur, Jason A., and Tony Wilkinson, "Settlement and Economic Landscapes of Tell Beydar and its Hinterland," in Marc Lebeau and Antoine Suleiman (eds.), *Beydar Studies*, Turnhout: Brepols, 2008, Vol. i, pp. 305-27.

Vallet, Régis, "Habuba Kebira ou la naissance de l'urbanisme," *Paléorient* 22 (1996), 45-76.

Weiss, Harvey, "The Origins of Tell Leilan and the Conquest of Space in Third Millennium Mesopotamia," in H. Weiss (ed.), *The Origins of Cities in Dry-Farming Syria and Mesopotamia in the Third Millennium B.C.*, Guilford, CT: Four Quarters, 1986, pp. 71-108.

Weiss, Harvey, M. A. Courty, W. Wetterstrom, F. Guichard, L. M. Senior, R. Meadow, and A. Curnow, "The Genesis and Collapse of Third Millennium North Mesopotamian Civilization," *Science* 261 (1993), 995-1004.

Westenholz, Aage, "The Sumerian City-State," in Mogens H. Hansen (ed.), *A Comparative Study of Six City-State Cultures*, Copenhagen: C. A. Reitzels, 2002, pp. 23-42.

Wright, Henry T., *The Administration of Rural Production in an Early Mesopotamian Town*, Ann Arbor: University of Michigan Museum of Anthropology, 1969.

Wright, Rita P., "Crafting Social Identity in Ur III Southern Mesopotamia," in Cathy Lynne Costin and Rita P. Wright (eds.), *Craft and Social Identity*, Arlington, VA: Archeological Papers of the American Anthropological Association, 1998, pp. 57-69.

Zeder, Melinda A., *Feeding Cities: Specialized Animal Economy in the Ancient Near East*, Washington, D.C.: Smithsonian Institution, 1993.

Zettler, Richard L., *The Ur III Temple of Inanna at Nippur: The Operation and Organisation of Urban Religious Institutions in Mesopotamia in the Late Third Millennium B.C.*, Berlin: Dietrich Reimer, 1992.

CHAPTER 13

테오티우아칸: 지역적 맥락에서 본 초기 도시화

사라 클레이턴
Sarah C. Clayton

기원전 1세기에 멕시코 분지(Basin of Mexico) 북동부에서 도시 테오티우아칸(Teotihuacan)이 등장했다. 도시는 주변 지역을 아우르는 수도로 급성장했으며, 멕시코 고지대(Mexican Highlands)에서 전에 보지 못했던 규모와 기념비적 건축물, 민족적·사회적 다양성, 정치권력을 형성했다(지도 13-1). "수도" 테오티우아칸은 전성기 인구가 10만에 달했고, 같은 시기 주변의 어느 정착지도 테오티우아칸에 비하면 보잘것없었다. 농부, 전문 수공업자, 상인, 이주민이 모자이크처럼 다양하게 구성된 도시에서 주거지의 면적은 20제곱킬로미터에 이르렀으며, 그곳이 바로 테오티우아칸의 도시 구역이었다. 그러나 테오티우아칸의 인구는 도시 구역에 국한되지 않았다. 주변에 몇몇 시골 지역 정착지들이 있었는데, 이곳에서 도시 인구의 생존에 필요한 여러 가지 원자재를 공급했다. 테오티우아칸의 영향력은 상당히 멀리까지 미쳐 멕시코만, 마야 저지대, 멕시코 서부, 오악사카(Oaxaca), 마야 고지대 등지와 상호 교류를 했으며, 그 내용은 부정기적 외교 관계부터 정복 전쟁을 통한 정치 활동까지 다양했던 것 같다. 테오티우아칸의 정치적 주도권과 엘리트 문화는 600년 이상 번영을 구가하다가 기원후 650년경 마침내 회복 불가능한 폐허로 전락했다. 기원후 6세기부터 테오티우아칸의 우월적 지위는 빛을 잃어 갔고, 마침내 확연한 대재앙으로 도시의 운명이 막을 내렸다. 도시의 중

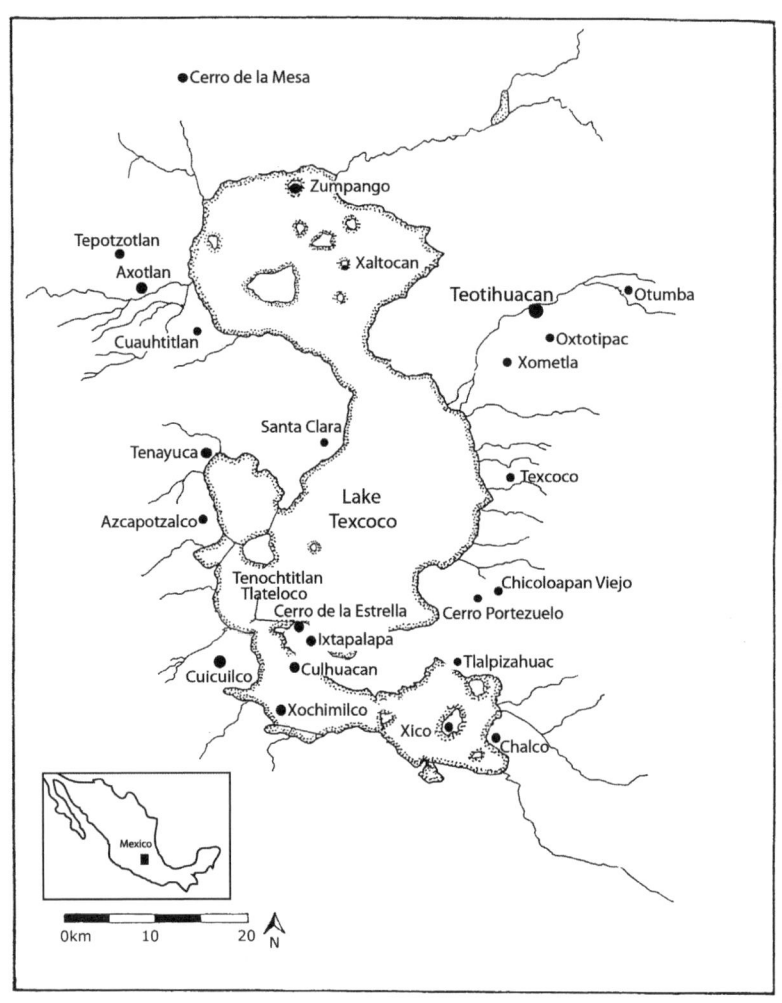

[지도 13-1] 멕시코 평원의 선사 시대 정착지

심 건축물과 주거지에는 폭력과 화재의 흔적이 역력했다. 이후로도 도시에서는 사람들이 계속 거주하며 그 규모가 약 4만 명에까지 이르렀지만, 기존과 같은 지역 정치 중심으로서의 위상 혹은 도시의 영향력은 결코 회복하지 못했다.[1]

테오티우아칸에서 번성한 국가의 구조와 지속 및 최종적 해체의 과정을 파악하기 위해 고고학자들은 개별 주택에서부터 지역 정착지에 이르기까지 다양한 차원에서 사회·경제·정치적 과정을 추적했다. 테오티우아칸 같은 복합 사회에서 개인 구성원의 경험은 사람마다 같을 수 없었다. 사람들은 저마다 자신이 처한 사회적 위치에 따라 주변의 물리적·문화적 환경을 조정했고, 그들의 처지가 부여하는 자원과 기회를 관리했다. 고고학에서 최근의 테오티우아칸 연구는 사회적 이질성에 강한 관심을 보이고 있다. 시대에 따라 사회적 이질성이 정치 및 경제 구조에 미친 영향을 밝혀내고자 하는 것이다. 다양한 차원에서의 차이, 즉 경제 활동, 사회 조직, 사회적 지위, 의례, 정치 이념, 도시 및 시골 인구의 지역별 정체성 표현 등등의 차별 구조는 테오티우아칸 사회의 다양성을 이해할 때 중요한 주제들이다.

테오티우아칸은 흔히 인상적인 고대 도시로 알려져 있었다. 그러나 도시를 포함하는 지역 전체와 도시의 주변부 및 도시를 둘러싸고 있는 시골 지역, 거리상 상당히 떨어져 있는 시골 정착지와 그 거주민이 모

---

1 George L. Cowgill, "The Central Mexican Highlands from the Rise of Teotihuacan to the Decline of Tula," in Richard E. W. Adams and Murdo J. MacLeod (eds.), *The Cambridge History of the Native Peoples of the Americas* (Cambridge: Cambridge University Press, 2000), Vol. ii, Part 1, pp. 250-317.

두 사회공간(sociospatial)의 맥락을 구성하는 요소들이다. 테오티우아칸의 도시화는 주변 지역의 시골화(주변부화)와 동시에 일어난 과정이었다. 이번 장에서는 테오티우아칸을 도시 내부 및 지역 전체 차원에서 동시에 고려하고, 총체적 관점에서 초기 국가의 사회적 영역을 검토해보고자 한다. 우리의 논의에서는 고고학 연구를 바탕으로 테오티우아칸의 정치적 발전과 시골 및 도시 지역의 공동체 조직에 관한 기존의 관점을 재검토하고, 향후 연구를 위한 제안으로 결론을 맺고자 한다.

테오티우아칸의 성장

테오티우아칸이 급성장한 이유는 수수께끼로 남아 있다. 처음 미미한 인구에서 2~4만 명 인구 규모의[2] 조직화된 도시로 성장한 시기는 파틀라치케 시기(Patlachique phase), 즉 기원전 150년부터 기원후 1년 사이였다(표 13-1). 몇 가지 가설이 제시된 적이 있었다. 예를 들면 지속적 분쟁과 폭력의 상황에서 안전을 구하기 위해, 경제적 기회를 붙잡기 위해, 강력한 종교적 이유 때문에, 혹은 범상치 않은 탁월한 능력과 야망을 지닌 지도자의 출현 때문에 사람들이 모였다는 주장들이었다. 아마도 이런 여러 가지 이유 중 몇 가지가 복합적으로 작용하면서 초기 테오티우아칸의 성장이 시작되었을 것이다. 그러나 가장 두드러진 원인이 무엇이었는지를 밝혀내려면 고고학적 근거가 필수적이다. 최근까지도 많은 고고학자들은 테오티우아칸의 성장이 상당 부분 재앙적 화산 폭발에

---

2 George L. Cowgill, "Quantitative Studies of Urbanization at Teotihuacan," in Norman Hammond (ed.), *Mesoamerican Archaeology: New Approaches* (London: Duckworth, 1974), pp. 363-96.

일반 연표	테오티우아칸 시기 구분	추정 연도
Early Postclassic period	Atlatongo	950–1150 CE
	Mazapan	850–950 CE
Epiclassic period	Coyotlatelco	650–850 CE
Teotihuacan period/Early Classic	Metepec	550–650 CE
	Xolalpan	450–550 CE
	Tlamimilolpa	200–350 CE
Teotihuacan period/Terminal Formative	Miccaotli	125–200 CE
	Tzacualli	1–125 CE
	Patlachique	150 BCE–1 CE

〔표 13-1〕 테오티우아칸 시기의 연표

기인한다고 믿었다. 멕시코 분지 남서부에 위치한 화산 시틀레(Xitle)의 폭발로 테오티우아칸 이전에 발달했던 중심지 쿠이쿠일코(Cuicuilco)가 파괴되었기 때문이다. 쿠이쿠일코 정착지 주변의 비옥한 토양은 테오티우아칸 계곡보다 더 좋은 환경이었고, 관개 농업을 하기에도 더욱 적절한 조건이었다. 높이 20미터가 넘는 원형 피라미드를 비롯해 수많은 기념비적 건축물이 쿠이쿠일코의 사회정치적 중요성을 증언하고 있다. 그곳 정착지의 경계는 불분명하지만, 최소한 4제곱킬로미터는 넘었던 것으로 알려져 있다. 샌더스(Sanders) 연구팀의 조사 결과, 파틀라치케 시기 그곳의 인구는 최소 2만 명 이상으로 테오티우아칸과 비슷한 규모였다.[3] 그래서 많은 연구자들은 양쪽 도시가 서로 경쟁 관계에 놓여 있었

---

3 William T. Sanders, Jeffrey R. Parsons, and Robert S. Santley, *The Basin of Mexico: Ecological Processes in the Evolution of a Civilization* (New York: Academic Press, 1979).

을 것으로 추정했다. 그러나 판단을 내리려면 양쪽 도시의 특성과, 같은 시기 더 작은 규모의 정착지들과 이들 도시의 관계에 대한 좀 더 깊이 있는 연구가 뒷받침되어야 할 것이다.

화산 활동에 관한 최근 연구 성과에 따르면, 시틀레 화산 폭발은 기원후 300년경의 일이었다. 이때는 테오티우아칸이 이미 인구 규모로 최전성기에 이르렀고 주변 지역을 압도하고 있을 때였다.[4] 고고학적 증거로 볼 때 쿠이쿠일코의 구조물들이 화산재 및 화산 부산물로 뒤덮인 시기는 이미 도시가 황폐화된 뒤였다.[5] 이러한 연구 결과는 기존의 전통적 관점, 즉 테오티우아칸의 발달이 쿠이쿠일코의 전면적 파괴와 직접 연결되어 있다는 견해와 맞지 않는다. 그러나 쿠이쿠일코의 쇠락과 테오티우아칸의 성장에 미친 화산 활동의 영향을 전면적으로 부정할 수는 없다. 여느 화산들과 마찬가지로 시틀레 화산의 재앙적 폭발 이전에 이미 화산 분출 활동이 있었을 가능성도 완전히 배제할 수는 없다. 시틀레 화산에서 폭발의 기미가 보였을 때 이미 멕시코 분지 남서부의 사람들이 테오티우아칸으로 옮겨 가야겠다는 판단을 내렸을 가능성은 충분하다. 특히 기원후 1세기에 포포카테페틀(Popocatepetl) 화산의 폭발이 분명했던 상황이라면 더욱 그러했을 것이다. 포포카테페틀 화산은 오늘날에도 활화산으로 남아 있으며, 당시 화산 폭발은 대규모 이주를 촉발

---

4 Claus Siebe, "Age and Archaeological Implications of Xitle Volcano, Southwestern Basin of Mexico City," *Journal of Volcanology and Geothermal Research* 104 (2000), 45-64.
5 Carlos F. Cordova, Ana Lillian Martin de Pozzo, and Javier Lopez Camacho, "Paleolandforms and Volcanic Impact on the Environment of Prehistoric Cuicuilco, Southern Mexico City," *Journal of Archaeological Science* 21 (1994), 585-96.

했을 것이다. 즉 멕시코 분지 남동부와 푸에블라(Puebla) 서부의 많은 사람들이 테오티우아칸 계곡으로 이주했을 것이다.[6] 포포카테페틀 재앙의 여파가 멕시코 분지 전역에 직접적 영향을 미쳤다고 할 수는 없다. 그러나 그 사건은 틀림없이 중부 고지대에 살던 사람들의 집단 인식과 사회적 기억 속에 각인되었을 것이다. 따라서 남동부 지역에서 출발한 이주 사건을 별개의 사건으로 볼 수는 없으며, 그로부터 시작된 연쇄적인 일련의 사건들이 테오티우아칸의 성장에 영향을 미쳤다고 봐야 할 것이다. 그에 따라 테오티우아칸의 중심적 기관들과 지역 내 정치적 위상을 떠받치고 있는 이데올로기도 더욱 공고해졌을 것이다.

통치와 수도

신중한 도시 계획이 테오티우아칸 역사상 초기 단계에 이미 구현되었다는 것은 의심할 여지가 없다. 물론 애초부터 완벽한 도시 계획에 따라 건설된 도시는 아니었고, 중심부에 위치한 기념비적 건축물들의 형태와 배열은 시간에 따라 서서히 진화 및 발전한 것이었다. 테오티우아칸 도심의 건축물 규모와 질서 정연한 배열은 가히 충격적이다. 주요 건물들의 중심축은 정확히 북동쪽 15.5도를 향하고 있으며, 너비 50미터에 달하는 〈죽은 자들의 길(Avenue of the Dead)〉 옆에 반듯하게 줄을 맞춰 배열되어 있다. 길의 방향 또한 어김없이 기준 방향과 일치하는 북동쪽 15.5도다. 이 길은 테오티우아칸의 심장을 관통하는 의례 행사의 동

---

[6] Patricia Plunket and Gabriela Uruñuela, "Recent Research in Puebla Prehistory," *Journal of Archaeological Research* 13 (2005), 89–127.

맥과도 같았다. 도시의 남쪽 변두리부터 시작해서 5킬로미터가 넘는 완만한 오르막길을 따라 올라가면 〈달의 피라미드(Pyramid of the Moon)〉에서 길이 끝난다. 테오티우아칸의 기념비적 건축물들은 낮이면 도시 안의 사람들이 어디에서나 볼 수 있는 위치에 있었고, 도시 근교나 외곽에 사는 사람들도 육안으로 건물을 볼 수 있었다. 건물을 바라보며 사람들은 끊임없이 국가의 권력을 떠올렸을 것이며, 아마도 테오티우아칸의 정체성을 폭넓게 공유했을 것이다. 〈죽은 자들의 길〉 또한 테오티우아칸 사람들의 경험에 깊이 각인되었을 것이다. 사람들은 이 길을 따라 행사에 참여했고, 길은 사람들을 도시의 여러 곳으로 안내했다. 정치·종교·경제 활동의 핵심적 장소가 바로 이 길이었고, 길을 통과하는 모든 행진은 결국 〈달의 피라미드〉에서 끝났다. 행진하는 동안 구경꾼들이 모여들었을 것이며, 길 양쪽에 늘어서서 행렬을 구경했을 것이다. 〈죽은 자들의 길〉은 도시를 동과 서로 절반씩 갈라놓았다. 각각의 절반은 다시 동서를 가로지르는 보다 좁은 길로 나뉘었고, 결국 도시는 네 구역으로 나뉘었다. 처음 이러한 도시 구조를 계획했을 때 네 부분으로 나누는 것 자체가 어떤 의미를 가졌는지는 알 수 없지만, 시간이 지나면서 점차 각 구역에 사는 사람들 사이에 사회공간적 혹은 경제적 차등이 강화 또는 고착화되었다.

연구자들은 테오티우아칸을 통치한 정부의 구조를 밝히고자 노력했다. 그 물질적 증거는 무엇보다도 가장 두드러지는 기념비적 건축물이었다. 도시 안에는 〈달의 피라미드〉와 〈태양의 피라미드〉, 그리고 〈깃털 뱀의 피라미드(Feathered Serpent Pyramid)〉가 포함된 거대한 시우다델라(Ciudadela) 등의 건축물이 포함되어 있었다. 테오티우아칸을 통치한 정부는 수수께끼로 남아 있다. 통치자의 무덤은 위에서 열거한 어느 건물에서도, 이외의 테오티우아칸 어디에서도 발견되지 않았다. 〈깃털 뱀의 피라미드〉와 〈달의 피라미드〉를 대상으로 대규모 발굴 조사를 실시한 결과, 정교한 의례 및 의례에 봉헌된 공물과 희생의 흔적이 발견되었다. 희생물은 대부분 포식 동물이었다(예컨대 〈달의 피라미드〉 매장지 2번에는 퓨마, 맹금류, 방울뱀, 늑대 등이 있었다). 또한 인신 공양의 흔적도 놀라울 정도로 많았는데, 희생자의 대부분은 몸에 화려한 장식을 한 전사였다. 대규모 발굴 조사를 통해 테오티우아칸을 통치한 국가의 군사력을 좀 더 분명히 파악하는 데 도움이 되었지만, 기념비적 건축물에 매장된 사람들 중에 통치자로 추정되는 유해는 전혀 발견하지 못했다. 더욱이 풍부하게 남아 있는 그림이나 조각 유물 중에도 통치자로 특정할 만한 장면은 없었다. 신격화된 개인의 형상이 없는 점으로 보아, 테오티우아칸의 통치 이념은 다른 메소아메리카의 초기 국가들과는 달랐던 것으로 추정된다. 예컨대 마야에서는 특정 통치자의 업적을 기리기 위한 기념비적 건축물이 많이 건설된 사례가 있었다.

테오티우아칸 정부는 공화제 혹은 의회가 정치 조직을 운영하는 집단 지도 체제로 시작되었다는 견해도 있다.[7] 처음에는 몇몇 자치 지역과 정치적으로 동등한 집단이 합쳐지면서 그와 같은 체제를 선택했다고 보는 것이다. 이러한 병합론에 대해서는 최근에 심각한 의문이 제기되었

---

[7] See for example Linda Manzanilla, "The Economic Organization of the Teotihuacan Priesthood: Hypothesis and Considerations," in Janet C. Berlo (ed.), *Art, Ideology, and the City of Teotihuacan* (Washington, D.C.: Dumbarton Oaks, 1993), pp. 321–38.

다. 테오티우아칸 최초 단계의 공공 의례 유적이 의문의 근거가 되었는데, 유적에는 몇몇 건축물 및 공간적으로 서로 분리된 복합 건물의 흔적들이 남아 있었다.[8] 카우길(Cowgill)의 연구에서는 테오티우아칸의 시작 시점에는 제도적으로 협력 구조였고 이념 또한 집단주의에 의거했을 수 있으나, 이후 자연스럽게 강력한 지도자 중심의 통치 체제로 변해갔다고 주장했다.[9] 즉 기원후 250년경에 이르러 강력한 지도자가 거대 피라미드와 기타 야심 찬 건축물 공사를 책임지고 집행했으며, 이때 건설된 테오티우아칸의 풍경이 오늘날 우리가 알고 있는 유적이라는 주장이다.

도시 생활

다른 많은 고대 도시들보다 테오티우아칸 도심의 풍경이 더욱 많이 알려진 것은 지도 프로젝트 TMP(Teotihuacan Mapping Project) 덕분이다. 대대적인 고고학 연구 프로젝트 TMP는 르네 밀런(René Millon)의 지휘 아래 1962년에 시작되었다.[10] TMP 연구원들은 도시의 내부 지도를 극도로 자세히 그려 나갔다(지도 13-2). 테오티우아칸 도시 지표면에서 발견된 유물들은 물론 28개 지하 발굴층위를 분석한 결과도 반영했다. 이러한 층위들을 바탕으로 테오티우아칸에서 발견된 토기의 편년이 가능했다. TMP의 성과는 무엇보다 테오티우아칸의 도심을 확정한 것이었

---

8 Tatsuya Murakami, "Power Relations and Urban Landscape Formation: A Study of Construction Labor and Resources at Teotihuacan," Ph.D. dissertation, Arizona State University, 2010.
9 George L. Cowgill, "State and Society at Teotihuacan, Mexico," *Annual Review of Anthropology* 26 (1997), 129–61.
10 René Millon, *The Teotihuacan Map* (Austin: University of Texas Press, 1973).

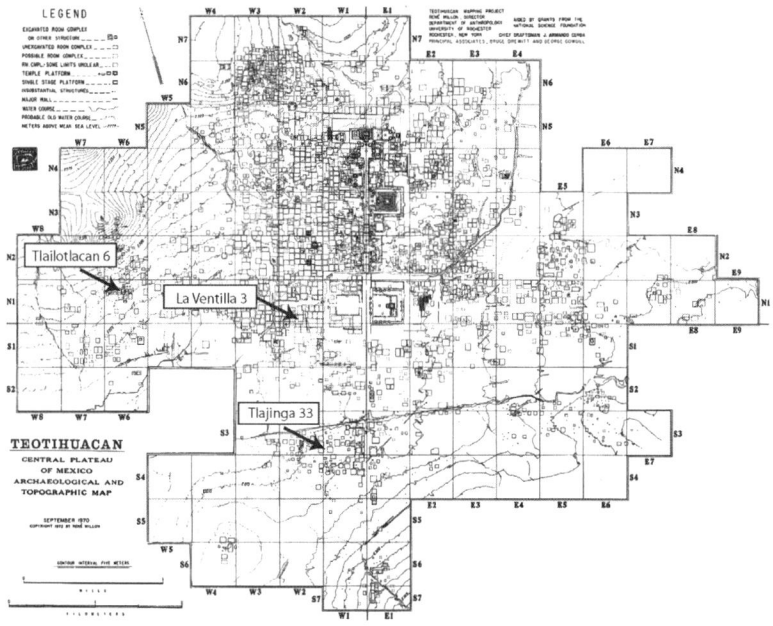

[지도 13-2] 테오티우아칸, 기념비적 건축물 및 도시 내 주요 구역의 위치

다. 수 세기 동안 도심은 20제곱킬로미터 면적에 펼쳐져 있었고, 최전성기 대부분의 주민은 2300개의 공동 주거 건물에서 생활했다.

아파트 구조의 공동 건물은 테오티우아칸에서만 발견되는 주거 형태가 아니었다. 또한 상당수 인구가 이보다 작은 규모의 건물에 거주했다는 사실이 지금도 점차 밝혀지고 있다.[11] 대규모 공동 주거 시설과 달

---

11 M. Oralia Cabrera Cortés, "Craft Production and Socio-Economic Marginality: Living on the Periphery of Urban Teotihuacan," Ph.D. dissertation, Arizona State University, 2011, and Ian G. Robertson, "'Insubstantial' Residential Structures at

리 소규모 주거 시설은 아파트형 공동 주거 시설들 사이사이에 분포했다. 또한 도시 경계를 바로 벗어난 인접 지역, 이른바 "교외"에 주로 많이 분포했던 것 같다. 이런 주거 시설들은 최근까지도 테오티우아칸 고고 연구에서 간과된 주제였다. 테오티우아칸의 외곽 변두리 연구는 앞으로의 고고 연구에서 중요한 의미를 지닐 것이다. 이 연구는 도시의 사회경제적 구성을 이해하는 데 결정적 근거를 제공할 것이며, 도시의 변두리가 가지는 활발한 속성과, 주변 시골과 도시 변두리 사이 사람들의 왕래도 드러날 것이다.

아파트형 공동 주거 시설의 건축은 르네 밀런이 언급한 테오티우아칸 "도시 재건축 프로젝트"의 일환이었다.[12] 공동 주거 건물의 규모와 형태가 신중하게 계획된 것이었지만, 르네 밀런의 주장에 따르면, 어디까지나 기존에 존재하던 기본 형태의 기준에 적합하게 만들어진 것이었다. 기본 형태는 국가 차원에서 제공했다고 한다. 공동 주거 건물이 도시 중심 도로 및 주요 건축물이 공통적으로 준수한 기본 방향(북동쪽 15.5도)을 준수했다는 점뿐만 아니라 공동 주거 건물의 건축 시기 또한 그러한 주장을 뒷받침한다. 공동 주거 건물에는 방이 여러 개 있어서 한 건물에서 60~100명이 동시에 거주할 수 있었는데, 처음 건축된 때는 초기 틀라미밀롤파 시기(Early Tlamimilolpa phase, 200~275 CE)였다. 이때

Teotihuacán, Mexico," report submitted to Foundation for the Advancement of Mesoamerican Studies (2008).

12 René Millon, "Teotihuacan: City, State, and Civilization, in Supplement to the *Handbook of Middle American Indians*," in Victoria A. Bricker and Jeremy A. Sabloff (eds.), *Handbook of Middle American Indians, Supplement* (Austin: University of Texas Press, 1981), Vol. i, pp. 195-243.

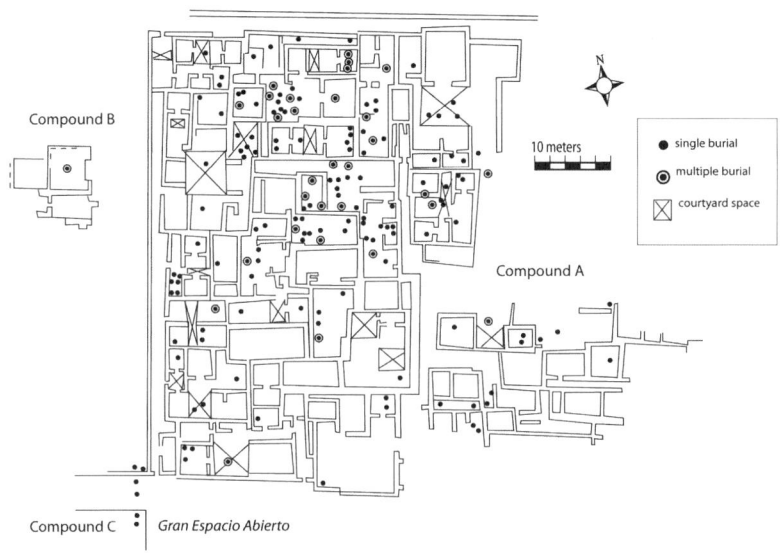

〔그림 13-1〕 라 벤틸라 구역의 아파트형 구조물 평면도, 마당과 매장지의 위치

가 테오티우아칸이 주변 지역을 압도하며 지역 간 세력을 확장하던 전성기였다. 공동 주거 건물에는 공통적으로 방이 많았고, 가운데 개방된 마당을 중심으로 방들이 배치되어 있었다(그림 13-1).[13] 회합 장소로도 사용될 수 있었던 공동 마당은 아마도 주민 공동 의례가 거행되는 장소로도 사용되었을 것이다. 만자닐라(Manzanilla)의 주장에 따르면, 개별

---

13 Drawing after Sergio Gómez Chávez and Jaime Núñez Hernández, "Análysis preliminar del patrón y la distribución espacial de entierros en el Barrio de La Ventilla," in Linda Manzanilla and Carlos Serrano (eds.), *Prácticas funerarias en la Ciudad de los Dioses: los enterramientos humanos de la antigua Teotihuacan* (Mexico City: Instituto de Investigaciones Antropológicas, 1999), pp. 81–148.

아파트형 건물 안에서 구역별로 가구가 나뉘었다고 한다.[14] 공동 주거 건물의 외곽은 두꺼운 벽으로 감싸여 있었는데, 이로 보아 내부적 결속을 우선시했고, 공동 주거 건물 내에 사는 사람들끼리는 사적인 관계를 어느 정도 공유했던 것으로 추정된다.

국가의 통치자들이 테오티우아칸의 새로운 주거 모델을 조직했다고 보는 것이 합리적 추론이겠지만, 국가 차원에서 개별 공동 주거 건물에 개입하지 않았다는 것은 분명하다. 공동 주거 건물들 사이에도 품질, 규모, 내부 배열 등에서 차이가 있었다. 일부 건물에서는 시간에 따라 확장 공사를 한 흔적도 발견되었다. 예컨대 틀라힝가(Tlajinga) 33번 건물은 최소한 10여 차례 이상 내부 수리를 거쳤고, 4세기에 걸쳐 사람들이 거주하는 동안 상당한 정도의 건물 변화가 있었다. 게다가 건물 벽체가 "테오티우아칸 북방(북동 15.5도)"을 향하지도 않았고, 내부 구조 또한 기존에 테오티우아칸의 전형적인 주거용 건물로 인정되던 방식과 일치하지 않았다.[15]

아파트형 공동 주거 건물과 아마도 그와 이웃하는 일부 건물들을 합

---

14 Linda Manzanilla, "Houses and Ancestors, Altars and Relics: Mortuary Patterns at Teotihuacan, Central Mexico," in Helaine Silverman and David B. Small (eds.), *The Space and Place of Death* (Arlington, VA: American Anthropological Association, 2002), pp. 55–65; and Michael W. Spence, "Domestic Ritual in Tlailotlacan, Teotihuacan," in Patricia Plunket (ed.), *Domestic Ritual in Ancient Mesoamerica* (Los Angeles: Cotsen Institute of Archaeology, University of California, 2002), pp. 53–66.

15 Rebecca Storey and Randolph J. Widmer, "Social Organization and Household Structure of a Teotihuacan Apartment Compound: S3W1:33 of the Tlajinga Barrio," in Robert S. Santley and Kenneth G. Hirth (eds.), *Prehispanic Domestic Units in Western Mesoamerica: Studies of the Household, Compound, and Residence* (Boca Raton: CRC Press, 1993), pp. 87–104.

처서 바리오스(barrios)라고 했는데, 바리오스가 가정과 국가 행정 체계를 연결하는 중간 단계의 조직이었을 것이다. 그러나 이와 같은 주거 구역이 사회적 단위로서 분명히 확인되지는 않았고, 공동 주거 건물에 모여 살던 사람들의 관계 또한 완전히 파악된 것은 아니다. 예를 들어 도시 안의 오악사카 엔클라베(Oaxaca Enclave) 같은 몇몇 주거 구역에 모여 살던 사람들은 이주민 집단이라는 특성을 공유했는데, 이들은 테오티우아칸의 역사상 어느 시기에 도시로 유입된 사람들이었다.[16] 공동 주거 건물에 살던 주민들은 다양한 민족 출신에 이주민도 포함되어 있었기에 결코 가까운 사이가 아니었으며, 혹은 생물학적 친인척 관계가 전혀 없는 사이였다. 그런데 처음에는 주민의 구성이 그랬을지 몰라도, 시간이 지나면서 구역 안에서 결혼 상대자를 찾고 아이를 낳으면서 친족 집단 같은 사회 집단이 형성되었을 것이다.

일부 공동 주거 건물은 전문화된 수공업 생산 활동과 관련이 있었다. 여러 가구가 모여 생산 활동에 참여했다. 이러한 공동 주거 건물들은 사회경제적 신분과 관련된 논의에서 자주 언급된다. 예를 들어 테티틀라(Tetitla)는 "고귀한" 신분의 사람들이 살았던 건물이며, 오스토야우알코(Oztoyahualco)는 "중간 계층"의 사람들, 틀라힝가(Tlajinga) 33번은 "전형적인"[17] 혹은 "가난한"[18] 사람들이 살았던 건물로 추정된다. 주민과 사회

---

16 Michael W. Spence, Christine D. White, Evelyn C. Rattray, and Fred J. Longstaffe, "Past Lives in Different Places: The Origins and Relationships of Teotihuacan's Foreign Residents," in Richard E. Blanton (ed.), *Settlement, Subsistence, and Social Complexity: Essays Honoring the Legacy of Jeffrey R. Parsons* (Los Angeles: Cotsen Institute of Archaeology, 2005), pp. 155-97.

적 신분의 관계는 그리 단순하지 않은데, 같은 건물에 다양한 신분의 사람들이 살았고, 그들 내부에서도 사회적 위계질서가 구분되었기 때문이다. 게다가 공동 주거 건물의 경제적·사회적 구조는 고정된 것이 아니었다. 틀라힝가 33번 건물에서 확인되듯 경제 활동은 시기에 따라 변화를 겪었는데, 보석 세공을 하던 그곳의 사람들은 나중에 결국 토기 제조로 전문 분야가 바뀌었다. 사회경제적 차이와 기타 다양한 신분 개념이 모두 사회 및 건물의 환경에 반영되었을 테고, 여기에 공동 주거 건물 내의 사회 조직이 또한 더해졌던 것이다.

초기 틀라미밀롤파 시기에 건설된 많은 공동 주거 건물들에서는 테오티우아칸의 국가 기반이 무너질 때까지 약 400년 동안 줄곧 사람들이 거주했다. 오래도록 사람들이 거주한 사실과, 주민 사이에 "친족 같은" 관계가 형성되고 그들이 함께 생산 활동에 참여한 점들을 종합적으로 고려할 때, 사회적 "주택(houses)"[19] 개념이 테오티우아칸 내부의 사회적 신분과 주민 간의 관계를 연결하는 중요한 도구가 될 것 같다. 사회적 주택 모델은 몇몇 테오티우아칸 전문가들이 잠정적으로 제기했던 개념으로,[20] 공통 조상의 후손이라는 혈연관계보다 일상생활, 의례 행위, 공

---

17 Storey and Widmer, "Social organization."
18 Manzanilla, "Houses and Ancestors," p. 45; and Rebecca Storey, "Mortality through Time in an Impoverished Residence of the Precolumbian City of Teotihuacan," in Glenn R. Storey (ed.), *Urbanism in the Preindustrial World: Cross-Cultural Approaches* (Tuscaloosa: University of Alabama Press, 2006), pp. 277–94.
19 Susan D. Gillespie, "Rethinking Ancient Maya Social Organization: Replacing 'Lineage' with 'House,'" *American Anthropologist* 102 (2000), 467–84.
20 See for example Sarah C. Clayton, "Gender and Mortuary Ritual at Ancient Teotihuacan, Mexico: A Study of Intrasocietal Diversity," *Cambridge Archaeological Journal* 21 (2011), 31–52; George L. Cowgill, "The Urban

동 주거, 경제 활동을 더욱 우선시한다. 이 개념에서 공동 주거 집단 내부의 신분 다양성을 배제하는 것은 아니지만, 기본적으로 주민 간의 상호 교류를 전제로 하고 있다. 주거용 건물 안에 공동 회합 공간이 존재한 점, 또한 망자를 주거용 건물의 바닥 혹은 담장 아래 매장한 관습을 고려할 때, 사회적 주택 개념은 충분히 합리적인 접근이라고 볼 수 있는데, 이러한 관습은 주민과 공간의 의미 깊고도 오랜 인연을 표현하는 것이기 때문이다.

테오티우아칸의 경제 조직

고대 국가 테오티우아칸의 지역 경제 구조를 종합적으로 이해하려면 고고학적으로 테오티우아칸 시기 멕시코 분지 전역을 조사해봐야 할 것이다. 그런데 기존 연구는 도시 지역의 사람들이 생산하고 소비한 품

Organization of Teotihuacan, Mexico," in Elizabeth C. Stone (ed.), *Settlement and Society: Essays Dedicated to Robert McCormick Adams* (Los Angeles: Cotsen Institute, 2007), pp. 261-95; Kristin de Lucia, "Looking Beyond Gender Hierarchy: Rethinking Gender at Teotihuacan, Mexico," in Cynthia Robin and Elizabeth M. Brumfiel (eds.), *Gender, Households, and Society: Unraveling the Threads of Past and Present* (Washington, D.C.: American Anthropological Association, 2008), pp. 17-36; Annabeth Headrick, *The Teotihuacan Trinity: The Sociopolitical Structure of an Ancient Mesoamerican City* (Austin: University of Texas Press, 2007); Linda R. Manzanilla, "Corporate Life in Apartment and Barrio Compounds at Teotihuacan, Central Mexico," in Linda R. Manzanilla and Claude Chapdelaine (eds.), *Domestic Life in Prehispanic Capitals: A Study of Specialization, Hierarchy, and Ethnicity* (Ann Arbor: University of Michigan, 2009), pp. 21-42; and Gabriela Uruñuela and Patricia Plunket, "Tradition and Transformation: Village Ritual at Tetimpa as a Template for Early Teotihuacan," in Nancy Gonlin and Jon C. Lohse (eds.), *Commoner Ritual and Ideology in Ancient Mesoamerica* (Boulder: University Press of Colorado, 2007), pp. 33-54.

목에 초점을 맞추었을 따름이다. 그 결과 적어도 도시 주민은 다양한 경제 활동과 전문화 과정에 깊숙이 개입되어 있었던 것으로 확인되었다. 토지 및 물의 소유권(혹은 접근권)을 가진 사람들은 아마도 옥수수와 용설란을 비롯한 다양한 작물을 생산하여 거래했던 것 같다. 또한 다양한 수공업품 생산에 전문화된 사람들도 있었는데, 분야별로 보자면 토기나 석기 제작, 보석 세공, 석회 가공 등이었다.

테오티우아칸에서 생산되는 수공업품의 원재료를 구하려면 테오티우아칸 계곡을 벗어난 다른 지역과 거래를 해야 했다. 예를 들면 시에라 데 라스 나바하스(Sierra de las Navajas) 지역에 있는 파추카(Pachuca)에서 흑요석을 구했으며, 이달고(Hidalgo) 지역에 있는 칭구(Chingú)에서 석회를 조달했다. 또한 얇은 오렌지색 토기를 만드는 데 사용되는 점토를 비롯한 재료들도 수입되었다. 푸에블라(Puebla)에서 만들어진 토기가 테오티우아칸으로 수입되기도 했다. 다양한 원재료와 물품의 수입, 생산, 분배에 국가가 어느 정도로 개입했는지, 혹은 사적인 집단에 의한 거래였는지는 완벽히 밝혀지지 못했다. 석기나 토기를 전문적으로 생산하는 공방은 주거용 건물 안에서 발견되었고, 그 장소가 주요 공공 건물과 가까운 거리에 위치했다. 예컨대 시우다델라(Ciudadela) 북쪽 측면으로 붙어 있는 건물에서 공방이 발견되었는데, 향로를 만들고 문양을 새기는 작업을 했던 곳이다.[21] 또한 흑요석으로 다트(dart)를 비롯한 군사 무기를 만든 공방이 〈달의 피라미드〉 바로

---

21 L. Carlos Múnera Bermúdez, *Un taller de cerámica ritual en La Ciudadela, Teotihuacan* (Mexico City: Escuela Nacional de Antropología e Historia, 1985).

서쪽에서 발견되기도 했다.[22]

테오티우아칸 주민은 다양한 경제 활동에 참여했고, 그들이 생산한 상품은 다양한 경로를 통해 유통되었다. 개별 가구 간의 물물 교환뿐 아니라 국가에서 관장하는 유통 체계도 있었다. 아직 완전히 검증된 것은 아니지만, 테오티우아칸에서 상품 거래를 목적으로 하는 시장이 존재했을 가능성은 분명히 확인되었다. 테오티우아칸 연구자들은 대규모 시장으로 추정되는 구역을 몇 군데 지적했는데, 그중 하나가 그레이트 컴파운드(Great Compound) 안에 있는 중앙 광장이다. 위치는 시우다델라에서 〈죽은 자들의 길〉을 가로지르는 맞은편이었다. TMP 연구자들이 여기서 방대한 양의 접시를 발견했다. 아마도 접시를 판매하는 상점들이 〈죽은 자들의 길〉을 따라 나란히 배치되어 있었던 것으로 추정되며, 그곳에서 길거리를 지나가는 손님들에게 음식과 상품 및 서비스 등이 제공되었고, 정기 혹은 부정기적으로 시장이 열렸을 것이다. 테오티우아칸의 시장 거래는 이웃 간의 소규모 거래부터 대규모 거래까지 다양한 규모로 이루어졌다. 테오티우아칸의 시장은 후고전기 멕시코 분지에서 발견된 시장들과 다르지 않았을 것이다. 시장이 있었던 것으로 추정되는 구역에 대하여 미시적 유물 분석과 화학적 잔류물 분석 등 체계적 고고학 연구가 진행된다면, 테오티우아칸 경제 이해의 진일보를 위하여 크게 기여하게 될 것이다.

---

22 David M. Carballo, "Implements of State Power: Weaponry and Martially Themed Obsidian Production near the Moon Pyramid, Teotihuacan," *Ancient Mesoamerica* 18 (2007), 173-90.

테오티우아칸 주변의 시골

한때 테오티우아칸의 배후지였던 시골 지역을 고고학적으로 조사하는 일은 갈수록 어렵고 시급을 다투는 경향을 띠고 있다. 오늘날 멕시코 시티가 성장하면서 도심이 급격히 확장되고 있기 때문이다. 이와 같은 상황은 작은 지역을 대상으로 하는 고고학 연구에 심대한 지장을 초래하고 있는데, 조사 지역 전체가 파괴되는 경우도 많다. 이러한 어려움에도 불구하고 고대 도시의 경계를 넘어서는 바깥 지역에 초점을 맞춘 연구는 지역 전체를 이해하는 데 필수적이다. 즉 테오티우아칸이 지역 중심으로서 영향력의 범위 안에 있는 주변 지역과 어떻게 관계를 맺었는지 이해할 필요가 있기 때문이다. 이 중요한 작업이 현대 도시의 발달 과정에서 지속적 위협에 놓이게 된 것이다.

지역 전체를 대상으로 정착 패턴을 통시적으로 연구한 대표적 프로젝트는 "멕시코 분지 정착지 조사(Basin of Mexico Settlement Survey)"였다. 연구 대상 지역은 3500제곱킬로미터에 달했고, 별도의 연구팀들(William Sanders, Jeffrey Parsons, Robert Santley and colleagues)이 각 구역을 나누어 연구를 진행했다.[23] 이 연구 프로젝트 이후 수십 년 동안 멕시코 시티 지역이 급변한 점을 감안할 때, 고고학자들의 입장에서 기존 조사 결과로 축적된 자료를 참조할 수 있는 것만 해도 커다란 행운이라 하겠다. 그 데이터는 이 지역 정착 인구의 성장과 쇠퇴의 패턴 연구뿐만 아니라 환경 요인과 자원 접근성을 이해하는 데도 기본 자료가 되고 있다. 멕시코 평원에 있는 수많은 선사 시대 유적에 대하여 고고학적으로 획

---

23 Sanders, Parsons, and Santley, *Basin of Mexico*.

득할 수 있는 자료는 이 프로젝트의 연구 데이터가 유일하다. 현대의 도시 개발로 이미 상당수 유적들이 파괴되었기 때문이다.

지역 조사 프로젝트 이후에도 테오티우아칸 시기의 유적 가운데 일부가 발굴된 적이 있었다. 테오티우아칸 연구의 대부분은 수도 도심 연구에 집중되어 있었다. 그러나 도시 중심 연구를 벗어난 일부 예외적 연구들이 테오티우아칸과 주변 정착지의 정치적·경제적 관계 문제에 기여했다. 예컨대 찰턴(Charlton)은 테오티우아칸 주변의 시골 지역 유적을 연구하여 테오티우아칸 계곡과 주변 지역의 무역로를 밝히고자 했는데, 이 연구를 통해 시골 지역 인구의 거래 관계 및 정착지 구조에 대한 진일보한 이해를 얻을 수 있었다.[24] 테오티우아칸 계곡을 벗어난 지역에 대한 최근의 발굴 조사 결과 또한 시골 지역들 사이의 공통점과 차이점, 그리고 그들이 테오티우아칸 및 도시민과 어떤 관계였는지 검토할 수 있는 유의미한 데이터를 제시했다. 악소틀란(Axotlan)의 대규모 정착지 발굴 조사는 특히 주목할 만한 사례였다.[25] 이 발굴 조사 결과로 제시된 데이터와 유물은 시골 정착지 주민의 삶이 도시민의 삶과 어떻게 달랐는지 이해하는 데 유용한 정보를 제공했다.

---

24 Thomas H. Charlton, "The Influence and Legacy of Teotihuacán on Regional Routes and Urban Planning," in Charles D. Trombold (ed.), *Ancient Road Networks and Settlement Hierarchies in the New World* (Cambridge: Cambridge University Press, 1991), pp. 186–97.
25 Raúl García Chávez, Luis Manuel Gamboa Cabezas, and Nadia V. Vélez Saldaña, "Excavaciones recientes en un sitio de la Fase Tlamimilolpa en Cuautitlán Izcalli, Estado de México," in María Elena Ruiz Gallut and Jesú s Torres Peralta (eds.), *Arquitectura y urbanismo: pasado y presente de los espacios en Teotihuacan* (Mexico City: Instituto Nacional de Antropología e Historia, 2005), pp. 487–505.

악소틀란 유적지는 테오티우아칸에서 서쪽으로 35킬로미터 거리의 쿠아우티틀란(Cuauhtitlan) 지역에 위치하는데, 약 10헥타르의 면적에 800명가량의 주민이 밀집하여 생활한 마을이었다. 틀라미밀롤파 시기 이후에야 비로소 뚜렷한 주거 흔적이 발견되는데, 그때는 테오티우아칸이 주변 지역을 압도한 정치적 전성기였다. 악소틀란 발굴 결과 두 곳의 거대한 공동 주거 건물과, 보존 상태가 좋지 않은 석조 건물의 흔적들이 발견되었다. 석조 건물 유적은 그 자체로 공동 주거 건물이 훼손된 것일 수도 있고, 아니면 보다 작은 규모의 건물들이 모여 있던 구역일 수도 있다. 테오티우아칸과 마찬가지로 아파트형 공동 주거 건물이 있어서 정착지의 도시적 면모를 확인할 수 있는데, 그곳의 문화도 도시 주민의 생활 문화와 비슷했을 것으로 추정된다. 악소틀란의 공동 주거 건물 두 곳은 규모, 내부의 모양, 건물의 품질이 서로 달랐다. 이 또한 테오티우아칸에서 공동 주거 건물들이 서로 달랐던 것과 같은 패턴이다. 테오티우아칸의 많은 공동 주거 건물이 그랬던 것처럼, 악소틀란의 공동 주거 건물도 중심축을 북동쪽 15.5도 방향으로 하고 있었다. 악소틀란 공동 주거 건물의 수준 차이로 보아, 이 마을 주민의 사회경제적 신분도 나뉘어 있었을 것으로 짐작된다.[26] 악소틀란에 거주한 사람들이 테오티우아칸 같은 도시 중심지의 최고위층이었던 것 같지는 않지만, 그 지역의 가

---

26 Raúl García Chávez, Luis Manuel Gamboa Cabezas, and Nadia V. Vélez Saldaña, "Excavaciones Recientes en un Sitio de la Fase Tlamimilolpa en Cuautitlán Izcalli, Estado de México," in María Elena Ruiz Gallut and Jesús Torres Peralta (eds.), *Arquitectura y Urbanismo: Pasado y Presente de los Espacios en Teotihuacan* (Mexico City: Instituto Nacional de Antropología e Historia, 2005), pp. 487-505.

구들 사이에서도 도시에서 작동한 것과 같은 계급적 차별 구조가 동일하게 적용되었을 가능성이 있다.

주거용 건물의 유사성 이외에도, 악소틀란 주민은 같은 종류의 물건을 생산 및 소비하고 장례식 같은 의례에 함께 참여했는데, 이러한 면모 또한 테오티우아칸 주민과 상당히 흡사한 부분이었다. 이와 같은 패턴은 도시 공동체의 밀접한 사회적 관계와 일치했으며, 테오티우아칸 주민이 정치적·경제적 측면에서 정부와 연결된 기관에 참여한 것과도 비슷했다. 그렇다고 해서 도시 주민 집단과 시골 주민 집단의 차이가 없었다고 보기는 어렵다. 예컨대 악소틀란에서는 장례 풍습에서 남성과 여성을 뚜렷이 차별했다. 테오티우아칸에서 장례에 있어 성별에 따른 구분이 거의 없었던 것은 악소틀란의 풍습과 뚜렷한 차이를 보였다. 따라서 집안일이나 의례 행사에서의 성 역할을 비롯해 젠더에 따른 구별의 방식은 테오티우아칸 사회에서도 지역마다 상당히 달랐으리라고 볼 수 있다. 이러한 차이는 단지 성별에 따른 풍습뿐만 아니라 가정과 사회 공동체 조직 차원과도 근본적으로 연결되어 있었으므로 시골과 도시의 차이가 뚜렷하게 날 수밖에 없는 것이었다.

시골-도시의 비교를 넘어서서, 시골 정착지들 사이에도 일정한 차원에서 비교가 가능하다. 예를 들어 가정 내부의 구조나 의례 생활을 비교해보면, 테오티우아칸 배후 시골 공동체들 사이의 다양성이 보다 온전한 모습으로 드러날 것이다. 고고학적 유물과 이를 통해 파악할 수 있는 행동 양식을 비교해보면, 시골 정착지와 테오티우아칸의 사회적·경제적 연결 관계를 이해할 수 있다. 그런데 이에 못지않게 중요한 것은 시골 정착지들 서로의 관계를 파악할 수 있는 지역 전체 차원의 고고학 연구다. 예컨대 수도에서 지역 전체 경제 네트워크에 얼마나 직접 관여했으며, 혹은 반대로 시골 정착지의 경제적 독자성은 어느 정도였을까? 사회적·경제적으로 시골 정착지들은 서로 어떻게 연결되어 있었을까? 이와 같은 중요한 의문에 해답을 찾을 때까지 테오티우아칸 배후 시골 지역의 정착지를 대상으로 하는 고고학 연구가 지속되어야 할 것이다.

테오티우아칸에서 사회적 풍경의 변화를 추적하며

테오티우아칸 지도 프로젝트(TMP)나 멕시코 분지 정착지 조사(Basin of Mexico Settlement Survey) 같은 야심 찬 고고학적 시도 덕분에, 우리는 테오티우아칸 이해의 큰 걸음을 내디딜 수 있었다. 도시의 발달과 쇠락 과정, 정착지의 주거 밀도, 인구 규모, 주변 지역에 미친 정치적 영향 정도 등이 보다 분명해졌다. 기존 연구의 방향이 도시 중심부로 맞춰지면서 테오티우아칸에서도 도시 생활에 논의의 초점이 맞춰졌다. 테오티우아칸의 경제 구조와 사회경제적 불평등에서 통치 기구의 구체화까지 연구 성과는 다양했다. 그럼에도 불구하고 여전히 우리의 이해가 부족한 측면이 남아 있다. 테오티우아칸 사회를 이해하려면 도시와 도시를 벗어난 주변부를 모두 살펴보아야 하기 때문이다. 사회 내부적 다양성에 관한 조사를 통해, 테오티우아칸 내부의 공동 주거 집단과 그 이웃이 여러 측면에서 뚜렷이 달랐다는 점이 밝혀졌다. 이후 지속적 연구가 필요한 주제도 많이 남아 있는데, 예를 들면 가족 구조에서의 다양성, 이주민의 영향과 민족 집단의 형성 과정, 다양한 의례 관습과 의례를 통해 드러나는 이데올로기의 차이, 고생물학을 통해 밝혀야 할 건강과 수명에 관한 연구 등이다. 이들 중 많은 주제에 관해서는 이미 상당한 연구 성과가 축적되고 있으며, 일부 선정된 공동 주거 건물과 생활 구역(barrios)에 대한 집중적 발굴 성과가 연구에 크게 기여하고 있다. 또한 이러한 주제들을 큰 틀에서 종합적으로 살펴볼 필요도 있다. 즉 개별 연구 성과들을 종합하여 공동 주거 건물과 이웃 간의 비교나 통시적 변화의 과정을 조망하는 작업도 필요할 것이다.

테오티우아칸의 사회적 구성 및 다양성과 관련해서 통시적 관점을 채택했을 때 고고학으로부터 성과를 끌어낼 수 있는 주제 가운데 아마도 가장 중요한 주제는 테오티우아칸의 정치적 몰락일 것이다. 즉 테오티우아칸이 종말을 고하기까지 과연 어떤 과정과 사건이 축적되었고, 왜 그런 일들이 일어났을까? 메테펙 시기(Metepec phase, 550~650 CE) 말엽에 폭력과 파괴의 흔적이 분명히 나타나는데, 이는 내부의 반란 혹은 외부의 공격이 있었음을 의미한다. 그러한 흔적들은 선택적으로 나타났다. 일부 기념비적 건축물과 통치 엘리트 계층의 주거 시설 및 엘리트 계층 개인을 상대로 폭력과 파괴 행위가 자행되었던 것이다. TMP 연구팀에서 147곳에 달하는 건물의 흔적을 찾아냈는데, 모두가 〈죽은 자들의 길〉 주변에 집중되어 있었고, 모든 건물에서 불에 탄 흔적이 뚜렷이 확인되었으며, 불탄 흔적은 특히 계단과 플랫폼 꼭대기의 사원에 가장 집중적으로 분포했다.[27] 의도적 폭력의 일환으로 방화가 일어났다는 사실을 뒷받침하는 증거는 또 있다. 석상(石像)들이 파괴되어 잔해가 흩어져 있었고, 신체 부위가 분리되어 산산이 흩어져 있는 유골들이 시

---

27 René Millon, "The Last Years of Teotihuacan Dominance," in Norman Yoffee and George L. Cowgill (eds.), *The Collapse of Ancient States and Civilizations* (Tucson: University of Arizona Press, 1988), pp. 102-64.

우다델라 궁전(Palaces of the Ciudadela)에서 발견되었다.[28] 수많은 사원이 파괴된 뒤 다시 재건되지 못했고, 정치적으로 테오티우아칸은 결코 예전의 지위를 회복하지 못했다. 테오티우아칸을 통치한 정부는 끝내 완전히 세력을 잃고 말았다. 도시 동쪽 편에서 발견된 불에 탄 공동 주거 건물의 유적을 분석해본 결과, 테오티우아칸에서는 그 후 한동안 사람들이 살지 않았다.[29] 그러나 이 문제를 분명히 확인하려면 도시 핵심을 벗어난 주거 지역까지 모두 추가로 조사를 해보아야 할 것이다. 메테펙 시기에 이어지는 코요틀라텔코 시기(Coyotlatelco phase, 650~850 CE)에 테오티우아칸에는 다시 수만 명의 인구가 거주했다. 그 정도만 하더라도, 물론 예전의 테오티우아칸에 비해 상당히 축소된 규모이긴 했지만, 같은 시기 주변 지역에 비하면 대규모 정착지였다.

테오티우아칸의 멸망을 불러온 폭력 행위의 책임이 누구에게 있었는지는 고고학적으로 아직 밝혀지지 않았다. 그러나 테오티우아칸 사람들의 전반적 생활을 연구한 성과에 따르면 갈수록 사회경제적 불평등이 심해졌고, 차별의 이데올로기가 강화되었으며, 내부의 긴장 요소들이 격화되어 마침내 정부가 새로운 변화에 대응할 수 있는 여력이 사라져버렸다. 매장지 발굴을 토대로 사회적 신분을 분석한 셈파우스키(Sempowski)의 연구나[30] 테오티우아칸 내부의 사회경제적 풍경을 검토

---

28 Ana María Jarquín Pacheco and Enrique Martínez Vargas, "Las excavaciones en el Conjunto 1D," in Rubén Cabrera Castro, Ignacio Rodríguez García, and Noel Morelos García (eds.), *Memoria del Proyecto Arqueológico Teotihuacán 80-82* (Mexico City: Instituto Nacional de Antropología e Historia, 1982), pp. 89-126.
29 Evelyn C. Rattray, "La industria obsidiana durante el periodo Coyotlatelco," *Revista Mexicana de Estudios Antropológicos* 27 (1981), 213-23.

한 로버트슨(Robertson)의 연구[31] 모두, 사회적 차별이 갈수록 강화되었고 신분과 부에 따른 사회적 간극이 점차 커졌음을 지적하고 있다. 도시 및 시골 주민 집단의 장례 풍습 차이를 연구한 최근의 성과에 따르면, 테오티우아칸에 다양한 이데올로기가 존재했으며 사람들은 각 집단마다 서로 구별되는 의례 전통을 유지하고 있었다.[32] 평민의 공동 주거 건물로 추정되는 틀라힝가 33번 건물을 연구한 결과 테오티우아칸 말기에 이르러 삶의 질이 후퇴했음을 알 수 있었는데, 영아 사망률과 극단적 영양 부족의 흔적이 드러났기 때문이다.[33] 같은 선상에서 추가적 연구가 이루어진다면 초기 국가인 테오티우아칸의 다양한 사회적 구성과 내부적 긴장의 원인, 궁극적으로 통치 기구의 효력에 도전하게 된 세력 관계 등이 더욱 풍부하게 드러날 것이다.

마지막으로 테오티우아칸을 연구하는 고고학자들은 도시와 시골 양쪽에 모두 관심을 기울여야 할 것이다. 도시 내부의 경관에 주목하는 연구와 도시를 둘러싼 주변 시골을 조사하는 연구가 모두 필요하기 때문이다. 테오티우아칸을 온전히 이해하려면 시골 주민이 정치적으로 어떻게 통합되어 있었는지, 지역 정착지마다 경제적 의존 혹은 자립의 정도

---

30 Martha L. Sempowski, "Economic and Social Implications of Variations in Mortuary Practices at Teotihuacan," in Janet C. Berlo (ed.), *Art, Ideology, and the City of Teotihuacan* (Washington, D.C.: Dumbarton Oaks, 1992), pp. 27-58.
31 Ian G. Robertson, "Mapping the Social Landscape of an Early Urban Center: Socio- Spatial Variation in Teotihuacan," Ph.D. dissertation, Arizona State University, 2001.
32 Sarah C. Clayton, "Ritual Diversity and Social Identities: A Study of Mortuary Behaviors at Teotihuacan, Mexico," Ph.D. dissertation, Arizona State University, 2009.
33 Storey, "Mortality Through Time."

가 어떻게 달랐는지, 시골의 공동체가 국가 체제에 어느 정도로 긴밀히 소속되어 있었는지, 혹은 도시 주민과 신분(정체성)의 차이는 없었는지, 테오티우아칸의 몰락 과정에서 시골 주민은 어떤 역할을 했는지 등의 문제들이 밝혀져야 할 것이다.

더 읽어보기

Andrews, Bradford W., "Stone Tool Production at Teotihuacan: What More Can We Learn from Surface Collections?", in Kenneth G. Hirth and Bradford W. Andrews (eds.), *Pathways to Prismatic Blades: A Study in Mesoamerican Obsidian Core-Blade Technology*, Los Angeles: The Cotsen Institute of Archaeology, University of California, 2002, pp. 47-60.

Barba, Luis A., and José Luis Córdova Frunz, "Estudios energeticos de la producción de cal en tiempos teotihuacanos y sus implicaciones," *Latin American Antiquity* 10 (1999), 168-79.

Beramendi-Orosco, Laura E., Galia González-Hernández, Jaime Urrutia-Fucugauchi, Linda R. Manzanilla, Ana M. Soler-Arechalde, Avto Goguitchaishvili, and Nick Jarboe, "High-Resolution Chronology for the Mesoamerican Urban Center of Teotihuacan Derived from Bayesian Statistics of Radiocarbon and Archaeological Data," *Quaternary Research* 71 (2008), 99-107.

Blanton, Richard E., and Lane Fargher, *Collective Action in the Formation of Premodern States*, New York: Springer, 2008.

Cabrera Castro, Rubén, "La excavation de la Estructura IB en el interior de la Ciudadela," in Rubén Cabrera Castro, Ignacio Rodríguez García, and Noel Morelos García (eds.), *Memoria del Proyecto Arqueologico Teotihuacan 80-82*, Mexico City: Instituto Nacional de Antropología e Historia, 1982, pp. 75-87.

Cabrera Castro, Rubén, and Sergio Gomez Chavez, "La Ventilla: A Model for a Barrio in the Urban Structure of Teotihuacan," in Alba Guadalupe Mastache, Robert H. Cobean, Ángel García Cook, and Kenneth G. Hirth (eds.), *Urbanism in Mesoamerica*, University Park: Pennsylvania State University, 2008, Vol. ii, pp. 37-83.

Cap, Bernadette, "'Empty' Spaces and Public Places: A Microscopic View of a Late Classic Plaza at Chan, Belize," in Cynthia Robin (ed.), *Chan: An Ancient Maya Farming Community in Belize*, Gainesville: University of Florida Press, 2012.

Charlton, Thomas H., "Teotihuacan Non Urban Settlements: Functional and Evolutionary Implications," in Emily McClung de Tapia and Evelyn C. Rattray (eds.), *Teotihuacan: nuevos datos, nuevas síntesis, nuevos problemas*, Mexico City: Universidad Nacional Autónoma de México, 1987, pp. 473-88.

Cowgill, George L., "Origins and Development of Urbanism: Archaeological Perspectives," *Annual Review of Anthropology* 33 (2004), 525-49.

_____, "Rulership and the Ciudadela: Political Inferences from Teotihuacan

Architecture," in Richard M. Leventhal and Alan L. Kolata (eds.), *Civilization in the Ancient Americas: Essays in Honor of Gordon R. Willey*, Cambridge, MA: Peabody Museum of Archaeology and Ethnology, 1983, pp. 313-43.

_____, "Teotihuacan as an Urban Place," in Alba Guadalupe Mastache, Robert H. Cobean, Ángel García Cook, and Kenneth G. Hirth (eds.), *Urbanism in Mesoamerica*, University Park: Pennsylvania State University, 2008, Vol. ii, pp. 85-112.

_____, "The Urban Organization of Teotihuacan, Mexico," in Elizabeth C. Stone (ed.), *Settlement and Society: Essays Dedicated to Robert McCormick Adams*, Los Angeles: Cotsen Institute, 2007, pp. 261-95.

Díaz Oyarzabal, Clara, "Chingú y la expansion teotihuacana," in Evelyn C. Rattray, Clara Díaz Oyarzabal, and Jaime Litvak King (eds.), *Interacción cultural en Mexico central*, Mexico City: Universidad Nacional Autónoma de Mexico, 1981, pp. 107-12.

García Cook, Ángel, "The Historical Importance of Tlaxcala in the Cultural Development of the Central Highlands," in Jeremy A. Sabloff (ed.), *Supplement to the Handbook of Middle American Indians*, Austin: University of Texas Press, 1981, pp. 244-76.

Gazzola, Julie, "La production lapidaria en Teotihuacan, estudio de las actividades productivas en los talleres de un conjunto habitacional," in María Elena Ruiz Gallut and Jesús Torres Peralta (eds.), *Arquitectura y urbanismo: pasado y presente de los espacios en Teotihuacan. Memoria de la Tercera Mesa Redonda de Teotihuacan*, Mexico City: INAH, 2005, pp. 841-78.

Gómez Chávez, Sergio, "La Ventilla: un barrio de la antigua ciudad de Teotihuacan," unpublished BA thesis, Escuela Nacional de Antropología e Historia, 2000.

Heizer, Robert F., and James A. Bennyhoff, "Archaeological Investigation of Cuicuilco, Valley of Mexico, 1957," *Science* 127 (1958), 232-3.

Longstaffe, Fred J., Michael W. Spence, Rebecca Storey, and Christine D. White, "Immigration, Assimilation, and Status in the Ancient City of Teotihuacan: Stable Isotopic Evidence from Tlajinga 33," *Latin American Antiquity* 15 (2004), 176-98.

McClung de Tapia, Emily, "Patrones de subsistencia urbana en Teotihuacan," in Emily McClung de Tapia and Evelyn C. Rattray (eds.), *Teotihuacan: nuevos datos, nuevas sintesis, nuevos problemas*, Mexico City: Universidad Nacional Autónoma de México, 1987, pp. 57-74.

Millon, René, "Social Relations in Ancient Teotihuacan," in Eric R. Wolf (ed.), *The*

Valley of Mexico, Albuquerque: University of New Mexico Press, 1976, pp. 205-48.

Millon, René, Bruce Drewitt, and James A. Bennyhoff, *The Pyramid of the Sun at Teotihuacan: 1959 Investigations*, Philadelphia, PA: Transactions of the American Philosophical Society, 1965.

Plunket, Patricia, and Gabriela Uruñuela, "Tradition and Transformation: Village Ritual at Tetimpa as a Template for Early Teotihuacan," in Nancy Gonlin and Jon C.Lohse (eds.), *Commoner Ritual and Ideology in Ancient Mesoamerica*, Boulder: University Press of Colorado, 2007, pp. 33-54.

Rattray, Evelyn C., "Anaranjado Delgado: cerámica de comercio de Teotihuacán," in Evelyn C. Rattray, Clara Díaz Oyarzabal, and Jaime Litvak King (eds.), *Interacción cultural en México Central*, Mexico City: Universidad Nacional Autónoma de México, 1981, pp. 55-80.

Sanders, William T., and Larry J. Gorenflo, *Prehispanic Settlement Patterns in the Cuautitlan Region, Mexico*, University Park: The Pennsylvania State University, 2007.

Spence, Michael W., "Domestic Ritual in Tlailotlacan, Teotihuacan," in Patricia Plunket (ed.), *Domestic Ritual in Ancient Mesoamerica*, Los Angeles: Cotsen Institute of Archaeology, University of California, 2002, pp. 53-66.

_____, "The Scale and Structure of Obsidian Production in Teotihuacan," in Emily McClung de Tapia and Evelyn C. Rattray (eds.), *Teotihuacan: nuevos datos, nuevos síntesis, nuevos problemas*, Mexico City: Universidad Nacional Autónoma de México, 1987, pp. 430-50.

Sugiyama, Saburo, *Human Sacrifice, Militarism, and Rulership: Materialization of State Ideology at the Feathered Serpent Pyramid, Teotihuacan*, Cambridge: Cambridge University Press, 2005.

Sugiyama, Saburo, and Ruben Cabrera Castro, "The Moon Pyramid Project and the Teotihuacan State Polity," *Ancient Mesoamerica* 18 (2007), 109-25.

Sullivan, Kristin S., "Commercialization in Early State Economies: Craft Production and Market Exchange in Classic Period Teotihuacan," Ph.D. dissertation, Arizona State University, 2007.

_____, "Specialized Production of San Martin Orange Ware at Teotihuacan, Mexico," *Latin American Antiquity* 17 (2006), 23-53.

Widmer, Randolph J., "The Evolution of Form and Function in a Teotihuacan Apartment Compound: The Case of Tlajinga 33," in Emily McClung de Tapia and Evelyn C. Rattray (eds.), *Teotihuacan: Nuevos Datos, Nuevas Síntesis,*

Nuevos Problemas, Mexico City: Universidad Nacional Autónoma de Mexico, 1987, pp. 317-68.

_____, "Lapidary Craft Specialization at Teotihuacan: Implications for Community Structure at 33:S3W1 and Economic Organization in the City," *Ancient Mesoamerica* 2 (1991), 131-47.

Yoffee, Norman, "Political Economy in Early Mesopotamian States," *Annual Review of Anthropology* 24 (1995), 281-311.

CHAPTER 14

도시 경관: 공간의 변화와 공동체의 재구축

제프 엠버링Geoff Emberling
사라 클레이턴Sarah C. Clayton
존 자누섹John W. Janusek

도시의 성장은 경제적·사회적·정치적 관계를 근본적으로 바꾸어놓았다. 또한 도시의 성장으로 백성의 범위도 재확정되었으며, 물리적 경관도 새로워졌다. 도시화의 효과는 도시마다 달랐다. 문화적 전통이나 자연환경이 서로 같지 않았기 때문이다. 이번 장에서는 도시 시스템의 사회적 환경과 물리적 환경을 검토해보고자 한다. 도시 안에서는 물론 도시의 배후지에서도 이러한 환경들이 확인된다. 배후지 또한 도시에 의해 만들어지고 관리되는 지역이었기 때문이다. 우리가 비교 대상으로 삼은 지역은 고대 중동, 메소아메리카, 안데스 지역이다. 여기서 우리는 어떤 공통점을 찾아보겠지만, 고전적 관점과 달리 서로 다른 문화적 맥락을 고려할 것이다. 예컨대 고든 차일드(Gordon Childe)의 고전적 도시 모델은 주로 메소포타미아 지역을 염두에 둔 것이어서 신대륙의 문화 전통과는 잘 맞지 않는다.

일반적으로 도시화란 사람들이 모이고 사회적 계층이 나뉘는 과정을 말한다. 정치적 측면에서 도시는 다양한 사회적 분파의 다양한 관심사가 서로 충돌하고 협상하는 가운데 발달했다. 통치자(중간 계층의 정치 지도자 포함)와 백성의 관계 또한 마찬가지였다. 경제적 측면에서 볼 때 도시에서는 대규모 노동력 동원이 가능했기 때문에 새로운 산업이 발달했고, 기술 혁신과 규모의 경제가 이를 뒷받침했다. 사회적 측면에서 도시는 기존의 혈연 중심 관계를 약화시켰다. 전통적 인간관계는 더 높은 권위 아래 복속되었고, 새로운 최고 권력에 의해 노역과 세금 의무가 부과되었다. 도시의 의사 결정 과정에 참여하면서 도시민의 정체성도 새삼 발달했다. 이 모든 과정을 거치면서 정착지와 주변 환경은 도시 구조에 걸맞게 변해갔다.

도시 내 공간의 재구성

도시 내 공간 및 인간관계의 재구성은 처음 정착지가 형성될 때부터 시작되었다. 모든 시작이 그러하듯이 도시화의 첫 단계도 고고학으로 밝혀내기가 쉽지 않다. 나중에 도시가 완전히 발달한 뒤에 세워진 거대한 건물들 아래로 초기의 흔적들이 묻혀버렸기 때문이다. 그럼에도 불구하고 적으나마 도시 최초 단계의 발굴층위에서 나온 성과, 후대의 역사 자료, 정착지와 토지 이용에 관한 고고학 연구, 인류학과 역사학의 기본 원칙에 입각해서 도시가 처음 설립된 방식에 관해 몇 가지 이야기를 해볼 수 있다. 첫 단계의 변화를 설명하려면 나중에 발전된 단계가 아니라 첫 단계 당시의 조건을 반드시 고려해야 할 것이다.

최초 정착지의 위치

기존의 도시 기원설은 특정 위치 여건이 도시의 발달에 기여한다는 가설이었다. 예컨대 무역로에 걸쳐 있다거나, 자연환경 조건이 우수했다거나, 지역들 사이의 교역에 유리한 위치였다는 등의 분석이었다.[1] 그러

---

1 Robert McC. Adams, *The Evolution of Urban Society* (Chicago: Aldine, 1966).

나 그러한 조건에 부합하지 않는 지역도 많았다. 도시가 형성되는 최초의 과정은, 주변의 넓은 지역에서 사람들이 모여들어 어느 정도 집중된 지역 범위 안에 정착하는 것이었다. 이처럼 도시가 형성되는 과정을 경제적 측면에서 보자면 유통 관계가 중요했는데, 도시 안에서 사람들이 생산한 농산물 혹은 수공업품을 서로 교환하는 시장이 위치하고 있었다. 그러나 시장경제가 형성되기 전, 생산과 교환은 사회 및 정치적 관계와 긴밀히 얽혀 있었다. 그 관계에 따라 초기 시장으로 접근할 수 있는 권한이 통제되었다. 따라서 논쟁의 여지는 남아 있지만, 대부분의 초기 도시가 등장할 때 이미 정치적 협상 및 정치권력이 개입되어 있었던 것 같다.

초기 도시가 성장할 때 또 다른 두드러진 특징들이 있었는데, 일상적으로 분쟁이 지속되는 상황이나 자연재해가 예측되거나 지나간 상황에서 안전과 안정을 바라는 수요도 그중 하나였다. 예컨대 멕시코 분지에서 테오티우아칸(Teotihuacan)이 성장한 것은 오늘날 푸에블라(Puebla) 주에 속하는 지역에서 일어난 화산 폭발에 영향을 받았을 수 있는데, 그곳의 화산 포포카테페틀(Popocatepetl)이 분화한 시기가 기원후 1세기였다.[2] 테오티우아칸에서 그리 멀지 않았던 멕시코 평원 남부의 정착지들은 시틀레(Xitle) 화산 때문에 상당한 위협을 받았다. 쿠이쿠일코(Cuicuilco)는 테오티우아칸 이전부터 존재한 도시였으나, 기원후 300년경 쿠이쿠일코를 덮친 화산 부산물은 깊이가 수 미터에 달했다.[3] 화산

---

2 Patricia Plunket and Gabriela Uruñuela, "Recent Research in Puebla Prehistory," *Journal of Archaeological Research* 13 (2005), 89-127.

폭발로 대재앙이 닥쳐왔을 때, 쿠이쿠일코는 이미 버려진 도시였고 테오티우아칸은 전성기를 구가했다. 그러므로 불행한 재앙이 사람들을 새로운 어느 지역으로 몰아간 것으로 볼 수 있으며, 그와 관련하여 정치적·경제적·종교적 통합 과정이 시작되었을 것이다.

최소한 일부 도시의 경우, 위치 선정이 상당히 의도적이었다. 즉 신의 의지가 뒷받침이 된 정치적 결정이었다. 예를 들어 아시리아 제국의 통치자 사르곤 2세(재위 721~705 BCE)는 새로운 수도의 위치를 신들에게 건의했고, 위대한 신들은 "새로운 도시를 건설하고 운하를 파라"는 명령을 내렸다고 한다.[4] 아즈텍의 전통에 따르면 그들의 수도 테노치티틀란(Tenochtitlan)은 우이칠로포치틀리(Huitzilopochtli)라는 신의 의지에 따라 위치를 선정했다. 그곳이 신들이 멕시카족에게 말해준, "높은 선인장 꼭대기에 앉아 있는 독수리가 뱀을 움켜쥐고 있는 곳"이었다.[5] 이러한 장소 선정이 신들의 의지에 따른 것이었다 할지라도, 이는 분명 정치적 현실과 무관할 수 없었다. 사르곤은 왕위를 찬탈한 입장에서 새로운 수도를 건설하여 기존 엘리트 계층이 소유한 토지로부터 멀리 이동함으로써 그들의 선거권을 박탈하고 새로운 정치적 네트워크를 수립했다. 한편 멕시카족은 당시 멕시코 분지에 도착한 지 얼마 되지 않았으므로

---

3 Claus Siebe, "Age and Archaeological Implications of Xitle Volcano, Southwestern Basin of Mexico City," *Journal of Volcanology and Geothermal Research* 104 (2000), 45-64.
4 Daniel David Luckenbill, *Ancient Records of Assyria and Babylonia II* (Chicago: The University of Chicago Press, 1927), p. 64; and Otto, Chapter 23, this volume.
5 Frederic Hicks, "Mexican Political History," in Elizabeth M. Brumfiel and Gary M. Feinman (eds.), *The Aztec World* (New York: Abrams, 2008), pp. 5-21; and Gutiérrez, Chapter 24, this volume.

그들이 활용할 수 있는 땅을 찾아야 할 입장이었다.

이외에도 도시 출현 이전 단계의 사회적·정치적 구조와 경제 관계에 입각하여 형성된 원초적 도시들도 있었다(도시민과 별다른 접촉이 없는 지역인데도 도시가 형성된 경우). 그러한 원초적 도시에서 기존의 정치적 권위는 도시가 출현하는 데 기여했을 뿐만 아니라 최소한 도시 등장 이후 초기 단계까지도 유지되었다. 예컨대 메소포타미아의 도시들에는 원로 의회가 존재했는데, 이는 도시가 형성되기 이전의 정치 형태가 그대로 존속된 사례였다.[6]

정치 조직

도시의 위치는 아마도 도시 출현 이전 단계의 정치권력에 의해 지정되었을 것이며, 이후 계속해서 인구가 증가하여 도시 공동체로 성장하면서 상당수의 백성을 거느리게 되었을 것이다. 도시민은 노동력과 농산물 및 수공업품을 세금으로 바쳤고, 군사력 증대에도 기여했다. 통치자의 입장에서는 예컨대 성직자나 사원에 소속된 사람들, 지배 계층에 속하지 않은 가구들, 민족적으로 구분되는 집단들 등 정치적으로 다른 분파의 대립에 직면할 가능성도 없지 않았다. 그럼에도 불구하고 도시

---

6 Gojko Barjamovic, "Civic Institutions and Self-Government in Southern Mesopotamia in the Mid-First Millennium BC," in J. G. Dercksen (ed.), *Assyria and Beyond: Studies Presented to Mogens Trolle Larsen* (Leiden: Nederlands Instituut voor het Nabije Osten, 2004), pp. 47–98; Robert McC. Adams, "Old Babylonian Networks of Urban Notables," *Cuneiform Digital Library Journal* 7 (2009); and Norman Yoffee, *Myths of the Archaic State: Evolution of the Earliest Cities, States, and Civilizations* (Cambridge: Cambridge University Press, 2005), p. 109.

는 정치권력 강화의 기반이 되었다. 도시 건설로 새로운 형태의 정치권력뿐만 아니라 새로운 종류의 백성도 동시에 발달하게 되었다.[7]

경제

도시에 사람들이 모여들자 경제도 바뀌었다. 고든 차일드는 도시를 정의할 때, 가축과 곡물을 막론하고 도시 인구가 식량을 자급자족할 수 있는 범위를 넘어서면 그것을 도시로 보았다. 그래서 도시 인구는 집중화되고 또한 전문화되었다. 도시가 발달하면서 의존성도 증가했다. 사람들은 스스로 식량을 자급할 수 없었기 때문에 배급이나 상거래에 의존할 수밖에 없었다. 일반적으로 도시의 생산품은 갈수록 전문화되었다. 이를 통해 효율성과 고용 인력을 더욱 늘려 나갈 수 있었고, 동시에 그럴 수밖에 없었다.[8] 인구 증가와 도시 내 기관 수요 덕분에 기술 혁신의 속도도 빨라졌다. 이러한 과정이 지속되면서 도시 엘리트 계층의 수중에 재산이 집중되었다. 메소포타미아 지역을 예로 들자면, 도시가 처음 형성되면서 물레(輪臺)가 발달했으며, 도시가 성장함에 따라 직물 생산량도 크게 증가했고, 이외에도 다양한 초기 기술 혁신이 도시에서 일어났다. 최초의 청동기 제조 기술이나 이후 그와 관련된 유리 제작 기술도 그러한 사례에 속했다.

7　Adam Smith, "Archaeologies of Sovereignty," *Annual Review of Anthropology* 40 (2011), 415-32.
8　Guillermo Algaze, *Ancient Mesopotamia at the Dawn of Civilization: The Evolution of an Urban Landscape* (Chicago: The University of Chicago Press, 2008).

도시 경제가 전문화되고 그 결과로 도시 가구에서 기본적 생필품의 외부 의존도가 높았지만, 오늘날 갈수록 분명히 드러나고 있는 사실은, 도시 내 식량 생산량의 규모가 생각보다 훨씬 더 컸다는 점이다. 기존 연구에서는 도시-시골의 상호 의존 관계를 중심으로 도시에서 식량 생산이 적었을 것으로 짐작했었는데, 오늘날의 연구 성과는 전혀 다른 결과를 보여주고 있다. 예컨대 메소아메리카 지역의 도시화 연구에서 도시 내 녹지 공간과 주거지를 둘러싼 토지의 용도를 조사하고 있다. 스타크(Stark)와 오사(Ossa)는 베라크루즈(Veracruz) 중남부 지역에서 멕시코만 저지대 특유의 흩어진 도시 구조를 연구했는데, 이는 집약적 도시 농업에 알맞은 형태였다. 거주지 주변의 토지 사용은 상징적이면서 경제적으로도 그만큼 실용적이었다.[9] 흩어진 도시 구조에서 주거지에 포함된 정원의 규모가 대체로 상당히 커서 각 가구에서 필요한 식량을 수급했을 뿐만 아니라 인구 밀도가 높은 도시에서 교환 시장이 열리기도 했다. 안데스 지역의 도시 티와나쿠(Tiwanaku)와 쿠스코(Cuzco)에는 상당한 면적의 농지와 정원이 포함되어 있었고, 복잡한 수로 네트워크로 물이 공급되었다. 메소아메리카와 안데스 지역의 발굴 조사 결과는 메소포타미아 지역의 《길가메시 서사시》에 나오는 내용과도 일치했다. 《길가메시 서사시》에 따르면 도시 우루크의 3분의 1은 도심이었고, 3분의 1은 정원이었고, 3분의 1은 진흙(흙벽돌 제작용) 채취 구덩이였으며, 이 외에 별도로 도시의 중심에 사원 구역이 있었다고 한다.[10]

9 Barbara L. Stark and Alanna Ossa, "Ancient Settlement, Urban Gardening, and Environment in the Gulf Lowlands of Mexico," *Latin American Antiquity* 18 (2007), 385-406.

사회

　도시 인구 집중이 계속되면서 도시 출현 이전 단계의 정치·사회적 연결 고리가 약화되기 시작했다. 혹은 최소한 기존의 관계가 보다 포괄적인 정치적 관계 속으로 편입되기 시작했다고 말할 수 있다. 확대 친족 집단의 지도자들은, 기존에는 그들의 주도하에 공동체와 경제 구조가 유지되었지만, 점차 새롭게 부상하는 도시의 통치자와 행정 조직에 복속되었다. 동시에 확대 친족 집단은 많은 경우 점차 작은 가족 단위로 쪼개졌을 것이다. 도시 공간에서 인구 밀도가 높아지면서 확대 친족 집단이 모두 근처에 함께 살기가 어려워졌다. 그와 관련하여 메소포타미아의 텍스트에 소송 기록이 남아 있는데, 상속과 재산 분배에 관한 분쟁이었다.[11]

　동시에 왕을 중심으로 하는 더 큰 규모의 새로운 조직이 도시 안에서 발달했다. 메소포타미아 지역의 구바빌로니아 시기(Old Babylonian period, c. 1800 BCE)에는 이웃을 의미하는 이른바 바브툼(babtum)이 있었는데, 바브툼 단위 내부적으로 정치적 위계 구조를 가지고 있었다.[12] 확대 가족이 분화되고 새로운 왕 중심의 집단이 형성되면서, 도시 안의 백성은 분쟁을 해결할 때나 경제적 원조를 필요로 할 때 도시의 권력자들을 찾아가게 되었다.

10　See Emberling, Chapter 12, this volume.
11　Elizabeth Stone, *Nippur Neighborhoods* (Chicago: The Oriental Institute of the University of Chicago, 1987).
12　Andrea Seri, *Local Power in Old Babylonian Mesopotamia* (London: Equinox, 2005).

한편 일부 다른 도시들에서는 공동 주거 집단의 성격이 계속해서 확대 친족 집단으로 유지되었다. 이때 친족 집단이란 단지 혈연뿐만 아니라 가상의 친족 관계까지 포함되는데, 이들은 전문적으로 어떤 물품을 함께 생산하는 경제 공동체였다. 테오티우아칸에서 방이 무려 2000개가 넘는 건물들이 기원후 3세기부터 건축되기 시작했는데, 도시 내 주택의 주요 형태가 그러했고, 도시와 연관된 일부 시골 정착지에서도 같은 형태의 건물이 건축되었다. 한꺼번에 60~100명의 사람들이 거주할 수 있는 이와 같은 "아파트형 공동 주거 건물"은 분명 전문화된 물품 생산 활동과 관련이 있었다(예를 들면 토기 제작, 보석 세공, 대리석 가공, 흑요석 가공 등). 이들 활동은 개별 가구 단위를 훨씬 넘어서는 범위에서 이루어졌다. 경제적 물품 생산 이외에도 공동 주거 건물에 거주하던 사람들은 일상생활을 공유하며 사회적 교류를 했고, 망자를 건물의 바닥이나 벽체 아래에 매장하는 등 공동 의례에 참여했다. 주거를 통해 형성된 관계는, 테오티우아칸에서는 틀림없이 개인의 신분을 규정하는 가장 핵심적인 요소였다. 친족 집단과 계보를 기반으로 하는 신분은 공동 거주를 통해 형성된 사회적 소속으로 대체되었다.

　　도시 내부는 흔히 구역 혹은 이웃 단위로 나뉘는 경우가 많았다. 그렇게 개별 단위 조직은 기존의 사회적 집단이 유지 존속된 경우도 있었고, 새로 만들어진 경우도 있었다. 테오티우아칸의 경우도 마찬가지였다. 연구자들은 테오티우아칸에서 이웃 단위 조직의 흔적을 발견했다. 정착지의 패턴과 건물의 구성 요소 및 부수적 기능을 종합적으로 판단한 결과였다. 예를 들어 2만 5000제곱미터에 달하는 "라 벤틸라(La Ventilla)"라고 하는 이웃 단위가 있었는데, 여기에는 사원, 공공 건물, 대규모 광장, 공동 주거 건물, 우물 등이 포함되어 있었다.[13] 테오티우아칸의 다른 일부 이웃 단위들(예를 들면 "틀라일로틀라칸Tlailotlacan")은 외부에서 들어온 이주민의 엔클라베(enclave)였던 것으로 추정된다.[14] 메소아메리카 저지대 지역에서 이웃 단위 연구는 다른 지역에 비해 비교적 늦어졌는데, 그 이유는 마야의 정치 중심지들처럼 저지대에 흩어져 있는 낮은 인구 밀도의 정착지들을 과연 도시로 간주할 수 있을지 기존의 역사학계에서 합의를 이루지 못했기 때문이다. 그러나 최근 연구에서는 마야 저지대의 주거 구역을 구획할 때 "이웃(neighbourhood)"이라는 용어가 분명히 사용되고 있다. 스미스(Smith)의 주장에 따르면, 이웃이라고 하는 사회공간적 개념은 인구 밀도가 낮은 세계의 다른 지역에서도 그대로 적용되고 있다.[15] 스톤(Stone)과 지만스키(Zimansky)는 마슈칸-샤피르(Mashkan-shapir) 표층 조사 연구를 근거로, 메소포타미아 지역의 도시들도 기능적으로 공통되는 이웃 단위로 구성되어 있었다고 주장했다. 각 단위에는 구역 내에서 필요한 수공업품을 제작한 흔적과 함께 엘리트 계층의 주택이 포함되어 있었다.[16] 메소포타미아 지역의 역사상 다

---

13 Sergio Gómez-Chávez, "Structure and Organization of Neighborhoods in the Ancient City of Teotihuacan," in M. Charlotte Arnauld, Linda R. Manzanilla, and Michael E. Smith (eds.), *The Neighborhood as a Social and Spatial Unit in Mesoamerican Cities* (Tucson: University of Arizona Press, 2012), pp. 74-101.
14 Michael W. Spence, Christine D. White, Evelyn C. Rattray, and Fred J. Longstaffe, "Past Lives in Different Places: The Origins and Relationships of Teotihuacan's Foreign Residents," in Richard E. Blanton (ed.), *Settlement, Subsistence, and Social Complexity: Essays Honoring the Legacy of Jeffrey R. Parsons* (Los Angeles: Cotsen Institute of Archaeology, 2005), pp. 155-97.
15 Michael E. Smith, "Classic Maya Settlement Clusters as Urban Neighborhoods: A Comparative Perspective on Low-Density Urbanism," *Journal de la Société des Américanistes* 97 (2011), 51-73.

른 시기에도 주거 구역은 수공업 품목에 따라 구획된 사례가 있는데, 예컨대 도시 우루크의 내부는 길드 단위로 거주 구역이 나뉘었던 것으로 추정된다.[17]

도시에서 새로운 형태의 정체성 개념이 출현했던 증거도 있다. 바로 "시민(citizen)" 개념이다. 기원전 제3천년기 메소포타미아 지역에서 엘리트 계층과 노동자 계층을 막론하고 기관에서 보유한 배급 명단에는 출신 도시가 기록되어 있었다.[18] 출신 민족 명칭보다는 출신 도시 명칭이 당시 사회에서 더 보편적으로 인식되었던 것이다. 안데스 고원 지대(알티플라노)에 있었던 도시 티와나쿠의 등장과 관련한 고고학 조사 결과에서도 비슷한 개념이 확인되었다. 티와나쿠가 대규모로 확장된 시기는 기원후 500년에서 700년 사이였다. 도시 중심의 기념비적 건축물의 범위를 넘어서서 주거 구역이 넓게 확장되었는데, 도시 전체는 정밀한 도시 설계에 따라 건설되었다. 이런 측면에서는 테오티우아칸과도 비슷했다. 도시 설계는 시각적으로 도시의 방향을 설정했는데, 주요 산봉우리와 천체의 운행을 고려한 방향이었다.[19] 도시 내부 공간을 구성하는 기본 단위는 벽으로 둘러싸인 공동 주거 건물이었다. 외벽의 안쪽으로

---

16 Elizabeth C. Stone and Paul Zimansky, *The Anatomy of a Mesopotamian City: Survey and Soundings at Mashkan-shapir* (Winona Lake, IN: Eisenbrauns, 2004).
17 Marc van de Mieroop, *The Ancient Mesopotamian City* (Oxford: Clarendon Press, 1997).
18 Geoff Emberling, "Urban Social Transformations and the Problem of the 'First City': New Research from Mesopotamia," in Monica L. Smith (ed.), *The Social Construction of Ancient Cities* (Washington, D.C.: Smithsonian, 2003), pp. 254-68.
19 John W. Janusek, *Ancient Tiwanaku* (Cambridge: Cambridge University Press, 2008).

몇몇 주거지와 부속 건물 및 마당이 포함되어 있었다. 둘 혹은 그 이상의 공동 주거 건물이 결합되어 하나의 바리오(barrio)를 구성했다. 도시 티와나쿠 안에서 공간적으로 나뉜 공동 주거 건물과 바리오는 친족 혹은 기타 내밀한 관계의 공동체가 함께 거주하는 공간이었다. 공예품의 양식, 건축, 주거 관행은 공동 주거 건물에 따라 상당히 달랐다. 이로 보아 공동 주거 집단은 애초 서로 다른 장소에서 티와나쿠로 이주해 도시 안에서 자신의 정체성을 계속 유지하면서 살아갔던 것 같다. 일부 바리오 공동체들은 무역에 특화된 집단이었다.[20] 그럼에도 불구하고 티와나쿠 공동 주거 건물과 바리오 안의 주민은 티와나쿠에서 오래도록 지속된 공간적 표준에 따라 주거 공간을 만들어야 했다. 그리고 모두가 티와나쿠의 특징적 관습을 받아들여야 했다. 예를 들면 티와나쿠 스타일의 토기가 공동 행사에 사용되었으며, 지하에 다양한 용도의 거대한 "재 구덩이"를 팠다. 티와나쿠의 도시화에는 내부 공동체의 사람들을 도시민으로, 새로운 정치적·문화적 질서에 부합하는 시민으로 바꾸어 나가는 과정이 포함되어 있었다.

환경 건축

우리의 도시 논의가 도시 내부 공동체의 변화에 관한 이야기로 시작했다면 그러한 변화를 만들어낸, 그리고 그러한 변화가 겉으로 표현된 것이 바로 초기 도시의 물질적 환경이다. 도시 통치자의 상징적 권위는

---

20 John W. Janusek, *Identity and Power in the Ancient Andes: Tiwanaku Cities Through Time* (London: Routledge, 2004).

대개 그의 신체를 도상으로 표현하는 경우가 많지만, 신체와 상관없는 기념비적 건축물(궁궐, 사원, 성벽)로 나타내거나 행렬을 위한 도로 혹은 광장 같은 공동의 공간을 조성하기도 한다. 그러한 공간은 폭넓은 대중이 참여하는 의례의 장소일 뿐만 아니라, 일상적 활동이 펼쳐지거나 도시의 정체성이 확인되는 현장이기도 하다. 메소포타미아 지역의 텍스트 자료에는 정기적 대중 축제에 관한 기록이 남아 있다. 신상을 모시고 행진을 하기도 하고, 도시 통치자의 즉위를 기념하는 등의 부정기적 잔치도 있었다. 예를 들면 아시리아의 왕 아슈르나시르팔(Ashurnasirpal, 재위 883~859 BCE)이 새로운 수도(칼후Kalhu)를 완공했을 때도 잔치가 벌어졌다.[21] 도시 내 시설들로 보아 다양한 규모의 연회는 특히 중요했으며, 도시 인구 전체가 참여하는 잔치도 있었다.

도시에서 사원은 가장 중요한 시설물이었다. 사원은 다양한 문화적 행위가 거행되는 구심점으로, 대중이 참여하는 의례는 물론 농산물이나 수공업품의 생산도 사원에서 이루어졌다. 도시의 통치자는 사원과 다양한 관계를 맺고 있었다. 대부분의 문화권에서 이와 같은 관계는 가장 중요한 요소로 간주되었다. 초기 왕조 시기(c. 2500 BCE)의 메소포타미아 지역에서 사원은 농지를 소유했고, 농업 생산과 철기·직물·토기 제작을 관리했으며, 귀중한 원재료를 구하기 위한 원거리 무역 원정을 조직했다. 왕은 사원의 건축과 유지를 책임지고 있었다. 신들과 후손들이 그것을 확실히 인지하도록 하기 위해서 기초석과 벽돌에 왕의 역할을 새

---

21 David Oates and Joan Oates, *Nimrud: An Assyrian Imperial City Revealed* (London: British School of Archaeology in Iraq, 2001).

거두었다. 이념적으로는 왕이 사원을 위해 봉사하는 역할이었지만, 왕권이 강화되면서 갈수록 그 관계는 점차 역전되었다.

테오티우아칸의 도시 건축은 특히 기념비적 성격이 강했고 명확한 질서가 잡혀 있었다. 도시 건축은 오랜 세월 동안 누적된 결과였다. 초기의 도시 계획부터 규모가 거대했고, 이후 도시의 확장과 공적 공간 및 주거용 건물의 변화가 기원후 제1천년기 전반기 내내 지속되었다. 도시는 그야말로 신성한 장소로 조성되었다.[22] 정치 기관과 종교 시설이 시각적으로 뒤섞여 있었다. 행렬이 지나가는 중심가, 즉 〈죽은 자들의 거리(Avenue of the Dead)〉 주변에 100개 이상의 사원 건축물이 늘어서 있었다. 도시의 표준 건물 방향은 북동쪽 15.5도였다. 테오티우아칸의 공공 건물은 물론 대부분의 주거용 건물도 모두 표준 방향을 준수하고 있었다. 이러한 표준은 같은 시기 일부 시골 지역 정착지의 건물에서도 확인된다.[23]

〈죽은 자들의 거리〉 북쪽 끄트머리는 〈달의 피라미드〉라고 하는 복합 건물에 닿아 있다. 〈달의 피라미드〉 자체는 도시 북쪽에 위치하는 성산(聖山) 세로 고르도(Cerro Gordo)의 형상을 본뜬 것이었다. 카우길(Cowgill)이 지적했듯이, 최근의 전통에서도 성스럽고 물이 가득한 산으로 이해되었다. 게다가 예컨대 테피난티틀라 복합 건물(Tepinantitla

---

22 René Millon, "The Last Years of Teotihuacan Dominance," in Norman Yoffee and George L. Cowgill (eds.), *The Collapse of Ancient States and Civilizations* (Tucson: University of Arizona Press, 1988), pp. 102-64.
23 Sarah C. Clayton, "Measuring the Long Arm of the State: Teotihuacan's Relations in the Basin of Mexico," *Ancient Mesoamerica* 24 (2013), 87-105.

complex)에서 보듯이 테오티우아칸에 남아 있는 벽화에는 의인화된 산의 형상이 그려져 있다. 아마도 그 산은 세로 고르도를 그린 것으로 추정된다.[24] 수많은 복합 건물들과 더불어 두 개의 피라미드가 테오티우아칸의 신성한 경관을 더욱 뚜렷이 만들어준다. 테오티우아칸에서 가장 큰 건축물인 〈태양의 피라미드〉는 〈죽은 자들의 거리〉 동쪽 편에 위치하고, 〈깃털 뱀의 피라미드〉는 시우다델라(Ciudadela)라고 하는 거대한 마당 안에 자리하고 있다. 시우다델라는 10만 명이 한꺼번에 모일 수 있는 규모. 통치자가 이 도시의 핵심부에 건설한 건축물들은 대규모 행진과 성스러운 권력과 군사력을 대중적으로 과시하기에 알맞도록 구성되어 있다. 그들의 행사에는 틀림없이 전쟁과 관련 있었던 것으로 보이는 인신 공양의 희생 의례도 포함되었다.[25]

안데스 지역의 도시들은 건축물의 형태가 전혀 달랐고, 그들이 원한 도시의 백성도 전혀 달랐다. 안데스 고산 지대에 위치하는 티와나쿠(Tiwanaku)는 테오티우아칸을 연상케 하는 도시였다. 도시 내 건물은 매우 질서 정연했으며, 사원과 광장 및 깊은 마당이 딸린 두 개의 기념비적 건축물이 도시를 압도했는데, 마당에는 단일 암석으로 조각한 인간 형상의 석상(石像)들이 서 있었다. 기념비적 건축물의 북동부에는 아카파나-칼라사사야(Akapana – Kalasasaya) 복합 건물이, 남동부에는 푸마푼

---

24 George L. Cowgill, "Intentionality and Meaning in the Layout of Teotihuacan, Mexico," *Cambridge Archaeological Journal* 10 (2000), 358–61.
25 Saburo Sugiyama, *Human Sacrifice, Militarism, and Rulership: Materialization of State Ideology at the Feathered Serpent Pyramid, Teotihuacan* (Cambridge: Cambridge University Press, 2005).

쿠(Pumapunku) 복합 건물이 자리하고 있었다. 티와나쿠의 기념비적 복합 건물과 공동 주거용 건물에서 거행되는 의례의 핵심은 공생(共生) 관계였다. 유명한 "태양의 문(Solar Portal)"을 포함하여 여러 석문(石門)을 통과한 성직자들, 순례자들, 의례 참여자들은 세심하게 계획된 길을 따라가게 되어 있었다. 거대한 광장을 가로질러 높은 플랫폼 위의 사원에 도달하면 깊은 마당으로 들어섰고, 마당에 서 있는 석상들을 만나게 되었다. 모든 기념비적 건축물의 공간을 모든 참여자가 동일하게 경험하지는 않았지만, 티와나쿠는 의례 참여자가 겪게 될 경험을 예측하여 건설되었으며 설계에 반영된 이념적 메시지가 곳곳에 내재되어 있었다.

안데스 지역의 도시들, 예컨대 와리(Wari)나 찬찬(Chan Chan)은 훨씬 더 폐쇄적이었다. 이들 도시의 설계에서는 시민의 사회공간적 분리가 강조되어 있었다. 페루 해안의 도시 찬찬의 전성기에는 도시 안에 폐쇄 구조의 궁궐 혹은 시우다델라가 여러 곳 있었다. 하급 혹은 임시의 거주용 주택들이 그 주변을 둘러싸고 있었는데, 시간이 지날수록 그 면적이 늘어났다. 궁궐 근처의 일부 주거 구역에는 궁궐에서 근무하는 신하들의 주택이 있었다. 한편 도시의 남쪽과 서쪽으로 계속 확장되어간 구역에는 도시 내의 다양한 바리오(barrio)들이 들어섰는데, 특정 분야에 종사하는 전문 집단별로 모여 있는 경우가 많았다. 예를 들면 금속, 직물, 토기 생산에 특화된 집단이었다.[26] 초기 치무 시기(Early Chimu period, 1100~1200 CE) 라베린토 궁궐(Laberinto palace)의 건축에는 담장을 두

---

26 John Topic, "Territorial Expansion and the Kingdom of Chimor," in Michael E. Moseley and Alana Cordy-Collins (eds.), *The Northern Dynasties: Kinship and Statecraft in Chimor* (Washington, D.C.: Dumbarton Oaks, 1990), pp. 107-44.

른 두 개의 시우다델라가 포함되어 있었다. 첫째, 궁궐 전체는 세 구역으로 나뉘었다. 첫 번째 구역은 북쪽 출입구와 연결된 마당으로, 주변에 방들이 둘러싸고 있다. 두 번째 구역은 중앙부의 마당으로, 그 옆에 왕실 묘지 기단이 연결되어 있다. 세 번째 구역은 남쪽에 있는데, 주거용 건물과 계단으로 걸어 들어갈 수 있는 크기의 우물이 있다. 둘째, 시간이 지나면서 궁궐 내부 공간 구성이 복잡해졌다. 계급별로 내부 업무 공간(audiencia)이 나뉘었으며, 그에 딸린 창고들이 있었다. 전체적으로 보자면 갈수록 행정 체계가 복잡해졌음을 나타내고 있다. 매장지의 기단 아래에는 사망한 통치자의 유해를 미라로 만들어 보관했던 것으로 추정된다. 그곳은 살아생전에 그가 건축하고 생활한 곳이었다.[27] 후기에 건축된 담장을 두른 마당 끝으로 부속 건물들이 복잡하게 연결되어 있다. 아마도 후대의 가족이나 관리자, 전문 수공업자가 생활했던 주택으로 추정된다. 이들은 안마당 공간 안의 공동체와 조상들의 미라 관리에 직접적으로, 그리고 공식적으로 참여한 사람들이었다.

성벽은 다양한 관점에서 학문적 연구의 대상이 되었다. 성벽을 건설한 목적이 적으로부터 도시를 보호하기 위해서였는지, 도시민이 달아나는 것을 막기 위해서였는지, 통치자의 권력을 과시하기 위해서였는지, 주변에서 도시가 돋보이도록 하기 위해서였는지 등이 관심 분야였다. 흥미로운 점은 추정컨대 최초의 메소포타미아 지역 도시들에는 성벽이 없었다는 사실이다. 이집트의 성벽 또한 도시가 생겨난 이후 몇 세기가

---

27 Geoffrey Conrad, "The Burial Platforms of Chan Chan: Some Social and Political Implications," in Michael E. Moseley and Kent C. Day (eds.), *Chan Chan: Andean Desert City* (Albuquerque: University of New Mexico Press, 1982), pp. 87–118.

흐른 뒤에 건설된 것이었다.[28] 안데스 지역의 도시들도 대부분 성벽이 없었다. 다만 티와나쿠에서는 물이 가득 채워진 "해자"가 도시 북동부 대부분의 복합 건축물을 둘러싸고 있었다. 이를 통해 도시 내 상당히 큰 규모의 공간을 자연스레 의례 공간으로 구분했다.[29] 티와나쿠의 역사상 해자는 매우 이른 시기에 조성되었고, 도시 티와나쿠가 확장되면서 동시에 해자도 확장되었다. 이처럼 성벽이나 다른 관련 시설들로 보더라도 도시화의 과정은 시간의 흐름에 따라 변화 및 발전하는 것이었음이 더욱 분명하게 드러난다.

시간과 규모

고든 차일드(Gordon Childe)가 "도시 혁명(Urban Revolution)"이란 개념을 제안했던 것은, 도시의 성립으로 정치권력과 경제 조직 및 정체성(신분) 등이 한순간이라고까지는 할 수 없겠지만 급속도로 변화했기 때문이다.[30] 분명 도시가 성장하는 데는 시간이 걸렸고, 그 시간이 얼마나 되었는지를 고려해볼 필요가 있다. 이와 관련해서 현재 우리가 아는 한 메소포타미아 지역에서는 시리아 북동부에 있는 텔 브라크(Tell Brak) 유적으로부터 가장 뚜렷한 증거를 발견할 수 있다. 그곳의 도시 면적은 기원전 3900년부터 3500년까지 30헥타르에서 130헥타르까지 확장되었

---

28 Barry Kemp, Nadine Moeller, Kate Spence, and Alison L. Gascoigne, "Egypt's Invisible Walls," *Cambridge Archaeological Journal* 14 (2004), 259–88.
29 Alan L. Kolata, *The Tiwanaku: Portrait of an Andean Civilization* (Cambridge: Blackwell, 1993).
30 V. Gordon Childe, "The Urban Revolution," *Town Planning Review* 21 (1950), 3–17.

다.³¹ 그러니까 4세기 동안 엘리트 계층의 주거 공간과 플랫폼 위의 사원 등 몇몇 기념비적 건축물들이 건설되었고, 당시 연회가 개최된 연회장을 통해 중간급 정치 엘리트 계층의 존재와 활동을 엿볼 수 있는데, 아마도 그들은 도시 출현 이전부터 내려온 확대 친족 집단의 지도자였던 것 같다.³² 메소포타미아 지역에서 원로 의회가 끊이지 않고 연속적으로 존재했는지는 알 수 없지만, 전반적으로는 최소한 신바빌로니아 시기부터 이후 약 4000년 동안 그 흔적을 발견할 수 있다. 도시가 가져온 변화의 범위는 상당히 넓었다. 따라서 변화를 포착하려면 그것을 한순간에 일어난 일로 보기보다 전반적 진행 과정으로 이해해야 할 것이다.

안데스 지역 도시에서는 언제나 건축이 진행되고 있었다. 티와나쿠의 사원들은 심지어 방치되던 그 시점에도 건축이 진행 중이었던 흔적이 뚜렷이 남아 있다. 기념비적 건축물의 건설을 위해 석재 생산이 계속되었으며, 그 생산 과정은 도시 내에서 확연히 볼 수 있는 풍경이었다. 도시 찬찬(Chan Chan)은 세대를 거듭하면서 각각의 시우다델라(담장을 두른 마당 혹은 광장)가 건설되었으며, 그에 연결된 관리인 및 전문 수공업자의 거주 공간이 계속 추가되었다. 제프리 콘라드(Geoffrey Conrad)의 잉카 역사 설명에 따르면, 각각의 새로운 통치자는 새로운 궁전을 건설해야 했으며, 왕실 혈족은 "분할 상속"의 원칙에 따라 상속받은 부동산으로 재산을 만들어야 했다.³³ 쿠스코(Cuzco) 또한 바로 이와 같은 방

---

31 Joan Oates, Augusta McMahon, Philip Karsgaard, Salam al Quntar, and Jason Ur, "Early Mesopotamian Urbanism: A New View from the North," *Antiquity* 81 (2007), 585-600.
32 See Emberling, Chapter 12, this volume.

식으로 확장되었다. 험난한 중부 안데스 산악 지대에 위치한 잉카의 수도 쿠스코는 비교적 작은 규모의 도시였고, 스페인 정복 당시의 인구 규모는 최대 2만 명에 불과했다.[34] 당시 쿠스코에는 궁전, 사원, 회의장, 아클라와시(acllawasi) 등이 있었다. (아클라와시는 "선택받은" 여인들의 집이라고 하는 거대 건축물인데, 여기서 여인들은 잉카의 엘리트 계층을 위해 정성 들여 천을 짜고 엘리트가 주최하는 연회를 준비했다.) 이 모든 건물은 쿠스코의 핵심부에서 권력을 장악한 귀족 가문의 소유물이었다. 쿠스코에는 10개 이상의 귀족 가문이 있었으며 각 가문은 친족 중심의 재산, 즉 파나카(panaca)에 중심을 두고 있었다. 이들은 새로운 통치자, 즉 사파(Sapa, 유일한) 잉카와 그의 첫 번째 아내(친남매)와 두 번째 부인들과 첩들의 가문이었다. 사파 잉카가 죽은 뒤에도 그의 파나카는 계속해서 살아남는다. 그의 고귀한(capac) 후손들뿐만 아니라 친족, 자손, 관리인이 모두 다 같이 사망한 사파 잉카의 미라와 쿠스코 안에 남아 있는 성스러운 물건과 장소를 경배한다.

도시 테오티우아칸 또한 오랜 시간 동안 발전을 지속했지만, 초기의 성장은 특히 인상적이었다. 인구가 급성장하고 정착지 면적에도 엄청난 변화가 있었다. 강력한 국가의 수도로서 국가의 성장과 함께 도시도 발달했던 것이다. 기원전 시기가 끝나갈 무렵 테오티우아칸에 처음 사람들이 정착하기 시작했다. 기원후 1년에 테오티우아칸의 인구는 약 2만

---

33 Geoffrey Conrad, "Cultural Materialism, Split Inheritance, and the Expansion of Ancient Peruvian Empires," *American Antiquity* 46 (1981), 3-26.
34 Brian S. Bauer, *Ancient Cuzco: Heartland of the Inca* (Austin: University of Texas Press, 2004).

명이었고, 이후 성장을 지속하여 기원후 200년경에 이르러 인구가 8만 내지 12만 5000명까지 늘어났다. 테오티우아칸 초기의 폭발적 인구 성장과 같은 시기에 주변 지역의 인구는 급격한 감소를 보였다. 연구 결과에 따르면 기원후 1세기 멕시코 분지의 인구는 80~90퍼센트가 감소했을 가능성이 있다고 한다. 아마도 그 지역의 인구가 대거 테오티우아칸으로 이동한 결과였을 것으로 추정된다.[35]

시골 배후지

메소포타미아, 메소아메리카, 안데스 등지에서 도시화가 진행되면서 상당한 변화를 불러왔는데, 그 결과물은 단지 도시 내부에 국한된 것이 아니었다. 각각의 지역에서 도시가 발달하는 동시에 특정한 형태의 시골 배후지가 형성되었다. 도시화 과정에서 배후지 문제는 도시 내의 문제 못지않게 중요한 주제다. 더욱이 도시에 의해 형성된 배후지는 상징적 의미와 물질적 측면이 불가분의 관계에 놓여 있었다. 도시 내부와 배후지의 핵심적 요소들을 검토한 결과 무엇이 가장 중요한 문제였는지 알 수 있었다. 그것은 바로 생산성 문제와 관개 시설 구축을 위한 토목 기술이었다. 이는 도시 공간의 형성에는 물론 도시와 배후지를 연결하는 데에도 중요한 역할을 했다.

---

35 William T. Sanders, Jeffrey R. Parsons, and Robert S. Santley, *The Basin of Mexico: Ecological Processes in the Evolution of a Civilization* (New York: Academic Press, 1979).

시골 경관의 변화: 생산과 의례

도시와 배후지의 공간적 질서는 지역별 자연환경 조건에 따라 달랐다. 페루 북부 태평양 연안의 모체강(Moche Valley) 유적에 위치하는 찬찬(Chan Chan)은 기원후 900년에서 1450년 사이 독자적인 도시로 번성했다. 그때가 안데스 중간기(Andean Intermediate period)였는데, 말엽에 이르러 찬찬은 거대한 치무(Chimu) 제국의 정치적 중심지가 되었다.

그곳의 환경은 극단적으로 건조했다. 그래서 도시 찬찬의 성장은 그 지역의 강줄기에 기반을 두고 있었다. 도시 찬찬은 태평양 해안과 거의 수직을 이루고 모체강 하류와는 평행을 이루는 비스듬한 방향을 하고 있었다. 찬찬의 물 관리 핵심 요소 중에는 운하 시스템, 깊은 마당형 농지, 벽으로 둘러싸인 걸어 들어가는 우물 등이 포함되어 있었다. 초기 도시 성장은 고도가 높고 광대한 팜파 에스페란자(Pampa Esperanza) 평원에 관개 시설을 건설하는 데 달려 있었는데, 평원은 도시의 위 북쪽으로 펼쳐져 있었다.[36] 도시의 역사가 진행되는 동안 치무 제국의 토목 기술자들은 중요한 운하를 건설하여 모체강으로부터 물을 끌어왔다. 그 물로 팜파 초원에 공급했고, 도시 찬찬의 수면을 인위적으로 높였다. 관개 운하 중에는 강과 강을 연결하는, 길이가 70킬로미터에 달하는 야심 찬 운하도 포함되어 있었다. 이웃하는 치카마강(Chicama Valley)으로부터 넘치는 물을 끌어오도록 설계된 운하였다.[37] 그러나 기원후 1100년 이후

---

36 Michael E. Moseley and Eric Deeds, "The Land in Front of Chan Chan: Agrarian Expansion, Reform, and Collapse in the Moche Valley," in Moseley and Day (eds.), *Chan Chan*, pp. 25-33.
37 Charles Ortloff, Michael E. Moseley, and Robert Feldman, "Hydraulic

엘니뇨와 이어지는 지표면의 융기 현상 등으로 운하 시스템이 단절되거나 심각히 손상되고 말았다. 팜파 에스페란자에 물을 대기가 어려워지고 도시 찬찬의 수면 높이가 내려가자, 도시 내부에 두 가지 변화가 생겨났다. 먼저 깊은 마당 구조의 농지가 많아졌고, 해안 단구 농지가 늘어났다. 해안 단구를 이용하려면 개간이 필요했다. 그래야만 연결된 물길과 높이를 맞추고 해수면의 습기를 작물 재배에 이용할 수 있었다.[38] 시우다델라에서 생활하던 사람들은 갈수록 깊은 우물에 의존도가 높아졌다. 후기의 시우다델라인 그란 치무(Gran Chimu)에 있던 우물은 깊이가 무려 15미터 이상이었다.[39]

일부 도시 배후지들은 생필품 공급 못지않게 친교를 위한 목적도 있었다. 도시 티와나쿠는 기원후 500년부터 번성하기 시작했고, 사회적·의례적 수요가 증가함에 따라 필요한 물품도 더욱 다양해졌다. 일상생활에 필요한 물품뿐만 아니라 거듭되는 의례 행사에 필요한 물품도 많아졌기 때문이다. 티와나쿠 주변의 광대한 충적 평야와 가까운 계곡에는 바닥면을 높인 농지가 집중적으로 조성되었다. 특히 주목할 만한 곳은 도시 근처 카타리 계곡(Katari Valley)의 개간이다. 바닥면을 높인 농지는 강 하류의 퇴적층을 생산적 농지로 바꾸어놓았다. 근처의 티티카카 호수면이 오르내리는 과정에서, 그리고 산에서 내려오는 지하 대수층을

Engineering Aspects of the Chimu Chicama-Moche Intervalley Canal," *American Antiquity* 47 (1982), 572-95.
38 Kent C. Day, "Ciudadelas: Their Form and Function," in Moseley and Day (eds.), *Chan Chan*, pp. 55-66.
39 Alan L. Kolata, "The Urban Concept of Chan Chan," in Moseley and Cordy-Collins (eds.), *Northern Dynasties*, pp. 107-44.

통해 농지에 물이 공급되었다. 저수지를 서로 연결해놓은 시스템(이른바 코차 시스템qocha system)은 상류의 더 건조한 지역을 개간할 때 사용되었다. 이를 통해 농지와 목초지에 물을 공급했고, 소규모 호상(湖上) 농업도 가능했다. 바닥면을 높인 농지와 코차 시스템은 기존의 강우 기반 시스템과 공존하는 가운데 혁신을 불러일으켰다. 과감한 투자로 생산성이 높아졌으며, 이는 도시 티와나쿠의 형성 및 확장에 기반이 되었다.

티와나쿠의 도시 구성 자체는 이른바 "도시"와 "시골"의 명확한 경계를 허물어버렸다. 콜라타(Kolata)의 주장에 따르면, 티와나쿠의 거대한 기념비적 건축물 플랫폼은 거대한 산을 나타내는 것이었다. 그 산은 물의 원천이자 농목축 및 그 물을 먹고 사는 사람들의 생명의 원천이라고 믿었다.[40] 티와나쿠 안에도 생산 지역이 포함되어 있었다. 유적의 남동부에는 서로 연결된 거대한 코차(저수지)들이 존재하는데, 이곳의 물이 현지 농목축업에 사용된 것으로 추정되며, 정기적으로 도시를 방문하는 대규모 카라반의 라마와 알파카에게 먹이는 물로도 사용되었다. 바닥면을 높인 농지는 유적지로 보면 북쪽 끄트머리 티와나쿠강 주변 저지대에 조성되어 있었다. 실제로 여러 다양한 시스템이 도시 내부의 거대한 물 관리 네트워크로 서로 연결되어 있었다. 코차에는 지하 대수층에서 끌어올린 물과, 남쪽의 킴사차타산(Mount Kimsachata)으로부터 내려오는 지표수가 저장되었다. 이 물이 거대한 "해자", 즉 도심의 기념비적 건축물을 둘러싸고 건설된 운하에 공급되었으며, 물길의 방향은 건축물의 바닥층이나 기초에 스며들지 않고 에둘러 흘러가도록 되어 있었다. 운

---

40 Kolata, *Tiwanaku*.

하를 통해 흘러 나간 물은 유적지 아래쪽 충적 평야로 연결되어 바닥면을 높인 농지에 공급되었다.

도시의 배후지 통제

도시 내 정부 기관과 엘리트 가문에서는 정치 활동, 친족 네트워크, 의례 관례 등 다양한 방식으로 시골 지역에 대한 통제를 실행했다. 메소포타미아 지역에서 이러한 관계는 생산 활동에 초점이 맞추어져 있었다. 특히 운하 네트워크의 건설과 유지가 주목할 만한데, 아시리아의 경우처럼 운하를 통해 농업 생산을 가능케 하거나 생산력을 강화했다.[41] 이러한 운하는 물품의 운송에도 도움이 되었다. 도시와 도시의 연결뿐만 아니라 배후지에서 생산되는 곡물이 도시로 전달될 때도 운하가 이용되었다. 이외에도 도시의 반란을 방어하기 위한 군사용 목적도 있었다. 다만 메소포타미아 지역에서는 시골 지역 자연 경관에 대한 토목 공사가 그리 발달하지 않았다.

멕시코 고지대에서는 테오티우아칸이 주변 배후지를 주도했다는 증거가 몇 가지 측면에서 확인되었다. 예컨대 배후지 정착지의 패턴이 급변한 점을 들 수 있는데, 시골 배후지의 변화 시기와 수도 테오티우아칸의 급성장 시기가 일치했다. 당시 테오티우아칸으로 인구가 집중되고 주요 정치-종교적 건축물이 확장되었다. 다른 지역에서 도시의 사례를 보면 지역 내에서 거대 도시들이 점점이 분포했는데, 테오티우아칸

---

41 Jason Ur, "Sennacherib's Northern Assyrian Canals: New Insights from Satellite Imagery and Aerial Photography," *Iraq* 67 (2005), 317-45.

의 경우는 달랐다. 즉 하나의 수도가 같은 시기 멕시코 평원에 존재한 다른 어느 정착지와 비교하더라도 몇 배나 더 큰 규모였다. 테오티우아칸의 도시 성장은 시골의 배후지 발달과 밀접히 연결되어 있었다. 배후지는 도시로 몰려든 인구의 원천이었을 뿐만 아니라 식량과 다양한 원재료의 공급처였다. 샌더스(Sanders) 연구팀의 지역권 내 정착지 조사 결과, 테오티우아칸은 자연환경이 뚜렷이 구별되는 반경 30킬로미터 이내 자원 공급처(예컨대 소금, 갈대, 현무암, 기타 건축 자재 등)의 중심에 위치했다.[42] 테오티우아칸에서 지속적으로 관할한 배후지 중에는 멕시코 분지를 넘어서 이달고(Hidalgo), 틀락스칼라(Tlaxcala), 모렐로스(Morelos) 등지도 일부 포함되어 있었다. 이런 곳들을 이른바 "외부 배후지(outer hinterland)"라고 하는데, 특수 원자재를 수급하는 곳이었다(예를 들면 이달고의 파추카Pachuca 흑요석).[43] 최전성기 테오티우아칸의 정치력은 제국주의 형태를 보였다. 정치적 영향력은 멀리 멕시코만, 멕시코 서부, 마야 지역까지 뻗어 있었다. 테오티우아칸과 지역별 정치 집단의 관계는 직접 관할, 간접 관할, 지속 관할, 일시 관할 등 여러 종류가 있었다. 정확한 역사적 사례와 지역 엘리트 계층의 형성 등은 메소아메리카 연구자들 사이에 오랜 논쟁의 주제였다.

멕시코 분지 및 그 너머의 인접 지역 전체를 연구한 바에 따르면, 테오티우아칸의 정치 조직은 수도를 중심으로 정치 및 군사 권력이 고도로 집중화되어 있었고, 메소아메리카 전역에 걸쳐 이데올로기적 영향력

---

42 Sanders, Parsons, and Santley, *Basin of Mexico*.
43 Kenneth Hirth, "Teotihuacan Regional Population Administration in Eastern Morelos," *World Archaeology* 9 (1978), 320–33.

이 심오했다. 그러나 갈수록 분명히 드러나고 있듯이, 테오티우아칸의 지역적 및 지역 간 관여 정도는 관계의 전략, 지속 기간, 성공과 실패, 현지인이 느끼는 정치경제적 함의 등의 측면에서 매우 다양했다. 그러므로 활발히 부침한 역사적 과정에서 역사 시기별로 테오티우아칸의 배후지를 대표했던 지역을 더욱 세부적으로 규명할 필요가 있다. 또한 각각의 경우 수도와 배후지의 관계가 어떠했는지도 이해해야 할 것이다. 수도 테오티우아칸의 주변 지역을 넘어 멕시코 분지 전체에 초점을 맞춘 연구를 위해서는 테오티우아칸의 지역권 내 정치적 의미를 충분히 이해할 필요가 있다. 또한 고대 도시와 관련된 일반적 질문들, 예컨대 제도적 기관이 어떠했으며 인구가 어떻게 유입되었는지 등을 확인해보아야 할 것이다.[44]

잉카의 경우는 테오티우아칸과 대조적이다. 쿠스코 분지 및 주변 지역 내에서의 잉카에 관해서는 이미 수 세대 전부터 논의가 이어져왔다. 기존의 "공식적" 역사 서술에서도 이러한 관점을 채택했다. 그 결과 11대에 걸친 권력의 승계 과정을 통해 잉카의 명성과 권력의 성장을 폭넓게 조명했다.[45] 초기 왕실 후손 가문(파나카)들은 쿠스코 분지에서 토지와 재산을 유지했고, 제9대 사파 잉카(Sapa Inka)인 "우주를 바꾸는 자" 파차쿠티(Pachacuti)와 그의 제국의 승계자들은 우루밤바 계곡(Urubamba Valley) 인근에서 부유한 토지 자산을 형성하여 제국 내내 확장했다. 파차쿠티는 쿠스코 핵심 지역에서 권력을 확고히 하며 그곳을 도시 중심

---

44 Clayton, Chapter 13, this volume.
45 Pedro Sarmiento de Gamboa, *The History of the Incas,* Brian S. Bauer and Vania Smith (trans. and eds.) (Austin: University of Texas Press, 2007).

지와 연결시킨 인물로 알려져 있다. 이는 혁신적 설계에 따른 업적이었는데, 쿠스코 분지의 핵심 지역에서 여러 방법으로 관개 시설과 생산력을 개선했다.[46] 쿠스코 분지와 그 중심지는 원을 분할하는 모양으로 4등분되었다. 잉카 제국의 명칭 타완틴수유, 즉 "결합된 네 개의 땅"(제9장 참조)이 여기에서 유래했다. 4분할 지도는 고대로부터 비롯된 이원화 구분, 즉 하난(Hanan, 상위) 쿠스코와 후린(Hurin, 하위) 쿠스코의 구분에서 이어진 전통이었다. 파차쿠티는 이러한 공간 조직의 원칙에 따라 복잡한 도로 체계를 만들었다. 이러한 의례용 도로 체계를 세케(ceque)라 했다. 세케 시스템에 의거, 잉카의 중앙 사원 코리칸차(Coricancha)로부터 41개의 방사형 도로 네트워크가 쿠스코 분지 북부 전역으로 뻗어 나갔다. 각각의 세케는 성스러운 장소(와카waq'a) 여러 곳을 연결했다. 모두 300개 지점 이상이 연결되었는데, 그중 3분의 1 이상이 물과 관련이 있었다.[47] 하나의 세케는 세 구간으로 나뉘었다. 각각의 구역마다 특정 파나카의 토지와 조상신을 모시는 사원이 포함되었고, 하나 혹은 그 이상의 귀족 공동체가 소속되어 있었다. 각각의 세케 구역은 또한 연 단위 생산 및 의례 일정에서 특정 시기와 결부되어 있었다. 세케 시스템에 의거하여 귀족 및 평민 공동체의 지역적 위치는 의례와 생산 의무의 순환

---

46 Juan de Betanzos, *Narrative of the Incas*, Roland Hamilton and Dana Buchanan (eds.) (Austin: University of Texas Press, 1996).
47 Brian S. Bauer, *The Sacred Landscape of the Inca: The Cuzco Ceque System* (Austin: University of Texas Press, 1998), and Jeanette Sherbondy, "Water Ideology in Inca Ethnogenesis," in Robert V. H. Dover, Katharine E. Siebold, and John R. McDowell (eds.), *Andean Cosmologies through Time: Persistence and Emergence* (Bloomington: Indiana University Press, 1992), pp. 46-66.

시스템에 강하게 결합되었다. 그들에게 조상으로부터 이어지는 정당성과 생명력을 부여해준 그 지역의 사원이 그들의 의무와 연결되어 있었기 때문이다. 즉 세케 시스템이 사회적 공간, 시간, 생산의 질서를 규정했던 것이다. 비록 각각의 파나카별로 도시 안에 자신들의 의례 및 정치 활동을 위한 공간을 별도로 마련해두었고, 또한 모두가 코리칸차 같은 잉카의 중앙 사원을 공동으로 섬겼지만, 개별 파나카의 권력, 장소, 활동의 무게 중심은 수도 바깥에 위치해 있었다.

도시 통제력의 한계

도시의 영향력과 그에 따른 경관의 변화가 어디까지 미쳤는지를 확인하려면 아마도 상당히 정밀한 조사가 필요할 것이다. 비록 도시 경관만으로는 어느 도시가 어디까지의 땅을 관할했는지 전혀 알 수 없겠지만, 지역적으로 정치적 영향력의 한계를 분명히 확인할 수 있는 곳 중 하나가 국경 지역이었다. 그곳이 바로 어느 도시와 이웃 도시의 영향권이 서로 나뉘는 지점이었다. 이와 같은 도시 주변부는 유목민이 점유하는 경우가 많았다. 예컨대 메소포타미아 평원의 동쪽 자그로스산맥 지역도 그러했다. 하지만 결국에는 그곳까지도 도시의 영향력이 미쳤다. 목축민이 생산을 전문화할 수 있었던 것은 도시의 시장에 의존했기 때문이다. 또한 그들이 일으킨 정치적 저항의 대상은 기본적으로 도시 지역에 초점을 맞추고 있었다. 결국 도시의 변화에서 벗어난 사람은 거의 아무도 남지 않게 되었다.

케임브리지 세계사 05
고대의 도시들 1
도시의 탄생과 정보 기술

2021년 10월 15일 1판 1쇄

노먼 요피 편집
류충기 옮김

펴낸곳 : (주)소와당笑臥堂 | 신고 번호 : 제313-2008-5호
주소 : (03994) 서울시 마포구 연남로 13(영상빌딩 3층)
전화 : (02)325-9813
팩스 : (02)6280-9185
전자우편 : sowadang@gmail.com

저작권자와 맺은 협의에 따라 인지를 생략합니다.
값은 뒤표지에 적혀 있습니다.
잘못 만든 책은 서점에서 바꾸어 드립니다.

ISBN 978-89-6722-033-4 94900
ISBN 978-89-6722-028-0 94900 (세트)